心理学基础

主　编　唐龙云

副主编　陈汉英　李　真　刘盛敏

ZHEJIANG UNIVERSITY PRESS
浙江大学出版社

图书在版编目（CIP）数据

心理学基础／唐龙云主编．—杭州：浙江大学出版社，2015.8(2021.1 重印)

ISBN 978-7-308-14897-9

Ⅰ．①心…　Ⅱ．①唐…　Ⅲ．①心理学－教材　Ⅳ．①B84

中国版本图书馆 CIP 数据核字（2015）第 165237 号

心理学基础

唐龙云　主编

责任编辑　徐　霞

责任校对　王文舟　杨利军

出版发行　浙江大学出版社

（杭州市天目山路 148 号　邮政编码 310007）

（网址：http://www.zjupress.com）

排　　版　杭州中大图文设计有限公司

印　　刷　杭州良诸印刷有限公司

开　　本　787mm×1092mm　1/16

印　　张　22

字　　数　509 千

版 印 次　2015 年 8 月第 1 版　2021 年 1 月第 9 次印刷

书　　号　ISBN 978-7-308-14897-9

定　　价　46.00 元

编 委 会

主　编　唐龙云

副主编　陈汉英　李　真　刘盛敏

编　委（按姓氏笔画为序）

李成齐　沈　杰　张　斌

参　编（按姓氏笔画为序）

李梦霞　徐冬英　龚银清

（以上作者单位均为：湖州师范学院教师教育学院心理系）

前　　言

本教材是针对国家教师资格考试改革，为高等师范院校公共课“心理学”而编写的教材。

2011 年，教育部决定在浙江、湖北 2 个省份开展教师资格考试改革试点工作，之后逐年推广，从 2015 年开始将在全国范围内全面推行统一的国家教师资格考试。

此次改革有以下几个方面的重要变化：

其一，过去的教师资格考试是由各省组织考试，改革后将实行全国统一考试。

其二，过去的师范类专业学生可以持毕业证书直接申请教师资格，只有非师范专业的在校学生或社会人员想申请教师资格者，才需参加教师资格考试。而改革后入学的师范专业学生，也须参加全国统考才能申请教师资格。

其三，在考试方式及内容上，过去省考只有笔试，改革后的统考包括笔试和面试两部分。笔试合格者方能参加面试。

过去省考的笔试科目只有教育学与心理学。而国家统考的笔试科目扩大为：幼儿园教师及小学教师将考“综合素质”和“教育教学知识与能力”；初中教师及高中教师将考“综合素质”、“教育教学知识与能力”和“学科知识与能力”。改革后考试内容增加、考试难度加大。

面试采用结构化面试、情景模拟等方法，通过备课、试讲、答辩等方式进行。

其四，原省组织的教师资格考试有指定的参考教材并组织培训，改革后的全国统考没有指定的参考教材，也不组织考试培训。

针对上述改革，师范院校的公共课心理学及教育学必须在教学内容与教学方式等方面做出相应的调整，为师范生迎接教师资格考试服务。本教材正是在此背景下编写的。

本教材具有以下的特点：

1. 根据教师资格考试大纲全面调整教材内容结构

过去已有的师范院校公共课心理学教材大多以普通心理学内容为主，后面增加一些其他心理学分支的内容。不同版本所增加的内容不一，有的增加社会心理学内容，有的增加心理健康内容，有的增加发展心理及学习心理内容；也有个别版本增加了上述各方面内容，但又介绍得过于简略。

此次教师资格考试改革，没有设置独立的心理学考试科目，而是将心理学内容放入“教育教学知识与能力”这一科目之中。此外，在“综合素质”及面试中对心理学知识也有涉及。所考核范围包括四个心理学分支：普通心理学、发展心理学、教育心理学、心理健康。其中涉及的普通心理学知识很少，而以发展心理学、教育心理学、心理健康为主要考核内容。

本教材的内容涵盖了以上四个心理学分支，涵盖了教师资格考试大纲中所有的心理学知识点。同时在教材内容结构上做了以下调整：

首先，较大幅度地压缩了普通心理学(第1～6章)的内容量，合并了一些章节(过去已有教材大多将认知心理分四至五章介绍，本教材将其合并为一章)，删去了过去同类教材中过于专业化的纯理论知识，在保证心理学基本知识结构完整性的基础上，重点介绍心理学的基本概念与原理以及与教育实践有关联的心理学知识。

其次，增加了发展心理学、教育心理学以及心理健康方面的心理学知识(第7～10章)，并用较大篇幅做了比较完整、详细的介绍。在教材编写过程中，我们参阅了大量的相关专业教材，并在网上搜索了大量的相关资料，力求体现该领域的最新研究成果，尤其是对于教育实践具有指导意义的应用性研究成果。

2. 理论联系实际以促进知识的理解，并力求突出教材内容的趣味性和实用性

此次教师资格考试改革还有一个突出的亮点，就是力求考核应试者对知识的理解程度、应用能力(运用相关知识分析问题及解决问题的能力)及综合素质(如教育理念及职业道德等)，极大地弱化了对死记硬背能力的考核。具体措施除增加面试环节外，在笔试中放弃了填空、名词解释等题型，采用了选择、辨析、解答、简答、论述、材料分析、教学设计(或活动设计)、写作等题型。学生只要能够真正地理解相关知识，并学会应用相关知识分析教育实践中的现实问题，就可以考出好的成绩。因此可以说，此次教师资格考试改革，针对应试教育的一些弊端，把素质教育的宗旨落到了实处。因此，本教材虽然是针对教师资格考试而编写的，但在教材内容上极力体现素质教育的原则，同时采用了以下措施，力求促进学生对知识的理解和运用。

其一，在介绍基本概念及原理时力求理论联系实际，运用形象生动的现实例子解析概念及原理，以帮助学生理解，尤其是对于涉及教育实践问题的相关知识，采用案例分析方法以促进学生学会运用。

其二，在教材各个章节中共穿插了70多个“拓展阅读”专栏。其内容主要分三类：一是介绍心理学中的一些趣味性知识，其作用是激发学生的学习兴趣和学习动机；二是对教材相关内容的引申和补充，以帮助学习深化理解；三是介绍心理学中的相关经典实验或教育实践中的经典案例，以帮助学生理论联系实际。

当然，由于本教材是一次新的尝试，加之编者能力等因素的局限，教材中肯定还存在着一些不足之处，欢迎广大师生提出宝贵意见，以利于我们不断完善。

本教材的编写分工是：第一章、第五章：李真；第二章、第三章：刘盛敏；第四章：李成齐；第六章：沈杰；第七章：张斌；第八章、第九章：唐龙云；第十章：陈汉英；统稿：唐龙云；另，李梦霞、徐冬英、龚银清等教师多次参与讨论，为本教材提出了建设性意见并提供了部分资料。

教材最后附录了教育部师范教育司考试中心于2011年7月颁发的《中小学和幼儿园教师资格考试标准(试行)》；2012年5月颁发的小学及中学《教师资格考试大纲(试行)》，包括综合素质、教育教学知识与能力、面试三部分。

本教材也可作为非师范专业申请教师资格者以及心理学爱好者的自学用书。

唐龙云

2015年6月于湖州

目　　录

附　录

第一章 绪 论

【内容提要】

本章是对心理学在宏观层面的概论，概括介绍心理学的总体框架体系，同时对心理学的产生和发展历史做了回顾。本章分心理学的性质与对象，心理学的分支、研究任务及方法，心理学的历史三节内容。本章是本书以后各章节的纲要。

心理学的性质与对象包括：心理学的概念、心理学的学科性质、心理现象的分类。

心理学的分支、研究任务及方法包括：心理学的学科体系、心理学的研究任务及其理论和实践意义、五种主要的心理学研究方法。

心理学的历史包括：心理学的前科学时期及科学心理学的诞生、七大主要心理学流派。

【学习目标】

本章内容为学生建立了对科学心理学的整体印象，对学生学习心理学具有重要指导意义。具体学习目标是：

1. 掌握心理学的科学概念。
2. 记住并理解心理现象所包括的内容。
3. 了解心理学的学科体系和学科性质。
4. 了解心理学的研究任务和意义。
5. 了解学习心理学对师范生的意义。
6. 了解观察法、调查法、个案法、测验法、实验法等心理学研究方法及其优缺点。
7. 记住心理学诞生的时间、人物、地点和标志事件。
8. 能说出心理学的主要流派及其代表人物。
9. 能概括说明行为主义学派、精神分析学派、人本主义学派和认知学派的基本理念。

【关键词】

心理学；心理现象；心理过程；个性心理；观察法；调查法；测验法；个案法；实验法

心理学在当前社会已不再是一门神秘的学科。我国从 20 世纪 80 年代开始了学校心理健康教育的实践，使得很多人在进入小学起就开始接触心理学。再加上各种媒体对学生心理问题的不断报道，更是让心理学与我们的日常生活发生了紧密的联系。然而，我们许多人对心理学都只是略知一二，虽然知道心理学在学生教育、心理健康和人际交往等许多社会生活领域中有着重要作用，但对于什么是心理学、人的心理活动到底包括哪些内容却并不了解。随着国家经济社会的不断发展，心理学也必将成为与我们每个人联系最为密切的学科之一。

第一节　心理学的性质与对象

一、心理学的性质

(一)什么是心理学

心理学,其英语是 Psychology,由希腊语中 Psyche 和 Logos 两个词演变而成。Psyche 是"灵魂"、"心灵"之意,Logos 是"讲述"、"解说"的意思,合起来就是:心理学是讲述心灵的学问,这也是最早对心理学的解释。心理学成为一门科学之后经历了多个发展阶段,其间对心理学的解释也有所变化,如心理学是研究心灵之学、心理学是研究意识的科学、心理学是研究行为的科学等。在 20 世纪 80 年代之后,人们对心理学的界定才逐渐达成共识:心理学是研究内部心理活动(包括意识及潜意识)及外部行为规律的科学。

(二)心理学的学科性质

在科学分类学中通常将科学分为自然科学和社会科学两大门类。一门科学的性质是由它的研究对象的性质及研究方法所决定的。

心理活动是脑的机能,因此,心理学要研究心理现象的发生机制及发展规律,就离不开生物学、生理学尤其是脑科学的成果;另外,人工智能是当前科学研究的一大热门,而人工智能是用计算机来模拟人脑的功能,因此,心理学与人工智能的研究相互渗透、相互借鉴和相互促进。由此可知,在心理学的基础理论研究中,涉及大量自然科学的知识。此外,心理学还借鉴了自然科学的研究方法,如实验法等。以上特点使得心理学具有很强的自然科学性质。

但是,马克思把人的本质定义为一切社会关系的总和,说明人的发展尤其是人的心理发展离不开社会环境,离不开人与人之间的交往和各种其他社会活动。因此,心理学还要研究社会环境在心理发展中的作用,还需要借用大量社会科学的研究成果。从这个意义上来讲,心理学又具有社会科学的性质。

总之,心理学兼有自然科学和社会科学的双重性质,是介于自然科学与社会科学之间的中间科学。

二、心理学的研究对象

每门学科都有自己的研究领域和对象。在心理学发展的早期,心理学的研究对象是"意识",而意识是人们内心的认识、情感、意志等活动的总称,所以有人把心理学称为研究意识的科学。后来,精神分析心理学认为心理现象除意识外,还存在一种个体也无法觉知的潜意识。再后来,行为主义心理学又提倡心理学应该研究行为。现代的心理学兼收了以上各种观点,认为内部心理活动(意识与潜意识)是外部行为的内在根源,而行为是内部心理活动的外部表现。所以,现代心理学仍以研究意识为主,同时兼顾潜意识及行为的研究。

科学研究总是首先将自己的研究对象进行分类,"化整为零"地对各个部分进行层层深入的分析式研究，最后再将各个部分的研究成果综合起来形成整体认识。在现实生活中，人们的心理活动是一个有机的整体。但心理学为了便于研究，对心理现象进行了层层分解(见图 1-1)，首先分解为心理过程和个性心理两大类，然后各类下面再分出各种小的部分。

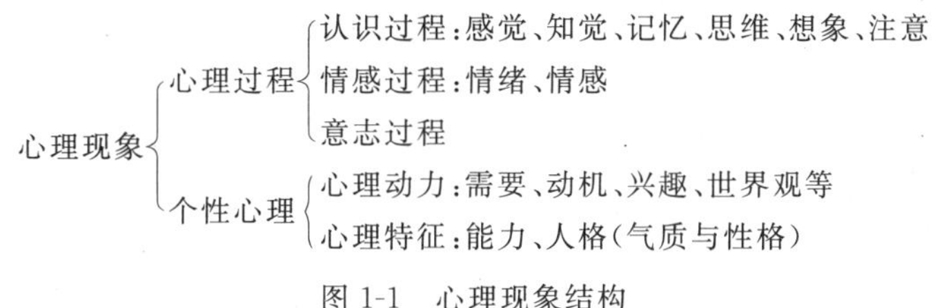

图 1-1 心理现象结构

(一)心理过程

心理过程是指在人的认识、情感、意志行动方面表现出来的各种心理活动。心理过程又可以分为认知过程、情感过程和意志过程。

1. 认知过程

当人们在生活中留意某些事物时，我们就会看到它们的形状、颜色，听到它们的声音，嗅到它们的气味，即产生了感觉和知觉；在感觉和知觉的基础上我们进一步思考着什么时，即产生了思维活动；感觉、知觉和思维活动都会在我们心里留下痕迹，时过境迁之后，我们还会记起曾经感知过、思考过的东西，这就是记忆。我们有时候会静静地发呆，而心神却飞向了云端，幻想着白马王子或白雪公主的出现，这又是认知过程的一种心理现象——想象。

感觉、知觉、记忆、思维和想象等这些心理活动是一个连续的过程，是人们经常表现出来的对客观事物和对象在认识方面的心理活动，我们把它们统称为认知过程。认知过程是人类认识和探索客观世界的途径和手段。

2. 情感过程

当人们在认识周围世界的时候，会产生这样或那样的感受和体验，如满意或不满意、喜爱或厌恶、热情或冷淡、赞赏或鄙视等。我们对这些在认识活动中产生的态度体验，就是情绪和情感。

3. 意志过程

我们认识世界是为了更好地改造世界。我们常常根据自己的认识和体验，产生一定的需要和动机，拟定目的和计划去行动，去改造世界。在改造世界的行动中，我们会遇到各种困难，并努力地去克服它；有时要根据环境的变化主动地调整目的和计划。我们的这些行动叫作意志行动，而其中所包含的心理过程就是意志过程。

人的认知、情感、意志这三方面的心理活动，经常处于动态变化之中，都有其发生、发展、终止或升华的过程。所以，这些心理活动都统称为心理过程。人的认知、情感和意志这三个方面是密切联系、相互影响的。认知决定了情感和意志，情感和意志是在认知的基础上产生的，并随着认识过程的深化而不断变化发展；反之，认识活动又总是受到情感和意志因素的极大影响。此外，情感和意志之间存在着相互作用、相互影响的关系。

(二)个性心理

上述心理过程是每个人都共同具有的心理现象，它们的活动规律是人类共有的，表现的是人类心理现象的“共性”。但在此基础上，人与人之间在心理上还存在巨大的个体差异，从而把自己和别人从心理上区别开来，表现出每个人的“个性”。个性心理是指一个人在心理过程的发展和进程中，经常表现出来的那些比较稳定的心理倾向和心理特点。在复杂的现实生活中，由于每个人的遗传因素、所受环境因素的影响不同，从而形成了各自的心理倾向及特征。个性心理又分为心理动力和心理特征两大方面。

1. 心理动力

心理动力又被称为个性倾向性，是激发、维持行为的心理动力系统，反映了人对周围世界的趋向和欲求。心理动力系统包括需要、动机、兴趣和世界观等。其中，需要是心理动力系统的基础，动机由需要产生，世界观处于心理动力系统的最高层，它决定着个体总的心理活动倾向。

2. 心理特征

心理特征是指人们经常表现出来的心理反应模式。在人们的认识、情感、意志和行为中，常常反映着个人的许多不同的心理特点。譬如，有的人感知敏锐、思维深刻、想象丰富，而有的人则感知迟缓、思维肤浅、想象贫乏；有的人记忆速度快且保持长久，有的人则记得慢且易遗忘；有的人善于形象思维，有的人则善于抽象思维。凡此种种构成了人们在认识能力及认知方式（又称认知风格）方面的个体差异，就形成了人们在能力或智力方面的独特模式。再如，有的人性情暴烈、易于激动，有的人则性情温和、不易发脾气；有的人反应迟缓、情感内向，有的人反应敏捷、情感外向；有的人情绪稳定、行动果断；而有的人则心境易变、行动迟疑等。这些表现在情感、情绪等心理活动动力方面的不同特点，就形成人们在气质方面的独特反应。此外，还有的人经常活泼开朗、善于交际，有的人则经常多愁善感、安然沉静；有的人勇敢顽强、果断，有的人怯懦软弱、优柔寡断……类似的经常表现在人们的态度和行为方式上的不同特点，就形成了人们在性格方面不同的心理反应模式。因此，心理特征包含了能力、气质、性格。其中气质和性格又统称为人格。

心理动力和心理特征之间存在着密切的关联。心理动力渗透于各种心理特征之中，心理特征也反映出心理动力，两者在总体上体现着一个人完整的个性。

三、心理的实质

心理的实质是指心理现象区别于其他现象（如物理现象、化学现象、生理现象、社会现象等）的本质属性。我们若要深入理解心理现象，首先要认清心理现象是属于什么性质的现象。

心理现象是一种看不见、摸不着的现象，尤其是人类的心理现象异常复杂而微妙，以致人类在认识心理现象的性质时走了许多弯路，例如古人曾把心理现象视为“灵魂”，并认为它可以脱离肉体永恒存在。随着近代科学的发展，人类才逐渐认识了心理学的实质：心理是脑对客观现实的主观反映。

按照现代信息论的观点看，心理现象实质上是一种信息现象，心理活动就是一种信息的传递、加工及贮存的过程。但信息是不能独立存在的，它必须以某种物质做“载体”，脑就是心理现象的载体。

(一)心理是脑的机能

心理现象是在生理现象基础上形成的,必须以一定的生理器官作为物质基础。古人曾经误把心脏作为心理活动赖以产生的器官,比如汉语中出现的"心想"、"心思"、"心情"、"心爱"、"心愿"等词汇正是这一误解所致。直到近代,随着现代解剖生理学的发展,人们才最终确定心理活动的主要器官是脑,尤其是大脑。严格说,心理现象是神经系统机能活动的产物,整个神经系统都直接或间接参与心理活动,但心理活动主要是在大脑里进行的。

1.神经系统的基本结构

神经系统的基本单位称为神经元,即神经细胞。人类的神经系统由140亿～160亿个神经元所组成。神经元包含两部分:一是"胞体",即细胞体,它具有贮存和加工信息的功能;二是突起(分树突与轴突),又称神经纤维,其作用是在不同神经细胞之间传递信息。神经元结构如图1-2所示。

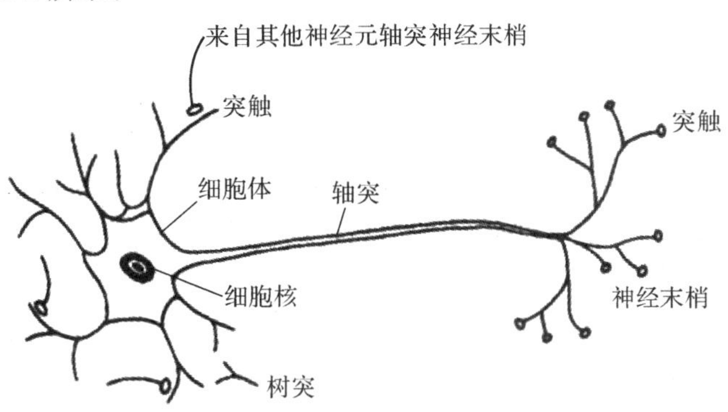

图1-2　神经元结构

神经系统又分两大子系统:

其一是中枢神经系统,包括脑和脊髓。其中,脊髓属于低级中枢,脑属于高级中枢。脑又分大脑、小脑、间脑和脑干,如图1-3所示。其中,大脑是神经系统的最高中枢,特别是大脑皮层,主要由神经元的胞体构成,是信息贮存和加工的主要部位,也是心理活动的主要基地。人的大脑又分左右两个半球:大脑左半球主要负责抽象信息的加工,如数学、语言、逻辑思维等;右半球主要负责形象信息的加工,如识别形状、声音、形象思维及情绪活动等。当然,大脑两半球的职责又是相互联系、相互补充的。总之,大脑是一个信息"加工厂"和"储藏库"。

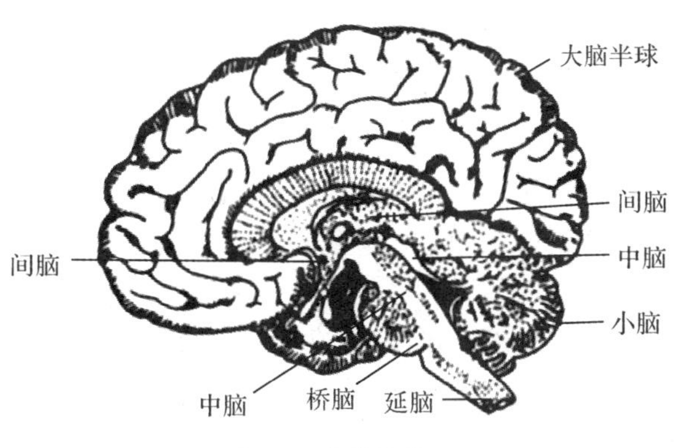

图1-3　人脑结构

其二是周围神经系统,主要由神经纤维构成,它们遍布于全身,将各个器官与脊髓或脑相连。神经纤维分两种:一是"传入神经",负责把各个感觉器官接收的环境信息传入脊髓或脑中;二是"传出神经",负责把脑或脊髓的运动指令传递给各个运动器官。由此可见，神经系统还必须与其他生理系统协同活动，因此，心理活动还需要其他生理系统的参与。比如，感觉系统(各种感觉器官)为神经系统提供内外环境信息的来源，而运动系统(肌肉)则完成各种内外活动。

2. 神经系统的活动方式

神经系统的基本活动方式是反射，反射是指有机体对体内外环境刺激做出的规律性反应。

反射的神经结构叫“反射弧”(又称“反射环”)，由五个部分组成：①感受器，即各种感觉器官里的感觉细胞。如视觉感受器就是视网膜上的视觉细胞。它们负责接受环境刺激信息。②传入神经。负责将环境信息传输到中枢。③神经中枢，即脑或脊髓。负责加工环境信息，并下达反应指令。④传出神经。负责将中枢的反应指令传输到效应器。⑤效应器。包括肌细胞和腺体细胞。它根据中枢下达的指令对环境刺激做出反应。以上部分的活动构成了神经系统的基本活动方式：“刺激—反应”，也就是反射。

反射又分无条件反射与条件反射。无条件反射是指有机体先天遗传而来的、不学而能的反射。它是人和动物一切本能行为的生理基础。条件反射是指有机体在无条件反射基础上后天习得的反射。它是人和动物一切习得行为的生理基础。

拓展阅读 1-1

巴甫洛夫的条件反射实验

俄国著名生理学家巴甫洛夫(Pavlov，1849—1936)用狗做实验，发现了条件反射现象。巴甫洛夫的条件反射实验装置如图 1-4 所示。

图 1-4 巴甫洛夫的条件反射实验

给狗进食会引起唾液分泌，这是无条件反射；食物是无条件刺激。开始时，给狗听铃声不会引起唾液分泌，因为铃声与唾液分泌无关。但是，如在每次给狗进食之前，先给狗听铃声，这样经多次结合训练后，当铃声一出现，狗就会分泌唾液。这时，铃声已成为食物(无条件刺激)的信号，称为信号刺激或条件刺激。由条件刺激(铃声)的单独出现所引起的唾液分泌，称为食物唾液分泌条件反射。可见，条件反射是后天获得的。形成条件反射的基本条件是无条件刺激与条件刺激在时间上的结合，巴甫洛夫称之为强化。任何无关刺激与非条件刺激多次结合后，当无关刺激转化为条件刺激时，条件反射也就形成了。

总之，神经系统是整个机体的“司令部”。它根据内外环境信息，指挥着机体内部的各种生理活动以及对外部环境的适应行为。心理现象是有机体（人和动物的总称）为适应环境而进化出来的一种高级神经机能。尤其是人类，在长期的进化过程中形成了发达的大脑，因而产生了异常复杂而高级的心理现象。

（二）心理是对客观现实的主观反映

1.客观事物是心理活动内容的源泉

前面说脑是心理的器官，但脑并不能自发地独立产生心理现象，心理现象的产生还必须需要另一个条件，就是现实世界中的各种客观事物。当某个客观事物作用于机体时，这时客观事物就可以称为“刺激物”，它通过刺激感觉器官而产生刺激信息，这些信息传递到脑中进行加工或贮存就形成了心理活动。如果我们把脑比喻为一个信息的“处理器”或“加工厂”，那么客观事物所提供的刺激信息就可比喻为信息的“原料”。心理现象正是对信息“原料”进行加工处理后的“产品”。

2.心理是对客观事物的主观反映

心理现象来源于客观，因此它具有一定的客观性。人们总是根据头脑中原有的经验、知识、观念、情感等因素，来理解、评价客观事物。也就是说，头脑中原有的信息，会在加工新输入的信息时对其发挥参照作用，从而导致不同的人对同一事物会形成不同的理解和评价。因此，心理现象就具有一定的主观性。

心理现象的主观性又是其能动性的基础，因此，一般将其全称为主观能动性。也就是说，人脑不是被动地反映客观事物，而是通过对环境信息进行主动的选择以及有目的的加工，从而使人可以能动地作用于客观事物，最终为人的实践活动服务。人类认识世界是为了改造世界。

3.人的心理是人类社会生活的产物

动物也有一定的简单低级的心理现象，如感觉、知觉、注意、记忆等，它是动物的脑对自然现实的反映。而人脑除反映自然现实之外，更主要的是反映社会现实。尤其是人的高级心理机能，如想象、思维、情感、意志以及个性等，它所反映的大多是人类社会生活的内容。人类离开了社会生活，尽管具有发达的大脑，也不能形成人类特有的心理。

第二节　心理学的分支、研究任务及方法

一、心理学的分支

一百多年来，由于生活、生产实践的需要，在生产、商业、管理、教育、社会活动、人类健康等领域，人的心理因素的重要作用越来越为人们所重视。再加上临近学科（如生物学、生理学、教育学、计算机科学等）的发展推动了心理学的快速发展，心理学的研究领域越来越广，已经形成为一个分支众多的庞大学科体系。其中，有些注重基础的实验研究和理论探讨，构成了基础心理学的主脉；另一些则走向了实际应用，与社会实践的众多领域交叉，构成了应用心理学的主脉。

(一)基础心理学

1. 普通心理学(general psychology)

普通心理学是研究人的心理过程和个性心理发生发展一般规律的学科。此外,普通心理学还研究心理学中的最一般的理论问题,如心理与脑的关系、心理与客观现实的关系、各种心理现象之间的关系等。

2. 实验心理学(experimental psychology)

实验心理学是通过科学的实验方法,研究人类及动物的各种行为及心理变化的学科。早先的实验心理学主要关注感知觉、记忆和动物心理等问题,随着心理学研究领域的扩展,实验心理学所覆盖的领域已经延伸到社会心理学、发展心理学、人机工程学等。实验心理学已经融入了当今的大多数心理学研究中。实验作为心理学研究中最重要的方法而被广泛强调。

3. 生理心理学(physiological psychology)

生理心理学以心理现象的生理机制为研究对象,揭示心理现象与生理过程之间的规律性联系,不仅对科学地解释各种心理现象具有重要的意义,而且还促进了工程心理学、临床心理学等应用学科的发展。

4. 发展心理学(developmental psychology)

发展心理学是研究人类个体心理发展规律的学科。发展心理学按照人生不同的年龄阶段,分成儿童心理学、少年心理学、青年心理学、成年心理学和老年心理学,分别研究各年龄阶段的心理特征及其发展规律。

5. 认知心理学(cognitive psychology)

20 世纪 50 年代以后,随着计算机的诞生,心理学借鉴计算机科学的研究成果,运用信息加工范式来研究人的认知过程及行为反应规律。认知心理学涉及的范围很广,如注意、感知、记忆、言语、思维、知识表征、推理、创造力及问题解决等。认知心理学认为,人脑与电脑具有共同的工作原理,人脑就是一个信息加工系统,认知过程就是信息加工过程,可以分解为一系列小的阶段,如信息输入、信息编码、信息贮存、信息提取等,每个阶段都是对输入的信息进行某种特定加工的操作单元,而反应则是这一系列操作的产物。

(二)应用心理学

1. 教育心理学(educational psychology)

教育心理学主要研究教育过程中的各种心理现象,揭示教育与心理发展的规律。教育心理学研究的主要问题包括学习心理、教学心理、教师心理等,为教育提供心理学依据。国内外的许多教育改革均受到了教育心理学研究成果的直接影响。

2. 临床心理学(clinical psychology)

临床心理学包括医学心理学和变态心理学,研究一切人类病态的心理和行为,探讨这些行为的诊断、评估、分类、治疗和预防等。近年来有关个体心理援助、危机干预、家庭心理治疗等概念和理念的提出,给临床心理学赋予了新的内涵。

3. 咨询心理学(counseling psychology)

咨询心理学的研究对象主要是正常人,而不是患者。它为解决人们在学习、工作、生活、保健和防治疾病方面出现的心理问题(心理危机、心理负荷等)提供有关的理论指导和实践依据，使人们的认识、情感、态度与行为有所改变，以更好地适应环境，增进身心健康。

心理咨询的主要范畴包括：教育咨询、职业咨询、心理健康咨询及心理发展咨询。

4. 工程心理学(engineering psychology)

工程心理学研究人与机器之间的配置和机能协调，实现人、机器、环境系统的最佳配置，使人能在安全有效的条件下从事工作，并创造最佳效益。工程心理学是心理学与现代技术科学相结合的产物。开展这一领域的研究，有利于改善工人的劳动条件，保障生产的安全，发挥人在生产过程中的积极作用，提高劳动效率。

5. 管理心理学(managerial psychology)

管理心理学是研究各种管理工作中管理者和被管理者的心理活动规律的科学。其主要任务是掌握管理工作中个体、群体、组织的心理活动规律，从而制定出科学的管理方针、政策和方法，在此基础上提高企业的工作效益和劳动生产率。

应用心理学的分支还有很多，几乎涉及人类活动的各个领域，如社会心理学、文化心理学、性别心理学、性心理学、商业心理学(包括消费心理学、广告心理学等)、法律心理学(包括犯罪心理学、审讯心理学等)、军事心理学、体育心理学、航天心理学等。据统计，到目前为止，心理学的分支多达 100 个(见图 1-5)。随着人类社会实践的不断丰富以及心理学的不断拓展，新的心理学分支还在不断涌现，如近年来又出现了时间心理学、网络心理学等。

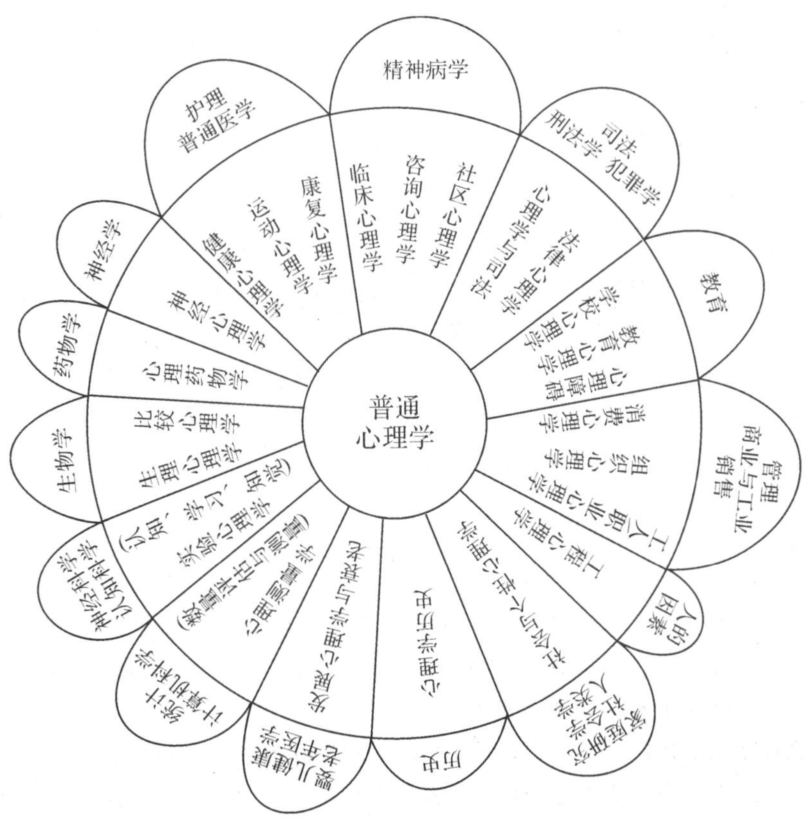

图 1-5　心理学的研究领域

二、心理学的研究任务

心理学的基本任务是研究人的心理现象的发生和发展规律。它主要研究心理活动的过程及其机制、个性心理的形成过程及其机制，以及心理过程和个性心理的相互关系和相关规律。具体来说，心理学有以下三项基本任务：

第一，揭示和描述人的心理及行为。对心理事实用科学语言予以叙述，以便人们认识它。科学不同于艺术描述，它强调确定性、精确性。因此，心理学的描述不仅借助于语言文字，而且借助于数字、公式、图示等。例如，使用标准化智力测验，对某个学校的小学生进行测量，就可以测出每一名学生的智力水平，以及他在这个集体中所处的位置。

第二，理解和说明人的心理及行为。人的心理的产生、发展和变化，包括某种特定性格的形成和改变，都必定依存于一定的条件。找出这些依存条件及其内在的联系，才能对心理现象的所以然给予科学的解释。一般来说，生理特点、年龄因素、个人经历、生活方式和环境影响等，都可能成为解释心理的依据。

第三，预测和干预人的心理及行为。心理学能够运用科学分析手段，在一定程度上预测个体心理和群体心理的发展趋势、表现特点等。预测人的心理活动是为了有效地干预人的心理，使之利于社会、群体和个人的健全发展，这是心理学的根本任务。心理学要做的工作，就是通过控制影响心理的因素来控制心理；减少心理因素的消极影响，增加心理因素的积极影响。例如，我们知道人的性格的形成和发展是受环境影响的，控制影响性格的环境因素就可以使个体形成良好的性格品质。

三、心理学的作用

（一）理论作用

心理学研究在理论上具有重大的意义。首先，心理学的研究成果为哲学提供了科学论据。哲学的基本问题是物质与意识的关系问题，而意识属于心理现象，心理学研究意识的起源和发展，研究意识对客观事物的依存性，研究外界的客观刺激怎样引起脑的活动而产生主观的心理现象等问题。这些成果，有助于加深对物质与意识关系的认识。此外，心理学中对认知规律的研究，还可以为哲学中的认识论提供科学依据。其次，心理学的研究对邻近科学也有一定的理论意义。它的研究成果对文学艺术、美学、社会学、管理学、教育学、人类学、文化学等，具有重要的理论借鉴价值。

（二）实践作用

从前面的应用心理学的分支可以看出，心理学对各种社会实践均具有借鉴价值。这里仅从个人角度谈学习心理学的意义。师范生将来要从事教师职业，可以将心理学的研究成果应用到学习、生活和工作的各个层面，主要体现在以下几个方面。

1. 为搞好教学改革和提高教学质量服务

心理学研究成果运用于教育教学中，可以为教学改革服务以提高教学质量。例如，教师可以运用注意规律来组织教学，运用记忆规律帮助学生识记知识、做好复习等；学生可以根据学习心理学的研究成果来选择学习的方法和策略，以便更好地掌握知识技能，从而提高学习效率，做学习的主人。

2. 为培养学生健全的个性服务

学生的个性形成和发展规律给了教师培养学生健全个性的理论依据，可以促进学生德、智、体、美、劳全面发展。

3. 为增进学生的心理健康服务

提高学生的心理素质，是素质教育的重要组成部分，而心理健康是高心理素质的标志之一。心理学的研究成果使得教师可以帮助学生发展良好的人际关系，保持稳定的情绪状态，维护心理健康、预防各种心理问题。

4. 为学生提高自己的心理修养服务

学生通过学习心理学，可以了解自我意识形成和发展的规律，从而帮助自己提高自我评价、自我调控和自我教育的能力，不断提升自身的心理修养。

四、心理学的研究方法

一百多年来，心理学家们一直致力于将心理学改造为一门严谨的科学，而科学方法的运用与否是保障一门学科是否科学的关键。1879 年，德国心理学家冯特将自然科学的实验法引进心理学，自此，实验法一直是心理学研究的主要方法。心理现象的复杂性和微妙性，导致有些心理现象很难设计实验，因此心理学家们还运用观察法、调查法、测验法、个案法等作为实验法的补充。

（一）观察法

观察法（observation method）是指在自然的条件下，通过对人的外部活动进行系统、有计划的观察，从而发现心理现象产生和发展规律性的方法。

从观察者和被观察者之间的关系来看，观察有两种主要形式：参与观察和非参与观察。前者是观察者成为被观察者活动中一个正式的成员；后者是观察者不参加被观察者的活动，不以被观察者团体中的一个成员而出现。无论采用哪种形式，原则上都应在被观察者不知晓的情况下对其进行观察为宜。这样，被观察者的行为表现才自然真实。通过单向透光玻璃窗或闭路电视录像装置进行观察，被观察者觉察不到有人在观察，就可以观察到其自然真实的行为。

根据观察要求不同，观察法又可以分为长期观察和定期观察。长期观察是指在相当长的时期内进行系统性观察，有计划地积累资料。例如，达尔文的《一个婴孩的生活概述》、陈鹤琴的《一个儿童发展的程序》就是这一类研究。定期观察是指在某一特定的时间里进行观察记录。例如，在每周中几个特定时间里观察小学生的课业责任心的行为表现，待资料积累到一定的时候，进行分析整理得出结论。

为了避免观察的主观性和片面性，获得真实的资料，在使用观察法时应做好以下几点：①观察的目的要明确，计划要周密，尤其是要分清重点、难点；②记录要细致，最好借助录像、录音设备；③分析要客观，防止主观臆测；④观察须在多种条件下进行，以便搞清楚某些现象是偶然的还是规律性的。

观察法的不足是：①在自然条件下，对某种现象难以进行重复观察，观察的结果也难以进行检验和证实；②在自然条件下，影响某种心理活动的因素是多方面的，用观察法得到的结果，往往难以进行精确的分析；③由于对研究条件未加控制，观察时可能出现不需要研究的现象,而要研究的现象却没有出现;④观察的结果容易受观察者的经验和愿望等无关因素的影响;⑤观察结果的质量在很大程度上依赖于观察者的能力。

(二)调查法

调查法(survey method)是指就某些问题要求许多被调查者回答,以对某一心理现象进行研究的方法。调查法可分为问卷法和访谈法两种。

问卷法即书面调查,是研究者根据研究课题的要求,设计出问题表格,让被调查者自行填写,以此来搜集资料的一种方法。这种方法具有可以向许多人同时搜集同类型资料的优点。其缺点是发出去的调查表难以全部收回,只能得到被调查者对问题的相对粗浅的答案。

访谈法即口头调查,是研究者根据预先拟好的问题向被调查者提出疑问,以一问一答的方式进行调查。与问卷法相比,访谈法有如下优点:①可以直接向被调查者解释访谈的目的,可以提高他们回答问题的准备程度;②研究者可以控制访谈进程,可以使调查中的遗漏大为减少;③可以以不同的方式考察被调查者回答问题的真实程度;④可以根据被试的反应提出临时应变的问题,有可能获得额外有价值的资料。它的主要缺点是:①由于在一定时间内访谈数量有限,要收集较多对象的资料太费时间;②研究者必须训练有素,才能掌握访谈法;③研究者的言语不当,被调查者有可能拒答或谎答;④研究者的行为,有时甚至是无意的行为也可能对被调查者的回答有暗示作用。

(三)测验法

测验法(measurement method)是指用经过标准化程序编制的量表(问卷)测量某些心理品质的方法。心理测验按测验内容可分为智力测验、成就测验、创造力测验和人格测验等;按测验规模可分为个别测验和团体测验等。

心理测验的两个基本要求是测验的信度和效度。信度指的是测验的可靠性、稳定性。如果一个人多次参加同一测验,所得测验成绩相同或大致相同,说明这个测验的信度就高;如果一个人多次参加同一测验,所得测验成绩相差悬殊,说明这个测验的信度就不高。例如,一个人在某次智力测验中所测得智商是120,间隔三个月后,再次进行测验得到的智商是75,则说明该智力测验的信度不高。效度是指测验能有效地测量出所要测量的心理品质。如果大家公认某位同学在学习中表现出很高的创造性,而他在创造力测验中也确实得了高分,那说明此测验的效度就高。

心理测验法是客观评定心理品质、获得数据资料的重要方法。心理测验最大的优点是能够对人的心理做量化的反应,使研究更加精确和科学。但心理测验对量表的要求高,同时其有效性在很大程度上还依赖主持者,要求主持者必须经过专门训练。

心理测验是心理学研究的结晶,是一种科学的方法。但在其发展过程中,曾经走向过两个极端。一个极端是测验万能论,无人不用,无所不用,盲目崇拜测验,甚至以一次测验成绩定终身,以致泛滥成灾;另一个极端是测验无用论,认为心理测验误差大,没有科学性,对其全盘否定,视若禁区。历史告诫人们要以科学的、严肃的态度对待心理测验,既不能肯定一切,也不能否定一切,既要充分重视心理测验的发展与应用,也要对心理测验的局限性有所认识。

为了正确对待和使用心理测验,必须对心理测验进行标准化。标准化是指心理测验的编制、实施、记分以及测验分数解释的程序的一致性，且要有较高的效度和信度及常模资料。标准化测验是一个系统化、科学化、规范化的施测和评定过程，它包括了全过程的标准化。因此，只有心理测验中各个环节都实现了标准化，测验才被称作标准化心理测验。心理测验的标准化具体体现在运用标准化的测验材料、统一指导语、统一时限、统一评分标准和建立常模等方面。

(四)个案法

个案法(case study)是指收集单个被试各方面的资料以分析其心理特征的方法。通常收集的资料包括个人的生活史、家庭关系、生活环境和人际关系等方面的资料。根据需要，也常对被试做智力和人格测验，从熟悉被试的亲近者那里了解情况，或从被试的书信、日记、自传或他人为被试写的资料(如传记、病历)进行信息采集和分析。用此种方法的研究，不同于用同一种方法或对许多被试的调查所收集到的资料经由统计分析得出一般性倾向的研究。个案法的研究对象可以是对某一个体，也可以是某个群体组织。

个案法的优点是能加深对特定个体的了解。其缺点是个案法所收集到的资料往往缺乏可靠性，其研究结果也可能只适合于个别情况。因此，个案法通常用于提出理论假设，要进一步检验这个理论假设，则有赖于其他方法。

(五)实验法

实验法(experimental method)是指在严格控制的条件下，对某些心理现象进行研究的方法。它又分为实验室实验法和自然实验法。

实验室实验是在实验室内借助专门的实验设备进行的。它的优点是条件控制严格，有助于发现事件的因果联系，并能对实验结果进行反复验证；不足是实验情景的人为性很强，由于被试态度、情绪等的影响和干扰，容易使实验结果失真。

自然实验也叫现场实验，是在日常生活中进行的实验，虽然也对实验条件进行了适当控制，但它是在人们正常学习和工作的情境中进行的。自然实验在某种程度上克服了实验室实验的缺点，使其结果比较符合实际。但是在自然实验中由于条件控制得不够严格，因而难以得到精密的实验结果。

用实验法进行研究时，在性质、数量上可以变化操纵的，称作变量。其中的一类变量是由实验者操纵、控制的条件，叫自变量。由自变量引起的某种特定反应叫因变量，是实验者应该予以观察、记录或测量的心理和行为变化。在心理实验中，除了要控制自变量外，还要控制其他一些可能影响实验结果的因素，这些因素被称为控制变量或无关变量。

拓展阅读 1-2

心理学与科学

有人曾说：心理学是一门羞答答的学科，对公众而言，许多人们关心的心理问题，却始终没见到心理学的动静，或者是小心谨慎地不敢给出肯定的结论。相比较而言，哲学家、文学家或者部分社会学家却敢于大胆地对任何问题给出自己的答案。其实，这种看法没有区分科学与非科学的界限。

由于人的心理是对客观现实的主观反映，因此，人的认识不可避免地具有不同程度的主观色彩。尤其是人脑具有强大的想象力和创造力，人类几乎可以想象出或者创造出任何观点及观念。例如古代的各种神话或宗教，还有诸如天堂、地狱、神鬼、神迹等各种稀奇古怪的迷信观念。即使是针对现实问题，不同人也可以做出千奇百怪的各种解释。因此，如果没有相对客观的认识手段，人类就难以客观地认识世界、从而有效地改造世界。科学正是人类经数千年的探索而形成的一种比较客观地认识世界的手段。

“科学首先不同于常识，科学通过分类，以寻求事物之中的条理。此外，科学通过揭示支配事物的规律，以求说明事物。”（法国《百科全书》）也就是说，科学知识必须有严谨的逻辑结构，还必须对事物的因果关系及发展规律做出解释。而这里所说的“常识”是指人们在生活过程中积累的直观经验（不包括“科学常识”）。它往往是零散的、没有逻辑结构的，而且往往是只知其然不知其所以然。

科学概念还有广义与狭义之分。广义的“科学”概念包括自然科学、社会科学和人文科学。其实这里所说的“科学”指的是“学科”，是对人类现有知识体系的分类。

而狭义的科学概念仅指经过逻辑与实证验证的知识体系。科学追求的是结论的最大客观性，而结论的客观性又取决于方法的可靠性。科学方法的基础是逻辑，核心是实验。爱因斯坦在1953年在给朋友的一封信中这样写道：“西方科学的发展是以两个伟大的成就为基础，那就是：希腊哲学家发明形式逻辑体系（在欧几里得几何学中）以及（在文艺复兴时期）发现通过系统的实验可以找出因果关系。在我看来，中国的贤哲没有走上这两步……”

科学结论首先必须经过严谨的逻辑论证，不能违背基本的逻辑规则。其次，科学结论还必须有规范的实验、观测等科学方法所获得的实证依据。最后，科学结论还必须经受同行们多次的“重复实验”所验证，从而被科学家“共同体”所认同。由此可知，科学的标准十分严格，目的就是最大可能地保障结论的客观性。

当然，由于人类的认识具有局限性，而客观世界又是异常复杂的，人类永远不能达到绝对客观，因此，科学理论也在随历史条件的改进而不断发展和深化，任何科学结论都不是最终的绝对真理。但严格的科学方法依然是获得相对客观结论的基本保障。

如果按照狭义的科学概念，只有自然科学，还有部分运用了实证方法的社会科学属于科学的范畴，而像哲学、美学、文学艺术、宗教等都不属于科学范畴。因此，这些学科中的观点往往是众说纷纭，派别林立。当然，这些学科各有其社会作用，是科学所不能代替的。

心理学是一门介于自然科学与社会科学之间的中间科学，心理学的研究方法不断地走向科学化，使之科学性不断增强。当然，我们也不得不承认，心理学还是一门不够成熟的科学，许多过于复杂的心理现象难以设计实验。对这些领域，心理学宁可留待以后研究，也不轻易凭空下结论。此外，对于一些比较复杂的心理现象，心理学家们虽然也千方百计地设计了实验，进行了实证研究，但由于问题情境过于复杂，许多变量难以完全有效地控制，即使是实验所得出的结论也未能被多数心理学家所认同，因此，心理学对许多问题还没有形成公认的结论，至今依然存在着不同的派别。但不同派别的观点也都从某种角度对研究的问题给出了一定的合理解释，至少对我们具有某种启发意义。

第三节 心理学的历史与流派

一、西方心理学的渊源

早在两千多年前，古希腊的哲学家、思想家就已有丰富的心理学思想散见于他们的论著之中。如柏拉图(Plato，约前427—前347)关于人性的思考引出了人的行为的三个来源：欲望、情绪和理性，并提出了灵魂先于身体且独立于身体的身心观。亚里士多德(Aristotle，前384—前322)写的《灵魂论》一书是世界上最早关于人类心理方面的专著。自那时起，直至19世纪中叶，在西方有许多学者论及心理学问题，其中不乏真知灼见，但心理学在这漫长的岁月中始终隶属于哲学范畴而无独立的地位。此外，哲学心理学的主要研究方法是内省和思辨，无法保障其结论的客观性。

19世纪中叶以后，由于自然科学的迅猛发展，为心理学成为独立的科学创造了条件，实验方法是自然科学最主要的研究方法，它可以最大限度地排除主观因素，形成相对客观的结论。因此，自19世纪以后，心理学开始摸索着应用实验方法研究心理学现象。

1879年，德国心理学家冯特(W. Wundt，1832—1920)在莱比锡大学建立了世界上第一个心理学实验室，标志着心理学从哲学的母体中脱离出来，成为一门独立的科学。冯特被称为科学心理学之父。

拓展阅读 1-3

从平庸走向神奇的冯特

冯特

冯特出身于德国一个书香门第，其父亲是一名牧师，祖上曾出过医学者及大学校长。因此，父亲对他期望很高，但冯特从小表现的却是平庸、懒散，似乎对一切都不感兴趣，而且他的性格内向，孩童时代他的唯一一个朋友是一个弱智儿童。上小学期间，冯特学习漫不经心，整天无精打采、神情恍惚，连注意力都难以集中，考试经常不及格。为此在小学阶段，他经常被教师当众嘲笑甚至打骂。就连他的父亲也曾被他的那副样子所激怒，当众扇过他的耳光。直到中学阶段，他才逐渐学会了控制自己走神的毛病，但学习成绩依然平平。

中学毕业时，他的父亲病故，家里的积蓄也不多，使得一家人的生活面临困境，他才开始考虑自己的出路，最终决定通过学医自谋职业。但大学的第一年他的起色并不大，直到假期回到家中，切身感受到家庭的经济困难，看到母亲的忧虑，才真正激发了他的斗志。从此以后，他像是忽然换了一个人一样，一头扎进书堆，拼命学习，用3年时间完成了学业，并于1855年在全德国的医学会考中一举夺魁。

不久，他得到了大学生理学讲师资格，并成为著名生理学家赫尔姆霍茨的助手。从此，他成为一个工作狂，整天忙于讲课、做实验，还有编教科书，直到近40岁时才结婚。

1875年，他被聘到德国莱比锡大学任哲学教授。1879年，他创建了世界上第一个心理学实验室，从此，莱比锡成为当时世界心理学的中心，世界各地的许多青年慕名前来学习，冯特也因此名气日盛，为各国培养了大批实验心理学的人才，极大地推动了实验心理学的发展。

由于冯特勤奋治学，成果丰硕。美国著名心理学史专家波林曾统计了冯特从1853年到他1920年去世时的全部著述，共491种，5万多页，相当于在整整68年当中，日夜不停地每两分钟就写一个字。1920年，就在他去世的前几天，他完成了自传《经历与认识》。

资料来源：叶浩生. 心理学史[M]. 上海：华东师范大学出版社，2009：38.

德国心理学家艾宾浩斯（H. Ebbinghaus，1850—1909）曾这样概括地描述心理学的发展历程："心理学有一个漫长的过去，但只有短暂的历史。"可以说，心理学是一门既古老，又年轻的学问。科学心理学的诞生只有一百多年，它还是一门年轻的科学，加上心理现象又是世界上最复杂、最微妙的现象，因此，心理学至今还远远没有将心理现象研究透彻，还存在大量空白领域或悬而未决的问题有待今后不断探索。心理学未来的研究任务依然还很艰巨，但是前景也很远大。不少学者预言，心理学终将成为整个科学的领军者之一。

二、西方心理学的主要流派

冯特不仅建立了第一个实验室，而且还提出了第一个心理学的理论体系。但在当时的条件下，心理学形成一个完整体系的条件并不成熟，因此很快就受到了各种挑战。许多新学派纷纷出现，并形成了十分激烈的学术之争，进而形成百家争鸣、学派林立的局面。

铁钦纳

（一）构造主义

构造主义学派流行于19世纪末20世纪初，其代表人物有冯特、铁钦纳等。该学派的奠基人冯特把化学中"元素"的概念运用于心理学的研究中，试图通过找到组成复杂心理活动的元素并发现心理组合的方式与规律。冯特的学生铁钦纳（E. B. Titchener，1867—1927）继承了冯特的思想，将这种重视心理结构的研究命名为"构造主义心理学"。他们认为最简单的心理元素有感觉、意象和感情，各种心理现象都是这些元素不同组合的结果。

詹姆斯

由于构造主义心理学促进了实验心理学的发展，但它只重视对心理结构的研究，严重脱离实际，受到了不少心理学家的批评，被称作"砖瓦和泥浆的心理学"。

（二）机能主义

机能主义学派流行于20世纪初，其代表人物有詹姆斯（W. James，1842—1910）、杜威（John Dewey，1859—1952）等。机能主义心理学只强调心理的作用和功能，认为意识并不是人体的附着物，而是人适应环境的工具。心理学的任务与其说是揭示心理的构成元素，不如说是研究它在人适应环境中的机能与作用。

由于机能主义十分强调心理在人对环境适应中的重要性，因而促进了心理学朝应用方向的发展。动物心理、儿童心理、变态心理、心理测验等研究领域的开拓和发展都与机能主义学派有关。

(三)格式塔心理学

格式塔心理学派创立于1912年，其代表人物有韦特海默(M. Wertheimer, 1880—1943)、苛勒(W. Köhler, 1887—1967)和考夫卡(K. Koffka, 1886—1941)等。格式塔为德文“Gestalt”的汉语音译，原意为“形式”、“整体”、“完形”等，所以，格式塔心理学又称完形心理学。格式塔心理学认为，整体不能还原为部分或元素，整体大于部分之和；整体先于部分而存在，并制约着部分的性质与意义。例如，正方形由四条直线组成，但不能归结为“四条直线”，因为同样的“四条直线”若排列不同，正方形就不在了。格式塔心理学运用整体性原则对知觉、学习和思维等领域做出了突破性的贡献。

韦特海默

(四)行为主义

行为主义学派于1913年诞生于美国，其创始人是华生(John B. Watson,1878—1958)，之后的代表人物还有托尔曼、斯金纳等。行为主义试图将心理学改造成一门彻底的自然科学，由于过去的心理学一直以意识(即内部心理过程)为研究对象，而意识不可观察，难以测量，很难对其做出客观的研究。因此，行为主义主张将心理学的研究对象由意识转向行为。他们把心理现象简化为刺激—反应(S-R)模式，即环境变化与行为变化之间的关系。由于行为主义把心理学的研究对象转向了可观察的行为，从而能够更加严格地运用实验、测量等客观方法，对心理学的科学化发挥积极作用，因此，它一诞生就很快在世界各国心理学界产生了强烈反响，并占据心理学的主流地位半个世纪之久。

华生

但由于它过于极端，否认心理学是研究心理现象的科学，结果成了不研究心理的心理学。虽然后来的新行为主义做了一定的调整，加入了内部心理过程，但依然侧重于行为研究，这就不可避免地窄化了心理学的研究范围，并限制了心理学向纵深发展。因此，到20世纪60年代以后，行为主义逐渐衰落。

(五)精神分析

精神分析学派由奥地利精神病学家弗洛伊德(S. Freud, 1856—1939)于1900年创立，流行至今。代表人物还有荣格、埃里克森等。弗洛伊德重视对人的潜意识心理的研究，并把它视作人

弗洛伊德

的最重要的行为原因。

弗洛伊德认为，人的一切个体的和社会的行为，都根源于心灵深处的某种欲望或动机，特别是性欲的冲动。欲望以潜意识的形式支配人，并且表现在人的正常和异常的行为中。欲望或动机受到压抑，是导致精神病的重要原因。精神分析理论开创了潜意识现象的研究领域，是对心理学的一大贡献，此外还对精神病学、哲学、社会学、人类学、文学等领域产生了广泛而深远的影响。但毋庸置疑，该理论过分夸大了潜意识的作用，过分强调性欲的动机作用，这是片面的。

马斯洛

（六）人本主义

人本主义心理学形成于 20 世纪 50 年代末，流行至今，其代表人物有马斯洛（A. H. Maslow，1908—1970）、罗杰斯等。人本主义心理学强调人性的积极面，主张心理学应促进人的潜能的发挥，并使人发展成为“健康的人”。人本主义主要研究人的需要、动机及健全人格，提倡自我实现。它的理论正受到越来越多的心理学家的青睐，被称为继行为主义与精神分析之外的“第三力量”。但是，人本主义学派所使用的研究方法不够科学和客观，其理论难以得到检验。

（七）现代认知心理学

现代认知心理学创立于 1967 年，盛行至今，其代表人物有奈瑟、西蒙等。认知心理学把人比作计算机，看作是信息加工者，一种具有丰富的内在资源，并能利用这些资源与环境发生相互作用的、积极的有机体。现代认知心理学继承了行为主义的客观的研究方法以及格式塔心理学在知觉、思维和问题解决等领域的研究成果，承认在人类信息加工中存在某些无意识的过程，并用客观的方法研究这些过程。在此基础上，现代认知心理学还发展了一些特有的研究方法如计算机模拟法、发声思维法等。可以说，现代认知心理学为心理学提供了一种新的研究范式，它的影响遍布现代心理学的整个领域，代表了现代心理学发展的趋势。

西蒙

拓展阅读 1-4

获得诺贝尔奖的心理学家

尽管诺贝尔奖并未设心理学奖项，但 1973—2002 年，共有四位心理学家获得诺贝尔奖。他们是：洛伦兹（生理或医学，1973）、西蒙（经济学，1978）、斯佩里（生理或医学，1981）、卡内曼（经济学，2002）。此外，获奖的还有巴甫洛夫，但他死都不承认自己是心理学家。据说弗洛伊德坚信他关于潜意识的理论肯定能够获得诺贝尔奖，但令他遗憾的是终身未能如愿。下面我们来分享获奖者的故事。

1. 不愿做心理学家的心理学家——巴甫洛夫

巴甫洛夫早在1904年的第四届诺贝尔奖颁奖典礼上，在我们大多数普通心理学教科书中都会出现的大名鼎鼎的俄国生理学家巴甫洛夫就获得了诺贝尔生理或医学奖。不过在这里，我们不把他当作第一个获得诺贝尔奖的心理学家，原因有二：一是巴甫洛夫从来都不承认自己是心理学家；二是他获奖并非由于他对心理学影响巨大的经典条件反射学说，而是因为其在消化生理学研究中的巨大贡献。

巴甫洛夫一生致力于研究关于消化的生理机制，但他在狗身上做消化实验的过程中发现了条件反射现象，从而进入了心理学的研究领域。他的条件反射学说以及对高级神经类型的研究，对心理学产生了重大影响。但由于20世纪初期，心理学的实验研究刚刚起步，没有受到科学界的重视，因此，巴甫洛夫十分抵制当时的心理学，脾气暴躁的他甚至声称：如果他的学生胆敢使用心理学术语，就枪毙了他。

到老年的时候，巴甫洛夫对心理学的态度有了松动，他认为，“只要心理学是为了探讨人的主观世界，自然就有理由存在下去”，但这并不表明他愿意把自己当作一位心理学家。直到弥留之际，他都念念不忘声称自己不是心理学家。但尽管如此，鉴于他对心理学领域的重大贡献，人们还是违背了他的“遗愿”，将他归入了心理学家的行列，并由于他对行为主义学派的重大影响而视其为行为主义学派的先驱。

2. 习性学创始人——洛伦兹

洛伦兹是奥地利动物学家、习性学创始人之一，他开创了在自然条件下观察动物行为的方法，对鸟类行为的研究做出了独特贡献，并提出了动物本能行为的固定行为模式和动物学习的“印记”等概念。1973年与K. 弗里希、N. 廷伯根共同获得诺贝尔生理或医学奖。

洛伦兹孩童时代就喜欢饲养动物，并对它们的行为产生了极大的好奇心。大学期间，他开始用比较解剖学的方法研究动物的行为。在1935年出版的《鸟类的社会行为》一书中，他总结了对30多种鸟类的比较研究，分析了亲鸟、幼鸟、性配偶和其他亲属的行为功能和引起这些行为的条件。该书是应用比较方法研究动物行为的一个典范。

洛伦兹的另一个重要发现是鸟类动物的“印记”（又称“印刻”）现象。洛伦兹用人工孵化器孵化灰雁的卵，幼雏出壳后，首先看到的是洛伦兹，而不是母灰雁。因此，洛伦兹走到哪里，灰雁的幼雏即尾随到哪里。以后，即使有母灰雁在旁，幼雏也尾随洛伦兹。他曾研究了灰雁、绿头鸭和寒鸦等各种鸟类的印记行为，并比较了它们之间的差异。洛伦兹还深入地研究过本能理论并提出了欲求行为的概念，这些概念对于理解动物行为具有重大意义。

3. 身兼心理学家的经济学大师——西蒙

赫伯特·西蒙和纽厄尔等人共同创建了信息加工心理学，开辟了从信息加工观点研究人类思维的方向，推动了认知科学和人工智能的发展。1969年，他获得了美国心理学会颁发的杰出科学贡献奖。

西蒙的博学足以让世人折服，他大学期间主攻的是政治专业，同时自学了大量经济学、心理学和计算机等多种学科的知识。他最先取得的是政治学博士，后来又相继取得法学、经济学、科学等九个博士头衔。他曾在多所著名大学执教，先后担任过政治学、心理学、计算机教授，同时还活跃于企业界、行政机构及多种顾问公司。雄厚的理论功底以及大量的社会实践，使他总结出了一套管理决策理论，形成了以社会系统理论为基础，吸收古典管理理论、行为科学(含心理学)和计算机科学等内容而发展起来的一门边缘学科。由于他在决策理论研究方面的突出贡献，被誉为经济组织决策管理大师，获得了1978年度诺贝尔经济学奖。

此外，他的研究成果还涉及科学理论、应用数学、统计学、运筹学、经济学和企业管理等方面，在这些领域中他都发挥了重要的作用，人们完全可以以他的思想为框架来对该领域的问题进行实证研究。

4.“裂脑人”的研究者——斯佩里

罗杰·斯佩里是美国神经心理学家，他首先把猫、猴子、猩猩联结大脑两半球的神经纤维(最大的叫胼胝体)割断，称为“割裂脑”手术。这样，两个半球的相互联系被切断，外界信息传至大脑半球皮层的某一部分后，不能同时又将此信息通过横向胼胝体纤维传至对侧皮层相对应的部分。每个半球各自独立地进行活动，彼此不能知道对侧半球的活动情况。后来，这一方法在临床上用于顽固性癫痫病人的治疗，获得较理想的疗效，癫痫发作几乎完全消失。斯佩里又设计了精巧而详尽的测验，在做割裂脑手术的人恢复以后，进行了神经心理学的测定，获得了人左右两半球机能分工的第一手资料，发现两半球机能的不对称性，并发现右半球也有言语功能，从而更新了优势半球的概念。裂脑人的每一个半球都有其独自的感觉、知觉和意念，都能独立地学习、记忆和理解，两个半球都能被训练执行同时发生的相互矛盾的任务。斯佩里的研究，深入地揭示了人的言语、思维和意识与两个半球的关系，成绩卓著，因此获得了1981年度诺贝尔生理或医学奖。

5.把心理学与经济学结合起来的人——卡内曼

丹尼尔·卡内曼具有以色列与美国双重国籍，自1993年起，担任普林斯顿大学心理学和公众事务学教授。

卡内曼将心理学研究的视角与经济学结合起来，成为这一新领域的奠基人。在他之前，经济学和心理学在研究人类决策行为上有着极大的区别：经济学的观点认为外在的激励形成人们的行为，而心理学恰恰相反，认为内在的激励才是决定行为的因素。卡内曼在不断修正“经济人”的基本假设的过程中，看到了经济理性这一前提的缺陷，也就发现了单纯的外在因素不能解释复杂的决策行为，由此正式将心理学的内在观点和研究方法引进了经济学。

卡内曼最重要的成果是关于不确定情形下人类决策的研究，他证明了人类的决策行为如何系统性地偏离标准经济理论所预测的结果。卡内曼的研究激发起新一代的经济学和金融研究者将认知心理学的观点应用于人类内在的行为动机的研究，掀起了行为经济学和金融学的研究热潮。

2002年，诺贝尔经济学奖授予了行为经济学和实验经济学的先驱者——美国普林斯顿大学的丹尼尔·卡内曼和美国乔治·梅森大学的弗农·史密斯(Vernon L. Smith)。其中，卡内曼的获奖理由就是“把心理学成果与经济学研究有效结合，从而解释了人类在不确定条件下如何做出判断”。

复习思考题

1. 什么是心理学,它的研究对象是什么?
2. 心理现象包括哪些内容?
3. 心理学的学科性质是什么?
4. 心理学都有哪些分支领域?各领域有哪些心理学分支学科?
5. 心理学的研究任务是什么?
6. 心理学的作用是什么?
7. 心理学是如何产生的?它的产生主要受到了哪些学科的影响?
8. 现代心理学有哪些主要流派,他们的代表人物是谁?
9. 行为主义学派、精神分析学派、人本主义学派和认知学派的基本理念是什么?
10. 简述观察法、调查法、个案法、实验法等心理学研究方法及其优缺点。

参考文献

1. 黄希庭. 心理学导论[M]. 北京:人民教育出版社,1991.
2. 彭聃龄. 普通心理学[M]. 修订版. 北京:北京师范大学出版社,2004.
3. 张春兴. 现代心理学——现代人研究自身问题的科学[M]. 上海:上海人民出版社,1994.
4. 车文博. 心理学原理[M]. 2 版. 哈尔滨:黑龙江人民出版社,1997.
5. 叶奕乾,何存道,梁宁建. 普通心理学[M]. 2 版. 上海:华东师范大学出版社,2008.
6. 章志光. 心理学[M]. 3 版. 北京:人民教育出版社,2002.
7. 韩永昌. 心理学[M]. 2 版. 上海:华东师范大学出版社,2001.
8. 郭黎岩. 心理学[M]. 3 版. 南京:南京大学出版社,2012.
9. 全国十二所重点师范大学. 心理学基础[M]. 2 版. 北京:教育科学出版社,2008.
10. 杨雄里. 脑科学的现代进展[M]. 上海:上海科技教育出版社,1998.
11. 沈德立. 脑功能开发的理论与实践[M]. 北京:教育科学出版社,2001.
12. 叶浩生. 心理学史[M]. 上海:华东师范大学出版社,2009.
13. 崔丽娟. 心理学是什么[M]. 北京:北京大学出版社,2002.
14. [美]墨顿·亨特. 心理学的故事[M]. 李斯,译. 海口:海南出版社,1999.
15. [美]罗伯特·费尔德曼. 心理学与我们[M]. 黄希庭,等译. 北京:人民邮电出版社,2008.
16. 朱智贤. 心理学大词典[M]. 北京:北京师范大学出版社,1989.
17.《心理学百科全书》编辑委员会. 心理学百科全书[M]. 杭州:浙江教育出版社,1995.

第二章　认知心理

【内容提要】

本章分注意、感觉与知觉、记忆、想象与思维四节内容。

注意包括:注意的定义与性质、注意的种类、注意的品质、注意规律在教学中的应用。

感知觉包括:感知觉的定义与种类、感觉的规律、知觉的特性、错觉与观察,以及感知规律在教学中的应用。

记忆包括:记忆的基本过程、记忆的种类、遗忘及其规律、如何有效组织复习。

想象和思维包括:表象与想象的定义与种类、思维的种类、问题解决的定义与基本过程以及影响问题解决的因素。

【学习目标】

1. 知道认知过程包含的成分,理解认知过程是人类进行其他心理活动的基础。
2. 能说出注意的定义及其特征,并能举例说明。
3. 领会感觉的发生、基本规律及其应用。
4. 了解知觉的特性及其类型。
5. 能正确表述感觉与知觉的联系、区别。
6. 能说出瞬时记忆、短时记忆和长时记忆三种记忆类型的特点。
7. 理解艾宾浩斯遗忘曲线并能领会应用。
8. 能说出影响遗忘的主要因素,并能表述如何有效组织复习。
9. 能有效运用学习中增进记忆的方法。
10. 能说出思维的概念及人类思维过程的表现形式。
11. 能清晰表述问题解决的基本过程和影响问题解决的因素。

【关键词】

注意;无意注意;有意注意;有意后注意;注意的稳定性;注意的广度;注意的分配;注意的转移;感觉;知觉;感觉适应;感觉对比;联觉;知觉的选择性;知觉的整体性;知觉的理解性;知觉的恒常性;错觉;观察;记忆;再认;回忆;瞬时记忆;短时记忆;长时记忆;遗忘规律;前摄抑制;倒摄抑制;想象;有意想象;无意想象;创造想象;再造想象;表象;思维;聚合思维;发散思维;问题解决

人类如何认识世界?这是古老而富有挑战性的心理学问题。认知过程(cognitive process)就是人对客观世界的认识过程,包括感觉、知觉、记忆、想象、思维等,它是人类其他心理活动的基础。人类认识世界是从感觉和知觉开始的,并从众多的感知信息中将有用的信息筛选过滤,储存到记忆系统,继而形成表象和概念。表象构成了想象的基本元素，概念构成了思维的基本元素。想象与思维都属于人类高级的认知过程，尤其是思维，它属于认识的理性阶段，可以反映事物的本质属性及发生发展规律。此外，在上述认知过程中，都离不开注意的参与，只有在集中注意的心理状态下，上述认知过程才能顺利进行。

第一节 注 意

一、注意概述

（一）注意的定义

我们每个人都生活在丰富繁杂的世界里，大量的信息无时无刻不在作用于我们的感觉器官，但是我们不可能接受来自外界的所有刺激。我们没有能力同时处理这么多的信息，所以我们需要有选择性地接受外部刺激，而后进行精细加工，这种心理状态就是注意。

注意(attention)是指心理活动对一定对象的指向与集中。人们平时所说的“留心”、“留意”、“专心”都是注意的通俗表述，还有“聚精会神”、“专心致志”则是表示高度集中的注意状态。

指向性和集中性是注意的两个基本特性。

指向性是指心理活动不能同时反映所有对象，而是有选择性地反映某个对象同时忽略其他对象。例如学生在上课认真听讲时，他的注意不是指向所有外界刺激的，而是有选择性地指向教师的讲课内容，忽略无关刺激。

集中性是指心理活动聚焦于一定对象上，同时保持一定的强度和紧张度，以使对象得到清晰的反映，并抑制无关活动。如“两耳不闻窗外事，一心只读圣贤书”，这样才能使注意聚焦于“圣贤书”，而大脑中“窗外事”则处于抑制状态，以保证学习的效率。

（二）注意的性质

注意不是一种独立的心理过程，而是伴随各种心理过程的一种心理状态。平时我们说“注意看”、“注意听”，这是注意与感知觉相伴随，“注意记”、“注意思考”是注意与记忆或思维相伴随，有时我们只说“注意了”，实际上是在特定情境中口语表述时将“看”、“听”、“想”等内容省略了。注意是一种反映心理活动方向性和凝聚状态的一个概念，它本身不能反映任何事物，但它是各种心理反映形式(如感知觉、记忆、思维等)不可缺少的前提条件，是所有心理活动的基础。

（三）注意的功能

注意对完成各种心理活动都具有重要作用。它主要有以下功能：

(1)选择功能。每个人都时刻生活在一个信息的“海洋”里，内外环境里的各种刺激信息像空气一样无处不在。注意如同一个“过滤器”，它首先负责在大量信息中选择其中少量信息加以接收，同时，把大量的环境信息忽略掉不予接收。一般情况下，个体只选择那些与当前活动有关或者是符合自身需要的信息，而把其他无关信息过滤掉。

(2)维持功能。被选择接收的信息输入大脑，大脑在加工这些信息的整个过程中仍然需要注意参与，以保证信息加工活动的顺利进行。因此，注意是维持心理活动顺利进行的必要前提。

(3)监控功能。在维持信息加工的过程中,注意还负责监控信息加工的方向、进展及质量,尽量避免或减少信息加工过程中的失误,若发现问题能及时调整和纠正,以确保按预定目标完成活动任务。

二、注意的种类

根据注意的意识水平,可将注意划分为无意注意、有意注意、有意后注意三种。

(一)无意注意

无意注意也称不随意注意,是指事先没有预定目的,也无须意志努力的注意。比如学生们正在认真听讲,这时候突然闯进一位迟到的学生,大家都不由自主地将目光投向他。在这种情况下,我们对注意的对象没有事先的任何准备、没有明确的认知目的,注意的引发与维持不是通过个体的意志努力,而是由外部刺激所引发。无意注意一般维持的时间很短,往往很快消失或者转移到别的事物之上。

引起无意注意的因素主要有两个方面:

1.刺激物的特点

(1)刺激物的新颖性。新颖的刺激往往容易引起人的无意注意,而刻板、单调的刺激不容易引起无意注意。如学生在上课时,门口走过一位普通同学一般不容易引起大家的无意注意,但若是一位身着动物装准备去演出的同学,则很容易吸引大家的无意注意。

(2)刺激物的强度。一般而言,刺激强度越大,越容易引起无意注意。如学生上课时“嘭”一声巨响,或者传来饭菜浓烈的香味,都会引起学生的无意注意。

(3)刺激物的活动和变化。活动变化的刺激比静止不变的刺激更容易引起人们的无意注意。如夜晚酒店前闪烁的霓虹灯容易引起人们对这家酒店的无意注意。

(4)刺激物之间的对比关系。刺激物在大小、颜色、形状、强度和声音等方面与周围刺激物形成显著反差时,更容易引起人们的无意注意。如“鹤立鸡群”时,人们很容易注意到鹤的存在。“万绿丛中一点红”,人们很容易注意到那一点红的存在。

上述规律在商业广告中被广泛应用。人们在设计广告时,千方百计地制作得醒目、新颖,或不断地变动,或形成强烈反差等,都是为了首先引起广大消费者的无意注意,以达到宣传其产品的目的。

2.个体本身的状态

无意注意虽然主要是由环境刺激引发的,但个体的主观状态也对其有一定作用。

(1)个体的需要和兴趣。凡是能满足个体某种需要或兴趣的刺激,更容易引起个体的无意注意。例如,一个需要购买衣服的人或者平时对服装感兴趣的人,往往更容易无意间留心别人的衣服。相反,人们对自己不需要的或不感兴趣的事物,往往“视而不见”、“充耳不闻”。

(2)个体的身心状态。一个人在身心轻松愉快时更容易留意周围的事物,相反,一个情绪低落或身心疲惫的人,往往对周围事物丧失兴趣。

(二)有意注意

有意注意也称随意注意,指有预定目的,需要意志努力的注意。如学生初学“心理学基础”课程时，觉得非常枯燥，但是为了期末考试以及考教师资格证书，就必须克服困难，上课认真听讲，下课认真复习，这就是有意注意。

有意注意是为完成某种活动任务服务的，因此，完成活动任务就是它的预定目的。此外，由于人们在生活中需要完成各种活动任务，如学习、工作、劳动等，这些任务大多需要较长时间才能完成，往往还需要克服一些困难，所以，有意注意大多持续的时间较长，容易出现注意的疲劳，产生“分心”现象，这就需要个体通过意志努力排除干扰和“分心”现象、克服困难，才能最终完成任务，所以有意注意往往需要意志努力。

引起和保持有意注意的方法有以下三种：

1.加深对活动目的的理解

有意注意本身就是需要预定目的的，因此，活动目的越明确具体，对活动意义的理解越清晰，有意注意就越容易引起和保持。例如教师上课时往往都强调本课程所讲授的知识对学生将来具有重要意义，这就是在让学生明确学习的目的，引起对学习内容的重视，以利于引起和保持学生学习时的有意注意。相反，如果一个人对当前活动感到意义不大，甚至不清楚活动的目的是什么，就容易出现“漠不关心”或“分心”的现象。

2.培养间接兴趣

直接兴趣是对活动过程本身的兴趣，而间接兴趣是对活动的结果的兴趣。如有人学习外语是对外语本身感兴趣，这属于直接兴趣，而有人学外语只是把它当作考试晋升的“敲门砖”，这属于间接兴趣。人们对于有直接兴趣的活动，注意会被活动所吸引，无须意志努力（见下面的“有意后注意”）。而对没有直接兴趣的活动，可能通过培养间接兴趣来引起和保持有意注意。如一位儿童在学习绘画过程中，对绘画本身过程没有直接兴趣，但每当绘完一幅作品后，都能得到老师和同伴的赞赏，因此这位儿童对绘画的注意一直得以维持下去。

3.同干扰做斗争

人在完成比较复杂、有较大难度或者处于存在大量干扰因素的环境里，需要个体想办法排除干扰或者通过个体的意志努力同干扰做斗争，这样才能长时间集中注意力，顺利完成活动任务。

（三）有意后注意

有意后注意也称随意后注意，是指既有预定目的，又无须意志努力的注意。

有意后注意通常由有意注意转化而成，浓厚的直接兴趣则是转化的条件。例如，人们在刚开始进行某项工作时，需要意志努力参与才能将注意维持在这项工作上，但时间久了，对该项工作产生了浓厚的兴趣后，即使没有意志努力也可以将注意维持在该项工作中，而对这项工作的注意仍然是有目的、自觉的。

有意后注意是注意的一种高级形式，它对提高活动效率具有巨大的积极作用。例如，人们在自己感兴趣的娱乐活动中的注意状态就属于有意后注意。在这类活动中，注意自发地被活动所吸引，不需要做意志努力。一个人如果能够对学习或工作形成直接兴趣，产生有意后注意，则对个人发展具有重大的积极意义。

以上三种注意是可以相互转化的。比如，商业广告首先是引起一个人的无意注意，如果此类产品与他的需要无关，他对此的无意注意会很快消失或转移，但如果他发现此类产品正是自己最近想购买的东西，他便会继续注意广告所提供的细节信息，还可能到别处继续打听或查询此类产品的各方面情况，这时的注意就转化为有意注意了。有意注意一旦与直接兴趣相结合便转化为有意后注意。

三、注意的品质

人与人之间在注意方面存在着个体差异，一个人注意力的好坏，可以从以下几个方面来衡量：

（一）注意的稳定性

注意的稳定性是指注意指向与集中于某一对象所能维持的时间，这是注意在时间上的特性。注意的稳定性有狭义和广义之分。

狭义的注意稳定性是指注意保持在同一对象上的时间，但一般而言，人的注意很难长时间地对某一特定对象保持不变，而是会产生周期性的加强和减弱的现象，这叫作注意的起伏现象。如图 2-1 所示，我们盯着这幅图看，会感觉中间的正方形一会儿凸起，一会儿凹进。注意的起伏现象是一种正常的生理现象，并不会影响注意的稳定性。

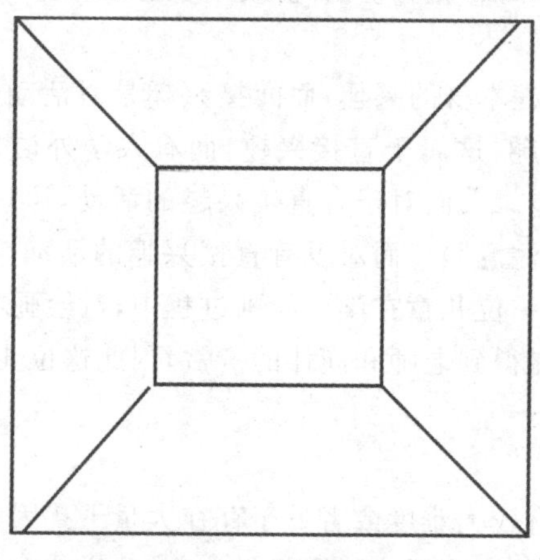

图 2-1　注意的起伏

广义的注意稳定性是指注意保持在同一活动上的时间，并随着活动的进行变化注意的具体对象。如学生在复习考试时，根据不同的内容，一会儿记忆概念，一会儿进行知识的梳理，一会儿进行联系实际，虽然注意的具体对象发生变化了，但还是集中在同一总任务即复习上。

与注意稳定性相对的是注意的分散，即我们平时所说的“分心”。注意的分散是指注意离开了当前的活动任务，而指向与当前活动无关的内容上。如某些学生在上课时经常走神，被一些无关刺激所分心。注意的分散会使活动效率大大降低。现实中，有些人的注意稳定性好，可以数小时保持稳定的注意，而有些人则容易“分心”，注意保持在同一活动上的时间不长。因此，克服注意的分散，保持注意的稳定性对学习和其他实践活动都有着重要的意义。

（二）注意的广度

注意的广度也称注意的范围，是指在同一时间内，意识所能清楚把握对象的数量。实验研究表明，注意的广度受到刺激物的特点、个体的知识经验以及任务难度等多种因素影响。对于简单任务，注意的广度为 7±2，即 5～9 个；而对没有意义联系的符号的注意广度一般在 4～6 个。

注意的广度直接制约着个体知觉的范畴，从而影响到每次知觉所能接收到的信息的数量。这对活动效率具有一定的影响作用。如在阅读中，每次注意到的字数多少累积起来就会影响到阅读速度。小学低年级的学生在阅读时往往是一个字到两个字地阅读，其阅读速度很慢；而文化水平高的成人往往能够“一目半行”地阅读。所谓“一目十行”是对注意广度夸张的说法。一般来讲，人们对自己越熟悉的事物，注意的广度越大。此外，刺激物的组合特点也是影响注意广度的客观因素。比如彼此无关、不成句子的一行文字，人们的注意广度一般在 4～6 个，但如果组合为有意义的句子，就可以大大扩大注意的广度。

（三）注意的分配

注意的分配是指在同一时间内，将注意同时指向两种或两种以上的活动或对象上。我们平时所说的“一心二用”就是指注意的分配，在日常生活中这样的例子比比皆是，如学生一边听讲，一边记笔记；演员一边歌唱，一边弹钢琴；司机一边踩油门，一边换挡，同时还要手握方向盘，观察路况。正是由于注意分配的可能，所以我们在从事很多活动时能够“眼观六路，耳听八方”。

但注意的分配是有条件的。第一，同时进行的几项活动中，必须有一些活动是熟练的甚至是达到自动化程度的。如对于成人而言，一边骑自行车一边接电话根本没有问题，但是对于一个刚刚学会骑自行车的孩子而言，他无法一边骑车一边接电话。第二，同时进行的几项活动之间应该有内在的联系。如自弹自唱一般只能是同一首曲子，如果弹的是《高山流水》而唱的又是《春江花月夜》，一般是办不到的。另外，同时进行的活动若是在同一感觉通道，需要用相同的心理操作完成的话，也很难做到注意的分配。早在 1400 多年前，北齐的刘昼就设计了考察注意分配的实验，结果表明：“使左手画方，右手画圆，无一时俱成。”

注意分配是完成许多复杂活动的必要条件，如果活动不够熟练、注意分配能力不强，则难以完成活动任务，甚至出现严重失误，造成重大损失。例如，开车不熟练的人，在遇到紧急情况时往往因注意分配能力不足而顾此失彼，酿成车祸。

（四）注意的转移

注意的转移是指根据新任务的需求，主动地将注意从一个对象转到另一个对象，或从一种活动转到另一种活动上。如学生复习考试时，先复习语文，然后根据新任务的需求，主动地转而复习数学，这就是注意的转移。此外，在同一活动中，也需要注意在不同对象上来回转移。如学生上课时，一会儿看书，一会儿看黑板，这也属于注意的转移。

注意的转移不同于注意的分散。注意的转移是根据活动需求，有意识地将注意从一个对象上转向另一个对象；而注意的分散是在需要注意维持稳定时，注意的中心却离开了当前的活动任务。

现实生活中有些工作需要人们的注意在不同活动对象上快速、及时地来回转移，注意转移速度太慢的人往往难以胜任此类工作。

四、注意规律在教学中的应用

(一)运用无意注意规律组织教学

教师在教学过程中,应当善于运用无意注意的规律来组织学生的注意,如教师应当尽量消除干扰注意的因素,包括教室周围尽量保持安静,教室内光线合宜等。此外,教师在教学中应当尽量避免出现与教学内容和教学方法无关的新奇刺激,防止分散学生的注意力。例如,教室布置应当尽量简洁大方,不要张贴过多图片,教师穿着不能过于奇异等。

同时,教师也应尽量创造条件,通过改变刺激的强度、对比性、新颖性、活动方式等把学生的注意吸引在教学活动之中。如在讲到重点时,提高音量,适当重复,变化教学方式等。

(二)运用有意注意规律组织教学

教师在教学过程中,还应当善于运用有意注意的规律来组织学生的注意,不仅要保护和激发学生对学习的直接兴趣,还要加强他们对活动目的及活动结果的理解,培养学生学习的自觉性和克服困难的意志。如在教授新课一开始时就先向学生说明这门课的目的、任务和意义,在每章节讲解前都先明确提出学习的目标、任务和要求。另外,在学生努力取得一定成绩时,教师要及时给予表扬和赞赏,使学生加强对学习结果的重视,以激发其学习动机。此外,教师还应当辅助学生克服各种注意力的困难。

(三)激发学生的直接兴趣,引发有意后注意

最后,教师在教学过程中,还应当善于运用注意的转化规律来组织学生的注意。在教学中,教师不能过分要求学生依靠有意注意完成学习,这样容易使学生产生疲劳,但如果让学生单纯依靠无意注意来学习,一方面教师无法做到,另一方面对学生意志力的培养也是不利的。因此,在教学中,教师应当尽量培养学生的直接兴趣,使学生的有意注意向有意后注意转化。学生对学习内容一旦产生有意后注意,注意维持就轻松很多,同时也有预设目的,学习效率大大提高。

第二节　感觉与知觉

一、感觉的定义与种类

(一)感觉的定义及作用

每个物体都有着它的形状、颜色、气味、重量等多种属性,我们没有一个感觉器官可以将这些属性全部反映出来,只有通过一个个感觉器官,分别反映物体的各个属性。如一个苹果,由苹果表面反射的光波进入人的眼睛,让我们感觉到苹果是红色的;苹果的外围轮廓线条作用于眼睛,让我们感觉到苹果是圆的;苹果内部的某些化学物质作用于舌头,让我们感觉到苹果是甜的;苹果压迫皮肤表面,让我们感觉到苹果是重的,这些“红色的”、“圆的”、“甜的”、“重的”都是我们对苹果的感觉。因此,感觉(sensation)是指脑对直接作用于感觉器官的客观事物个别属性的反映。

感觉是全部心理活动的开端，感觉的作用就是接收环境信息。它是一切高级的心理现象的基础。对任何一个正常人来说，如果没有了感觉是无法忍受的，感觉剥夺实验就证明了这一点。

拓展阅读 2-1

感觉剥夺实验

1954 年，加拿大心理学家赫布与贝克斯顿等进行了首例感觉剥夺实验，如图 2-2 所示。

实验过程中将被试置于一个与外界完全隔离的房间里。给被试带上护目镜，以剥夺其视觉。堵住耳朵，并以空气调节器发出的单调声音以限制其听觉。手臂戴上纸筒套袖和手套，以限制其触觉。被试除了进食与排泄外，就是无聊地躺在床上昏睡或胡思乱想。

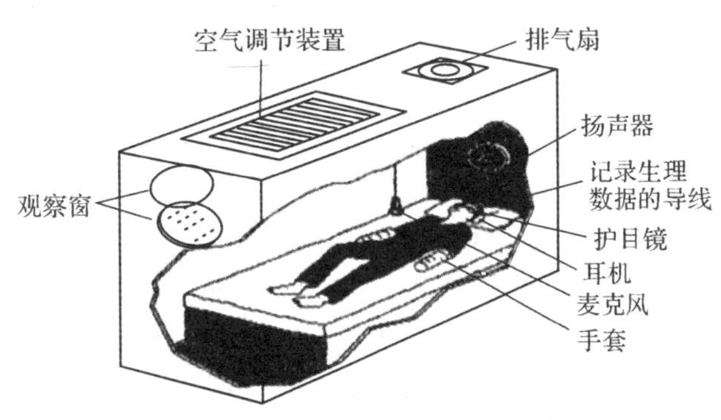

图 2-2 感觉剥夺实验

实验的被试是用高薪聘请来的大学生，以时间计算报酬，以鼓励被试尽可能坚持较长时间，以观测其心理及行为反应。当然被试可以随时要求中止实验。

实验中多数被试待了几个小时后便开始出现不适感，随着时间的延长，种种心理问题相继出现并逐渐加重。多数被试最多能坚持到第四天，经测试发现了一些心理障碍，诸如注意不能集中、不能连续清晰地思考问题，还出现紧张、焦虑、恐惧等情绪，甚至出现幻觉。个别被试坚持的时间超过了四天，但即便给予再高的报酬也没人能够坚持到一周以上时间。

这个实验表明：人必须在与外界环境广泛接触的基础之上接受丰富的外界刺激信息，而缺乏必要的感觉刺激将不能维持正常的心理活动，甚至会导致大脑功能上的损伤。虽然该实验所导致的心理障碍在实验结束几天后就能恢复正常，但这种非人道的实验现在已经被禁止了。

（二）感觉的种类

感觉是由刺激作用于感觉器官引起的，因此按照刺激来源于身体外部还是内部，将感觉分成外部感觉和内部感觉。外部感觉是由身体外部刺激作用于感觉器官引起的感觉，包括视觉、听觉、嗅觉、味觉、皮肤觉（皮肤觉又包含触觉、温觉、冷觉和痛觉）。内部感觉是由身体内部刺激作用于感觉器官引起的感觉，包括运动觉、平衡觉、机体觉（机体觉又称内脏觉）。

1.外部感觉

(1)视觉。视觉以眼睛为感觉器官,通过大脑的视觉中枢加工视觉信息,以辨别外界物体形状、明暗、颜色等特性。视觉的适宜刺激是可见光。宇宙中存在各种电磁波,但只有其中一小部分才是可见光。人类视觉的适宜刺激是波长为380～780纳米的电磁波。视觉是人类最重要的一种感觉,人类个体所接收的全部外界信息中有80%以上是通过视觉获得的。

(2)听觉。听觉以耳朵为感觉器官,通过大脑听觉中枢加工听觉信息,以辨别事物的声音刺激。人类听觉的适宜刺激是频率为16～20000赫兹的声波,在这个范围以外的声音是听不见的。在听觉范围内,人耳对1000～4000赫兹的声波最敏感。听觉是人类仅次于视觉的一种重要的感觉,它所接收的信息量占全部信息的10%以上。

人类的听觉具有音调、音响、音色三种特性。音调由声波的频率决定,频率越高音调就越高;音响由声波的振幅决定,振幅越大声音越响;音色由声波的波形决定。我们平常听到的声音大多是由多种声波混合出来的,参与混合的声波的性质决定了最终的波形。我们不用看就能辨别这是小提琴的声音,那是二胡的声音,就是因为它们的音色是不同的。

(3)嗅觉。嗅觉的适宜刺激是能挥发、有气味的物质。嗅觉感受器(即感觉细胞)是位于鼻腔上部两侧的黏膜中的嗅觉细胞。嗅觉细胞的多少决定了嗅觉的灵敏度。据估计,人的嗅觉细胞约有1000万个,德国牧羊犬有22400万个嗅觉细胞。

(4)味觉。味觉的适宜刺激是溶于水的、有味道的物质。其感受器是分布在舌头上的味蕾。最基本的味觉有酸、甜、苦、咸四种,其敏感部位分别在舌的两侧、舌尖、舌根、舌面。味觉常常和嗅觉相互配合,相互影响。味觉的作用是辨别食物,这对任何动物来说都是不可缺少的基本感觉。

(5)皮肤觉。皮肤觉是指刺激作用于皮肤引起的各种感觉,包括触觉、压觉、冷觉、温觉和痛觉等。这几种感觉常混在一起,在感觉上将它们严格区分是非常困难的。皮肤觉感受器在皮肤上呈点状分布,身体的部位不同,各种点的分布及其数目也不同。

皮肤觉对人类生活实践有重要意义。有了皮肤觉,人们才可以认识到物体的软硬、轻重等特征,甚至在没有视觉参与时,人们还能通过触觉准确认识物体的大小、粗细、形状等。此外,痛觉是机体对各种伤害的反映,它具有机体“报警器”的作用,如果没有痛觉(如先天性无痛症),机体不能及时发现伤害,会使机体生命陷入危险之中。

以上五种外部感觉是人类接收外界信息的五种基本方式。除此之外,人类是否还有其他的感觉方式?中外经常有报道称发现了有人具有“超感觉”或称“第六感觉”,如用耳朵听字、用意念移动物体、远距离心灵感应等。但迄今为止都未能经得起严格的科学验证,多数被证明只是一些魔术或骗局。

2.内部感觉

机体不仅需要接收外界刺激信息,还需要接收机体内部的刺激信息,以便及时把握机体内部的状况,及时做出相应的调节。

(1)运动觉。运动觉反映的是身体各部位的位置和相对运动。其感受器位于肌肉、肌腱、韧带和关节中。运动时,由于肌肉的收缩或拉长以及关节转动等,使感受器兴奋并向大脑发放神经冲动,引起身体运动和位置的感觉。

(2)平衡觉。平衡觉反映的是身体的平衡状态。引起平衡觉的适宜刺激是身体运动时速度和方向的变化,以及旋转、震颤等,接受平衡觉刺激的感受器是位于内耳的前庭器官,即椭圆囊、球囊和三个半规管。平衡觉的作用在于调节机体运动、维持身体的平衡。平衡觉与视觉、内脏感觉相联系。当前庭器官受到刺激时,人会出现头晕目眩、呕吐恶心等现象。例如,晕船、晕车就是前庭器官受到刺激引起的。

(3)机体觉。机体觉又称内脏感觉,是对内脏状况及饥渴等的感觉。其感受器位于脏器壁上,它们将内脏的活动及变化的信息传入中枢。一般当内脏器官工作正常时,各种感觉便融合成人的一般自我感觉,只有当内脏器官受到特别强烈的刺激,机体觉才能鲜明地被觉察,产生饥渴、饱胀、便意、恶心、疼痛等感觉。

二、感觉的规律

(一)感觉后效

当刺激物对感受器的作用停止后,感觉现象并不立即消失,而是逐渐减弱,这种感觉残留的现象叫感觉后效。在各种感觉后效中,痛觉后效特别显著,视觉后效也较为显著。视觉的后效叫视觉后像。

视觉后像分为正后像和负后像。正后像是指后像的品质与刺激物相同,如我们盯着白炽灯看几分钟,然后闭上眼睛,会感觉眼前有一个和白炽灯差不多的光源出现在黑色的背景里。负后像是指后像的品质与刺激物相反,例如在灰色的背景上,我们如果注视一个白色圆圈几分钟,当拿去白色圆圈时,灰色的背景上将呈现较暗的圆圈。如果刺激物是彩色的,那么负后像就是彩色的补色,例如红色的负后像是蓝绿色,黄色的负后像是蓝色。

(二)感觉适应

感觉适应是指刺激物持续作用于感受器而使其感受性发生变化的现象。在各种感觉中,人的嗅觉、视觉和皮肤觉的适应较为明显。如“入芝兰之室,久而不闻其香,入鲍鱼之肆,久而不闻其臭”,说的就是嗅觉适应现象。但痛觉的适应现象很不明显(除刺痛外),因为它是机体的报警器,它不能因持续刺激而放松警惕。

视觉的适应现象分为明适应和暗适应。明适应是指人刚从暗处走到亮处,视觉器官对光的感受性降低的过程。例如你从电影院走到阳光明媚的户外,刚开始时觉得光线刺眼,什么也看不清,但过了几秒钟后马上就恢复正常了。暗适应是指人从亮处走到暗处,视觉器官对光的感受性升高的过程。例如,你从阳光明媚的户外走进电影院,刚开始时觉得里面一片漆黑,根本没法找到自己的座位,过一会儿就能看清里面物体的轮廓了。暗适应较明适应过程的时间要长一些,完成整个暗适应大概需要半个小时。

视觉适应在日常生活中经常发生,它是动物在长期进化过程中不断和环境相互作用形成并固定下来的,具有重要的生物学意义。在生活实践中,我们要经常考虑视觉适应问题。例如在建筑设计时,较长隧道中的灯光,入口和出口一般要设计得比较明亮,中间比较昏暗,就是为了帮助人们较快进行明适应和暗适应。在矿井里连续工作数天后,为了在明适应时眼睛不受伤,矿工一般在刚出井时戴上墨镜。另外,摄影师为了在暗室里冲洗相片不受光刺激,可以戴上红色的眼镜。

(三)感觉的相互作用

1. 同类感觉的相互作用

同类感觉的相互作用是指同一感受器中一种刺激影响着对另外一种刺激感受性的现象。最显著的表现就是感觉对比。如同一块灰色的正方形,放在白色的背景上显得暗一些,放在黑色的背景上就显得亮些,图 2-3 就是明暗对比。又如将灰色正方形放在蓝色背景上将略显黄色,而放在黄色背景上又将略显蓝色,这就是颜色对比。不仅视觉有对比现象,嗅觉、味觉等也都有对比现象。如吃过苦药后再吃糖,会觉得糖更甜了;闻过臭味后再闻香味,会觉得香味更浓了。

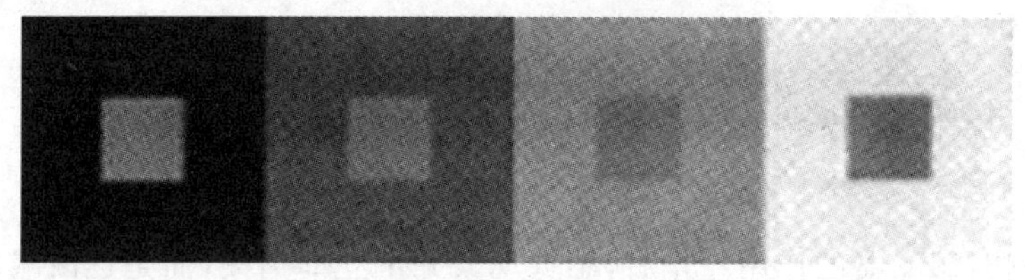

图 2-3 明暗对比

2. 不同感觉的相互作用

不同感觉的相互作用是指在不同感觉之间,由于相互作用使感受性发生变化的现象。例如微弱的听觉或微痛刺激,都可以使视觉感受性同时提高;而较强的听觉、味觉等却会使视觉感受性降低。这些感觉相互作用的一般规律是:作用于某一感受器的微弱刺激,能够提高与之同时产生的另一种感觉的感受性,而强烈刺激则会降低与之同时产生的另一种感觉的感受性。

在日常生活中,我们还会看到红、橙、黄色就感到温暖,看到蓝、青、绿色就觉得清凉;听到切割玻璃的声音就觉得寒冷,听到节奏鲜明的音乐觉得灯光也合着音乐节奏一起在闪动。这种现象是不同感觉相互作用的另外一种心理现象,即联觉。联觉是指一种感受器官受到刺激产生一种感觉的同时,又触发另一种不同感觉的现象。

三、知觉的定义与种类

(一)知觉的定义

知觉(perception)是脑对直接作用于感觉器官的客观事物整体属性的反映。

我们说脑对客观事物个别属性的反映是感觉,而对同一事物的各种感觉的结合,就形成了对这一事物整体的认识,即知觉。比如一个苹果,我们先是感觉到了“红色的”、“圆的”、“甜的”、“重的”,进而形成了一个整体形象,就是苹果,可以将它和别的水果区分开。

知觉来自感觉,知觉是脑对多种感觉信息综合的产物。两者都是人类认识过程的初级阶段。但感觉和知觉又是有区别的。感觉是一种介于生理和心理之间的活动,它受感觉器官的生理特性及外界刺激的物理特性影响,所以相同的刺激会引起相同的感觉。而知觉则是一种心理活动,它受一个人头脑中原有的经验、知识、兴趣、价值观等因素影响。因此,不同的人对相同对象的知觉往往是不一样的,甚至同一个人在不同时间对于同一刺激信息产生的知觉也可能不一样。

一般来讲,人们只有在初次接触到完全陌生的事物时,由于没有过去的经验参照,也不能与其他相关经验或知识相联系，才会完全通过感觉对其各种属性分别做出反应。而当遇到熟悉的事物时，便会参照过去的感觉经验并结合其他相关经验或知识等对其做出整体反应。这便是知觉。因此，现实生活中，很少有独立的感觉存在，它往往被综合到知觉之中。人们平时所说的感觉，如“我感觉天气很冷”、“我感觉这个东西太重了，我搬不动”等，其实都属于知觉现象。当然，感觉与知觉又是密不可分的，在心理学中也常常将两者合称“感知觉”或“感知”。

(二)知觉的种类

根据知觉中哪种感觉成分占主导作用，可以将知觉分为视知觉、听知觉、嗅知觉、味知觉、触知觉等。比如，视知觉中，以视觉占主要成分，其他感觉成分很少或者没有。它主要是由综合多次视觉经验并参照其他相关经验而形成的。其他知觉等道理相同。

如果按照知觉对象的特点划分，可以将知觉分成空间知觉、时间知觉、运动知觉。这也是最常见的一种分类方法。

1. 空间知觉

空间知觉(space perception)是个体对物体形状、大小、方位、距离等空间特性的知觉。

(1)形状知觉。形状知觉是个体对物体的轮廓和边界的整体知觉。格式塔学派和其他心理学家研究发现，空间上的邻近性、封闭性、相似性、连续性、对称性和简单性等规律容易形成形状知觉。

(2)大小知觉。大小知觉就是个体对物体长短、面积和体积大小的反映。按照个体经验来说，大的物体在视网膜上的成像大，而小的物体在视网膜上的成像小。但实际上，大小知觉并不是只由物体在视网膜上成像大小决定，同时还受到物体与观察者的距离以及周围参照物等因素的影响。如我们不会因为某个熟人离我们很远，在我们视网膜中的成像小而认为他是侏儒。这就是大小—距离不变假说，即物体大小＝网膜大小×距离。

(3)方位知觉。方位知觉是个体对自身或物体所处空间位置和方向的反映。方位知觉可以以自身为参照物，头顶为上，脚底为下；面对为前，背对为后；左右也可以以身体为参照。还可以通过两耳听觉提供的信息为参照，判断发声体的位置。因为人的耳朵位于头部两侧，所以从不同方位发出的声音到达两耳的时间和强度都会不同，这些差别就形成了方位知觉判断的主要依据。

(4)距离知觉。距离知觉又称深度知觉或立体知觉，用以判断两物之间的横向距离或纵深距离。这也是形成三维立体知觉的基础。

2. 时间知觉

时间知觉(time perception)是个体对客观事物延续性和顺序性的反映。人们对时间的知觉可以依靠计时器来判断，也可以依据自然界昼夜的交替、月亮的亏盈、四季的变化来判断，还可以根据人体生理变化来估计时间。人体生理节律性变化就是“生物钟”机制。

影响时间知觉准确性的因素有很多，包括刺激的物理特性，个体的态度、情绪及注意等。如看一部电影和听一个毫无兴趣的报告，同样是两个小时，但听报告的时间显得更长。

3. 运动知觉

运动知觉(motion perception)是个体对物体在空间中的位移特性的反映。我们的生活实践中都离不开运动知觉的参与，它对人类具有重要意义。一般将运动知觉分为真动知觉和似动知觉。

(1)真动知觉。一般物体产生位移我们都能察觉,但并不是所有物体的运动我们都能知觉到,物体运动速度太快或者太慢我们都知觉不到。

(2)似动知觉。似动知觉是指在一定条件下,人们在静止的物体间看到了运动,或者在没有连续位移的地方看到了连续运动的现象。

四、知觉的特性

(一)知觉的选择性

知觉的选择性是指人在知觉时,有选择性地将少数事物从背景中区分出来,以便对它们做出清晰反映的知觉特性。从某种意义上来讲,知觉过程就是从背景中选择出知觉对象的过程。这一过程与我们的选择性注意有关。当我们将注意指向某个物体进一步加工时,这一物体就成了知觉对象,而没有被我们注意的其他事物就成为知觉背景。作为知觉对象的物体并不是一直固定不变的,而是随着条件的变化而变化,原来是知觉对象的物体也会变成知觉的背景,原来是知觉背景的物体也可能会变成知觉的对象。知觉对象和知觉背景可以相互转化。在图 2-4 中,我们将黑色区域作为我们知觉的对象时,白色区域就成了我们知觉的背景,我们看到的是两个面对面人头侧影;而当我们将白色区域作为我们知觉的对象时,黑色区域就成了我们知觉的背景,我们看到的是一个花瓶。

图 2-4　知觉的选择性

(二)知觉的整体性

知觉的整体性是指将知觉对象中很多个别孤立的部分知觉统一为整体的知觉特性。例如我们在认识一位新朋友时,哪怕没有认真看过他的两只耳朵、两只眼睛、一只鼻子和嘴巴,我们也知道他的五官整齐。再如,对于图 2-5,一般很容易被知觉为一个圆形和一个正方形;而在图 2-6 中,我们可以看到一个并不存在的正三角形。

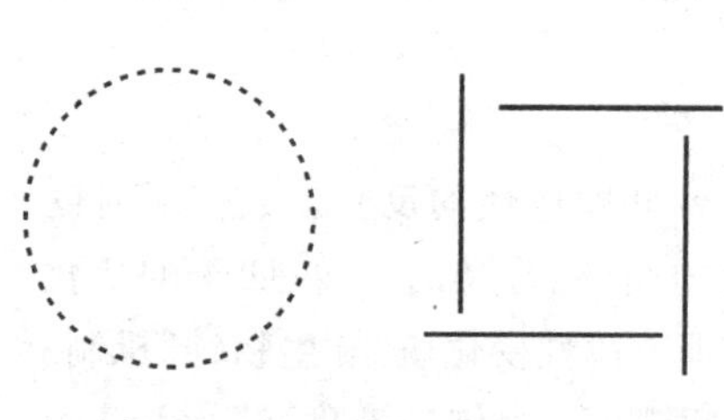

图 2-5　知觉的整体性示例 1

图 2-6　知觉的整体性示例 2

(三)知觉的理解性

知觉的理解性是指个体根据以往的知识经验理解知觉对象,并用词把它标示出来的知觉特性。人在知觉过程中,若知觉对象模糊不清,人们往往会倾向于根据知觉对象所提供的信息，同时结合自己的知识经验，对对象做出合理的解释。图 2-7(a)是一个斑点图，我们在看到这幅图时，一般不会只把它看作是一些斑点的随意组合，而是努力寻找这些斑点之间的内在联系，并根据自己已有的知识经验，努力做出合理的解释，不断提出假设并验证假设，最后将对象知觉为一个有意义的整体：一条狗。

(a) 斑点图　　(b) 中间的符号是什么?

图 2-7　知觉的理解性

另外，知觉对象本身的特点也会影响个体知觉的理解性。如图 2-7(b)所示，如果我们遮住横排的 A 和 C，我们会将中间的符号知觉为数字 13；如果我们遮住竖排的 12 和 14，我们会将中间的符号知觉为字母 B。

(四)知觉的恒常性

知觉的恒常性简称知觉常性，是指知觉的条件在一定范围内发生改变时，知觉的映像仍然保持相对不变的知觉特性。

知觉的恒常性主要表现为大小恒常性、明度恒常性、形状恒常性和颜色恒常性等几个方面。例如老师站在讲台上上课，老师在离讲台近一些的同学的视网膜中的成像较大，而在离讲台较远的同学视网膜中的成像较小，但是无论成像大小，大家看到的老师大小都是不变的，这就是大小的恒常性；石灰在暗处看起来也比放在亮处的黑炭亮，这就是明度的恒常性；我们从不同的角度观察一扇门，无论它处于什么状态，是完全打开还是半开，抑或是完全关闭，我们仍然将门知觉为长方形的，这就是形状的恒常性；白炽灯泡是橙黄色的，但我们仍然将在白炽灯照射下的白纸知觉为白色的，这就是颜色的恒常性。大小恒常性如图 2-8 所示；形状恒常性如图 2-9 所示。

图 2-8　知觉的恒常性：大小恒常性

图 2-9　知觉的恒常性：形状恒常性

五、错觉与观察

（一）错觉

我们常坚信自己亲眼所见，所谓“眼见为实”。其实在日常生活中，“眼见”未必“为实”，这是因为我们对事物的认知有时候会出现错觉。错觉(illusion)是指个体在一定条件下对客观事物歪曲的知觉，这种歪曲往往带有固定的倾向。错觉和幻觉不一样，错觉是个体对刺激的知觉出现歪曲，而幻觉是在没有相关刺激出现时产生的无中生有的知觉体验。

错觉有很多种，常见的错觉有以下几种：

1. 几何图形错觉

(1)方向错觉。如图 2-10(a)所示，被两条平行线切断的同一直线，看上去不在一条直线上了，这是波根多夫错觉；如图 2-10(b)所示，本来是平行的直线由于附加线段的影响而看上去不平行了，这是左氏错觉。

(2)线条弯曲错觉。如图 2-10(c)、(d)所示，两条平行线由于附加线段的影响，一个使中间显得宽而两端狭窄，另一个使中间显得狭窄而两端显得宽，直线好像是弯曲的，它们分别是黑林错觉和冯特错觉。

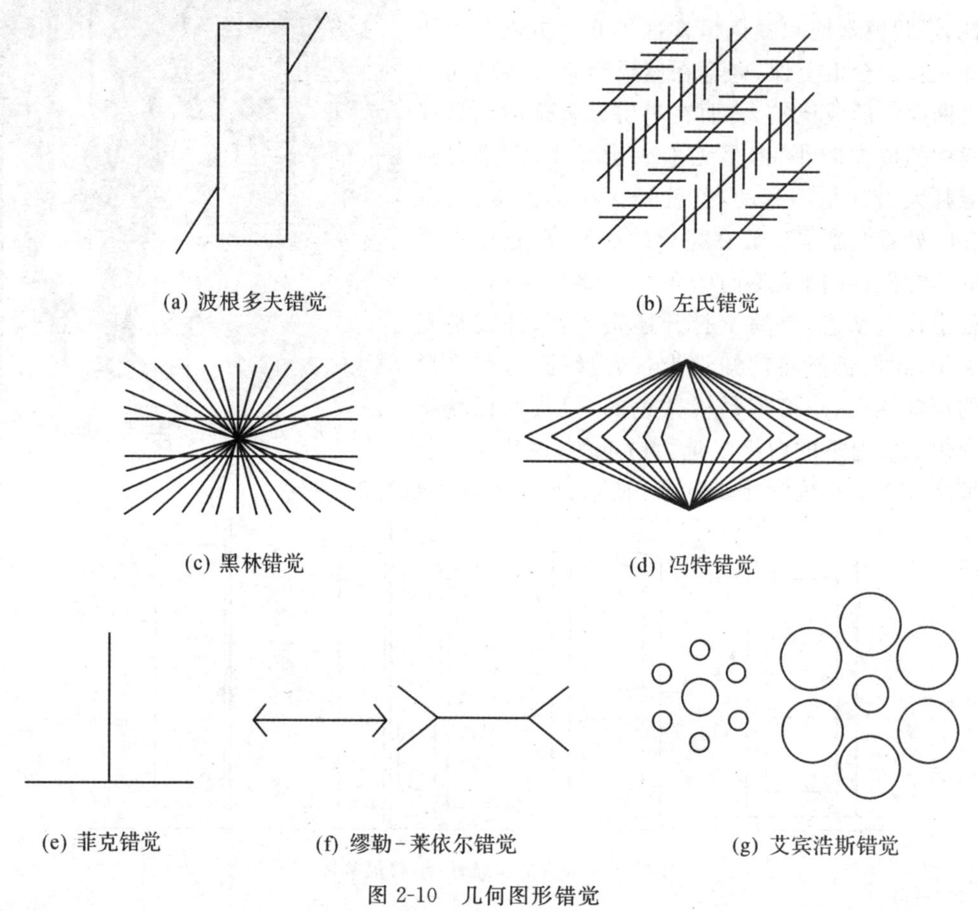

图 2-10　几何图形错觉

(3)线条长短错觉。如图 2-10(e)所示,两条等长的线段垂直,垂线将水平线等分,但看上去垂线比水平线要长,这是菲克错觉。如图 2-10(f)所示,两条线段本是等长的,但由于下端的两个箭头朝外,占据较大空间,似乎有延伸作用,使得下面的直线看上去较长一些,这是缪勒-莱依尔错觉,也叫箭形错觉。

(4)面积大小错觉。如图 2-10(g)所示,两个图形中间的圆面积相等,但看起来左边中间的圆比右边中间的圆要大,这是艾宾浩斯错觉。

2. 形重错觉

例如,一千克铁同一千克棉花的物理重量相等,但是,人们用手掂量时,都会觉得一千克铁比一千克棉花重得多。这是以视觉之“形”而影响肌肉感觉之“重”的错觉。

3. 方位错觉

例如,我们在听报告时,报告人的声音是从后面或侧面的扩音器传来的,但我们往往把它感知为从报告人的正面传来。

4. 月亮错觉

月亮在天底时显得比较大,而在天顶时显得比较小。因为月亮在天顶时,周围没有任何参照物提供深度线索,而在天底的时候,周围有群山、房屋、树木等物体提供了大量的深度线索,使得在天底的月亮比在天顶的月亮大,其实两者没有任何区别。

错觉在我们生活实践中有着广泛的应用。电影、电视中的动画就是根据人的“视觉暂留”现象,将一组静止的图形连续显示后形成的。一些理发店或水果店由于店面较小,将店内四周全部装上玻璃镜子,这样看起来更宽敞。这些都是利用错觉的例子。但是错觉有时候也会给我们的生活带来消极影响。如飞行员在海上飞行时,海天一色,找不到地标,如果海上飞行经验不够丰富,就会因为分不清上下方位而产生“倒飞错觉”,造成飞入海中的事故。

(二)观察

观察是指一种有目的、有计划、比较持久的知觉活动。

达尔文曾经说过:“我没有突出的理解力,也没有过人的机智,只是在觉察那些稍纵即逝的事物并对它们进行精细观察的能力上,我可能是中上之人。”可见,观察在人的认识过程中的作用是十分重要的。作为教育工作者应重视学生观察力的培养,并从以下方面入手。

1. 要有明确的观察目的

观察是一种有目的的感知活动。人的周围事物纷繁复杂,个体要将注意指向某个对象,确定自己感知的对象,这是因为我们的知觉具有选择性。在明确了自己的目的任务后再去知觉某一事物,知觉的对象就比较完整、清晰。因此,在引导学生观察之前,首先要明确观察目的,让学生知道要观察什么,哪些是观察的重点。

2. 培养学生的观察兴趣

兴趣是否浓厚,对知觉的选择性和完整性有一定影响。教师为了提高学生的观察兴趣,可以多给学生讲解中外科学家通过认真观察总结后取得成就的故事,以使学生获得启发;另外,教师可以结合实物讲解,在观察活动中培养和发展学生的观察兴趣。例如我们鼓励学生观察银杏树叶时,可以让大家都伸出手来进行比画,促使学生对观察其他不同形状的树叶,从而产生兴趣。

3.教给学生观察的方法

教会学生观察时要遵循“整体—部分—整体”的顺序进行，这样可以使学生把握住整体和各部分的关系；另外观察要深入，如果只流于表面，不能获得有价值的内容；再则观察时还要进行比较，这样学生容易对材料有一定的鉴别；最后，还要坚持写观察日记，观察日记可以帮助学生进行反思，同时培养他们的语言表达能力和毅力。

4.提供容易感知的观察材料，各种感觉器官协同活动

教师在教学过程中为学生提供的各种观察材料，要尽量符合学生感知事物的规律，如某些活动的、颜色鲜亮的教具更容易为学生所感知。另外，客观事物的属性是多样的，教师应当尽量鼓励学生使用多种感觉器官对事物进行观察，以避免单一分析器感知而引起疲劳和抑制现象。

5.使用形象化语言帮助学生更好地理解观察对象

形象化语言对感知事物起着重要的作用。形象化的语言表述，往往会使学生产生丰富的联想，可以使学生在观察过程中更好地理解观察对象。

六、感知规律在教学中的应用

著名的教育学家夸美纽斯曾提出：“知识的开端永远必须来自感官，用感官去施教是教学的金科玉律。”的确，感知觉是人们认识活动的初级阶段，人的认识活动是从感知觉开始然后转化为思维的，没有感知就没有记忆和思维。学生若想系统全面学习知识，起点必须是感知教师的教学内容，获得比较丰富、正确的感性认识。因此，教师在教学活动中，要科学运用感知觉规律组织教学活动，提高学生的感知效果，可以从以下几个方面努力：

(一)运用强度律使学生清晰地感知教学内容

强度律告诉我们，客观事物必须要达到一定的强度才能引起我们对该事物较为清晰的感知。如果教师提供的环境光线过于暗淡、声音过于微弱、教具过小，都不容易引起学生对教学内容的清晰感知。在教学活动中，教师尤其要突出那些低强度但很重要的教学内容，使它们充分地展示在学生面前，引起学生清晰的感知。

(二)运用差异律加大感知对象和背景的区别

差异律告诉我们，被感知的对象必须与它的背景有所区别才能被我们清晰地感知。知觉具有选择性，一般来说，知觉对象与背景的差异越大，我们对对象的感知越容易、越清晰。如在板书设计、课件制作等方面恰当地加大对象与背景的差异，突出直观对象。

(三)运用组合律促进学生对教学内容的整体知觉

组合律告诉我们，在时间和空间上连续或接近的事物更容易形成整体知觉。因此，根据接近原理，在教学时间上，应做到讲课快慢得当、语句间有必要的停顿；在内容上，应做到讲课条理清晰、内容层次分明、注意归纳总结。根据相似原理，讲课和板书都应该类别清楚。根据闭合原理，讲课要注意教学范围，内容不能无边无际。

(四)运用活动律动态呈现教学内容

活动律告诉我们，活动变化的物体更容易引起我们的注意。因此，教师在教学过程中，应尽可能动态地呈现教学材料。如讲课中注意声音的抑扬顿挫，配合适当的手势、动作，适当地呈现活动性教具，并注意教学方法的变化。另外，在当今这样的信息时代，教师

要善于利用现代教育技术使教学内容以活动的方式展现在学生面前，以增强感知效果。

（五）运用多种感官协同活动规律使学生形成完整感知

多种感官协同活动规律告诉我们，任何事物都有多种属性，需要我们运用多种感官对其进行全面、完整的认知。因此，在教学过程中要使学生同时运用眼、耳、手等多种感觉器官，通过大脑的分析和综合，对教学内容产生全面、完整的感知，同时也避免了单一分析器感知而引起疲劳和抑制的现象。

第三节 记 忆

一、记忆的基本环节

记忆（memory）是过去经验在人脑中的反映。我们感知过的事物，思考过的问题，体验过的情绪情感，进行过的动作操作，都可能储存在大脑中，并在适当的时候被提取出来，这个过程就是记忆。

记忆包括三个基本环节，即识记、保持、再认或回忆。按照信息加工的观点，记忆就是信息的输入、储存和提取的过程。

（一）识记

识记是记忆最开始的阶段，是指反复认识某种事物并在头脑中留下印象，获得和巩固个体经验的过程。从信息加工的观点来看，识记即信息的输入过程。

识记种类的划分多是从主客体间关系的角度来进行。根据主体识记时是否有明确目的，可将识记分成无意识记和有意识记；根据识记材料是否有意义，可将识记分成意义识记和机械识记。

（二）保持

保持是对识记过的事物在头脑中储存和巩固的过程。从信息加工的观点来看，保持就是信息的储存过程。

信息在大脑中的保持过程并不是一个静态过程，而是一个动态变化的过程，包括数量和内容上的变化。信息在数量上的变化表现在：识记内容一般随着时间进程逐渐因遗忘而减少。信息在内容上的变化表现在：个体在识记时，往往会将识记内容与自身的经验背景建立联系，但是有时候在建立联系时简化或概括了原材料，或曲解了原材料的意义，或扩大了原材料的范围等，这些都会导致识记内容发生质的变化。

（三）再认或回忆

再认或回忆是记忆过程中的最后一个环节，是在不同情况下将储存在大脑中的信息恢复的过程。再认是指识记过的内容再度出现时，将它重新识别的过程。例如我们考试时回答选择题的过程就是再认。回忆是指在识记过的内容没有出现的情况下，能将它回想起来的过程。例如我们考试时回答问答题的过程就是回忆。

从信息加工的观点来看，再认或回忆都属于信息提取的过程，但再认要比回忆提取信息更容易。

二、记忆的种类

(一)根据记忆的内容分

1. 形象记忆

形象记忆是指个体以感知过的事物形象为内容的记忆。例如,我们对人的相貌的记忆,对事物形状、颜色、味道的记忆,对场景的记忆,对故事情节的记忆等。人们在现实生活中的记忆大多属于形象记忆。

2. 逻辑记忆

逻辑记忆是指个体以抽象的逻辑思维结果为内容的记忆。比如我们对字词、概念、定理、公式、规则所概括的逻辑思维结果为内容的记忆。学生在知识学习过程中的记忆大多属于逻辑记忆。

3. 情绪记忆

情绪记忆是指个体以曾经体验过的情绪为内容的记忆。个体在过去特定情境下体验过的情绪,在一定条件下又会重新被体验,这就是情绪记忆。如翻开尘封已久的相册,回顾过往,昔日愉快幸福的情绪体验又油然而生。一般而言,强烈的、对个体有重大意义的情绪体验保持的时间会较长且容易被再体验。

4. 动作记忆

动作记忆又称运动记忆,是指个体以过去经历过的身体运动状态或动作为内容的记忆。如一个人学会骑自行车后即使多年不骑,也不会忘记,这是过去习得的运动技能得以保持的结果。动作技能一旦被掌握了,并达到熟练程度甚至是自动化水平,就会保持相当长时间,这是动作记忆显著的特征之一。

(二)根据记忆的时间分

1. 瞬时记忆

瞬时记忆是指保持时间在一两秒钟以内的记忆,也称感觉记忆或感觉登记,它是记忆系统最开始的阶段。我们前面讲过的“感觉后效”就属于瞬时记忆现象。

瞬时记忆的容量非常大,在个体可以感知的范围内,几乎所有信息都能进入大脑皮层,被感觉所“登记”,它们是信息加工的“备选”材料。因为这些信息既然出现在个体周围,就意味着它们可能对个体有价值,大脑皮层先是不加选择地把这些信息全部“登记”下来,做短暂保留,以备筛选。对这些信息进行筛选的就是“注意”。未被注意到的信息,大脑会自动消除。所以瞬时记忆保持的时间很短,一般为 0.25～2 秒。由于这些信息未被注意到,因此人们一般也意识不到瞬时记忆的存在。

瞬时记忆中的信息,一旦受到注意,它就进入了短时记忆阶段,被进行进一步加工。

2. 短时记忆

短时记忆是指保持时间在一分钟以内的记忆,是信息从瞬时记忆向长时记忆过渡的中间阶段。短时记忆所加工的信息有两个来源。一个来源是瞬时记忆中的信息因受到注意而进入短时记忆。在感觉登记的大量信息中,凡是引起个体注意的信息,便会在大脑皮层延长保留时间,形成短时记忆。这种信息一般是来自一次性的刺激,未经复述(如反复出现或反复背诵等),因此大皮层上的“印象”不深,记忆时间不长。例如学生在上课做笔记时，把教师讲述的内容在大脑里做短时记忆，待用笔记录下来后就很快忘掉，这就是短时记忆。短时记忆的另外一个来源是为了解决当前的问题而从长时记忆中提取出来，暂时存放在短时记忆中等待加工的信息。待加工完毕后，这种信息又会回到长时记忆中贮存。

短时记忆的容量是有限的，一般为 5～9 个单元。单元可以是一个字母、单词，也可以是一个“组块”（如一个词组或句子等）。例如，别人向你口头报告他的电话号码，如果是 7 位数的座机号码，你一下就能记住；如果对方报出的是 11 位数的手机号码，很少有人能够一下记住。如果能将多个项目组合在一个组块内，则可以大大扩展短时记忆容量。例如我们记忆单字，多数人一次只能记住其中 5～9 个，而如果把单字组合成词组来记，也能记住 5～9 个词组，其中包含的单字数量就要大得多。

短时记忆是大脑的“工作台”（相当于电脑的桌面），人们把当时要处理的信息（无论是外部刚输入的信息，还是从硬盘里提取的信息）放在这个“台面”上进行加工，待加工完毕之后，有些放入硬盘中贮存，有些被删除（遗忘）。因此，短时记忆又被称为“工作记忆”。

短时记忆中的信息若得到复述（如刺激信息反复出现，或反复背诵等），则能进入长时记忆中被保持。如果是没有得到复述的信息，大多会被遗忘。

3. 长时记忆

长时记忆是指保持时间在一分钟以上乃至终身的记忆。长时记忆的信息来源一般是短时记忆的内容，也有少量来自瞬时记忆，即强烈的刺激信息由于印象深刻也可能一次性地进入长时记忆，如“一朝被蛇咬，十年怕井绳”。

长时记忆是个贮存信息的“记忆库”（相当于电脑里的硬盘），保存信息的时间很长，容量几乎没有限制。所以我们可以活到老，学到老，一直将信息源源不断地输入到大脑中储存。人们平时所说的“记忆”其实都是心理学中所说的长时记忆。

记忆是一个复杂的信息加工系统，在这个系统中，瞬时记忆、短时记忆和长时记忆之间相互联系、相互影响，它们之间的关系详见图 2-11。

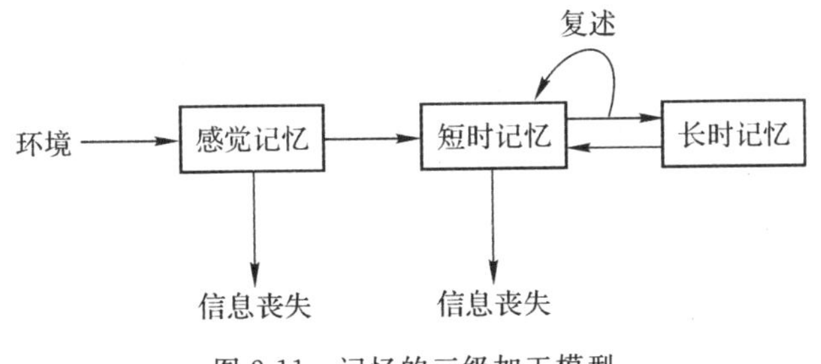

图 2-11　记忆的三级加工模型

为什么有的人的记忆只能停留 20 秒？

近年，一个被简称为 H. M. 的死者的大脑被切成了 2000 多片，全球 40 余万人通过网络观看。这一与爱因斯坦享有同样“待遇”(解剖大脑进行分析)的人是一名职业病人,患有罕见的失忆症。他发生问题的大脑部位非常关键,使得他能记住少年时的事情,但新的记忆却只能停留20秒钟。那么,人类的记忆到底是怎么回事呢?

为什么我们可以认识回家的路?为什么我们能够背诵唐诗宋词?为什么我们可以分辨文字,阅读文章?这些问题的答案都在于大脑的一项特殊功能——记忆。而H.M.之所以失忆,就是因为大脑中负责记忆和认知的关键部位——海马,被大部分切除了,导致他患了顺行性遗忘症。

病理性遗忘形式主要有两种,即顺行性遗忘症和逆行性遗忘症。顺行性遗忘症是对造成失忆的事件后发生的事物产生遗忘,就是患者不能形成新的记忆,而过去已经形成的记忆依然存在。而逆行性遗忘症则相反,对当前的经历能够形成新的记忆,而对过去的事情不能回忆。

最著名的病例应该就是这位H.M.患者,因严重的癫痫接受了双侧颞叶(内侧颞叶皮质,杏仁核和2/3的海马)切除手术。手术明显减轻了癫痫症状,但使得H.M.记忆出现了问题。H.M.再也无法记住手术之后发生的任何事情了。由于H.M.只记得手术前自己的容貌,他甚至不认识随时间推移而面容变化的自己。

很多影视作品中也有提及顺行性遗忘的,如《记忆碎片》中的谢尔比、《初恋50次》中的露茜·惠塔莫尔、《海底总动员》中的Dory、日本动画*EF*中的新藤千寻,也都患有顺行性遗忘。

逆行性遗忘是发病之前经验记忆的丧失,颅脑外伤后患者经常出现这类症状。临床上经常出现是由于车祸造成脑震荡,患者无法回忆起车祸时的情景,状态严重者甚至无法记起自己的名字。

目前,对记忆机制的阐述还处在比较初级的阶段,科学家采用不同的方法,使用各种模式研究记忆的机制,希望解开大脑的奥秘。我们期待着对H.M.大脑的研究能推动人类脑神经科学研究的进步。

三、遗　　忘

(一)遗忘规律

遗忘是指对识记过的材料不能再认或回忆,或者错误地再认或回忆的现象。遗忘产生的原因,可能是由于长期不用的信息在大脑皮层上逐渐消退;也可能是受到其他信息的干扰而无法提取;还有可能是某种动机方面的原因。

心理学研究表明,遗忘是有规律的。德国著名心理学家艾宾浩斯是对记忆与遗忘进行较为系统实验研究的创始人。他以自己为被试,以无意义音节为实验材料,以再学时所节省的时间或次数为指标,总结出了揭示遗忘规律的遗忘曲线,如图2-12所示。

艾宾浩斯遗忘曲线表明:遗忘的进程是不均衡的,识记停止后的最初时间内遗忘速度很快,然后逐渐变慢,过了一段时间后几乎不再遗忘。简要地说,遗忘规律是先快后慢。

观察图2-12中的曲线,你会发现,刚学习的知识在20分钟后,就几乎遗忘了一半,一天后如不复习,就只剩下原来的33.7%,随着时间的推移,遗忘的速度减慢。这就告诉我们，为了取得良好的记忆效果，要及时加以复习。若在较短时间内及时复习，能够延缓遗忘的速度。

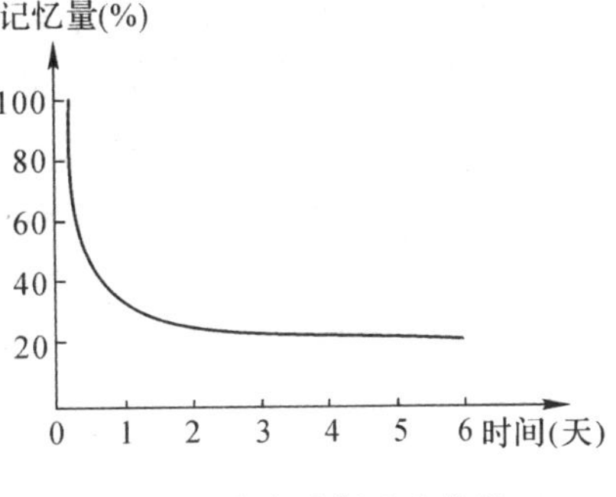

图 2-12　艾宾浩斯遗忘曲线

(二)影响遗忘的因素

影响遗忘的因素很多，一般来讲主要有以下几个方面：

(1)时间因素。遗忘随时间延长呈现先快后慢的规律。

(2)材料的重要性。一般而言，符合我们需要、有兴趣且重要的材料，不容易遗忘，而不符合我们需要、没兴趣且较不重要的材料容易遗忘。

(3)材料的性质。研究表明，虽然所有材料的遗忘都呈现先快后慢的基本趋势，但不同性质的材料遗忘的速度又各不相同。一般来说，形象性的材料比抽象的材料遗忘得慢，有意义的材料比无意义的材料遗忘得慢。运动记忆(如熟练的动作技能)遗忘得最慢。

(4)材料的数量和学习程度。一般来说，一次性识记的材料数量越多，就越容易遗忘。过度学习是巩固记忆的手段。当学习能达到对材料刚刚记住的程度后，再继续学习，就是过度学习。研究证明，如果以第一次达到完全正确成诵的学习遍数为学习程度的 100%，那么 150%的过度学习是提高记忆效果的最佳选择。超过 150%的过度学习，其记忆效果会逐渐下降直到消失，这无疑会造成精力和时间上的浪费。

(5)材料在系列中的位置。系列材料的开头和结尾部分更容易保持，而中间部分最容易遗忘，这便是系列位置效应。研究表明，这可能与前摄抑制和倒摄抑制有关。前摄抑制是指先学习的材料对后学习材料产生的干扰作用；倒摄抑制是指后学习的材料对先学习的材料产生的干扰作用。系列材料的开头部分只受到后面部分的倒摄抑制影响，结尾部分只受到前面部分的前摄抑制影响，所以遗忘较少；而学习材料的中间部分既要受到前面部分的前摄抑制影响，又要受到后面部分的倒摄抑制影响，因此最容易遗忘。

拓展阅读 2-3

遗忘理论

1. 衰退理论

根据衰退理论的解释，大脑中的记忆痕迹随着时间的推移而衰退。这种理论假定：学习会改变中枢神经系统，除非定期地使用或复述信息，否则这种信息就会逐渐衰退，最终完全消失。这一过程就像拍照后印出来的相片一样，随着时间的延长，相片会逐渐变黄而模糊不清。现在也有人把这种遗忘理论称之为“渐退理论”，即认为，不常回想起的或不常使用的信息，往往容易从记忆中失去。

事实上，这种理论在 20 世纪 30 年代初就开始遭到一些心理学家的怀疑。因为研究表明，一个人在保持信息期间(即在学习之后、测验之前这一段时间内)参与各种活动，会对记忆有一定影响。心理学家还发现,人们醒着的时候失去的信息,比睡着的时候失去的信息更多些。显然,只把时间的推移或不使用信息作为遗忘的真正原因是不充分的。这种所谓的"睡眠效应"成了下面要介绍的遗忘干扰理论的依据。

2. 干扰理论

干扰理论认为,随着愈益增多的新信息被输入,提取线索就日益复杂而渐趋失效。消退理论把遗忘归结于贮存的失败,而干扰理论则认为遗忘是由于提取失败所致。不少心理学家都相信,许多遗忘是由于干扰,而不是由于消退。有人甚至认为,85%～98%的遗忘变量应归结于干扰,余下的变量才归结于消退。

詹金斯与达伦巴克对倒摄干扰的经典性研究,被心理学界人士认为是极有说服力的。他俩发现,在入睡前学习的内容,比上午学习的内容遗忘得要慢些。这是由于白天的心理活动所产生的倒摄干扰比临睡前要多些。有人据此推断,一个人在一生中第二个25年记忆开始减退的主要原因(当然不是唯一的原因),是干扰所致。

3. 动机遗忘理论

动机遗忘理论认为,有些信息可能对我们自己很重要,所以被记住了;而有些信息可能会引起我们的痛苦或不快,因而不大可能被记住。

动机遗忘所依据的是弗洛伊德的学说,他称之为压抑理论。他认为,人们之所以往往趋于遗忘那些特别令人不快的事情,是由于这些记忆内容沉入到潜意识中去了,或者说,被压抑住了。压抑是一种自我防御机制,它通过阻止不愉快的记忆内容进入意识,以避免发生不愉快的体验。但是,尽管人们没有意识到潜意识中的那些不愉快的事情,它们仍然会继续影响人们的某些情感,从而影响学习;如果被压抑的事情太多,就会产生心理障碍。弗洛伊德认为,通过催眠或其他方法,可以揭示出这些被压抑的记忆,从而帮助患者用正确的方式对待这些事情。

4. 提取失败理论

提取失败理论认为,应根据提取失败,而不是根据记忆中失去信息、被干扰或抑制等来解释遗忘。换句话说,一个人回想不出某种信息,仅仅是由于他不能发现从记忆中回想该信息的方式,即没有良好的提取线索。

提取线索在回忆中所起的作用,犹如阅读书籍时的灯光照明所起的作用一样。当灯关掉时,阅读就不可能进行。同样,当缺少适当的提取线索时,回忆某信息也就不可能了。有些心理学家认为,不能提取信息,也可能是由于提取线索过多的缘故。一个人如果发现自己面临太多的刺激时,反而感到束手无策,因而无法有效地提取信息。

综上所述,信息被遗忘,可能是由于不用而消退,由于受到其他信息的干扰,由于某种动机方面的原因或由于没有适当的提取线索所致。

四、如何组织复习

(一)及时复习

艾宾浩斯遗忘曲线告诉我们,遗忘遵循先快后慢的规律。因此,我们在较短的时间内,要在遗忘尚未大规模开始前及时组织复习,能够事半功倍。此外,还要合理分配复习时间,一般是“先密后疏”,即在识记后不久,复习的次数要多些,复习之间的时间间隔要短些,随着识记程度的提高,复习的次数可以少些,间隔的时间可以再长些。

(二)集中复习与分散复习相结合

集中复习是对一个学习材料连续地进行复习直到完全掌握为止。分散复习学习则是将一个学习材料分多次复习,逐渐掌握。一般而言,分散学习比集中复习的效果好,保持时间更长。尤其是对数量多、难度较大的材料更宜采取分散复习。但是对于数量少、难度较小的材料,集中复习的效果更好一些。应根据具体材料将两种复习方式相结合运用。

(三)复习方法多样化

在复习过程中,我们要尝试运用多种复习方法。因为单一的复习方法往往易使人产生疲劳和消极情绪,降低复习效果,而多样化的复习方法会使人感到精力充沛,注意力更集中,提高学习的积极性,从而提高复习效果。

(四)多种感官参与复习

在复习过程中,要同时运用眼、耳、手等多种感觉器官,通过大脑的分析和综合,促进复习内容的全面完整记忆,避免了单一分析器记忆而引起疲劳和抑制的现象。

(五)反复阅读与尝试回忆相结合

在复习过程中,单纯反复阅读的效果并不好,应该在识记初期,阅读完几遍后就合起书来试图回忆识记的内容,若回忆不起来再打开书重新阅读,然后再回忆、再阅读。如此反复,比单纯阅读识记的速度快,保持的时间也更长。

拓展阅读 2-4

几种有效的记忆方法

1. 定位记忆法

这种方法也叫匹配法。简言之,就是将需要记忆的知识点与熟悉的地点位置相匹配,使地点位置作为提取这一知识的线索。例如,小学一年级学生在学“上”、“下”这些空间概念时,用一般的方法,学生是很难记住的。假若教师在教“上”、“下”这一对概念时,采用如下的具体做法:“客厅的吊灯在什么地方?同学们平时玩的皮球在你的小房间里总是会滚到什么地方去?”对于这些问题,小学生的答案是明确的。

2. 串联法

此种记忆方法就是把所要学习的单词或名称的第一个音节或字母串联起来组成一个单词或是一个临时性的结合体。例如,PQ4R 法就是一个很好的例子,只要我们一见到 PQ4R 法就能自然而然地想到这种记忆术的六个步骤。

3. 情感控制法

这种方法是把自己在学习某些材料时的内心体验作为提取的线索,这些内心体验有的是令人愉快的,有的则是让人感到痛苦的。例如,在学习第二次世界大战日本关东军“731 部队”的有关史实时,可以通过教学片生动形象地再现当年关东军“731 部队”的滔天罪行，激起学生强烈的痛苦感，而这一痛苦感则成了以后提取这些材料的线索。

4. 联想法

利用观念与形象的联想，将材料构成有意义联系的内容。例如，马克思生于1818年，卒于1883年，就可以用“一爬一爬，一爬爬上山”来加强记忆。

5. 提纲记忆法

它是把要记忆的材料列出提纲，再根据提纲进行联想和扩展。例如，记一个历史事件，我们可以列出事件发生的背景、事件发展的过程、事件的结果、对事件的评价这样一个提纲。

6. 图表记忆法

它是把知识整理成图或表进行记忆。图表经过学习者的加工整理，加上它结构简洁、重点突出、比较形象，因而容易记忆。

7. 比较记忆法

它是通过比较两个或两个以上事物的相同点和不同点来进行记忆。例如，比较计划经济和市场经济的特点，比较光合作用和呼吸作用的区别。

8. 归类记忆法

它是把相同或相近的内容归为一类进行记忆，利用接近联想和相似联想的原理。例如，记英语单词，可以归为人体、时间、住房、学科、活动等类。

9. 形象联想法

它是通过人为的联想，把无意义的材料和头脑中鲜明、生动、奇特的形象结合起来，利用形象的东西易记的特点提高记忆效果。例如，小学生记汉语拼音就常利用具体的事物，m像两个门洞，n像一个门洞，h像一把小椅子。再如，英语单词look是看的意思，可以把中间的oo想象成两只眼睛，看到两只眼睛就会联想起看的意思。

10. 谐音记忆法

它是把无意义材料编成语音相近或相似的材料来进行记忆。例如，白求恩生于1890年，死于1939年，可记为：“白求恩一把(18)手术刀救死(90)扶伤，自己却牺牲于三九(39)天”。

11. 串字头记忆法

它是把一句话压缩成一个字(一般是开头的字)，再把这一个个字串起来成一句话或几句话。这种方法把许多个记忆组块压缩成一个组块，大大减轻了记忆的负担。例如《二十四节气歌》：春雨惊春清谷天，夏满芒夏暑相连，秋处露秋寒霜降，冬雪雪冬小大寒。

第四节　想象与思维

一、表象与想象

(一)表象的定义与特征

表象(presentation)是指过去感知过的事物在头脑中保留下来的事物形象。这种形象在大脑里可以随时提取再现。例如老师在上课时提到长城，去过长城或在影视资料里感知过长城的同学脑海中马上浮现出长城的形象，这就是表象。人脑中的表象大多是视觉性的形象，称视觉表象。此外，还有听觉表象（比如回忆音乐旋律）、嗅觉表象、味觉表象等。

表象来源于知觉，是知觉映象在头脑中形成的形象记忆，表象所出现的内容一定是事物的形象，而不是关于事物的概念或者有关语言的描述，因此，表象首要的特征就是直观形象性。

此外，表象同时还具有概括性。表象虽然是关于一定事物形象的再现，但表象不像知觉那样近乎拍照一样对事物完全摹写，表象再现的形象已经是经过概括化了的，它往往只保留了事物的主要特征，而舍弃了一部分次要特征。此外，大脑还可以概括一类事物的基本形象，形成类表象，比如我们脑中关于"猫"的表象，往往不是哪一只猫的形象，而是对所有猫的形象的概括。

正是由于表象既具有直观形象性，又具有一定的概括性，这使得它起到了从感知向思维过渡的桥梁作用，也是从感性认识到理性认识过渡的桥梁。

(二)想象的定义与种类

1.想象的定义

想象(imagination)是脑对已有表象进行加工改造形成新形象的过程。如儿童在听《灰姑娘》的故事时，虽然从来没有见过灰姑娘和王宫，但是他会结合自己已有的美人、豪华住所等表象进行加工改造，然后在头脑中形成相应的灰姑娘和王宫的新形象，这个过程就是想象。想象不仅可以创造出人们不曾知觉过的事物，而且还可以创造出现实生活中不存在或不可能有的形象，如美人鱼、孙悟空、鬼等。

虽然想象能创造出新形象，但想象都不是凭空产生的，它是在已有表象的基础上产生的，所以都能在生活中找到原型，其内容依然来源于客观现实。例如，文学家或画家往往是根据现实生活中观察到的人物原型加工改造而创作出新的人物形象。

想象以表象为基础进行加工改造，但和表象有着本质的区别。表象是我们过去感知过的事物形象在头脑中再现的过程，它没有创造出新形象，其本质是一种形象记忆。而想象是个体对人脑已有表象进行加工改造，形成了新形象，具有创造性。例如在古时，人们根据鸟的形象，想象自己也有一天能插上翅膀飞上天空，最终莱特兄弟发明了飞机。伟大的科学家爱因斯坦曾说过："想象力比知识更重要，因为知识是有限的，而想象力概括着世界上的一切，推动着进步，并且是知识进步的源泉。"想象是创新能力中最活跃的因素，很多科学家的发明创造、艺术家的艺术创作，都离不开想象的参与。

2.想象的种类

想象按照想象活动是否有意识、有目的，可以分成无意想象和有意想象。

(1)无意想象。无意想象是没有预定目的、不自觉地产生的想象。如人在休闲放松时(如入睡前或坐车行进的途中)常会进入一种漫无目的、不切实际、想入非非的自由联想或幻想状态之中，俗称"白日梦"。白日梦是一种幻想，其内容往往超越现实，打破时间、空间的界限，满足某些需要，并伴有一定的欣快感。此外，个体遇到挫折或难以解决的问题时，有时也会脱离实际，把自己放到想象的世界中，企图以虚构的方式应付挫折，获得满足。

梦是无意想象的一种极端例子。做梦时,大脑不受意识支配,没有预定目的。梦境的内容是脑中大量表象经过改造加工的自由串联,因此,梦境往往不合逻辑,极具跳跃性,显得杂乱无章,甚至荒诞离奇。

拓展阅读 2-5

睡眠与梦

1. 睡眠

人的一生大约有 1/3 的时间是在睡眠中度过的,长期以来人们就关注对睡眠的研究。近几十年来,科学家用脑电波的变化作为观察脑活动的客观指标,获得了重要的成果。

脑电波的变化有如下的规律:在大脑处于清醒和警觉状态时,脑电波多是频率为14～30 赫兹、波幅较小的 β 波;在大脑处于安静和休息状态时,脑电波多是频率为 8～13 赫兹、波幅稍大的 α 波;在睡眠状态下,脑电波主要是频率更低、波幅更高的 δ 波。

根据脑电波的变化,可以将睡眠分为四个阶段:第一阶段主要是频率和波幅都较低的脑电波,在这一阶段里,身体放松,呼吸变慢,很容易被外界刺激惊醒,这一阶段大约持续 10 分钟;第二阶段是偶尔会出现短暂爆发的,频率高、波幅大的脑电波,在这一阶段里,个体很难被叫醒,这一阶段大约持续 20 分钟;第三阶段脑电波的频率继续降低,波幅更大,出现 δ 波,这一阶段大约持续 40 分钟;当大多数脑电波呈现 δ 波时,睡眠就进入到了第四阶段,肌肉进一步放松,身体各项功能指标变慢,这一阶段被称为深度睡眠阶段。这四个阶段大约要经过 90 分钟。此后便进入快速眼动睡眠阶段,这一阶段 δ 波消失,类似于清醒状态下的高频低幅脑电波出现,眼球开始快速上下左右移动,梦境开始出现,这一阶段通常持续 5～10 分钟。再过 90 分钟出现第二次快速眼动睡眠,而且时间会比第一次长。像这样的睡眠周期不断循环,直至醒来,不过,随着黎明的渐渐到来,第四和第三阶段的睡眠会逐渐消失。

以 24 小时为单位所表现出来的机体活动的一贯的、规律性的变化模式叫作生物节律,人的生物节律都和睡眠有关。睡眠不仅可以使机体恢复机能,而且从进化的角度来说,睡眠对机体也起着保护的作用。因为大多数动物在黑夜都要睡眠,人在黑夜也不必觅食、预防凶猛野兽的伤害或从事其他活动,因而易于保存能量。

2. 梦

因为我们可以用眼动仪来监测人的睡眠,而且知道在发生快速眼动的睡眠阶段会伴随着梦境的出现,所以我们可以对梦进行科学的研究。

研究表明,如果用眼动仪监测睡眠的话,在眼动活跃的时候叫醒睡眠者,他通常都会报告说正在做梦。看来人人都做梦,只是有人醒来以后记不起自己做过梦了。梦的内容可以包括做梦时外界的刺激物,也可以是“日有所思,夜有所梦”。梦有很多特点,如梦境的不连续性、不协调性和认知的不确定性等。其中最主要的特点是梦境的不连续性,即梦中的思想、行为或情景会突然变成与原来无关的其他思想、行为或情景。

梦是一种正常的生理和心理现象，不应该对梦抱有担心的心理。实验证明，如果对快速眼动的睡眠进行剥夺，即只要发生快速眼动的现象就把睡眠者叫醒，几天内就可使被实验者记忆力下降，情绪低沉，进而会影响到健康。

弗洛伊德认为，梦是潜意识欲望的满足，人在清醒的状态中可以有效地压抑潜意识，使那些违背道德习俗的欲望不能为所欲为。但当人进入睡眠状态或放松状态时，有些欲望就会避开潜意识的检查作用，偷偷地浮出意识层面，以各种各样的形象表现自己，这就是梦的形成。梦是人的欲望的替代物，它是释放压抑的主要途径，以一种幻想的形式，体验到这种梦寐以求的本能的满足。但这一理论还缺乏实证依据。

(2)有意想象。有意想象是指按一定目的自觉进行的想象。

有意想象按照其创新程度和形成方式的不同，可以分成再造想象和创造想象。

①再造想象。再造想象是指根据语言的描述或图样的示意，在头脑中形成相应新形象的过程。例如我们在读《祝福》时，鲁迅对于祥林嫂的语言描述，调动了我们头脑中的相关表象，让我们在头脑中形成了一个勤劳质朴但又在精神上备受摧残的旧中国劳动妇女形象。再如人在欣赏《高山流水》的乐曲时，想象曲子所传递的意境；工程师看到设计图纸时，可以想象出建筑物造好以后的形象。文艺欣赏中的想象活动主要是以再造想象为主。

②创造想象。创造想象是指在创造活动中，根据一定的目的和任务，在头脑中独立创造出新形象的过程。创造想象是有意想象的最高水平，创造想象要比再造想象更为复杂和困难。文学艺术创作过程中的想象活动主要是创造想象。如祥林嫂就是鲁迅先生通过创造想象而创作出来的新形象。

此外，幻想是和一个人的愿望相联系并指向未来的想象，它也可以是创造想象的一种特殊形式。幻想承载着我们对未来的憧憬。如果对未来的憧憬符合客观事物发展的规律，有实现的可能，就会成为推动人们创造发明的一种精神力量。比如，科学幻想在科学发明创造中曾发挥了巨大作用。

二、思维与问题解决

（一）思维的定义及特征

在《福尔摩斯探案集》中有这样一段情节：有一天，福尔摩斯的朋友华生医生出去办了一件事回来刚坐下（他坐在福尔摩斯对面办公），福尔摩斯便说："你刚才到邮局发了一封电报。"华生很奇怪，问："你怎么知道的？"福尔摩斯说："你刚才到邮局去了一趟，因为你的靴子上有黄泥，本城之内只有邮局门口在挖沟，有黄泥。""你桌子上的信封和信纸均未动用，你肯定是去发电报了。"华生对福氏的判断十分佩服。福尔摩斯之所以坚信自己的结论，是因为他的结论是通过思维推断出来的。

思维(thinking)是人脑对客观事物概括的、间接的反映过程。它是我们认知活动的一种高级形式，主要表现在解决问题的过程中。

思维不同于感知觉。感知觉是对直接作用于人脑的客观事物属性的反映，是一种初步加工；而思维则深入客观事物的内部并逐步揭示事物的本质属性和内在联系，从而解决问题，是一种深层次的信息加工。

思维具有概括性和间接性两个主要特征。

首先，思维是对客观事物概括的反映。思维这一概括性特征表现在人们将一类事物的共同属性抽取出来，形成某一概念或原理。我们都知道将苹果、梨、西瓜归为一类，统称水果，但到底什么是水果呢？我们经过对苹果、梨、西瓜等水果共同属性的抽取，概括出水果是可以直接进食的食物，指多汁且有甜味的植物果实，不但含有丰富的营养且能够帮助消化。另外，思维的概括性还表现在我们可以对同一类事物的共同本质进行抽取后概括，从而反映客观事物的内在规律。如在现实生活中，某一商品的价格总是在根据供求关系的变化不断地调整，但是它的本质规律是商品的价格必须与价值相符，进行等价交换，认识到这一价值规律后，市场上就不会出现长久的投机现象。思维的概括性可以使人类的认识抛开事物复杂多样的表面现象，总结出其内在的本质特征及变化规律。

其次，思维是对客观事物间接的反映。思维是在感知信息基础上，再借助于相关知识或经验对事物进行推断。例如医生通过病人相应的生理和生化指标来推断病情；心理咨询师通过来访者心理测量结果来了解其存在的主要问题。此外，思维还能对尚未发生的事件做出预测。例如气象局根据气象资料，运用现代化的计算手段，推算出近期的天气变化规律，做出天气预报。思维的间接性使人类超越了感知觉的局限，大大拓展人类认知的广度和深度。比如，人类可以通过少量的考古信息，并综合各种相关知识，推断出远古的历史；还可以通过少量的天文观测信息，结合已知的天文学知识，对遥远的天体形成认知。

(二)思维的种类

思维是复杂的心理现象，可以从多种角度分类。心理学中最常见的分类有：

1. 动作思维、形象思维与抽象逻辑思维

根据思维的凭借物，可将思维分成动作思维、形象思维和抽象逻辑思维。

(1)动作思维。动作思维是指个体面临的思维任务具有直观的性质，解决问题的方式依赖于感知和动作的思维。

动作思维不同于一般动作，如吃饭、穿衣等动作不属于动作思维，只有为解决问题、伴随大脑思考活动的动作才属于动作思维。动作思维是思维的原始形态，高等动物大多能够运用动作尝试解决一些问题，如乌鸦为获得麻袋里的粮食，可以通过反复尝试用嘴解开麻袋的绳扣。研究表明，3 岁前儿童的思维主要是动作思维。例如 2 岁的婴儿在穿珠子时，如何将线顺利地穿进去，同时再将线引出来，这一过程靠的就是他们的感知动作，体现的就是动作思维；此外，儿童通过数手指来计算等也属于动作思维。成人身上也有动作思维，例如，检查电器故障时，要通过检测动作得来的信息来推断故障的原因。

(2)形象思维。形象思维是指利用头脑中的表象来解决问题的思维。例如我们在尝试烧一道新菜式的时候，一边看菜谱，一边想象着下一步骤带来的结果，并不断地进行调整，最后烧出经过自己处理的菜，这样的思维就是形象思维。作家、艺术家、导演、设计师等职业人群会更多地运用到形象思维。

形象思维与想象都是借助表象完成的，两者有密切联系，有时很难完全区别。两者的主要区别是功能不同。想象的主要功能是改造表象形成新形象，而形象思维的主要功能是利用表象解决问题。

(3)抽象逻辑思维。抽象逻辑思维是指运用概念进行判断、推理来解决问题的思维。

这是思维最本质的特征，也是人与动物思维水平的根本区别。科学工作者进行科研，学生学习科学知识都需要运用抽象逻辑思维。

2.聚合思维与发散思维

根据思维的方向，可将思维分成聚合思维和发散思维。

(1)聚合思维。聚合思维也称“集中思维”、“辐合思维”、“求同思维”，是指人们在思考和解决问题的思路朝一个方向聚敛前进，从而形成唯一的确定答案的思维过程。例如学生根据加减乘除四则运算规则，对老师布置的数学题进行解答，运用的就是聚合思维。

聚合思维要求思路严谨，它的功能主要是寻求公认的统一答案(求同)，一般的常规思维大多属于聚合思维。

(2)发散思维。发散思维也称“分散思维”、“辐射思维”、“求异思维”，是指人们思考和解决问题的思路不拘泥于一个途径、一种方法，而是从多种可能设想出发，求得多方面答案的思维过程。例如老师提出“砖头有哪些用途”，学生列举出砖头可以盖房子、可以下雨天垫脚、可以砸坏人、可以在建筑时当铅垂线的重物、可以雕刻、可以练铁头功等。在这个列举一物多用的过程中，学生运用的就是发散思维。

发散思维要求思路开阔，它的功能主要是寻求新异答案(求异)，因此，它在创造性思维中发挥着巨大作用。

3.直觉思维与分析思维

根据思维过程中是否有明确的线索或依据，可将思维分为直觉思维与分析思维。

(1)直觉思维。直觉思维简称“直觉”，指没有明确思维线索和推理依据而在头脑中形成的跳跃性判断。现实生活中人们常常能够“感到”某种结果的存在，但又说不出理由，一些人将此种现象错误地称为“第六感觉”，其实这是直觉。表面看直觉似乎很神秘，其实它也是有现实依据的，它的依据就是个人头脑中对相关事物的模糊经验，由于这种经验过于模糊，往往难以被个体意识到，但它们依然会对思维过程产生影响，从而产生直觉。因此，发达的直觉能力是建立在丰富的经验基础上的。直觉在科学发明中也经常发挥着重要作用。它往往能够大大缩小思维的范围，迅速找到思维方向或答案。当然，直觉得出的结论不一定可靠，还需要用其他方法进一步验证。

(2)分析思维。“分析”一词有两种含义：一是与“综合”相对而言的“分析”，是指对事物和各个部分或各种属性分别加以思维或研究的思维方式；二是与“直觉”相对而言的“分析”，是指有明确思维线索和推理依据的思维过程。这里所说的分析思维是指后一种。分析思维显然比直觉更可靠，但它也有局限性，必须在掌握充分依据的基础上并经过合乎逻辑的推理才能得出正确的结论，若论据不充分或推理不正确，同样会得出错误的结论。

(三)问题解决

1.定义

问题解决(problem solving)是由一定的情境引起的，按照一定的目标，应用各种认知活动、技能等，经过一系列思维操作，使问题得以解决的过程。例如，学生证明几何题就是典型的问题解决过程。几何题中的已知条件是问题解决的情境，求证结果是问题解决的目标，应用已知的条件进行一系列的认知操作，操作成功，求证结果得以求证，问题得以解决。人类的活动，从解决最普通的吃饭问题，到解决最高端的科学问题，都属于问题解决的过程。问题解决可以看作是思维的最普遍形式,它突出表现了人类思维的智慧性和创造性。

信息加工的观点将问题解决看作是信息加工过程。问题状态分为初始状态、中间状态和目标状态。初始状态是指问题被认识时,问题解决者所处的情境,即构成问题的条件;目标状态是指问题解决者所要寻求的最终结果,即解决问题的答案。而问题解决的任务就在于要找出一种能把初始状态转变为目标状态的操作(或称算子)序列。中间状态就是指在实现从初始状态向目标状态的转变过程中,由一系列操作引起的种种状态。问题解决的过程就是利用算子从初始状态达到目标状态的过程。

2. 问题解决的基本过程

无论解决何种问题,一般都包括以下四个阶段:

(1)发现问题。我们的生活中时时处处都存在矛盾,当矛盾反映到意识中时,个体会发现它是个问题,并产生解决矛盾的需要和动机,这就是发现问题的阶段。发现问题是解决问题的前提,发现问题不论对学习、生活、创造发明都非常重要,是思维积极主动性的表现。

(2)分析问题。要解决所发现的问题,就必须搜集与问题有关的资料,通过分析,明确问题的性质,抓住问题的核心与关键,弄清楚有哪些矛盾以及矛盾的各个方面,它们之间有什么关系,以确定所要解决的问题要达到什么结果、所必须具备的条件、其间的关系和已具有哪些条件,从而找出重要矛盾以及矛盾的关键之所在。

(3)提出假设。在分析问题的基础上,提出解决该问题的假设,即可能的解决方案,其中包括采取什么原则和具体的途径、方法。提出假设是顺利解决问题的关键,而假设的提出要依靠原有的知识经验,并且和前一阶段问题是否已经明确和正确地被理解相联系。明确了问题的性质,就有可能使思维有了一定方向,能把问题纳入一定的原则,按照这些原则来构思解决问题的办法。

(4)检验假设。假设只提出了一种可能的解决方案,但不能保证问题一定能解决,所以问题解决的最后步骤就是检验假设。实践是检验假设的最好标准,如果经过检验假设是错误的,就必须重新提出新的假设,然后再检验,直至获得正确结果,问题才算最终解决。

3. 影响问题解决的因素

影响问题解决的因素有很多,主要有以下几个方面:

(1)问题的表征方式。问题表征是在头脑中对问题进行信息登记、理解和表达的方式。能否对问题进行适宜的表征,是影响问题解决最重要的因素。

如图 2-13(a)所示的九点方阵,要求你笔不离纸,用不多于四条直线将九个点连在一起。这个问题看似简单,但真正解决时,你又觉得非常困难,因为我们的思维受到知觉整体性的影响,将九个点看成一个正方形,这样的表征方式就难以突破知觉经验,实际上我们只要突破"正方形"的边界,就可以解决问题。再如图 2-13(b)所示,已知内切圆半径为 10 厘米,要求解正方形的面积。这个问题有两种表征方式:第一种表征方式需要你进行一定的思维操作才能知道内切圆的半径就是正方形边长的一半,而第二种表征方式你直接就能看到内切圆的半径是正方形边长的一半,从而顺利解出正方形的面积。这就是问题的表征影响了问题的解决。

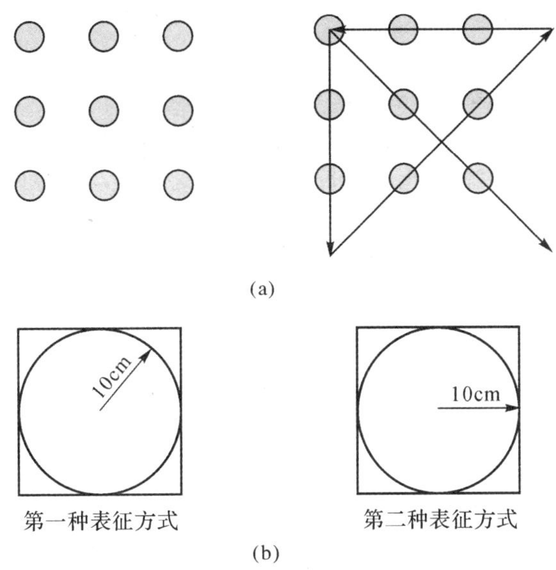

图 2-13　两个问题及其解法

还有一元钱去哪里了？

有 3 个人去住旅馆，住 3 间房，每间房 10 元，于是他们一共付给老板 30 元。第二天，老板觉得 3 间房只需 25 元就够了，于是叫小兄弟退回 5 元给 3 位客人。谁知小兄弟贪心，只退回每人 1 元，自己偷偷拿了 2 元。这样一来，等于 3 位客人每人各花了 9 元，3 个人一共花了 27 元，再加上小兄弟独吞的 2 元，总共是 29 元。可是，当初 3 个人一共付出 30 元，那么还有 1 元呢？

(2)迁移。迁移是指已有经验对解决新问题的影响。迁移分为正迁移和负迁移。正迁移是指已获得的知识经验对解决新问题起促进作用。例如，学会骑自行车对学骑电瓶车有一定的促进作用。负迁移是指已获得的知识经验对解决新问题起阻碍作用。例如，学会骑自行车反而不利于骑三轮脚踏车。一般来说，知识经验丰富、概括水平高，新旧情境间共同因素多，容易产生正迁移；相反，知识经验片面、概括水平低或使用不当，容易导致负迁移产生。

(3)原型启发。原型启发是指在其他事物或现象中获得的信息对解决当前问题的启发。其中具有启发作用的事物或现象叫作原型。原型之所以具有启发作用，是因为原型与所要解决的问题有某些共同点，所以往往通过联想能找到解决问题的新方法。很多科学发明都是以自然界和人类日常生活中的事物为原型的，例如鲁班受丝茅草的启发发明了锯子;莱特兄弟受飞鸟的启发发明了飞机;卢诺尔曼受蒲公英轻轻地随风飞行的启发发明了降落伞。

(4)定势。定势是指重复先前的心理操作所引起的对活动的心理准备状态。定势对于问题解决的影响有积极的也有消极的作用。当问题情境不变时,定势对问题解决往往起着积极作用,有利于问题解决;但当问题情境发生变化时,定势对问题解决往往起着消极影响,不利于问题解决。

社会心理学家卢钦斯的量水实验很好地证明了这一点。该实验要求被试用 A、B、C 三个不同容量的杯子去解决"量出 P 容量的水"的问题。共有 8 个问题,每题时限为 30 秒(见表 2-1)。

表 2-1　定势对问题解决的影响

课题序列	容器的容量			要求量出的容量
	A	B	C	P
1	21	127	3	100
2	14	163	25	99
3	18	43	10	5
4	9	42	6	21
5	20	59	4	31
6	23	49	3	20
7	15	39	3	18
8	28	76	3	25

实验结果表明,被试在解决表 2-1 中的第 1～5 题的时候,采用的方法均为 B－A－2C,随着问题的进行,速度越来越快,这体现了定势的积极作用。但是到了第 6～8 题时,若被试仍然采取 B－A－2C 的方法,问题的解决速度会严重受到影响,因为此时可以采用 A－C 或者 A＋C 这样更为方便的方法,这就体现了定势的消极作用。

(5)功能固着。功能固着是指人们把某种功能赋予某种物体的倾向。这是人们长期以来形成的对某些事物的功能或用途的固定看法。例如,大家都知道砖头的主要功能是造房子,但我们还可以用它在紧急情况下对付坏人,还可以用来压咸菜等。功能固着影响人的思维,不利于新假设的提出和问题的解决。

拓展阅读 2-7

你能将蜡烛像壁灯一样立在墙上吗?

有这样一个实验,发给被试的材料是蜡烛、纸盒、几根火柴、几个图钉等(见图 2-14)。把发给第一组的所有材料分别装进纸盒里,而发给第二组的所有材料放在纸盒之外。结果是:第二组有86%的被试按时解决了问题;第一组只有41%的被试按时解决了问题。为什么第一组被试的成绩不如第二组被试呢?原因在于第一组被试一开始就把纸盒的功能固定地看成装东西的容器,而没有看到纸盒还有当烛台用的功能,所以没能顺利解决问题。第二组被试一开始就没有把纸盒看成仅仅是装东西的容器,在解决实际问题中想到了当烛台用,所以顺利地解决了问题(见图2-15)。

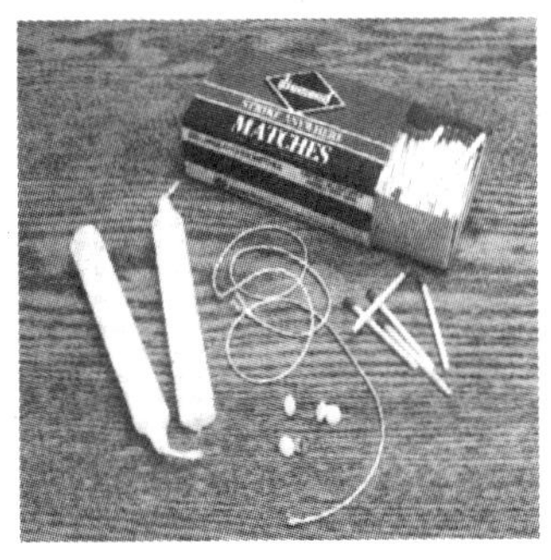

图2-14 给出的材料

图2-15 问题的答案

(6)情绪与动机。人的情绪状态会影响问题的解决。愉快、平静等积极情绪能激励人们解决新的更复杂的任务,而烦躁、焦虑、紧张等消极情绪则阻碍人们解决问题。

动机对问题的解决也有明显的影响。耶克斯-多德森定律揭示了动机强度与解决问题效率之间的关系。动机强度与问题解决效率之间呈倒U形曲线关系,总体而言,中等强度的动机最有利于任务的完成。但不同任务都存在一个最佳的动机水平,它随任务性质的不同而变化。在较容易的任务中,问题解决效率随动机的提高而上升;随着任务难度的增加,动机的最佳水平有逐渐下降的趋势。例如车间流水线工人对于非常熟悉的流水作业,需要高动机才能避免磨洋工,完成高指标任务;而对于作家的文学创作,则需要适当降低动机水平,或许能获得更多的灵感而完成创作。

复习思考题

1. 简述引起无意注意的因素。
2. 简述引起和保持有意注意的方法。
3. 简述注意的品质。
4. 试述注意规律在教学中的应用,并举例说明。
5. 简述知觉的特性。
6. 结合教学实践,试述如何培养学生的观察力。
7. 试述感知规律在教学中的应用。
8. 简述瞬时记忆、短时记忆和长时记忆三种记忆类型的特点。
9. 简述艾宾浩斯遗忘曲线及其在学习中的启示。
10. 简述影响遗忘的主要因素。
11. 试述如何组织有效复习。
12. 简述思维的概念及基本特征。

13. 简述问题解决的基本过程。

14. 简述问题解决的影响因素。

参考文献

1. 王甦. 认知心理学[M]. 北京:北京大学出版社,1992.
2. 罗伯特·L 索尔索. 认知心理学[M]. 黄希庭,等译. 北京:教育科学出版社,1990.
3. 陈英和. 认知发展心理学[M]. 杭州:浙江人民出版社,1996.
4. 乐国安. 当代美国认识心理学[M]. 北京:中国社会科学出版社,2001.
5. 杨治良,郭力平,王沛,等. 记忆心理学[M]. 上海:华东师范大学出版社,1999.
6. 廖波. 普通心理学[M]. 北京:航空工业出版社,2012.
7. 张林,徐钟庚. 心理学导论[M]. 杭州:浙江大学出版社,2012.
8. 沈德立,阴国恩. 基础心理学[M]. 2 版. 上海:华东师范大学出版社,2010.
9. 莫雷. 心理学[M]. 广州:广东高等教育出版社,2000.
10. 梁宁建. 基础心理学[M]. 北京:高等教育出版社,2004.
11. 桂守才. 基础心理学[M]. 北京:人民教育出版社,2007.
12. 赵月霞,武正亮. 浅谈观察力的培养[J]. 课程·教材·教法,1983(6).
13. 李岫云,张蓁. 感知规律在教学中的应用[J]. 应用心理学,1986(1).
14. 李光伟,王国中. 感知规律在教学中的应用[J]. 齐齐哈尔医学院学报,1999(6).

第三章　情绪情感与意志

【内容提要】

本章分情绪情感、意志两节内容。

情绪情感包括：情绪情感的定义、功能和种类，以及情商和不良情绪的控制方法。

意志包括：意志的定义、特征、过程分析，以及意志品质及其培养。

【学习目标】

1. 能说出情绪情感的定义及其关系。
2. 能叙述情绪的分类，并能举例说明。
3. 领会情商的重要性，并能正确表述情商的定义与构成。
4. 树立克服不良情绪的意识，并初步应用不良情绪的克服方法。
5. 能正确表述意志的定义及其品质。
6. 理解意志的过程。
7. 能简要说出如何培养青少年良好的意志品质。

【关键词】

情绪；情感；心境；激情；应激；道德感；美感；理智感；情商；意志

情绪情感和意志是个体基本的心理过程，它们和认知过程一样，都是个体心理活动的不同侧面。心理学研究表明，情绪和意志对个体行为具有重要的调节作用，它们不仅影响活动的方向，而且影响活动的强度与稳定性，是个体行为动力系统的重要组成部分。

第一节　情绪情感

一、情绪情感概述

(一)情绪情感定义

情绪和情感是个体对客观事物是否符合其需要而产生的态度体验。

首先，引发情绪情感的客观事物也可称为“刺激物”，这些刺激包括外部刺激和内部刺激。外部刺激可能是自然情景中的刺激，如小桥流水、枯藤老树，也可能是社会情境中的刺激，如金榜题名、惨遭不幸；内部刺激可能是生理性刺激，如头晕、头痛，也可能是心理性刺激，如一个人独处时回首往事。但仅仅用刺激解释情绪是不够的，同样的刺激会引起截然不同的情绪。例如，同样是面对夕阳，“夕阳无限好，只是近黄昏”体验到的是感伤；“夕阳西下，断肠人在天涯”体验到的是悲凉；“老夫喜作黄昏颂，满目青山夕照明”体验到的则是豪迈。这就是由不同的评价系统造成的，而不同的评价系统往往是由个体不同的需要和愿望决定的。

其次，情绪和情感是以个体的需要为中介的一种心理过程，它反映的是客观事物与主体需要之间的关系。如果客观事物与个体的需要无关时，个体不会对其产生情绪情感，如人对许多事物漠不关心，就是因为它与自身的需要无关。如果客观事物符合个体需要时，便会产生积极、肯定的情绪情感体验，如满意、喜悦等；如果客观事物违背个体需要时，便会产生消极、否定的情绪情感体验，如恐惧、愤怒、悲痛等。不同人的需要不同，对同一事物所产生的情绪情感体验也不同，例如，“洞房花烛夜”对于一般人而言是人生“四大喜事”之一，但对于贾宝玉而言则是一大悲事，因为他所迎娶的新娘薛宝钗不是他所需要的人。

最后，情绪情感的反映形式是一种内在体验。情绪情感往往伴随着一定的生理变化，如血压高低、呼吸速率、肠胃运动、瞳孔大小、皮肤电阻等的变化。人在恐惧时，会伴随心跳加速或心律不齐、呼吸短促或停顿、血压升高、脸色苍白、嘴唇颤抖、嘴发干、身冒冷汗、四肢无力等生理变化。这些生理变化往往是人的意识难以控制的，人对这些生理变化的内在感受就是体验。

总之，情绪与情感与认知一样，都是客观事物在个体头脑中的反映。认知反映的是客观事物本身所具有的各种属性以及变化规律，情绪情感反映的是客观事物与个体需要之间的关系。两者又是相互制约的，认知是情绪情感的基础，只有认识了客观事物本身所具有的各种属性，才能清楚它是否符合自身的需要，并由此产生相应的情绪情感，比如，毒蘑菇既好看又好吃，但当我们知道它有毒，便会对它产生恐惧。反过来，情绪情感也会影响认知，比如，当我们处于积极的情绪状态时，我们更容易看到事物美好积极的一面；而当我们处于消极的情绪状态时，我们更容易以否定、悲观的态度看待事物。还有所谓“爱屋及乌”、“情人眼里出西施”等现象也是由此而产生。认知与情绪相结合构成了个体对客观事物的态度，其中，认知构成了态度中的观念成分，情绪情感构成了态度中的体验成分。而且，情绪情感是态度的核心。

（二）情绪情感的关系

情绪（emotion）和情感（feeling）是两个密不可分的概念，我们之所以将其界定为同一概念，是因为两者在一定意义上可以相互取代或涵盖。比如，国内一些心理学教科书只讲“情绪”，其中涵盖了情感，而另一些教科书只讲“情感”，其中涵盖了情绪。而多数教科书将“情绪情感”并列。

但是两者仍然存在一定的差别。以下我们以汉语中两个词汇的含义来考察两者的关系。

首先，情绪与情感的关系是形式与内容的关系。情绪是情感的表现形式，而情感是情绪所表现的内容。反映客观事物与个体需要之间关系的是情感，情感直接体现个体对某个事物的态度，如爱恨、好恶等都属于情感内容。而情绪则是情感的表达方式，如喜、怒、哀、乐等都属于情绪表现。例如，两个恋人之间的“爱情”属于情感，但它的表现形式则是相见时“喜悦”、分离时“忧伤”等情绪状态。任何情绪表现都反映的是某种情感，任何情感都需要某种情绪来表达。只不过有些情感非常模糊，由它所导致的情绪常常使人说不出它源自何种情感，由此给人一个错觉，以为情绪可以独立存在。比如，人在天气不好或生病时会出现烦闷或焦虑等消极情绪，这类情绪似乎与情感无关，其实它表达的是人类对健康或对生活的“热爱”情感，疾病有损于健康、坏天气妨碍了人的正常生活，它们不符合人的需要，人们对它形成的是“厌恶”情感，最后以烦闷或焦虑等消极情绪表达出来。

其次，任何事物的形式与内容都是既密切联系又相对独立的。相同的情感内容可以用不同的情绪形式来表达，如上所述，爱情可以用“喜悦”来表达，也可以用“忧伤”来表达，还可以用长久分离后的“寂寞”和“痛苦”来表达，有时“嫉妒”也是表达爱情的一种形式。相应的，同一情绪也可以代表不同的情感内容。“喜、怒、哀、乐”这些情绪指向不同对象时所表达的就是不同情感，指向爱人时表达的是爱情，指向朋友时表达的是友情，指向亲人时表达的是亲情。比如“生气”是一种情绪，孩子因冒失而受伤时，家长会对孩子生气，这表达的正是一种亲情。

最后，情感是人们在生活过程逐渐形成的并具有相对稳定性，但情感的涌现又具有情境性，比如见到亲人时内心涌现的是亲情，见到朋友时内心涌现的是友情，回忆与爱人相处时涌现的是爱情等。只有在情感涌现时才需要用情绪来表达，因此，情绪具有情境性和短暂性，它往往随情境的变化而变化。但情感即使在不涌现时，它依然保存在内心，不以情境的变化而变化。

（三）情绪情感的功能

1.适应功能

情绪和情感是有机体（人和动物）在进化过程中形成的适应环境的一种特殊功能。生存和发展是一切有机体的两大基本任务，而生存与发展又必须以适应环境为前提。有机体想要适应环境，首先要清楚环境中哪些事物符合自身的需要，哪些事物违背自身的需要。对客观事物与自身需要之间关系的反映，其实质就是对“利害关系”的把握，“趋利避害”是一切生物的本能。当然，人是社会性动物，人类个体除适应自然环境之外，还要适应社会环境，个体的生存与发展离不开良好的社会环境，尤其离不开人与人之间相互依存的社会关系。因此，个体不仅要追求自身需要的满足，还要迎合并维护社会需要。或者说，人不仅要考虑对自身的“利害”，还要考虑对社会（包括对他人）的“利害”。因此，人的情绪与情感具有很强的社会性，比如亲情、友情、爱情以及集体感、爱国心、正义感等都是人类特有的社会情感，它们是人类个体适应社会环境所必不可少的。

2.激励功能

情绪和情感与动机关系非常密切。人类一切行为的直接动力是动机，动机又来源于需要。如前所述，情绪情感与需要的关系密切，可以对动机起到信号放大和减小的作用，从而对个体的行为起到不同的激励作用。积极的情绪情感对活动起着协调和促进作用，消极的情绪情感对活动起着破坏和阻碍作用。例如，我们心情愉悦时，神清气爽，思路开阔，任务完成效率高；而在我们情绪低落时，则烦闷忧郁，思路阻塞，任务完成效率也低。

3.信号功能

情绪总是伴随着一定的外部表现形式，如面部表情、姿势、动作等。如高兴时眉飞色舞，愤怒时咬牙切齿，忧愁时垂头丧气，恐惧时面如土色等。它们不仅是内心情绪的流露，而且是人与人之间信息交流的手段。

我们人际交往中，除了通过言语直接交流外，还可以通过情绪的各种外部表现形式实现信息的传递和人际的相互了解。例如微笑表示友好或赞许，皱眉表示否定或疑问。又比如新生在报到那天，心中有很多疑问，一般他们会向那些面带微笑的学长或老师询问，而不会去接触那些表情刻板的人。

此外，表情也是言语交流的补充手段。从发生的时间来看，表情比言语产生更早。婴儿在不会说话时就具备了察言观色的能力，同时还通过表情与他人交流。成人有时候在无法用言语表达时则可以通过表情准确而微妙地表达自己的思想和愿望等，起到"此时无声胜有声"的效果，有时候也能通过表情传递出很多言语交流之外的信息。

拓展阅读 3-1

人体语言学简介

1970 年，法国学者朱利叶斯·法斯特的《人体语言》一书问世，标志着人体语言学的正式诞生。虽然该学科诞生的历史不长，但因其具有很强的实用性，很快得到了广泛的传播。人体语言学是兼有语言学、心理学、社会学等多种学科的边缘学科，但它与心理学有着最直接也最密切的关系，以后许多心理学家及社会学家都对此开展了不断深入的研究。

人体语言又称"躯体语言"、"体势语"、"无声语言"等，是指人们在交往过程中通过表情、姿势、动作等非词语途径表露出的内心信息。人体语言可以直接表露一个人在特定情境中的内心状态(态度、意图、情绪状态等)，有时还可以间接表露出他的某些个性特征。

人体语言具有语言的性质与功能，它可以用以表达和传递信息。许多社会化程度较高的动物都有一套自己的"躯体语言"，如蚂蚁、蜜蜂等就具有复杂的"语言"交流手段。研究表明，人和灵长类动物有着一些共同的表情及动作，它们都具有特定的"含义"，以便不同个体之间相互交流信息。人类进入文明时代后，人们在社会交往过程中通过"约定俗成"，又发展出了更加丰富的人体信号交流手段，如握手、拥抱等礼节性动作以及各种手势和身体动作等，从而形成一个庞大复杂的人体语言系统。虽然后来人类文明又发展出了更高级便捷的词汇语言系统，但它并不能因此取代人体语言，人体语言仍然在词汇语言的光辉掩盖下默默地发挥着自己的作用。

研究表明：仅人类面部就可以做出 25000 多种表情，再加上各种姿势与动作，它所能表露的信息远非词汇语言所及。心理学家 Albert 研究发现，在人与人面对面的交流中，55%的信息是靠非言语表情(如面部表情、手势、动作等)传递的，38%的信息靠言语表情(如声调、语气)传递，只有 7%的信息才是靠词汇本身的含义所传递。

词汇语言受意识控制的程度很高，完全可以根据需要随意地组织并表达"言不由衷"的语言内容。而人体语言受意识控制的程度较低，人们在日常交往中往往集中主要精力关注并控制着自己的词语信息，而对人体语言的关注度及控制能力较弱。这意味着人体语言比词汇语言更真实可靠。

二、情绪情感的种类

(一)情绪的种类

情绪非常复杂,心理学家根据各自不同的标准将情绪划分成不同的类型,其中有两种分类方法较具代表性。根据情绪的性质划分为快乐、愤怒、悲哀、恐惧,也即情绪的四种基本形式;根据情绪的状态划分为心境、激情和应激。

1.基本情绪的种类

关于基本情绪的分类,我们古代思想家早有划分,如《礼记·中庸》将情绪分为喜、怒、哀、乐四种,而《礼记·礼运》中提出情绪包含七种:喜、怒、哀、惧、爱、恶、欲,即七情说。现代心理学家一般认为,人类具有四种基本情绪:快乐、愤怒、悲哀和恐惧。

克雷奇认为快乐是盼望的目的达到,紧张解除后继之而来的情绪体验,快乐的程度从满意、愉快到大喜、狂喜。愤怒是由于目的和愿望不能达到或一再受到阻碍,逐渐积累而成的,愤怒的程度依次是:不满、生气、愠怒、愤怒、激愤、大怒、暴怒。悲哀是失去所盼望的、所追求的东西或有价值的东西而引起的情绪体验。悲哀的强度依存于失去的事物的价值。恐惧是企图摆脱、逃避某种危险情景而又无力应付时产生的情绪体验,恐惧比其他任何情绪更具有感染力。

上述四种最基本的情绪,是人和动物共有的,又叫原始情绪。在这四种基本情绪基础上可以派生出许多种不同组合的复合情绪。例如由愤怒、厌恶、惧怕组合起来的情绪叫恨;而由紧张、痛苦、内疚、恐惧和愤怒组合起来的复合情绪叫焦虑。

2.情绪状态的种类

(1)心境。

心境是一种微弱的、持久的而又有弥散性的情绪体验状态,通常叫作心情。心境有三个特点:第一,发生强度较小,比较微弱。俗话说“人逢喜事精神爽”,喜事带来的愉悦心情渲染力度不是那么强烈。第二,持续时间久。人逢喜事后可能接下来很长一段时间都处于愉悦心情中。第三,心境具有弥漫性。当人处于某种心境时,往往就会以这样的情绪状态看待周围的人和物,从而使人的一切体验和活动都染上相应的情绪色彩,正所谓“忧者见之则忧,喜者见之则喜”。

心境往往由一定的事件引发,可能是重大生活事件,如丧偶、结婚、升学、升职等;也可能由身体的健康状况引发,如我们健康和生病时心境大不一样;也可能由环境和天气变化引发,有人研究发现焦虑、疑虑与日照时间呈负相关,乐观心境与日照时间呈正相关。心境对人的工作、学习和生活有很大的影响。积极乐观的心境会提高人的活动效率,增强克服困难的勇气,有益健康;而消极悲观的心境则会降低人的活动效率,使人退缩消沉。长期处于焦虑状态,不利于健康。因此,我们要保持乐观,克服不良心境。

(2)激情。

激情是一种强烈的、爆发式的、持续时间较短的情绪状态。个体处于激情状态下,往往具有明显的生理反应和外部行为表现。例如狂喜时手舞足蹈、捧腹大笑、上气不接下气,盛怒时双目圆睁、紧握拳头、血压骤升。这些激情虽然表现强烈,但一般维持的时间都不长。

激情往往由一个人遭受的重大、突如其来的生活事件或激烈的意向冲突引起。激情既有积极作用,也有消极作用。积极的一面体现在人处于激情状态下可能会发挥出意想不到的潜力,如奥运健儿往往在爱国激情状态下,将潜能发挥至极限,屡屡夺金。消极的一面体现在人处于激情状态下,认识范围缩小,思维力下降,自我控制能力减弱,出现“意识狭窄”现象。这时候人很容易冲动,不受理智控制,做出过激行为。因此,我们要善于调控自己的激情,学会做自己情绪的主人。

(3)应激。

应激是在出现意外事件或遇到危险情景时出现的高度紧张的情绪状态。个体在面临突发事件和危险时,将身体内的所有资源和能量都动员起来,以应对紧急情况,此时个体所处的情绪状态就是应激状态。

能引起应激反应的各种刺激性的事物叫应激源。它可能是家庭环境因素,如父母离异、亲子关系恶劣等;可能是工作或学习环境因素,如工作负担过重、职业转换等;也可能是社会环境因素,如严重的自然灾害、交通事故等。

个体面临应激事件做出的反应叫应激反应。应激反应包括生理反应和心理反应。例如汶川地震后,灾民出现一系列急性应激反应,生理上出现极度疲倦、全身无力、头昏、眼花、晕眩、胸闷、失眠、常做噩梦、食欲减退、恶心、反胃、口干、出汗等症状,心理上出现失望、无助、恐惧、悲伤、抑郁、焦虑、自责、思维缩窄、注意力不集中、记忆力下降、判断力减弱等症状,涉及地震灾难的人、物、事、情景等痛苦回忆反复侵入,甚至出现幻觉、妄想、分离等精神病性症状。

一般而言,应激状态可以使机体具有特殊的防御和排险功能,使人调动所有能量和资源应对危险情境,减轻应激带来的紧张。如一位母亲在看到自己的孩子从十楼掉下来的瞬间,以惊人的速度跑上前去徒手接住孩子。但应激状态若持续时间过长,则会导致有机体能量消耗过多、过快,降低免疫系统机能,更容易患病。

(二)情感的种类

人类的需要是复杂多样的,既有物质需要,也有精神需要。由此所产生的情感也是丰富多样的,人类几乎可以对任何自然的或社会的事物形成情感。比如,可以喜爱某种用品、服装、食物、动物等,甚至还可能偏好某种颜色、声音等,此外还可以形成高度概括的情感,如“热爱生命”、“热爱生活”、“热爱本职工作”等。但在日常生活中,人们所说的情感大多是指对人的情感,如亲情、友情、爱情,或者相反的冷漠、嫌弃、厌恶、仇恨等。这些情感都是人们所熟知的,不再做专门介绍。

除上述外,心理学还揭示了几种人类特有的高级社会情感,主要包括道德感、理智感和美感。

1.道德感

道德感是指个体用一定的道德标准去评价自己或他人的思想和言行时产生的情感体验。它是围绕着“善恶”问题形成的社会情感。例如,一个有道德感的人,会喜欢善良的人,同情弱者,会对邪恶的人“疾恶如仇”,会对不道德的社会现象“义愤填膺”。如果自己的行为违背了道德准则,自己也会内疚自责。此外,平时所说的爱国心、集体感、责任感等都属于道德感的范畴。

2. 理智感

理智感是个体对人类智慧(认知)活动及其产品形成的情感。例如,人们在探索未知事物的认知活动过程中时常表现出的好奇心和求知欲,在解决问题时表现出的怀疑、困惑,在问题被解决时表现出的喜悦和欣慰。此外,人们还可以对智慧活动的产品形成情感,如"热爱真理"等。这些都属于理智感。理智感是在人们的认识活动中产生和发展的,反过来它又推动认识的进一步深入,成为人们认识和改造世界的动力。

3. 美感

美感是指个体用一定的审美标准来评价事物时所产生的情感体验。在日常生活中,凡是符合我们的审美标准的事物都能引起美的体验。所谓"爱美之心,人皆有之",说的正是对美的情感。例如,青山绿水、碧海蓝天、奇峰异石、恢宏的建筑、优美的艺术作品都可以让人深切地感受到自然的美和艺术的美,从而形成深深的喜爱情感。但审美标准不仅受到客观事物本身属性的制约,同时还受到人的思想认知、价值观念和社会文化的影响。例如唐朝对美人的评价标准是以"肥"为美,而当今社会对美人的评价标准则是以"瘦"为美。

三、情　　商

(一)情商的内涵

情商(emotion quotient),简称 EQ,又称情绪智力和情感商数,主要是指人在情绪、情感、意志等方面的品质,是近些年来心理学家们提出的与智商相对应的概念。

情绪智力概念,最早由美国心理学家约翰·梅耶和彼得·沙洛维于 1990 年提出,他们将情绪智力定义为:"监控自己和他人情绪、对其加以识别并用这些信息指导自己思维和行为的能力"。他们将情商描述为由三种能力构成的结构,它们分别是:准确评价和表达情绪的能力,有效调节情绪的能力,将情绪体验运用于驱动、计划和追求成功等动机和意志过程的能力。1993 年,梅耶和沙洛维对情商做了进一步的研究,将它作为社会智力的一种类型,并对其包含的内容作了重新界定,即区分自己与他人情绪的能力、调节自己与他人情绪的能力、运用情绪信息去引导思维的能力。但在当时并没有引起全球范围内的关注。

直至 1995 年,哈佛大学心理学博士、曾任教于哈佛大学研究行为与脑科学、时任《纽约时报》的科学记者的丹尼尔·戈尔曼出版了《情感智商:为什么情商比智商更重要》一书,将情感智商这一学术研究新成果以非常通俗的方式介绍给大众,在全世界掀起了一股 EQ 热潮,使得 EQ 一词走出心理学的学术圈,走入人们的日常生活。丹尼尔·戈尔曼因此被誉为"情商之父"。

戈尔曼认为情商包含五个方面的能力,即认识自己情绪的能力、妥善管理情绪的能力、自我激励的能力、认识他人情绪的能力、人际关系的管理能力。

1. 自我意识

自我意识在这里是指认识自己的情绪,也叫情绪觉知。只有认识了自己的情绪特点以及随时发生的情绪状态,才能更好地调控情绪。

2. 自我激励

自我激励是指个体具有不需要外界奖励和惩罚作为激励手段，能为设定的目标自我努力工作的一种心理特征。善于自我激励的人，能够以乐观、自信的态度对待现实生活，能够长期保持积极的生活态度，善于自我激发工作热情，哪怕失败了也能重新出发，走出低潮。

3. 情绪控制

情绪控制又称“情绪管理”。现实生活是复杂的，不可能满足人们复杂多样的各种需要，因此不如意的事情经常发生。个体在了解自己的情绪后，能否适当地表达情绪、控制不良情绪的冲动、及时排解和摆脱消极情绪，是衡量一个人情商高低的重要指标。

4. 人际沟通

人际沟通在这里是指在准确认知他人情绪的基础上正确处理人际关系的能力。能够通过细微的情绪信号，敏锐地感受到他人的需求与欲望，准确把握他人的情绪，这是与他人正常交往，实现顺利沟通的基础。其中“同理心”是人际沟通中最基本的技巧。同理心(empathy)，又称“共情”(empathy)，即通过换位思考来感受和理解他人的内心世界。具有同理心的人在人际交往中能体会他人的情绪和想法，理解他人的立场和感受，并站在他人的角度思考和处理问题，这样的人往往在人际交往中备受欢迎，也更容易获得成功。

5. 挫折承受能力

对挫折的承受能力在国外不作为情商的指标，但在我国，却是情商的一项主要内容。因为目前我国受传统社会文化家长制的影响，独生子女从小养成了依赖的习惯，从而导致挫折承受能力较差。因此，要注重从小培养孩子的抗挫折能力。

(二)情商的作用

一些心理学家的研究表明，一个人成功与否20%取决于天资(即IQ)，而80%取决于性格和情感因素(EQ)。卡耐基也曾说过，一个成功的管理者，专业知识所起的作用是15%，而交际能力却占85%。

俗话说“性格决定命运”，而情商就是性格中最重要的成分。高情商的人能将自己有限的天赋发挥到极致，罗斯福就是一个典型的例子。罗斯福“智力一般，但极具人格魅力”。他之所以能当上美国总统，带领美国走出经济萧条，在第二次世界大战中成为真正的赢家，这与他积极乐观的性格有着极大的关系。他真诚、坚强，富于人情味。在罗斯福走向成功的过程中，情感因素起到了非常典型的作用。情商中的各项能力在他身上得到了近乎完美的体现。在现实生活中，我们可以经常看到这样的现象，很多当年班上成绩平平的同学后来事业发展一帆风顺、左右逢源，而某些成绩优异的同学反而后来成就平平，这便是情商在起作用。由此可见，情商是一个人取得成功的极为重要的因素。

情商不是与生俱来的，而主要是后天培养训练的结果。有情商咨询专家表示，情商是可以通过全面系统的课程培养提高并且改变的。因此，情商概念一经提出，立即在教育界引起广泛响应。如今，情商在国外已经被纳入正式教育，美国的一些学校已经在开设“EQ课程”，哈佛商学院强调的“素质教育”，其实也是一种典型的情商训练。美国一些大学还推出“EQ发展计划”。所有这些课程或训练，都是试图通过正规教育途径提高学生的情商水平。

此外，情商越来越多地被应用在企业管理学上。对于组织管理者而言，情商是领导力的重要构成部分，而常见的各类主流商业管理教育，如MBA、EMBA及CEO必读12篇等也都对于情商在管理科学上的实践给予了极大程度的关注。

在我国，由于应试教育的压力，很多家长只注重对孩子智力的培养，而忽略了情商的训练，结果导致情商低的孩子越来越多。尤其是到青春期，学生面临学习压力的同时，又面临着生理、心理方面剧烈变化。这些都会使他们产生复杂的心理矛盾甚至造成心理失衡，严重者可能产生种种不良的后果。因此，情商教育也被我国教育界公认为是当前教育实践中面临的重大课题之一，很多学者都对情商教育进行了理论和实践上的探索，但它目前尚未纳入正规的课程体系。

拓展阅读 3-2

情商的测量

要想知道你的EQ有多高，请完成以下的测验：

1. 与你的恋人或者爱人发生争吵后，你能在他面前掩饰你的沮丧。
2. 当工作进行得不顺利时，你认为这是对未来的一个警告。
3. 在你最好的朋友开口说话以前，你就能分辨出他处于何种精神状态。
4. 当你担忧某件事时，你在夜里几小时难以入睡。
5. 你认为大多数人必须更加努力而不要轻易放弃。
6. 与你最好的朋友告诉你一些好消息相比，你更容易受一部浪漫影片的感染。
7. 当你的情况不妙时，你认为到了你该改变的时候了。
8. 经常想知道别人是怎样看待你的。
9. 你对自己几乎能使每个人高兴起来而感到自豪。
10. 你厌烦讨价还价，尽管你知道讨价还价能使你少花20元钱。
11. 你十分相信直率地说话，而且认为这样能使一切事情变得更容易。
12. 尽管你知道自己是正确的，也会转移这一话题，而不愿来一场争论。
13. 你在工作中做出一个决定后，会担心它是否正确。
14. 你不会担心环境的改变。
15. 你似乎是这样一个人：对于周末去干什么，你总是能够提出很有趣的设想。
16. 假如你有一根魔棒的话，你将挥动它来改变你的外貌和个性。
17. 不管你工作多么尽心尽力，你的老板似乎总是在催促你。
18. 你认为你的恋人或爱人对你寄予厚望。
19. 你认为一点小小压力不会伤害任何人。
20. 你会把任何事情都告诉你最好的朋友，即使是个人隐私。

计分方法：每道题选同意得1分，选不同意不得分。将你所得分累加起来。

结果分析：

16 分或 16 分以上：你对你的能力很是自信，在控制情绪方面你是出类拔萃的，与他人相处得很融洽。

7～15 分：你意识到自己和他人的情感，但有时忽视它们。你常对自己的生活不是很满足，常常感到压抑，使你暂时消沉，但你总是能够从挫折中吸取教训，重新振作起来。

6 分或 6 分以下：你必须多一点对别人的关心，少关照自己。你喜欢打破社会常规，并且不会担心通过疏远别人来取得自己想得到的东西。你可能在短期内就会取得一定成果，但人们不久就将开始抱怨你。控制住你易冲动的天性，不是以粗暴的方式，而是试着去通过迎合他人来得到你所想要的一切。如果你得分不高，不要沮丧。你要学会去控制你的消极情绪，充分利用你的积极情感。

注意：目前心理学界关于情商的测验技术尚未成熟，以上测验结果仅供参考。

四、情绪调节

情绪调节又称“情绪管理”(emotion management)，是指善于掌握自我，善于调节自己的情绪，对生活中的矛盾或不良事件所引起的消极情绪能够适可而止，力求以乐观的态度、幽默的情趣面对生活。

情绪是一个人心理活动状态的“晴雨表”，情绪的波动意味着心理上的失衡状态，从而引起各种心理问题。消极情绪不仅会引起个体内心的痛苦体验，还会引发不必要的人际冲突，甚至会导致生理上的消极反应，引发身体上的各种疾病。现代医学研究发现，人类疾病中，由心理因素导致的心因性疾病占 50%～80%。紧张、焦虑、抑郁、愤怒等不良情绪会激活有机体内有害物质，使有机体免疫力下降，更易致病。由此可知，调节不良情绪，恢复心理平衡，对于个体生活具有重要意义。

(一) 情绪调节的基本前提和方法

1. 情绪调节的基本前提

(1)提高对情绪的自我认知。首先要了解自己一贯的情绪特点，如是否易怒、是否易焦虑等。其次是及时觉察自己当时的情绪状态，如是否烦躁、是否抑郁等。只有对自己的情绪有一个较为准确的认知，才能有针对性地进行管理。

(2)加强自我管理的自觉性。情绪管理靠的是个人的主观能动性，其动力是个体具有改善自己情绪的强烈愿望并愿意为此做出努力。如果没有这个动力，只能使自己的情绪任意发泄、失去控制。

(3)树立自我管理的自信心。情绪有时很难完全驾驭，人们时常会因控制情绪失败而沮丧，最终丧失自我控制的自信心。因此，正确地认识到情绪控制不是一件容易的事，但也不是不能控制，情绪管理的能力会随着长期持续的努力而逐渐提高。

(4)掌握合理的方法。人们情绪管理的失败常常是因为没有找到合理的方法。合理方法虽不是万能的，但它又是必不可少的。心理学的相关研究成果对情绪管理具有科学的指导意义。

2.情绪调节的一般方法

(1)转移注意。当出现不良情绪时,要把注意力转移到使自己感兴趣的事上去,例如,外出散步、看电影或电视、读书、打球、下棋、聊天等。这种方法可以使自己换个处境,一方面中止了不良刺激源的作用,防止不良情绪的泛化、蔓延;另一方面,通过参与新的活动特别是自己感兴趣的活动而达到增进积极的情绪体验的目的。

(2)改变认知。心理学研究表明,不合理的认知是导致不良情绪的根本原因(参见拓展阅读 3-3)。因此,改变认知是调节情绪的重要环节。首先,应认识到生活的舞台不是专门为自己搭建的,生活不可能事事遂心如意,俗话说"人生十九不如意",烦恼是不可避免的。如果认识到情绪的困扰是一种人类生存的自然状态,快乐和忧愁是交替着的,就像白天与黑夜交替一样,这样一想就不是那么烦恼了。其次,学会辩证地看待事物的两面性,在遇到挫折时学会用"塞翁失马,焉知非福"、"坏事变好事"等词语来进行自我安慰,这种方法可以帮助人们在重大的挫折面前接受现实,保护自己,避免精神崩溃。当然也要总结教训、避免再次失误,同时积极寻求向有利方面转化,如果只是自我安慰就成为"阿 Q 精神胜利法"了。

(3)合理宣泄。情绪调节并非要一味地压抑自己的情绪。过分压抑往往会使情绪困扰加重,而适度宣泄则可以把不良情绪释放出来,从而使紧张情绪得以缓解、减轻。如找朋友倾诉、哭泣、唱歌、吼叫、剧烈运动等。但宣泄方式要注意合理和适度,不能恣意地发泄。

(4)自我暗示。自我暗示有消极与积极之分,对自己的心态具有重要的影响。心理学的实验表明,当一个人静坐时,默默地说 "气死我了"等语句时,会出现心跳加剧,呼吸加快等现象,仿佛真的发起怒来。相反,如果默念"把我乐坏了"之类的语句,那么他的心里面也会产生一种乐滋滋的体验。因此,在遇到不愉快的事情时,使用积极的自我暗示,如"事情总会过去的"、"车到山前必有路"、"时间是医治创伤的良药"之类,可以在不知不觉之中化解消极情绪,增进积极情绪。

(5)沟通。某些不良情绪常常是由人际关系的障碍或矛盾引起的。这种情况下,能主动找对方谈心或请对方共同参加某种活动,比一个人独处胡思乱想、自怨自艾要好得多。如果冲突比较严重,也可以请第三者从中调节,或者向有经验的人请教处理办法。人际沟通不仅有助于交流思想、沟通情感、化解矛盾,还可以增强自己战胜不良情绪的信心和勇气。

(6)升华。化痛苦为动力,将消极情感引导到对人、对己、对社会都有利的方向去。如有的学生因失恋而痛苦,但没有因此而消沉,而是把眼界转移到学习中,立志做生活的强者,证明自己的能力。此外,如果能够认识到所有的体验对生命都是重要的,所有烦恼和痛苦都是有意义的,它们是自我在成长中的必须经历的体验,既然是成长的烦恼,也要靠成长去解决。这样把这些消极的情绪体验看作是个体成长的动力,无疑会促进个体心理的不断成熟。

合理情绪疗法——“ABC 理论”

1. 合理情绪疗法概述

合理情绪疗法(rational-emotive therapy)是 20 世纪 50 年代由美国心理学家埃利斯(A. Ellis,1913—2007)创立的一种认知行为治疗方法。

其理论要点是:情绪不是由某一诱发性事件本身所引起的,而是由经历了这一事件的个体对这一事件的解释和评价所引起的。简称“ABC 理论”。A 是指诱发性事件;B 是指个体对这一事件的看法、解释和评价;C 是指个体的情绪及行为的结果。ABC 理论指出,诱发性事件 A 只是引起情绪及行为反应的间接原因;而 B——人们对诱发性事件所持的信念、看法、解释,才是引起人的情绪及行为反应的更直接的起因。当人们坚持某些不合理的信念,长期处于不良的情绪状态之中时,最终将会导致情绪障碍的产生。

不合理的信念有三个特征:要求的绝对化(demandingness)、过分概括化(overgeneralization)和糟糕至极(awflizing) 的信念。

“绝对化信念”通常是与“必须”和“应该”这类字眼联系在一起的,比如,“我必须获得成功”、“别人必须很好地对待我”、“生活应该是很容易的”等,怀有这样的信念的人极易陷入情绪困扰。

“过分概括化”往往以自己做的某一件事或某几件事的结果来评价自己整个人,把自己看得一无是处、一钱不值等,常常会导致自责自罪、自卑自弃的心理以及焦虑和抑郁的情绪;过分概括化的另一个方面是对他人的不合理评价,即别人稍有差错就认为他很坏,一无可取等,这会导致一味地责备他人以及产生敌意和愤怒等情绪。

“糟糕至极”是一种夸大事情后果的不合理信念,事情开端或中间稍有不利就把后果想象得极其严重。这种想法会导致个体陷入极端不良的情绪体验如焦虑、悲观、抑郁的恶性循环之中而难以自拔。

2. 合理情绪疗法的治疗步骤

这种疗法就是要以理性治疗非理性,帮助求治者以合理的思维方式代替不合理的思维方式,以合理的信念代表不合理的信念,从而最大限度地减少不合理的信念给情绪带来的不良影响,通过以改变认知为主的治疗方式,来帮助求治者减少或消除他们已有的情绪障碍。

(1)向求治者指出,其思维方式、信念是不合理的;帮助他们弄清楚为什么会变成这样,怎么会发展到目前这样子,讲清楚不合理的信念与他们的情绪困扰之间的关系。这一步可以直接或间接地向求治者介绍 ABC 理论的基本原理。

(2)向求治者指出,他们的情绪困扰之所以延续至今,不是由于早年生活的影响,而是由于现在他们自身所存在的不合理信念所导致的,对于这一点,他们自己应当负责任。

(3)通过以与不合理信念辩论方法为主的治疗技术,帮助求治者认清其信念的不合理性,进而放弃这些不合理的信念,帮助求治者产生某种认知层次的改变。这是治疗中最重要的一环。

(4)不仅要帮助求治者认清并放弃某些特定的不合理信念，而且要从改变他们常见的不合理信念入手，帮助他们学会以合理的思维方式代替不合理的思维方式，以避免再做不合理信念的牺牲品。

(二)常见消极情绪的调控

1.暴怒情绪的控制

暴怒是由于对客观事物不满而产生的一种情绪反应，一般是由外在强烈刺激所引起的。生理学研究表明，人在发怒的时候，肾上腺素分泌增加，心跳加速，血压升高，呼吸急促，血管扩张，肌紧张升高，胆汁增多，这些生理上的持续变化对人的身体健康是不利的。愤怒除了影响躯体健康外，还会令人失去理智，不能客观地看待所面临的矛盾冲突或挫折情境，从而妨碍问题的解决，不利于良好人际关系的建立。

正如美国著名心理学家埃利斯提出的那样：人们的愤怒或其他情绪并不是由客观事物直接引起的，而是取决于人们对该事物的态度、看法和评价。既然愤怒情绪源于各种过激思维，那么我们首先就要利用埃利斯的合理情绪疗法改变不恰当的思维模式，进而改变愤怒情绪。当然，一个人在愤怒时，由于感情非常冲动，反应过于迅速，很难立即做到客观地改变思维。所以除了认知调节外，还可以结合其他一些心理学方法综合运用。

(1)息怒法。当别人批评或指责你时，无论他是帮助你还是诋毁你，无论他是正确的还是错误的，如果我们不能冷静沉着地应付，很可能就引发怒气，并反唇相讥，激化矛盾冲突。所以面对批评指责，要先善于消除对方的怒气，才有助于控制自己的情绪。息怒法的关键在于一开始就把双方的注意力从指责的问题上移开，努力建立一种比较平静的气氛。具体来说，第一步是赞同对方，不论批评正确与否，先想方设法暂时符合对方用意，比如说："对，对，你讲得对，我确实大意了些。"或者说："你这么生气，我理解你的心情，我愿意认真听取你的意见。"在你的赞同、认可的态度下，对方的愤怒情绪就会减轻，这时再进行第二步，即向批评者提出一系列问题，以便准确无误地搞清对方的意思究竟是什么。当然，要避免使用指责的或防卫式的口吻。看到你虚心认真的态度，对方也就化愤怒为真诚交流，从而使双方在相互尊重的关系中进行第三步即反馈与协商。

(2)自我暗示法。指通过语言或文字有意识地控制自己情绪。例如，在发怒时自我暗示："冷静一下"、"发怒会把事情办坏"等。对于易怒者还可在自己的房间或办公桌旁贴上"制怒"等字样的条幅，随时自我督促。

(3)注意转移法。当要发怒时，及时离开令人愤怒的场合，思绪也要从令人愤怒的事物中及时摆脱出来，最好的办法就是有意寻找自己感兴趣的活动以转移注意力，让时间来消解自己的愤怒情绪。

(4)合理宣泄法。愤怒情绪产生时，机体紧张能量很大，如果强行抑制怒气，也不利于身体健康。只有让愤怒情绪以适当的方式在适当的时间地点和场合中合理宣泄出来，方能减轻内心紧张，达到内心平衡。情绪疏导包括自我疏导和请人疏导。前者指自己通过适当途径宣泄愤怒，例如打沙袋、打橡皮人、大声吼叫等。后者则是向亲人朋友诉说你的委屈和愤怒之情，得到他们的开导和安慰。

2.过度焦虑情绪的控制

焦虑是指由于某种不顺心的因素导致的不愉快的情绪反应。它主要是对危险、威胁和需要特别努力但对此又有些无能为力的苦恼的强烈预期反应。人在严重焦虑时,自主神经活动增加,肾上腺素输出量提高,血压和心率增强,皮肤出汗,面色苍白,嘴发干,呼吸加深加快,肌肉失去弹性,大便和小便频率增加,如果这种焦虑状态持久的话,还会出现坐立不安的运动状态,而且会影响消化和睡眠。过度焦虑不仅会影响一个人的生理,还会严重影响一个人的精神面貌,使人变得颓废、沮丧和消沉,甚至过早衰老,无异于慢性自杀。

焦虑分反应性焦虑和神经质焦虑。反应性焦虑一般是暂时的,具有情境性,实践证明采取放松法来缓解焦虑效果颇佳。但神经质焦虑则是因为长期焦虑体验的积累,逐渐稳定发展成为人格特质中的一部分,通过一般的心理咨询难以奏效,需要进行心理治疗或精神治疗。

下面介绍几种放松训练方法:

(1)深呼吸放松法。深呼吸可以使人镇定,是最简便的放松法。具体做法是先站定或坐好、双肩下垂、闭上双眼,然后慢慢地做深呼吸。可以自己默念:"一呼……一吸……一呼……一吸……"该方法简单又立显效果,对青少年遇到应激情况,特别是应对考试前的紧张焦虑颇为有效。

(2)想象放松法。放松地坐好、闭上双眼,然后自行想象。需要了解自己在什么情景中最感舒适、惬意、轻松。常见的情景是在大海边,自己默默地想:"我静静地俯卧在海滩上,周围没有其他人。我感受到了阳光温暖的照射,触到了身下海滩上的沙子,全身感到无比的舒适。微风带来一丝丝海腥味,海涛在有节奏地唱着自己的歌,我静静地、静静地谛听着这持续的波涛声……"

(3)肌肉放松法。坐在沙发上,尽量坐得舒服,轻轻地闭上眼睛。下面逐步进行主要肌肉群紧张和放松的练习。首先从双手开始,然后是双臂、脚、下肢,最后是头部和躯干。

第一步:深深地吸进一口气,保持约10秒。再慢慢把气呼出来,停一会儿再重复做一遍。

第二步:伸出双手,握紧拳头,用力握紧,注意你手的紧张感觉。保持约10秒后放松,完全放松你的双手,体验放松后的感觉。

第三步:弯曲你的双臂,用力弯曲,绷紧双臂的肌肉,保持约10秒,感受双臂肌肉的紧张。然后放松,完全放松双臂,体会放松后的感受。

(双脚、下肢、头部和躯干的放松可以参考双手和双臂的放松方法,略)

焦虑自评量表(SAS)

该量表适用于具有焦虑症状的成年人,具有广泛的应用性。国外研究认为,SAS能够较好地反映有焦虑倾向的精神病求助者的主观感受。

请注意：(1)请根据您一周来的实际感觉在适当的数字上画上“√”，请不要漏评任何一个项目，也不要在相同的一个项目上重复地评定；

(2)打分标准：没有或很少时间有：1分。有时有：2分。大部分时间有：3分。绝大部分或全部时间都有：4分。

题　　目	1分	2分	3分	4分
1. 我觉得比平常更容易紧张和着急(焦虑)。				
2. 我无缘无故地感到害怕(害怕)。				
3. 我容易心里烦乱或觉得惊恐(惊恐)。				
4. 我觉得我可能将要发疯(发疯感)。				
5. 我觉得将会发生什么不幸(不幸预感)。				
6. 我手脚发抖打颤(手足颤抖)。				
7. 我因为头痛、颈痛和背痛而苦恼(躯体疼痛)。				
8. 我感觉容易衰弱和疲乏(乏力)。				
9. 我觉得不能心平气和或安静地坐着(静坐不能)。				
10. 我觉得心跳很快(心慌)。				
11. 我因为一阵阵头晕而苦恼(头昏)。				
12. 我有晕倒发作或觉得要晕倒似的(晕厥感)。				
13. 我呼气吸气都感到很困难(呼吸困难)。				
14. 我手脚麻木和刺痛(手足刺痛)。				
15. 我因为胃痛和消化不良而苦恼(身体疾病)。				
16. 我常常要小便(尿意频数)。				
17. 我的手掌常常是潮湿的(多汗)。				
18. 我常常脸红发热(面部潮红)。				
19. 我不容易入睡并且常一夜睡眠不好(睡眠障碍)。				
20. 我常做噩梦。				
总分统计				

结果分析：评价指标为总分。将20个项目的各个得分相加，即得粗分。标准分等于粗分乘以1.25后的整数部分。

结果解释：按照中国常模结果，SAS标准分的分界值为50分，其中50～59分为轻度焦虑，60～69分为中度焦虑，70分以上为重度焦虑。

3. 抑郁情绪的控制

抑郁也是一种极端情绪，它常常与其他不良情绪关联，并受很多情绪如焦虑的影响而加重。抑郁情绪有以下六个主要特征：①情绪低落，兴趣减退或缺失。个体处于一种悲哀、冷漠的心境中，经常唉声叹气，对任何事物和活动都不感兴趣，甚至对以前感兴趣的事也提不起精神。②对前途悲观失望。个体自觉工作、学习和生活前景黯淡，没有希望，严重者甚至会觉得绝望。③无助感。个体对自己面临的困难和不幸感到无能为力，且回避他人的帮助，觉得别人的帮助无济于事。④感到精神疲惫。个体总感觉自己非常困顿，稍作活动就非常疲劳，有时候想做点事情但都作罢，有力不从心的感觉。⑤消极的自我评价。个体只看到自己的缺点和不足，以往引以为豪的优点现在在他的眼中也不值一提，会认为自己一无是处，毫无价值。⑥感到生活或生命毫无意义。会不断提问自己活着是为了什么，当不能给自己合理的解释时便觉得活着还不如死了好，常伴有自杀念头，严重者甚至会采取自杀行为。

随着社会的加速发展、竞争的加剧，很多人不堪重负，精神濒临崩溃边缘，抑郁症已被世界卫生组织称为“世纪病”。抑郁症是一种心理综合征，它包含三方面心理障碍：①情绪障碍。表现为情绪低落，经常面带愁容，表情痛苦悲伤，唉声叹气，愉快感缺失。②思维障碍。表现为思维迟缓，语速慢，语音低沉，反应迟缓，自觉脑子迟钝了，转不动，工作和学习效率低下。③意志行为障碍。表现为意志减退，受情绪低落影响，总觉得任何事物和活动都没有意思，兴趣索然，即使准备去做一件事却觉得力不从心，严重者甚至会闭门不出，不梳不洗，不吃不喝。

抑郁情绪对人身心健康的影响不言而喻。在心理咨询与治疗实践中，以下几个方法用于对抗抑郁较为实用：①增强体育锻炼。处于抑郁情绪的人就是不愿出门，不愿动起来，所以增强体育锻炼可以调动机体的能量对抗抑郁，若个体无法坚持，可以找人监督或陪同。②找回或培养兴趣。对于原先感兴趣的事情，可以重新拾起，或者努力培养新的兴趣，以对抗“意志减退”。③换一个环境或出门旅行。有些抑郁情绪是由于现实环境引发的，所以改变环境或出门旅行或许会心情舒畅。④自我暗示减压。若处于严重抑郁情绪中，可能会暗示自己生病了，就如同自己患了生理疾病一样。给自己一个理由休息，在放松的心情中，抑郁情绪会有所好转。

虽然对抗抑郁情绪有很多方法，但真正行之有效的并不多，若抑郁情绪难以自行纾解，必须求助于专业心理治疗或精神治疗。

拓展阅读 3-5

抑郁自评量表(SDS)

请根据您最近一周的感觉来进行评分，数字的顺序依次为从无、有时、经常、持续。

注意：有反向记分 10 题。如不能理解则会影响统计结果。这类题目之前加上“*”号。

题目	分值			
1.我感到情绪沮丧、郁闷。	1	2	3	4
*2.我感到早晨心情最好。	4	3	2	1
3.我要哭或想哭。	1	2	3	4
4.我夜间睡眠不好。	1	2	3	4
*5.我吃饭像平时一样多。	4	3	2	1
*6.我的性功能正常。	4	3	2	1
7.我感到体重减轻。	1	2	3	4
8.我为便秘烦恼。	1	2	3	4
9.我的心跳比平时快。	1	2	3	4
10.我无故感到疲劳。	1	2	3	4
*11.我的头脑像往常一样清楚。	4	3	2	1
*12.我做事情像平时一样不感到困难。	4	3	2	1
13.我坐卧不安,难以保持平静。	1	2	3	4
*14.我对未来感到有希望。	4	3	2	1
15.我比平时更容易激怒。	1	2	3	4
*16.我觉得决定什么事很容易。	4	3	2	1
*17.我感到自己是有用的和不可缺少的人。	4	3	2	1
*18.我的生活很有意义。	4	3	2	1
19.假若我死了别人会过得更好。	1	2	3	4
*20.我仍旧喜爱自己平时喜爱的东西。	4	3	2	1

结果分析:指标为总分。将20个项目的各个得分相加,即得粗分。标准分等于粗分乘以1.25后的整数部分。总粗分的正常上限为41分,标准总分为53分。

结果解释(按照中国常模):

标准分:轻度抑郁:53～62分;中度抑郁:63～72分;重度抑郁:>72分。

4.自卑情绪的克服

自卑是一种因过多地自我否定而产生的自惭形秽的情绪体验。有自卑感的人常常对自己的能力、品质做出偏低的评价,总觉得自己不如别人而悲观失望。

一般人喜欢把自卑感产生的原因归结为自身某方面的条件(如经济条件、身体条件、能力等)不如别人。其实,导致自卑感的主要原因依然是不合理的认知方式。如完美主义的做人标准、夸大自己的缺点、过分喜欢与人攀比、总觉得被别人瞧不起等。因此,克服自卑感首先要从改变认知方式开始。正确看待自身的优缺点,克服追求完美的奢望,学会悦纳自己。

目前在青少年群体中自卑感普遍存在，2003 年我国学者李源经过多年的实践发现以下几个方法对克服学生自卑感较为有效：

(1)实施角色转换。自卑生常有一种角色错觉，认为在朋友、同学等人的眼里，自己只不过是可有可无的角色，处于被人忽视的地位，这种角色错觉深深地影响其自尊、自信。如果我们让自卑生在某种特定的或创设的情境中，扮演一个他自认为举足轻重的角色，他会努力地按照角色的理想模型和社会期望去控制或改变自己的习惯态度和行为，最后达到克服自卑、树立自信的目的。例如我们可以让自卑生去指导低年级的自卑生。首先，角色地位改变了，他们由自卑型学困生转变为“指导者”，增强了自身价值感。其次，被指导者对“指导者”的期望是“博学、自信”，使“指导者”不得不表现出自信的示范作用，久而久之，自卑生也就会变得越来越自信了。

(2)改变竞争方式。有竞争就有失败，有失败就会诱发自卑。但这并不是就意味着主张淡化竞争。实际上现实社会处处充满竞争，学生也不可能不接受竞争的考验。我们提倡的“淡化竞争”是意图营造一种没有竞争的氛围，去防止自卑的诱发。例如我们把个体竞争转变为团体竞争，使得团体成员之间有着共同的目标，只有当全体成员都达标时，这个团体才获得成功，其成功的关键在于全体成员互助、共勉。在这种方式的竞争中，自卑生承担了集体的责任，接受了集体的期望和监督，勇敢地参与竞争，并在竞争中经受了意志的磨炼，又在竞争中得到同伴的帮助，从而获得身心的健康发展和学习的进步。

(3)引导积极归因。很多自卑生在面对失败时都归因于自身能力偏低，而能力又是不易改变的因素，因此产生未来“结果不可控”的无助感，进而丧失信心、导致自卑。因此，教师要有意识地引导自卑生将失败归因于努力不够、状态不佳等可控因素，使他们不再怀疑自身的能力，认为失败是暂时的，始终坚信：只要加倍努力，就一定会成功。

(4)获得成功体验。造成自卑的根本原因是期望水平过高和失败体验过多。因此，让自卑生不断获得成功的体验，无疑是鼓励他们树立自信心的关键。我们可以通过调整他的期望水平、引导他的积极评价和分解学习目标来使自卑生不断获得成功的体验。

拓展阅读 3-6

积极心理学简介

幸福的奥秘是什么？现代人为什么经常不快乐？怎样保持生命的最佳状态？怎样走进一个洋溢积极的精神、充满乐观的希望和散发着春天活力的心灵状态？积极心理学为我们揭示了与传统心理学完全不一样的心灵世界。相信你在了解了这一理论后，一定能超越自身的不快乐、狭隘、愤怒、嫉妒、恐惧、焦虑等消极心态，以更积极的、建设性的情绪来面对生活的挑战。

积极心理学的研究渊源，最早可追溯至 20 世纪 30 年代美国心理学家推孟关于天才和婚姻幸福感的研究，以及荣格的关于生活意义的研究。马斯洛就曾倡导积极心理学的研究。人本主义思潮对积极心理学运动产生了深远的影响。

美国心理学家马丁·塞利格曼是积极心理学的始祖。他 40 余年来一直致力于乐观心态、习得性无助,以及压力的科学研究。2000 年 1 月,他与人合著《积极心理学导论》一书,标志着积极心理学的诞生。

积极心理学是相对于消极心理学而言的。所谓的消极心理学主要是以人类心理问题、心理疾病诊断与治疗为中心的,如在过去一个世纪的心理学研究中,似乎大多数心理学家的任务是理解和解释人类的消极情绪和行为。我们所熟悉的词汇是病态、幻觉、焦虑、狂躁等。正是在这种背景之下,积极心理学呼吁:心理学应该转换为研究人类优点的新型科学,必须实现从消极心理学到积极心理学模式的转换,研究人类的积极品质,关注人类的生存与发展。

积极心理学倡导探索人类的美德,如爱、宽恕、感激、智慧和乐观等,因此许多传统的心理学研究分支,如临床心理、咨询心理、社会心理、人格心理和健康心理学等,都可以在积极心理学的范式中将注意力转向对于人性积极面的研究。

世界著名心理学史家、美国心理学家舒尔兹把积极心理学称为当代心理学的最新进展之一。由此足见美国心理学界对积极心理学的重视与关注。

第二节 意　志

一、意志的定义与特征

(一)意志的定义

意志(will)是个体有意识地确立目标,调节和支配行动,并通过克服困难和挫折,实现预期目的的心理过程。意志总是和一定的行为联系在一起的,受意志支配的行为被称为意志行为。例如一位学生确立了考研的目标后,无论风霜雨雪,都坚持去图书馆看书复习,最终以优异的成绩考上了自己理想的学校和专业。这一系列心理活动过程就是意志。

意志是人类特有的心理现象,也是人类主观能动性的集中表现。

(二)意志的特征

1.具有明确的目的

意志是人类特有的心理现象。动物往往根据自然处境的变化相应地做出或调整行为,以单纯地适应自然。而人类在行动之前,行动的目的和结果已经以观念的形式存在于人的头脑中,并以此目的来指导自己的行为,以自己的行为改变自然。从这个角度看,意志行为集中体现了人类的主观能动性。当然,并不是所有人的行为都是有明确目的的,有些人的行为缺乏对行为结果的预见而导致行为莽撞,甚至导致失败。

2.与克服困难相联系

意志行为总是和克服困难联系在一起的,人的意志品质正是在克服困难中体现出来的。所以说克服困难是意志行为的核心。例如拿着筷子吃饭对你而言不是一件难事,根本谈不上意志行为,但是对于练习用筷子吃饭的幼儿来说,却是意志行为。一个人克服的困难越大,表明这个人的意志越坚强,反之则表明这个人的意志薄弱。

3. 受意识的支配和调节

人的动作分为不随意动作和随意动作。不随意动作是指那些不受意识支配的、没有预定目的、自然而然的动作，例如眨眼睛、打喷嚏、消化等。随意动作是指受意识支配的、具有一定目的性的动作，例如吃饭、写字等。虽然意志行动必须以随意动作为基础，但随意动作并不直接等于意志行动。例如，写字虽然是随意动作，但不能说写字就表现了人的意志，只有写字受到阻碍，如胳膊受伤、疼痛，写字有困难时，通过克服困难，才表现为意志。

二、意志行动的过程

意志行动既然是受意识支配的、有目的性的，那么其过程就应该包含确立行动目的和制订行动计划，以及克服困难、采取行动实现目的两个阶段，即采取决定阶段和执行决定阶段。

（一）采取决定阶段

此阶段包括以下过程：动机冲突、目标的确定、方法的选择、计划的制订、决策的做出。

在采取决定阶段，我们首先要确定行为的目标。但在确定目标时，我们常常会遇到动机冲突。例如我们在准备复习迎考时，既想取得好成绩，又不想付出努力；既想安心复习考出好成绩，又不想放弃此时校外某一兼职赚钱的机会；既不想天天坐冷板凳复习，又担心考不好回家挨骂。有时候我们想要达到或避免的目标还不止一两个，而是多个，这些动机间往往都有矛盾冲突。在本书第四章中会介绍勒温关于动机冲突的四种类型。

解决了动机的冲突，确立了行动的目标后，接下来就是要选择正确的方法。方法很多，但是并不一定对自己适用，只有适合自己的方法才是最好的方法，这就需要你多了解，多比较，并结合自己的实际情况选择。

选择好了行动方法后，接下来就是制订行动计划，然后确定行动方案。行动的计划可能是切实可行的，也可能是不周全、不具体的。但重要的是，决心达到目的，就应该全力以赴去实现自己的决定。

（二）执行决定阶段

执行决定阶段也即行动阶段。在这个阶段，既要坚定地执行既定的计划，又要克制那些妨碍达到既定目标的动机和行动。在这个阶段，还要不断地观察形势的变化，及时发现新情况，如果遇到事先没有预料到的困难，遭受挫折时，要及时分析，找到克服困难和挫折的方法。同时，还要不断审视自己的计划，及时修正那些不适合形势发展要求的计划，保证目标的实现。

三、意志品质及其培养

（一）意志品质

1. 自觉性

意志的自觉性是指个体自觉地确定行动目的，并能自主地支配自己的行动，使之服从于行动目的的品质。它反映了一个人在行动中坚定的立场和始终如一的追求目标。具有自觉性的人，在行动中既能坚持独立性，不轻易受外界的影响和干扰，能独立判断，又能虚心接受有益的意见。

与自觉性相反的品质是易受暗示性和独断性。易受暗示的人遇事不会独立思考，缺乏主见，人云亦云，表现出过多的屈从和盲从。而独断性是与易受暗示性相反的另一个极端。具有独断性的人容易从主观出发，缺乏对问题的细致分析，很难听取他人中肯的意见，一意孤行。

2. 果断性

意志的果断性是指个体能够迅速而不失时机地采取决定并行动的品质。果断性是在全面地考虑行动的各个环节和环境的诸多因素基础上，明辨是非、把握机会、当机立断。

与果断性相反的品质是优柔寡断和鲁莽草率。优柔寡断是一个人在面临选择时常犹豫不决、缺乏决断，做出决定后又顾虑重重、踌躇不前。有些人虽然能够立即决断，但这一决断是仓促做出，并没有细致地分析，这就是鲁莽草率的表现。

3. 坚韧性

意志的坚韧性是指个体坚持不懈地克服困难，永不退缩的品质。这种品质又叫毅力或顽强力。具有坚韧性品质的人能经得起长期的磨炼，不怕挫折和失败，锲而不舍，抵制内外干扰，不达目的誓不罢休。

与坚韧性相反的品质是虎头蛇尾或执拗。有些人在刚开始行动的时候，劲头很足、热情很高，但一旦遇到困难，就退缩不前，生活中这种虎头蛇尾的人不在少数。也有些人表面上看起来非常坚持，但是环境情况变化后仍然墨守成规、固执己见、不能变通，也就是俗话说的“一条路走到黑”，指的就是那些过于固执、一意孤行的人。

4. 自制性

意志的自制性是指个体在意志行动中善于管理和控制自己情绪，约束自己言行的品质。自制性集中反映了意志的抑制功能。自制力强的人，对自我有较强的约束力，情绪稳定，能抑制与行动目标不一致或相违背的行动。

与自制性相反的表现是怯懦和任性。怯懦的人往往遇事退缩，害怕困难，不敢有所行动。任性者则容易受情绪左右，无论对行动目的是否有帮助，只凭个人喜好，任意为之，意气行事。这两种都是意志缺乏自制性的表现。

(二)意志品质的培养

一个人坚强的意志力不是天生就有的，而是在后天逐渐形成的。因此，我们要加强对青少年良好意志品质的培养。我国学者王雁于 2002 年提出可以从以下几个方面入手来培养青少年的意志品质：

1. 加强世界观和人生观教育，确立正确的行动目的

意志行动都具有明确的目的，学生意志品质的发展也需要建立在一个正确而合理的行动目的的基础上。因此，在学校教育活动中，应该对学生加强科学的世界观和正确的人生观教育，使他们勇于探索人生的意义和价值，学会明辨是非、善恶和荣辱。只有这样，他们的行动目的才有意义，目标才更为崇高。在对学生进行世界观和人生观教育时，应紧密结合社会现实和学生当前的学习、生活实际，帮助他们把个人的理想和价值追求同国家、社会、集体的利益联系起来，既具有远大的目标，又能转化成日常学习和生活中的苦干和实干的精神。

2. 组织实践活动，加强意志锻炼

意志行为总是与克服困难联系在一起的，坚强的意志正是在克服困难的实践活动中磨砺出来的。在学校教育中，我们要科学、严谨地组织学生的学习活动，合理安排班集体的劳动和课外文体活动，使学生养成锲而不舍的、顽强的学习毅力和良好的劳动习惯。教师还可以有意识地组织能磨炼学生意志的实践活动，如晨练、爬山、野营、徒步旅行等。在意志锻炼中，不能对全部学生一律对待，还要根据学生的实际情况因材施教。

3. 发挥教师和班集体的影响，给予必要的纪律约束

在意志行动过程中经常会受到周围的人和环境的影响，因此，在学校教育中，我们应该注重发挥教师和班集体的积极影响。作为教师，自己首先应当在工作中表现出目标明确、处事果断、兢兢业业、不畏困难的作风，以为学生意志品质的培养提供示范。另外，在一个具有良好班风的班集体中，同学之间互帮互助，建立起了对集体的义务感和荣誉感时，就会为了集体的目标和利益，去努力学习，热心支持集体活动，在这个过程中，独立、坚强、勇敢、自制等意志品质也得到培养。当然，要形成良好的班风，还要有严格的纪律去约束集体成员，朝共同的目标努力。当学生能够自觉遵守集体的规章制度，不做违反纪律的事，这本身就是最好的意志锻炼。

4. 启发学生进行意志的自我锻炼

学校的政治思想教育、课内外的实践活动以及教师和班集体的影响，要在学生的意志品质形成中真正发挥作用，还必须调动学生自己的主观能动性，如让学生自己用格言、座右铭警醒自己，用杰出人物的事迹对照、监督自己的言行；同身边的榜样相比较，找出差距，迎头赶上；制订作息计划和学习计划，并严格执行；自己设计一些加强意志锻炼的活动，并努力实践；每天坚持记日记，反思自己的言行和思想，发现缺点，及时改正等。

拓展阅读 3-7

意志品质自测简易量表

下面 20 道题目，请你逐题认真读一读，按照下面所说的方法选择。

A. 很同意　B. 比较同意　C. 可否之间　D. 不太同意　E. 不同意

1. 我很喜爱长跑、远足、爬山等体育运动，但并不是因为我的身体条件适合这些项目，而是因为它们能使我更有毅力。

2. 我给自己订的计划常常因为主观原因不能如期完成。

3. 如没有特殊原因，我能每天按时起床，不睡懒觉。

4. 订的计划应有一定的灵活性，如果完成计划有困难随时可以改变或撤销它。

5. 在学习和娱乐发生冲突的时候，哪怕这种娱乐很有吸引力，我也会马上决定去学习。

6. 学习或工作中遇到难题时，最好的办法是立即向师长、同志、同学求援。

7. 在练长跑中遇到生理反应，觉得跑不动时，我常常咬紧牙关，坚持到底。

8. 我常因读一本引人入胜的小说而不能按时睡觉。

9. 我在做一件应该做的事之前，常能想到做还是不做的好坏结果，而有目的地去做。

10. 如果对一件事不感兴趣，那么不管它是什么事，我的积极性都不高。

11. 当我同时面临一件该做的事和一件不该做却吸引着我的事时，我常常经过斗争，使前者占上风。

12. 有时我躺在床上，下决心第二天要干一件重要事情（例如突击学一下外语），但到第二天，这种劲头又消失了。

13. 我能长时间做一件重要但枯燥无味的事情。

14. 生活中遇到复杂情况时，我常常优柔寡断，举棋不定。

15. 做一件事之前，我首先想的是它的重要性，其次才想它是否使我感兴趣。

16. 我遇到困难情况时，常常希望别人帮我拿主意。

17. 我决定做一件事时，常常说干就干，决不拖延或让它落空。

18. 在和别人争吵时，虽然明知不对，我却忍不住说一些过头话，甚至骂他几句。

19. 我希望做一个坚强的、有毅力的人，因为我深信“有志者事竟成”。

20. 我相信机遇，好多事实证明，机遇的作用有时大大超过人的努力。

计分方法：凡单数题（1、3、5、7……），每题后面的五种回答，从第一到第五种依次记5、4、3、2、1分；凡双数题（2、4、6、8……），题后五种回答依次记1、2、3、4、5分。

结果解释：81～100分，意志很坚强；61～80分，意志较坚强；41～60分，意志品质一般；21～40分，意志较薄弱；0～20分，意志很薄弱。

复习思考题

1. 简述情绪情感的关系。
2. 简述情绪情感的功能。
3. 简述情绪的分类，并举例说明。
4. 简述情商的定义与构成及意义。
5. 结合实践，试述不良情绪的控制方法。
6. 简述意志的定义及其过程。
7. 简述意志的品质。
8. 结合实践，谈谈如何培养青少年良好的意志品质。

参考文献

1. 孟昭兰. 情绪心理学[M]. 北京：北京大学出版社，2005.

2. 陈少华. 情绪心理学[M]. 广州：暨南大学出版社，2008.

3. [新西兰]斯托曼. 情绪心理学——从日常生活到理论[M]. 王力译. 5版. 北京：中国轻工业出版社，2006.

4. [美]弗雷德里克森. 积极情绪的力量[M]. 王珺，译. 北京：中国人民大学出版社，2010.

5.[英]彼得森.积极心理学——构建快乐幸福的人生[M].徐红,译.北京:群言出版社,2010.

6.C R 斯奈德,沙恩·洛佩斯.积极心理学:探索人类优势的科学与实践[M].王彦,等译.北京:人民邮电出版社,2013.

7.卢家楣.情感教学心理学[M].上海:上海教育出版社,2001.

8.郭享杰.心理学——学习与应用[M].上海:上海教育出版社,2001.

9.张厚粲.大学心理学[M].北京:北京师范大学出版社,2001.

10.亚伦·皮斯,芭芭拉·皮斯.身体语言密码[M].王甜甜,等译.北京:中国城市出版社,2007.

11.[美]罗伯特·J 斯腾伯格,凯林·斯腾伯格.爱情心理学[M].李朝旭,等译.北京:世界图书出版公司,2010.

12.王雁.普通心理学[M].北京:人民教育出版社,2002.

13.王玲.控制愤怒的心理学方法[J].青年探索,1993(4).

14.李源.克服自卑心理的思考和实践[J].广西教育,2003(4).

第四章　需要与动机

【内容摘要】

本章包括需要和动机两节内容。

需要包括：需要的定义、种类、特点，马斯洛的需要层次论以及其他需要理论。

动机包括：动机的定义、形成条件及功能、动机冲突、强化理论、归因理论及自我效能感理论等动机理论。在此基础上，论述了学习动机的分类、学习动机与学习效果之间的关系、学习动机的培养与激发。

【学习目标】

1. 掌握需要的基本含义，了解其分类。
2. 记忆并叙述马斯洛需要层次理论的内容及各层次关系。
3. 掌握动机的含义、形成条件和功能。
4. 掌握动机冲突的三种形式，并能举例说明。
5. 能简要说明强化理论的基本观点。
6. 能简要说明归因理论的基本观点。
7. 能简要说明自我效能感理论的基本观点。
8. 了解学习动机的种类并能举例。
9. 能简要说明学习动机与学习效果的关系。
10. 掌握激发动机的措施和方法。

【关键词】

需要；动机；诱因；动机冲突；双趋动机冲突；双避动机冲突；趋避动机冲突；强化；正强化；负强化；惩罚；耶克斯-多德森定律；归因；自我效能感

人的一生是由生活、学习、工作、事业、社会交往等各种行为组成的，如果要问"人为什么会有这些行为"或者"是什么东西促成了人的这些行为"，这就涉及了行为动力问题。行为的直接动力来自动机，而动机又源自需要。因此，我们要深入理解人的行为，必须去探究隐藏在行为背后的需要与动机。

例如，刻苦学习的学生所表现的行为是相似的，如上课认真听讲、课后抓紧时间做作业、看书等，但他们各自的学习动机有可能并不一致，有的可能是为了博得家长或教师的奖励，有的也可能是为了考取一个好成绩以便将来升学，有的可能是对所学内容感兴趣，有的可能是为了求知或提高某方面的能力。行为是可能直接观察到的，但行为背后的动机是不能观察的，只能根据他自己的表述或者通过他的相关的系列行为来推测。只有真正理解了动机，才能深入地理解其行为。而理解动机还要追溯到需要。需要是动机形成的内在根源。

第一节 需　　要

一、需要的定义及种类

(一)需要的定义

需要是有机体感到某种缺乏而力求满足的心理倾向,是有机体对自身生存及发展所必备的前提条件在头脑中的反映。

生存和发展是一切有机体(人和动物)的两大基本任务。而生存与发展必须具备一些前提条件,如生存的前提条件是食物、水、空气等。发展包括个体的发育、成长、繁殖等,其前提是必备的发展环境(包括自然环境与社会环境)以及性对象等。没有这些条件,生存或发展就没有可能。如果这些条件缺乏,反映到机体大脑里,就会引起机体的紧张状态,如身体里食物缺乏,会引起血液中血糖成分的下降,从而导致饥饿感,进而产生进食的需要。当环境中存在危险因素,大脑意识到后就会产生安全的需要。个体感到孤独无助时,就会产生交往的需要;人在感到知识不足或对某个问题感到疑惑时,就会产生求知的需要等。

因此,需要是一种内部的紧张状态。导致这种紧张状态的原因是生理上或心理上的缺失或不足。当个体在生理上或心理上出现对某些必需因素的缺失或不足时,个体与环境之间的平衡就被打破,从而产生一种内部的紧张状态。一旦需要得到满足,这种紧张状态就会消除,出现新的平衡状态。当个体在生理上或心理上出现新的缺失或不足,又会产生新的需要。

(二)需要的特点

需要是复杂多样的,但不同需要之间具有以下共同的基本特点:

(1)需要的对象性。需要总是指向一定的对象的。需要是机体内部的一种缺乏或紧张状态,但用来消除这种缺乏或紧张状态的往往是外在的客观事物或因素。因此,需要体现的是一种机体与环境之间的关系。不同需要所指向的对象不同,不过有些需要的对象是具体的,如食物、水、空气、性对象等;而有些需要的对象是抽象的,如友谊、爱、尊重等。

人的需要在指向一定的对象时,还具有一定的选择性。这种选择性具体表现为对满足需要的具体对象的选择。例如,饿了要吃东西,但具体吃什么东西,人们往往都有各自的选择。有的人喜欢吃甜食,有的人喜欢吃辣的食物。一般来说,个体满足需要的经验、个体的爱好和价值观、个体生活的文化习俗都会影响个体对需要对象的选择。

(2)需要的动力性。需要是个人活动积极性的源泉。人的需要、动机、兴趣、价值观等,都是推动人们从事各种活动的动力因素,但需要是本源性的,其他的动力因素都是在需要的基础上形成和发展起来的。需要使人朝着一定的方向,追求一定的目标,以行动求得满足。一般来说,需要的强度越大,活动积极性越高;需要的强度越小,活动积极性越低。

(三)需要的种类

1. 生理需要与社会需要

根据需要的起源不同,可以将需要分为生理需要和社会需要。

生理需要是与维持个体的生存与种族繁衍相联系的,是一种本能的需要,如人对空气、水分、食物、睡眠、性的需要等。这种需要是人和动物都具有的,但人与动物在满足生理需要的对象和方式上存在着本质的差异。这种差异体现在两个方面:一是动物只能依靠自然界已有的物质来满足需要,人不仅可以通过自然界的存在物来满足需要,而且可以通过人类生产劳动的产物来满足需要,并且随着生产的发展,不断提高自己的生理需要,正如朱熹所说,"饮食者,天理也;要求美味,人欲也";二是人的生理需要受社会文化的调节,如人在进食时,既受饥饿状态的支配,也受各种社会习俗和礼仪的制约。

社会需要与个体的社会生活相联系,是后天习得的需要,如人对交往、学习、道德等的需要。社会需要是人类所特有的一类需要,它是从社会要求转化而来的。人们在社会生活中,社会不断向个体提出各种要求,当个体认识到接受这些要求的必要性时,社会的要求就会转化为个体的社会需要。

2. 物质需要与精神需要

根据需要所指向的对象不同,可以将需要分为物质需要与精神需要。

物质需要是个体对生存和发展所必需的物质生活的需要,既包括对自然界产物的需要,又包括对社会文化产品的需要。人体的物质需要既有生理需要的内容,也有社会性需要的内容。例如,在对服装的需要中,既有满足人们防寒、防晒等生理需要的内容,也有满足追求美的社会需要的内容。

精神需要是个体对生存和发展所必需的精神生活的需要,如对交往、审美、道德、创造等的需要。随着社会的进步和社会生产力的发展,人类所特有的精神需要不断发展。人类所有的精神需要都具有社会性,都属于社会需要。

二、马斯洛的需要层次论

(一)基本内容

需要层次理论是美国人本主义心理学家马斯洛于 20 世纪 40 年代提出来的。该理论认为人有以下五个层次的需要:

1. 生理需要

生理需要是指维持个体生存与种族繁衍的基本需要,如对食物、水、空气、睡眠、性等的需要。因此,这种需要是所有需要中最基本、最强有力的需要,是其他需要产生的基础。

2. 安全需要

安全需要是指对安全的环境、恒定的秩序、避免伤害和威胁的需要。典型的安全需要有生命安全、财产安全和职业安全,如注意食品药品安全、安装防盗门窗、喜欢稳定的工作等。所以学校要反对欺凌,远离暴力,给学生提供一个令人安心的环境。

3. 归属与爱的需要

归属与爱的需要是指个体希望与别人交往,并与别人建立亲密关系的需要。人是社会性动物,因此具有团体归属感,每个人都希望找到自己所属的社会群体,如家庭、学校、工作单位等。不仅如此，人还希望能在自己生活的群体中得到接纳、爱护、关注、支持等。例如，儿童希望得到教师和父母的爱，希望与小伙伴建立友谊等。

4. 尊重需要

尊重的需要包括自尊和他尊两个方面。自尊就是个体对自己的尊重，如自信、自主、胜任工作、取得成就等，都是自尊的具体表现。自尊的需要往往表现为"追求优越，逃避自卑"。如果一个人自尊的需要不能得到满足，就有可能形成自卑感。他尊是指别人对自己的尊重，如追求名誉、地位、尊严、威信、获得别人承认、引起别人注意和欣赏等。自尊与他尊是相互制约的。他尊是自尊的社会基础，一个人若没有他人的尊重很难持久地维护自尊。同时，自尊的人更容易获得他人的尊重，而没有自尊的人往往也会令别人"看不起"。

5. 自我实现需要

自我实现指个体充分发挥自己的潜能，体现自身价值，并使自己趋向完善和协调的一种倾向。马斯洛认为每个人天生都具有自我实现的倾向。

首先，每个人都渴望自己的潜能能够得到充分的发挥，成为自己所希望成为的人物，完成与自己能力相称的一切活动，以体现自身的存在价值。一个人能够成为什么，他就必须成为什么，他必须忠实于自己的本性，一位诗人必须写诗，一位画家必须绘画，一位作家必须写作，这样才能使他们在充分发挥自己潜能及体现价值的过程中获得满足和快乐。当然，自我实现并不一定指做大事并最终成为伟大人物，而是努力挖掘自己的全部潜能，做出力所能及的成就，普通人在平凡的岗位也能够追求自我实现。

其次，每个人都有自我完善的愿望。虽然人的绝对完美是不可能的，但不断向完美靠近是完全可能的。马斯洛把人向完美奋斗的过程或倾向称为自我实现。自我实现并不是一种终结状态，而是发挥潜能的同时不断趋于完善的过程。

马斯洛的需要层次论如图 4-1 所示。

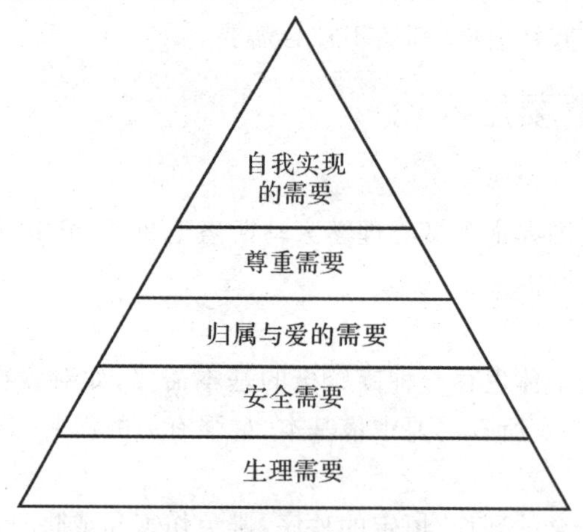

图 4-1　马斯洛需要层次

(二)各需要层次之间的关系

马斯洛认为，这五种需要都是人最基本的需要。这些需要是天生的、与生俱来的，但它们的形成与发展水平还受到个体成长环境的制约，从而形成不同的结构关系。马斯洛认为以上五种之间的关系是：

其一，越是低级的需要越是不可缺乏。需要的层次越低，它的力量越强，随着需要层次的上升，需要的力量相应减弱。马斯洛把生理、安全、归属和爱以及尊重需要称为缺失需要，如果这几种需要得不到满足，寻找满足这些需要的动力就增强，如果得到满足，需要的动力就减弱；他把自我实现的需要（后来又加入认知和审美两种需要）称为成长需要，这种需要的满足，并不使需要的动力减弱，而会使需要的动力作用进一步增强。因此，自我实现的需要是无止境的。

其二，一般情况下，只有低一层的需要基本满足后才能发展出高一层的需要。如一个饥肠辘辘的人往往不会顾忌安全问题，一个生理及安全需要得不到基本满足的人，他的归属与爱的需要、尊重的需要也会被抑制。前四种需要没有得到基本满足的人就不会形成自我实现的需要。当然，马斯洛也指出，这一规律只符合人的一般情况，不排除有特殊例外。例如，也有极少数人可能在低层需要没满足的前提下依然在追求高级需要。

同时，马斯洛又认为人的需要的满足是从相对意义上说的，即我们社会中大多数正常人其全部基本需要都部分地得到了满足，同时又都在某种程度尚未得到满足。如他说："我可以任意假定一些数字，也许一般公民大概满足了85%的生理需要，70%的安全需要，50%的爱的需要，40%的自尊需要，10%的自我实现需要。"

其三，如果某一层需要长期得不到基本满足，就会使个体长期停留在这层需要的追求之中，它会表现出对个体行为强大的动力作用，马斯洛将之称为个体的"优势需要"。优势需要决定一个人的"主导动机"，即一个人最主要的人生目标。人与人之间在优势需要方面的差异是人格差异的重要基础之一。

当然，优势需要不是一成不变的。如果一个人的优势需要得到满足后，依然会发展出高一层的需要。马斯洛指出："至于说到一个新的需要在优势需要满足后出现这一观念，这种出现并不是一种突然的、跳跃的现象，而是缓慢地从无逐渐到有。例如，如果优势需要A仅满足了10%，那么需要B可能还杳无踪影。然而，当需要A得到25%的满足时，需要B可能显露出5%，当需要A满足了75%时，需要B也许显露出50%，等等。"

我国古代有一首民谣，也说明了人的需要的层次递进性。这首民谣为："忙碌为充肚子饥，刚得饭饱又思衣。恰得衣食两分足，家中缺少美貌妻。家娶三妻和四妾，出门走路少马骑。骡马成群任驱使，身无官职被人欺。七品、六品官太小，四品、三品官亦低。朝中一品当宰相，又想面南坐皇帝。"当然，这首民谣只是从私欲角度概括了"人心是个无底洞"或"人的欲望无止境"这一社会现象，而忽视了人的需要的社会化的可能，即在社会引导下，个人的欲望也可以朝着对社会有意义的方向发展，如通过为社会做贡献来追求自我实现。

马斯洛晚年在上述五种需要的基础上又增添了"认知需要"与"审美需要"这两种新的需要类型，从而将五个层次扩大到七个层次，由低到高的顺序分别是：生理需要、安全需要、归属与爱的需要、尊重需要、认知需要、审美需要、自我实现的需要。他把前四层需要统称为"缺失的需要"，后三层需要统称为"成长的需要"。

"缺失的需要"又称"基本需要"，是指因身心某种缺失而引起的需要。如因饥渴而求饮食，因恐惧而求安全，因孤独而求归属，因避免自卑而求自尊。这类需要直接关系到个体的生存状态，因此这类需要实际是"不可缺失"的。但是这类需要一旦得到满足，其强度就会降低，从而减轻了对行为的影响力。而“成长的需要”不是个体生存所必需的，它们是在“缺失需要”大体满足后的基础上发展起来的，其作用是促进个体的健康成长。这类需要也不会因得到满足而降低强度，其发展水平是永无止境的。

拓展阅读 4-1

自我实现的内心障碍:“约拿情结”

“约拿”是《圣经·旧约》里面的一个犹太先知，并且一直渴望能够得到神的差遣。神终于给了他一个光荣的任务，去宣布赦免一座本来要因罪行毁灭的城市——尼尼微城。约拿却抗拒这个任务，他逃跑了，不断躲避着他信仰的神。神的力量到处寻找他，唤醒他，惩戒他。最后，他几经反复和犹疑，终于悔改，完成了他的使命。

马斯洛借用上述故事，提出“约拿情结”(Jonah complex)，用以揭示人们内心普遍存在着的一种潜意识:对成长的恐惧。它来源于心理动力学理论上的一个假设:“人不仅害怕失败，也害怕成功。”

马斯洛给他的研究生上课的时候，曾向他们提出如下的问题:“你们班上谁希望写出美国最伟大的小说”、“谁将成为伟大的领导者”等。学生们通常的反应都是咯咯地笑、红着脸、不安地蠕动。马斯洛又问:“你们正在悄悄计划写一本什么伟大的心理学著作吗?”他们通常红着脸、结结巴巴地搪塞过去。马斯洛还问:“你难道不打算成为心理学家吗?”有人回答说:“当然想啦。”马斯洛说:“你是想成为一位沉默寡言、谨小慎微的心理学家吗?那有什么好处? 那并不是一条通向自我实现的理想途径。”

人类的心理是复杂而奇怪的:我们渴望成功，但当面临成功时却总伴随着心理迷茫;我们自信，但同时又自卑;我们对杰出的人物感到敬佩，但总是伴随着一丝畏惧;自己怕出名，又会嫉妒别人出名，心里巴不得别人倒霉。简单地说，这些表现，就是对成长的恐惧——既畏惧自身的成功又畏惧别人的成功。

人们不仅躲避自己的低谷，也躲避自己的高峰;不仅畏惧自己最低的可能性，也畏惧自己最高的可能性。“约拿情结”反映了一种“对自身伟大之处的恐惧”，发展到极致，就是“自毁情结”，即面对荣誉、成功、幸福等美好的事物时，总是浮现“我不配”、“我受不了”的念头，最终把到手的机会放弃了。我们常常可以观察到这种情况，一个聪明的青年人，他在学校里成绩很好，但在高考前夜突然生病了，以至于失去了考试的机会。后来他工作了，能力很强，颇得赏识。但是在他马上就要得到一次关键的升迁的时候，他又辞职了……

我们大多数人内心都深藏着“约拿情结”。心理学家们分析，这是因为在我们小时候，由于本身条件的限制和不成熟，心中容易产生“我不行”、“我办不到”等消极的念头，如果周围环境没有提供足够的安全感和机会供自己成长的话，这些念头会一直伴随着我们，成为今后成长过程中的隐患，会使人产生一种患得患失的感觉。尤其是当成功机会降临的时候，这些心理表现得尤为明显。因为要抓住成功的机会，就意味着要付出相当的努力，面对许多无法预料的变化，并承担可能导致失败的风险。此外，还有民族文化以及从众心理的影响，诸如“出头椽子先烂”、“枪打出头鸟”的惯性思维，往往会使人用“谦虚”的外衣包装自己，甚至刻意去迎合大众心理，使自己的棱角被磨平，从而导致自甘平庸。

毫无疑问，“约拿情结”是我们平衡自己心理压力的一种表现。我们每个人其实都有成功的机会，但是在面临机会的时候，只有少数人敢于打破平衡，认识并克服了自己的“约拿情结”，勇于承担责任和压力，最终抓住并获得了成功的机会。这也就是为什么只有少数人成功，而大多数人却平庸一世的重要原因。

约拿情结是一种复杂的心理现象。它的存在也许有一定的合理性，不过，从自我实现的角度来看，它是阻碍自我实现的一种心理障碍。

对希望自己的人生能臻于自我实现的人，马斯洛有以下建议：①把自己的感情出口放宽，莫使心胸像个瓶颈。②在任何情境中，都尝试从积极乐观的角度看问题，从长远的利害做决定。③对生活环境中的一切，多欣赏、少抱怨；有不如意之处，设法改善。④设定积极而有可行性的生活目标，然后，全力以赴求其实现；但不能期望未来的结果一定不会失败。⑤对是非之争辩，只要自己认清真理正义之所在，纵使违反众议，也应挺身而出，站在正义的一边，坚持到底。⑥莫使自己的生活僵化，为自己在思想与行动上留一点弹性空间，偶尔放松一下身心，将有助于自己潜力的发挥。⑦与人坦率相处，让别人看见你的长处和缺点，也让别人分享你的快乐与痛苦。

(三)评价

马斯洛对人类基本需要及其关系的概括具有一定的合理性和广泛的应用性，在心理学、教育学、管理学、社会学等领域都产生了广泛而深刻的影响。

首先，马斯洛提出人的需要有一个从低级向高级发展的过程，这在某种程度上是符合人类需要发展的一般规律的。一个人从出生到成年，其需要的发展过程，基本上是按照马斯洛提出的需要层次进行的。

其次，马斯洛指出了人在每一个时期，都有一种需要占主导地位，而其他需要处于从属地位。这一点对于管理工作具有启发意义。

最后，马斯洛认为人的内在力量不同于动物的本能，人的行为是受意识支配的，是有目的性和创造性的，人要求内在价值和内在潜能的实现乃是人的本性。这种立场强调了人性中的“光明面”，对教育具有重大启示意义。

当然，学术界对马斯洛的理论也有异议，首先是，他的理论缺乏实证论据，因此被一些心理学家看作是一种猜想或假设。其次，马斯洛认为人的价值就是一种先天的潜能，而人的自我实现就是这种先天潜能的自然成熟过程，这种观点过分强调了遗传的影响，忽视了社会生活条件对先天潜能的制约作用。最后，关于自我实现是否能作为每个人的最高需要，目前尚有争议。

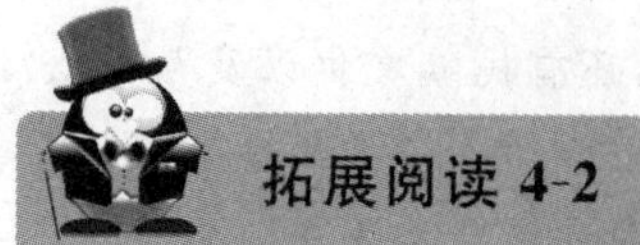

拓展阅读 4-2

其他需要理论

1.默瑞的需要理论

美国心理学家默瑞认为需要是人格的核心概念，他于20世纪30年代通过调查研究，总结出了以下20种人的需要：①贬抑需要：承认自己低下或失败。②成就的需要。③交往的需要。④攻击需要：征服对手。⑤自主需要。⑥对抗需要：克服弱点、压制恐惧、克服困难和障碍。⑦防御需要：保卫自己免受攻击；掩盖或辩解自己的错误和失败。⑧恭敬需要：尊敬或颂扬别人。⑨支配需要：控制或指导别人的行动。⑩表现需要：在别人面前表现自己、引人注意。⑪躲避伤害需要。⑫躲避羞辱需要。⑬养育需要：同情并照顾无依无靠的人。⑭秩序需要：生活有组织，整齐和精确。⑮游戏需要：寻求愉快的事情以缓和紧张。⑯抵制需要：抵制自己不喜欢的人。⑰感觉需要：寻求并感受感官方面的快乐。⑱性需要。⑲求援需要：希望得到别人的帮助和扶持。⑳了解需要：对理论感兴趣；思索、形成条理、分析和概括。

他以此理论为基础，创制了《主题统觉测验》(TAT)，对心理测量领域产生了非常广泛的影响。

2.奥尔德弗的需要理论

美国心理学家克雷顿·奥尔德弗认为人的需要分三个层次：

(1)生存的需要。它是人们最基本的需要，包括了马斯洛的生理需要和安全需要。

(2)关系的需要。即要求与人们交往及维持人与人之间和谐关系的愿望。它包括马斯洛的归属与爱的需要和部分尊重需要。

(3)成长的需要。即人们要求在事业、前途等方面得到发展的内在愿望。包括马斯洛的部分尊重需要和自我实现的需要。

3.麦克利兰的需要理论

麦克利兰的需要理论是美国心理学家戴维·麦克利兰于20世纪50年代提出的。他认为在生存需要基本得到满足的前提下，人最主要的需要有成就需要、亲和需要、权力需要三种平行的需要，这三种需要在人们的需要结构中有主次之分，人们在主需求满足了以后往往会要求更多更大的满足，也就是说拥有权力者更追求权力，拥有亲情者更追求亲情，而拥有成就者更追求成就。同时，由于他认为其中成就需要的高低对人的成长和发展起到特别重要的作用，他的理论主要研究的就是这种需要。所以很多人称其理论为成就需要理论。

4.弗洛姆的需要理论

美国心理学家艾瑞克·弗洛姆认为，除了生理需要，人的基本需要都起源于人的处境。人的基本需要是人对存在的矛盾性的处境的反应。他概括了五种需要：

(1)关联的需要。与他人建立情感联系以摆脱孤独。此需要发展良好形成爱，发展不良则形成自恋。

(2)超越的需要。人作为一种生物又要超越生物的被动状态的需要。这种需要驱使人去创造;当创造的愿望得不到实现时可能转而采取毁灭的方式。

(3)寻根的需要。人的成长意味着脱离自然和母亲的襁褓。但失去根基是可怕的,必须找到新的"根"才会感到安全。个人往往通过依恋母亲及母亲的象征物(家庭、氏族、民族、国家、教会等)来建立自己的存在根基。但过于依恋又会使个性和理性的发展受到束缚。

(4)同一感的需要。人需要回答"我是谁"这个问题。自我意识健全的人能够意识到自己的独特性,并保持自我的独立性。但有的人只追求同伴或社会的认同,追求一致性或顺从性,从而失去了自我的独立性。

(5)定向和献身的需要。人需要为自己确定一个目标并为之献身,从而赋予生存一种意义。有的人确定的目标符合实际,具有意义;有的人则相信某种神的启示或自己种族的优越性,从而追求某种"神圣的"非理性的目标。

第二节 动 机

一、动机概述

(一)动机的定义

动机是引起和维持个体活动并使活动朝某一目标进行的内在动力。

动机是行为的直接动力。需要是行为的动力源泉,但还不是直接动力,需要只有转化为动机之后才能直接推动行为。因此,动机与行为之间形成了因果关系,动机是行为的原因,行为是动机的结果。在日常生活中,人们常常会对他人的行为动机进行分析和推测,如教师要分析学生的学习行为背后的学习动机、警察要分析犯罪行为背后的犯罪动机等。有些行为的动机是明确的,但也有些行为的动机是模糊的、难以觉察的,甚至连自己也不清楚自己行为的动机是什么。正因为如此,目前一些心理学家提出"内隐动机"的概念并展开研究。

(二)动机的形成条件

1.需要是动机形成的内在基础

人的动机是在需要的基础上形成的。需要是一切行为动力的源泉,是动机形成的本源性基础。但并非任何需要都可以转化为动机。需要转化为动机是有条件的,首先,如果某种需要处于满足状态,这会降低对行为的影响力,甚至会被个体忽略。例如人在吃饱饭后,对食物的需要就处于满足状态,这时的人就不再会产生进食的动机。再如,人时刻都有呼吸空气的需要,但由于空气无处不在,随时都能满足,因此,人们往往意识不到对空气的需要。只有当需要处于缺乏状态时,才能被人们清晰地意识到,形成所谓"愿望"或"欲望"。例如人在意识到肚子饿时,才能产生寻找食物解除饥饿的愿望;在空气缺乏时,才能意识到呼吸的强烈愿望。其次,需要转化为动机还必须有诱因出现,没有诱因的需要只是内心的行为意向,而无法直接推动行为。

2.诱因是动机形成的外部条件

诱因是指能满足个体需要的外部刺激物,它使个体的需要指向具体的对象,从而引发个体的活动。因此,诱因是引起相应动机的外部条件。诱因分为正诱因和负诱因。正诱因是指个体因趋近并获得它而满足某种需要的刺激物。例如,食物对饥饿的人是一种诱因。再如,儿童被同伴群体接纳,可以满足其归属的需要。在这里,同伴群体的作用就是一种正诱因。负诱因是指能使个体因回避它而满足某种需要的刺激物。例如,人们回避伤害和危险是为了满足安全的需要,而回避被人轻视或失败是为了满足自尊的需要等。

诱因一般与行为目标是等同的,因此,有时直接称其为"目标"。但有些诱因只是帮助人们实现目标的条件,而不是目标本身。例如,人们都想投资挣钱,但挣钱还要有条件或机会,如经商的条件、炒股的时机等,这些条件和机会可以成为人们投资行为的诱因,但它们不属于行为的目标,金钱才是投资行为的目标。

(三)动机功能

动机的动力作用具体表现为动机的激活功能、指向功能、维持和调整功能。

1.激活功能

动机的激活功能是指人的活动总是由一定的动机引起的,有动机才能唤起活动,它对活动起着激活的作用。动机的性质和强度不同,引起和推动作用的大小也不一样。

2.指向功能

动机的指向功能就是指动机使人们的活动指向特定的对象。动机不同,个体活动的方向和追求的目标也不同。如,在学习动机的支配下,学生进行学习活动;在健身动机的支配下,学生参加体育锻炼。

3.维持和调整功能

当活动产生以后,如果其活动指向了个体追求的目标,其动机就会加强,这种活动就能继续下去;如果其活动偏离了追求的目标,其动机就得不到强化,这种活动就会减弱或停止。这就是动机对活动的维持和调整功能。

二、动机冲突

在社会生活中,人的需要是多种多样的,因此也就形成了多种多样的动机。当个体同时出现的几种动机在最终目标上相互矛盾或相互对立时,这些动机之间就会产生冲突。

如果几种相互对立的动机在强度上差异较大,强度较大的动机一般容易战胜其他动机,而成为主导动机,这时的动机冲突就容易解决,因为人们一般会权衡轻重主次,最终选择主导性动机。如果几种相互对立的动机在强度上差异较小,难分主次,这时的动机冲突就显得十分激烈,常常使人陷入"左右为难"或"进退两难"的境地。

常见的动机冲突有双趋动机冲突、双避动机冲突和趋避动机冲突。

(一)双趋动机冲突

双趋动机冲突指同时面临两个具有同等吸引力的目标,又不能同时达到,必须选择其一时产生的动机冲突。如《孟子・告子上》中的"鱼,我所欲也,熊掌,亦我所欲也,二者不可得兼,舍鱼而取熊掌者也。生,亦我所欲也,义,亦我所欲也,二者不可得兼,舍生而取义者也。"人们在择偶、择业中也经常会产生此类动机冲突。

(二)双避动机冲突

双避动机冲突指同时面临两个具有同等威胁性的目标,又不能同时避开,必须接受其一时产生的动机冲突。即“前怕狼,后怕虎”的左右为难、进退维谷的处境造成的心理紧张状态。例如,到了冬天,学生既怕寒冷而不愿早起,又怕因迟到而受到老师的批评;在现实生活中,有的人既想逃避贫穷,又不愿通过艰苦奋斗改变命运。

(三)趋避动机冲突

趋避动机冲突指对同一目标,同时产生的既好而趋之,又恶而避之时产生的动机冲突。例如,有些学生既想当好学生干部,又怕耽误学习时间;子女一方面需要父母的保护而依赖父母,另一方面又不愿意受父母管教约束而独立行事,造成依赖与独立的矛盾心理;有人既想吃美食,又怕肥胖;有人既想买好东西,又不愿意多花钱;等等。

拓展阅读 4-3

所罗门的判决

《圣经·列王记上》记载了一个故事:两位新生儿的母亲带着一名男婴来到所罗门面前,都说这个孩子是自己的,要求所罗门给予判决。

事情的经过是这样的:两个同时生了孩子的母亲住在同一间房子里。一天夜里,其中一名妇人发现自己压死了自己的孩子,在痛苦和嫉妒之下,她将自己的死孩子和另一个母亲的孩子做了交换。次日清晨,那名妇人发现这个已死的孩子不是自己的儿子,而是另一个妇人的,就向对方索要孩子,可对方坚决不承认。她们只好到所罗门面前打官司。

现在两人都坚定地声称活的男孩是自己的,争吵不休。所罗门王思索了一下,吩咐拿刀来。他宣布只有一个公平的解决方案:将活着的孩子劈为两半,每个母亲得到一半。当听到这个可怕的裁决时,那个假母亲出于嫉妒,立刻同意了,她自己得不到的也不想别人得到。而男孩真正的母亲却大喊道:“我主啊,将孩子给那妇人吧,绝不可杀他!”

在此案例中,孩子的真正母亲面临了一个典型的双避动机冲突,一方面她不想失去孩子的所有权,另一方面她不愿意孩子失去生命,但她必须在这两者之间选择其一。在这个动机冲突中,母亲的天性决定了她把保护孩子的生命看得高于一切,所以她选择了放弃孩子的所有权,从而解决了这个动机冲突。

当然,所罗门只是想以此方法考验出谁是真正的母亲,并最终将孩子判给了她。

三、动机理论

(一)强化理论

1. 强化的概念

强化概念最早是巴甫洛夫提出的,后成为行为主义学习理论的核心概念,尤其是斯金纳(B. F. Skinner,1904—1990)对此做出了全面深入的研究。斯金纳认为人或动物为了达到某种目的,会采取一定的行为作用于环境。当这种行为的结果对其有利时,人或动物的这种行为就会在以后重复出现;行为结果对其不利时,这种行为就减弱或消失。

斯金纳认为,学习实质上是一种反应概率上的变化,而强化是增加反应概率的手段。如果一个行为出现后,有强化物尾随,则该行为出现的概率就增加;若无强化物尾随,则反应概率就会下降直到消失。凡是能增强个体反应概率的刺激均可视为强化物。

强化物的出现时间对强化的形成有重要作用。强化物一般在行为出现后立刻出现,或间隔非常短的时间出现,如果强化物没有及时出现,学习就不能发生,或者学习就被削弱了。

2.强化的种类

(1)正强化与负强化。强化有正负之分,凡因强化物出现而增强某种行为发生的概率的称为正强化。这种强化物都是令人愉快的刺激,相当于人们平时所说的"奖励"(包括各种物质的或精神的奖励)。例如学生在家主动做作业,得到了父母表扬,就会使得孩子做作业的积极性提高。凡因强化物消失而增强某种行为发生的概率的称为负强化。这种强化物往往是令人不愉快的刺激,人们为了逃避它而积极行动。例如父母不停地催促孩子做作业,孩子为了避免父母的喋喋不休而抓紧做作业;或者家长规定如果孩子认真写作业就可以不做家务活。在这里,"负"不是指不好的,而是"去掉"的意思。负强化的形成不是由于给予了某种刺激,而是由于去掉了某种刺激。

另外,人与人的行为是相互作用的,一个事件中双方的行为都可能对对方的行为产生强化作用。如,当孩子在商店里向妈妈要玩具时,一旦遭到拒绝后就会哭闹。如果妈妈给孩子买了玩具,孩子就停止了哭闹。在此事件中,孩子的哭闹行为对妈妈产生了负强化作用,妈妈为阻止孩子的哭闹而给其买了玩具。而妈妈买玩具的行为对孩子的哭闹行为产生了正强化作用。如果多次重复这样的行为,这个孩子就会形成凡事不如意就会哭闹的行为习惯。

(2)连续强化和间歇强化。连续强化是指行为在每次出现时都会受到强化,如果在长时间的连续强化之后突然撤销强化物,就会使人沮丧、烦恼、产生怀疑等。如一位男子每天下班到家时妻子都会拥抱他一下,他都习以为常了,但突然有一天妻子不这么做了。这位男子肯定会感到奇怪:"你怎么了?出了什么事?"间歇强化是指并非每次行为出现后都会受到强化,与连续强化相比而言,因间歇强化而形成的行为往往很难消失。如赌徒心理的形成,虽然输多赢少,但偶尔赢钱带来的间歇强化使得他们欲罢不能。

3.惩罚及其种类

与强化相反的概念是惩罚。凡是能够降低反应概率的刺激均可视为惩罚。惩罚也有正负之分。正惩罚指通过呈现厌恶刺激来降低反应概率。如批评、体罚等。负惩罚指通过撤销愉快刺激来降低反应概率。例如,孩子不做作业,家长可通过取消奖励以示惩罚;对违反纪律的学生可通过取消其参加他所喜欢的活动以示惩罚。

强化理论曾对心理学产生重大影响。它可以解释许多行为的形成机制,但它过分强调了引起行为的外部因素,忽视行为的内因,因而具有很大的片面性和局限性。

(二)归因理论

1.归因的概念

归因是指对一个特定行为及其结果发生原因的解释。其包括两个方面:一是对行为发生原因的解释,回答诸如“我为什么要这样做”、“他为什么要那样做”之类的问题;二是对导致行为结果原因的解释,主要是对成功与失败原因的解释,回答“我为什么成功”或“我为什么失败了”之类的问题。

归因是人类的一种普遍心理现象,每个人都试图对自己或他人的各种行为及其结果进行归因。但是个体由于自身认知本身固有的局限性,在归因的过程中往往会产生偏差。也就是说,他对自己行为的归因不一定是行为发生的真实原因,但即便是错误的归因依然会对他今后的此类行为发生重要影响。

2. 海德的归因理论

归因理论最早由美国社会心理学家弗里茨·海德于 1958 年提出。他认为人们都有理解世界和控制环境两种需求。而要满足这两个需求,人们必须试图理清他人的行为原因,并以此预测他人将如何行动。海德认为事件的原因无外乎内因和外因两种。一般人在解释别人的行为时,倾向于归于内因,比如情绪、态度、人格、能力等;而在解释自己的行为时,倾向于归于外因,比如外界压力、环境不良等。他还认为,如果把行为归于个体内因时,个人就得为行为的结果负责,如果归于外因,则个体不必为行为负责。

3. 韦纳的“三维度”归因理论

自海德之后,有许多心理学家对归因问题进行了不断深入的研究。1974 年,美国心理学家伯纳德·韦纳在吸收了前人成果的基础上,提出了“三维度归因理论”,是目前影响最大的归因理论。

韦纳把归因分为以下三个维度,它们是考察一个人归因方式的三个着眼点:①控制点:把成败归因于个人条件(内控)还是环境条件(外控)。分别代表内部归因与外部归因。②稳定性:把成败归因于持续稳定的因素还是一时偶然的因素。③可控性:把成败归因于个体可控制的因素还是不可控制的因素。

韦纳还总结了人们对行为成败可归纳为以下六个常见因素:能力、努力程度、任务难度、运气、身心状态、外界环境。

上述三个维度与六种因素相结合,可得到韦纳的归因模式,如表 4-1 所示。

表 4-1 韦纳三维度六因素归因模式

	内因		外因	
	稳定	不稳定	稳定	不稳定
可控		努力程度		
不可控	能力	身心状态	任务难度	运气、环境

韦纳认为,一个人对成功和失败的归因,会对其以后的行为动机产生重大影响,可以帮助我们对其今后的行为动机进行预测。如果一个学生把考试失败归因于缺乏能力,那么以后考试还会预期失败,这是因为能力是一个稳定的不可控因素;如果把考试失败归因于运气不佳,那么以后考试就不大可能预期失败,这是因为运气虽然也是不可控的,但它是一个不稳定的因素。相反,两个同样取得考试成功的学生,若甲生把自己的成功归因于能力,而乙生归因于运气,那么,就可以预见在今后的学习中甲生比乙生具有更强的学习动机。

归因首先影响个体的认知和情绪，进而影响到今后的行为动机。个人将成功归因于能力和努力等内部因素时，他会感到骄傲、满意、信心十足，而将成功归因于任务容易和运气好等外部原因时，产生的满意感则较少。相反，如果一个人将失败归因于缺乏能力或努力，则会产生羞愧和内疚，而将失败归因于任务太难或运气不好时，产生的羞愧则较少。而归因于努力比归因于能力，无论对成功或失败均会产生更强烈的情绪体验。努力而成功，体会到愉快；不努力而失败，体验到羞愧。如果一个学生长期处于消极的归因心态就会阻碍其身心正常发展，比如若总是将失败归因为能力不足，而将成功归因于运气或任务容易，长此以往，就会导致他们对学习完全丧失信心，演变成一种“习得性无助感”(learned helplessness)。

4. 习得性无助感

习得性无助感是美国心理学家马丁·塞利格曼于1955年在研究动物时提出的。他用狗做了一项经典实验。他先给狗不能逃避的电击，无论狗如何反应都不能阻止电击。有了这种经验之后，当狗再次经历类似的电击时，即使它能够通过跳跃来逃避电击，也只是稍微挣扎之后，就放弃反应，被动地接受电击。塞利格曼把这种现象称为“习得性无助感”。

他发现人类身上也普遍存在着此类现象，即当个体面临不可控的情境时，一旦认识到无论怎样努力，都无法改变不可避免的结果后，便产生了放弃努力的消极认知和行为，并表现出无助、绝望等消极情绪。

后来的许多学者做了进一步的研究，总结出习得性无助感的三方面典型表现：①动机降低，消极被动，对什么都不感兴趣。②认知出现障碍，形成了无论如何也无法改变现状的心理定势。比如这样的学生会形成这样的顽固认知：“我失败是因为我笨，这意味着我无论如何努力也是要失败的。”③情绪失调，最初是烦躁，后来逐渐变得冷漠、悲观、沮丧，甚至陷于抑郁状态。纵然出现轻易成功的机会也不能鼓起他们尝试的勇气。

由此可知，这种归因对于学生的人格发展是极为不利的，因此，帮助学生学会正确的归因，是每个教师应尽的责任。

拓展阅读 4-4

“习得性乐观”

在提出“习得性无助”20年后，塞利格曼转向研究“习得性乐观”。他用归因风格的概念来区分乐观和悲观，将乐观风格归纳为三个简单的P要素：持久性(permanence)、普遍性(pervasiveness)、个性化(personalization)。他认为乐观是指人们对已发生的事件进行解释时，对好事件作持久的、普遍的和个人的归因，而对坏事情作短暂的、具体的和外在的归因。这种对事件的解释方式是后天习得的，人们可以通过学习，将悲观的归因方式转向乐观的归因方式，这就是习得性乐观。学会乐观能保护儿童在未来免受抑郁和焦虑的侵袭，而且乐观与成年后的幸福感高度相关。乐观可以使人的免疫系统更强，可以维持良好的健康方式，减少不良事件发生的概率，也可以获得更多的社会支持。乐观的人患心脏病、高血压和癌症的概率更低。乐观还能预测一个人60岁以后的健康状况，悲观的人比乐观的人更早开始生病和健康退化，乐观者比悲观者更长寿。

后人的研究也发现，在遇到困难的任务时，学生会有两种不同的反应模式，分别称为"无助型"和"卓越型"。

"无助型"的学生把差的成绩归因于低的能力，而且认为智力是天生的，终身很难改变。在遇到困难时不愿意尝试去解决问题，往往会轻易地放弃，甚至对于那些处在他们能力范围之内的问题也是如此。他们往往倾向于持有绩效目标，这个目标与他人对自己的评价有关，即希望获得教师积极的评价，回避对自己能力的负面评价。

而"卓越型"的学生喜欢把失败归因于缺乏努力或者缺乏对成功的期望，他们往往认为智力可以在自己的努力下不断增长。在遇到困难时，他们会更努力地去尝试解决问题。他们往往坚持学习目标，希望增长自己的技能，学习新的事物。

研究发现"无助型"和"卓越型"的学生在能力上并没有根本的差异，他们的差异在于对能力及成就的态度，即归因方式的不同。由此可见，归因方式对学生的成长具有重大影响。所以，帮助学生学会正确而积极的归因是每个教师应尽的责任。

（三）自我效能感理论

1. 自我效能感的概念

在学校里，学习成绩好的学生与学习成绩差的学生之间的差异并不仅仅在于他们的能力水平，学生对自己能力的认知和评价也是一个重要的影响因素。那些实际能力比较高但却认为自己能力不足的学生往往难以取得他们应有的成绩。相反，那些相信自己能力的学生往往能够取得超出他们实际能力的成绩。这种现象可以用美国心理学家罗伯特·班杜拉于1977年提出的自我效能感理论进行解释。自我效能感（self-efficacy）指个体对自己是否有能力完成某一行为所进行的主观判断。

该概念被提出以后，心理学、社会学和组织行为学领域开始对此进行大量的研究，并出现两种研究取向：一种是强调特定的自我效能感，认为自我效能感具有情境性，而不具有特质性。班杜拉就是这一研究取向的主要代表。比如，一个学生相信自己在数学课中能够取得好成绩，但不一定在其他课程中具有同样的自我效能感。这类似于我们平时所说的"胜任感"。另一种是强调概括化的自我效能感，认为自我效能感是跨情境的，具有特质性。即相信自己可以在各方面均取得良好成绩。它类似于"自信心"。当前研究更倾向于认同两种取向的共存，把它们看作是自我效能感的两个维度。

2. 自我效能感的作用

自我效能感通过确立目标来影响动机。如果某人在某一领域有较高的效能感，他将确立较高的目标，而且较少担心失败，如"艺高人胆大"。如果某人自我效能感低，他将不仅不可能确立高目标，而且可能回避困难的任务，如"甘拜下风"。

一般来说，如果一个人的自我效能感水平越高，那么他就越有可能获得他所期望的目标。如果学生相信他们能够做某事，那么他们就会为之全力以赴，使用各种各样的方法，最终达到他们的目标。

班杜拉等人的研究指出，自我效能感具有下述功能：①决定人们对活动的选择及对该活动的坚持性；②影响人们在困难面前的态度；③影响新行为的获得和习得行为的表现；④影响活动时的情绪。

3. 影响自我效能感的因素

根据班杜拉的观点，自我效能的形成和发展主要受到以下四个因素的影响：

(1)个体成败的经验。它是最具影响力的效能信息。成功使人建立起对个人效能的积极信念，失败(尤其效能感尚未牢固树立之前的失败)则会削弱这种积极信念。

(2)替代经验。即通过借鉴他人的成败经验而获得的效能信息，一般借鉴的都是与自己能力相近的他人经验，他人的成功传递积极的效能信息，他人的失败则传递消极的效能信息。例如，学生观察到班上和自己能力相仿的同学能成功解决某一问题，则他往往会感到自己也能解决这类问题。

(3)言语劝说。即通过他人特别是重要他人的鼓励、期望、说服等手段来获得的效能信息。例如，“你能行”、“你有能力”等。当然，这些效能信息需要建立在直接或间接经验的事实基础上。

(4)来自情绪和生理状态的信息。比如紧张和焦虑容易降低人们对自我效能的判断。例如，一名登台讲演的学生会将演讲时的出汗、口吃等生理状态解释为自己缺乏讲演天赋，从而会降低其自我效能。

4. 自我效能感与归因的关系

自我效能感与归因有密切关系。如果把成功归因于内部的或可以控制的原因，如能力或努力，则自我效能感将会提高。反过来说，自我效能感也会影响归因。如果某人对于做某事有很强的自我效能感，他很可能会将失败归因于缺乏努力；而如果他对于做某事缺乏自我效能感，他很可能会将失败归因于缺乏能力。

从自我效能感的研究可见，在某些条件下调动学生积极性的最好方法不是从动机入手，而应该从认知入手。教师首先把课教好，使学生学有所得，使他们感到自己是有能力学好某门课的。学生有这样的自信，才会投入努力的学习当中。

自我效能感理论比较适用于解释具有挑战性行为的动机。曾有学者以戒烟为对象研究发现，戒烟看似是轻而易举的行为，但长期维持戒烟的行为却非常困难。戒烟成败的关键因素，完全决定于当事人的自我效能感，只有他认为自己有戒烟能力，才能达到戒烟的目的。减肥也是如此。因此，吸烟者最常见的抱怨就是：“我想戒烟，可是我戒不掉”，而减肥者则是：“我老是管不住自己的嘴”。

拓展阅读 4-5

其他动机理论

动机是心理学研究的热门话题，因此形成了众多的动机理论，下面仅介绍几种具有一定代表性的观点。

1.麦独孤的本能论

英国心理学家麦独孤认为:“先天的或遗传的倾向,是一切思想和行动——不论是个人还是集体——的基本源泉和动力。”他举出12种本能,如觅食、母爱、逃避、好奇、合群、争斗、性驱力、创造、服从、获取、支配、排斥等,认为这些本能以及它们的组合可以构成无限的行为。本能使机体驱向目标,每一种本能活动都有一定目的,都包含一个情绪内核,如逃避与畏惧、争斗与愤怒、母爱与温情等。麦独孤还用本能一情绪说解释群体心理,认为情绪增强是使群体凝聚的黏合剂。他把群众过激行为视为初级本能与情绪作用的结果。所以一般公认他是社会心理学的先驱。

本能论在20世纪初期风靡一时,据伯纳德1924年统计,当时学者们提出的各种本能有上千种之多,几乎把所有行为都与某种本能联系起来。例如战争是由于好斗的本能,聚敛是由于储蓄的本能。这样的解释显然只是在文字上“翻筋斗”,因此遭到广泛的抨击。随着行为主义心理学的兴起,本能论开始衰落。

2.赫尔的驱力理论

驱力概念是20世纪20年代由美国心理学家武德沃斯提出的。他认为驱力是由生理需要所引起的一种紧张状态。它能激发个体行为以满足需要,消除紧张,恢复平衡。

后来,美国行为主义心理学家赫尔提出了驱力递减理论,他认为驱力分与生俱来的原始驱力和通过学习获得的习得驱力。驱力能使有机体产生满足需要的力量,一旦需要满足了,驱力随之递减。他还接受了“诱因”的概念,并认为诱因与驱力是分不开的,只有符合内在驱力所需要的刺激才能成为诱因。

驱力理论虽然也强调环境刺激(诱因)对动机的重要性,但它们侧重于从行为层面解释动机问题,忽视了认知因素的作用。

3.阿特金森的成就动机理论

1963年,美国心理学家阿特金森将麦克利兰的成就需要理论进一步深化,提出了具有广泛影响的成就动机理论。他认为,个人的成就动机包括“追求成功”与“避免失败”两种意向。成就动机涉及对成功的期望和对失败的担心两者之间的情绪冲突。不同的人在这种意向的相对强度各不相同,以及解决两种意向冲突的倾向不同,从而形成了“力求成功型”和“逃避失败型”两种类型的人。阿特金森认为,生活使人面临难度不同的任务,他们必然会评估自己成功的可能性。“力求成功型”的人,其追求成功的意向强于避免失败的意向,喜欢选择富于挑战性的任务。当他们预计自己成功有50%左右的把握时,就会激发他们强烈的行为动机,因为这种情况给他们提供了最大的挑战。如果他们认为成功完全不可能,或胜券在握,这种没有挑战性的任务反而会使其动机水准下降。反之,“逃避失败型”的人,其避免失败的意向强于追求成功的意向,在预计自己成功的机会只有50%左右时,就会回避这项任务。他们往往选择更易获得成功的任务,以使自己免遭失败;或者选择极其困难的任务,这样即使失败,也可以为自己找到合适的借口。

4.费斯廷格的认知失调理论

认知失调理论是美国社会心理学家费斯廷格于20世纪50年代提出的。所谓认知失调是指存在于个体心理上不同认知元素的内部不一致性。如果认知失调,必然导致心理上的不和谐,所以常常推动人们去重新建构自己的认知。例如“我是一个品德高尚的人”

与"我做了一件损人利己的事",这两者就是不协调的。

费斯廷格总结了解决认知失调的三种途径:一是改变行为,使对行为的认知符合态度的认知。比如,"知道吸烟有危害"而"每天还在吸烟"的人,把烟戒掉。这样,两个认知元素便协调起来。二是改变态度,使其符合行为。如认为"自己比别人都聪明",而期终考试时"两门功课不及格"的人,改变对自己原先的评价,认知到自己不过是个中等或者中等偏下的学生,这样认知达到协调。三是引进新的认知元素,改变不协调的状况。如为了缓解吸烟问题上出现的认知不协调和心理紧张,可以寻找有关吸烟不会致癌,甚至反而对身体有些益处的事例、知识。

这三种解决途径是从"知"、"行"角度入手,来达到消除认知不协调的目的。但也应看到,由于不协调在主观上被体验为心理的不舒适,这种心理的不舒适,不同的个体其体验各不相同,因此对个体选择减少失调的具体途径,认知不协调理论不能做出明确判断。

四、学习动机及培养

(一)学习动机的种类

1. 根据动机的动力来源分:内部动机与外部动机

内部动机是指个体内在的需要引起的动机。例如,学生的求知欲、学习兴趣、改善和提高自己能力的愿望等内部动机因素,会促使学生积极主动地学习。外部动机是指个体由外部诱因所引起的动机。例如,某些学生为了得到老师或父母的奖励或避免惩罚而努力学习,他们从事学习活动的动机不在学习本身,而在学习活动之外。

内部动机和外部动机的划分不是绝对的。学习动机虽然是推动个体从事学习活动的内部心理动力,但它是外界的要求、外在的力量转化为个体内在的需要的结果。在教育过程中强调内部动机,也不能忽视外部动机的作用,教师应在注意促成外部动机转化成内部动机的同时,注意促使学生保持已经形成的内部动机的激起状态。

当学生受内部动机的影响积极参加课堂活动时,他们表现出来的几乎都是动机的有利影响。内部动机强的学生乐于解决所分配的任务,他们渴望获得更多的课堂资源,会更深入地加工信息,更可能取得高水平的成就。相反,受外部动机影响的学生,他们可能不得不被动地去学习,往往乐于从事难度小的任务,只希望达到教学最低标准即可。

国外研究者发现,学生在校期间学习课堂教学内容的内部动机呈下降趋势。一年级的学生对学校教给的一切新事物都感兴趣,但大概在三年级到九年级之间,学生对教学内容的学习与掌握的内在动机逐渐减弱,而他们的外部动机则逐渐增加。造成这一结果的主要原因可能有以下两点:一是学生在升入高年级的过程中,逐渐意识到好成绩对升学、毕业以及学校分配的重要性;二是他们开始制定为之奋斗的长远目标,开始以其长远目标为中心来评估教学科目,而不是受内部动机的驱动。他们逐渐对过度结构化、重复而又无味的学校生活失去了耐心。然而,这并不是说外部动机就不好。学生时常受到内部与外部动机的双重影响。外部动机是学术成就或创造性行为的一种外在强化形式,对某些学生来说非常重要。但是内部动机起着最终的决定作用,它能使学生更持久地维持自己的行为,激励他们去寻求研究事物的意义。这也正如《论语·雍也第六》中的"子曰:知之者不如好之者，好之者不如乐之者。”

神奇的转化

从前有个老头儿，安静地居住在一个院落里，可总有一群附近的小孩来骚扰他。他们恶作剧地往老头儿的院子里扔石头，惹得老头儿发怒，追赶了出去。孩子们一窝蜂地跑掉了，但第二天依然回来扔石头，乐此不疲。

过了很久，老头觉得再发火也没用，就另想了一个办法。有一天，一阵石子雨后，老头儿和颜悦色地出现在孩子们面前，说：“欢迎你们来玩，从今天起我会给每个扔石头的孩子1块钱。”小孩们一听都高兴极了：“干坏事还给钱？真是太好了！”第二天，小孩们来到老头家又是一顿扔，然后每人又得到1块钱。

第三天就不一样了，孩子们扔完石头后每人只得到5角钱。又过了两天更少了，老头儿只给每个孩子2角钱，孩子们对待遇的降低都不满意，石子也不好好扔了。接下来老头儿更过分了，连屋都不出，一分钱不给。孩子们生气了：“我们这样辛辛苦苦地扔石头，他还不给钱，不给他扔了！”

老头儿通过金钱奖赏把孩子们扔石头这种行为的内在动机转变成外在动机，并逐渐降低奖赏直至消除奖赏，使孩子们扔石头的动力也逐渐降低直至消除。

2.根据学业成就动机分：认知内驱力、自我提高的内驱力与附属的内驱力

美国心理学家奥苏伯尔认为，学校情境中的成就动机主要由三个方面的内驱力组成：认知内驱力、自我提高的内驱力与附属的内驱力。

认知内驱力是一种要求理解事物、掌握知识，以及系统地阐述问题并解决问题的需要。这种内驱力主要是从好奇的倾向中派生出来的。但是学生对某门学科的认知内驱力，并非来自天然的好奇心，而是在学习过程中，由于多次获得成功，体验到满足需要的乐趣，逐渐巩固了最初的求知欲，从而形成一种比较稳固的学习动机。成功的学习经验可以增强认知内驱力，而认知内驱力也对学习起推动作用。研究表明，认知内驱力在课堂学习中是一种最重要和最稳定的动机，它对学习起很大的推动作用。

自我提高的内驱力，是指个体因自己的胜任能力或工作能力而赢得相应地位的需要。这种需要是由人的尊重需要所派生出来的。自我提高的内驱力与认知内驱力不一样，它并非直接指向学习任务本身，而是把一定成就看作赢得一定地位和自尊心的根源。因为一个人赢得的地位通常是与他的成就水平或能力水平相称的。成就的大小决定着个体地位的高低，同时又决定着自尊需要满足与否。在教学中认知内驱力固然重要，但适当激发学生自我提高的动机也是必要的。因此，学校教育中通常采用评选优秀学生或用学习反馈，以物质与精神奖励的方式引起学生的动机。这些手段可以使学生体验到荣誉感、自尊感，体验到学习的成功与失败，从而激起他们的学习热情。

附属的内驱力，是指一个人想获得自己所附属的长者（如家长、教师）的赞许或认可，取得应有的赏识的欲望。也就是说，学生努力求得学业成就，是为了从长者那里得到赞许或认可。这种需要是人归属的需要派生出来的。研究表明，具有高度附属感的学生，一旦得到长者的肯定或表扬，会进一步努力学习，在学习上取得良好的成绩。反之，如果他们的某些努力暂时得不到师长的赞许，有时会丧失信心，甚至引起学习积极性下降。

成就动机的三个组成部分在动机结构中所占的比重，通常随年龄、性别、人格特征、社会地位、文化背景等因素的变化而变化。在儿童早期，附属的内驱力最为突出，他们努力学习以求得好成绩，主要是为了得到父母、老师的肯定和表扬。到了儿童后期和少年期，附属内驱力不仅在强度上有所减弱，而且开始从父母转向同龄伙伴。在这期间，来自同伴和集体的赞许和认可就成为一个强有力的动机因素。而到了青年期，认知内驱力和自我提高的内驱力成为学生学习的主要动机，学生学习的主要目的在于满足自己的求知需要，并从中获得相应的地位和威望。

（二）学习动机与学习效果的关系

人们往往认为，动机强度越高，工作的效率就越高。因此，家长及教师们总是千方百计地增加学生学习动机的强度。但心理学家通过实证研究得出的结论并非如此。

早在20世纪初，耶克斯和多德森研究发现，动机水平过高或过低都不利于取得理想的工作效率，一般而言，动机水平处于中等时工作效率最高，即动机水平与工作效果之间形成倒U形关系。但是，动机的最佳水平还会随着任务性质的不同而不同。在比较容易的任务中，成绩随动机水平的提高而上升。随着任务难度的增加，动机的最佳水平有逐渐下降的趋势。也就是说，在难度较大的任务中，较低的动机水平更有利于任务的完成。这就是著名的“耶克斯-多德森定律”。

显而易见，动机过弱时，则行为的动力不足，个体会对任务抱漠然态度，行为效率必然很低。但动机强度过高时，往往会导致个体出现精神紧张或焦虑状态，影响到大脑的正常工作和行为上的正常发挥。比如在短跑比赛中，运动员只需明确完成一个简单任务，那就是尽快跑到终点，此时需要运动员达到高度唤醒水平，使其发挥更好。相对而言，在篮球比赛中，选手们面临的情境更为复杂。在关键时刻，最后一个三分球能否入网将决定整场比赛的胜负，此时，选手因压力过大导致过于紧张，往往会出现失误。

在学习中，一些学生因来自家长及教师的要求过高，或一心想取得好成绩的愿望过于强烈，往往特别害怕学习中的失败，从而出现焦虑情绪（尤其是考试焦虑）等心理问题，这便是学习动机过强引发的学习障碍。

教师在运用耶克斯-多德森定律调动学生的学习积极性时应注意如下几点：第一，对于高焦虑的学生应尽量少给他们学习上的压力，而对于低焦虑的学生应适当施加压力，使两者的唤醒趋向于中等水平，从而调动其学习积极性。第二，对于简单任务，如背外语单词、做算术题等，可以通过竞赛等方式提高学生的动机水平，从而提高学习积极性与学习效果。第三，对于带有创造性的新学习或问题解决任务，不宜用开展竞赛活动来施加压力，而应放宽时限，让学生在轻松的环境下学习，效果更好。

(三)学习动机的培养与激发

1.激发学习兴趣和求知欲望

(1)创设问题情境,激发学生求知欲。所谓问题情境,指的是具有一定难度,需要学生努力克服,而又是力所能及的学习情境。简单地说,问题情境就是一种适度的疑难情境。在学习过程中,难度过小或难度过高的东西,学生都不会感兴趣。只有在学习那些“半生不熟”、“似会非会”的东西时,学生才会感兴趣而迫切地希望掌握它。创设问题情境,要求教师熟悉教材内容,掌握教材内容的结构,了解新旧知识之间的内在联系;并且充分了解学生已有的认知结构状态,使新的学习内容与学生已有水平构成一个适当的跨度。具体创设问题情境的方式可以多样,既可以用教师设问的方式提出,也可用作业的方式提出;既可以从新旧教材内容的联系方面引进,也可以从学生的日常经验引进。

(2)丰富材料的呈现方法,增强学习的趣味性。通过采用图画、幻灯、录像、报告会、实验演示、野外考察等多种方式来培养学生对学习材料的浓厚兴趣。教师也可以通过使学生参与学习活动过程来达到以上的目的。如一位教师用模拟方法让学生学习美国历史。有的学生扮演法律领域的角色,与其他人就投票问题进行协商,以满足选举者的利益;有的学生扮演经济领域的角色(农民、商人、消费者),来模拟微观领域的运作过程。

2.引导学生确立合适的学习目标

在课堂教学中,目标可用来激发学生的动机以改善他们的成绩表现。一般来说,具体的、短期内能够实现的、难度中等的目标可以有效激发学生动机,这是因为这类目标比较容易达到。为此,教师应当指导学生将相对宽泛的总体目标分成多个具体的子目标,将一个长远目标分成多个近期子目标。例如,学生要完成一个科研项目,可以先制订计划,再向老师征求建议,收集资料,做实验,做演示,向全班同学及老师进行解释,修改结果,最后提交研究报告。此外,目标的可接受性也会影响到动机,如果学生接受教师或自己设定的目标,就能激发学习动机。一般来说,如果目标是现实的、有一定难度且有意义的,而且对目标的价值有合理的解释,学生就容易接受目标。

3.归因训练

学生对学习结果的归因,不仅解释了以往学习结果产生的原因,更重要的是对以后的学习行为会产生影响。不同的归因方式对学生今后的行为所产生的影响不同,因此可以通过改变学生的归因方式来改变其今后的行为。

在学生完成某一学习任务后,教师应指导学生进行成败归因。一方面,要引导学生找出成功或失败的真正原因;另一方面,教师也应根据每个学生过去一贯的成绩优劣差异,从有利于今后学习的角度进行归因,哪怕这时的归因并不真实。一般而言,无论对优生还是差生,归因于努力程度均是有利的。因为努力程度是一个内部的、可控的因素,这种归因,可以使学习成绩好的学生不会过分自傲,能够继续努力;也会使学习成绩差的学生不会过分自卑,还可能试图通过努力,以争取今后的成功。

4.增强学生的自我效能感

增强学生的自我效能感,可以通过要求学生形成适当的预期来实现。为此,教师可以尝试让学生回答一些涉及“可能自我”的观念性问题。设想可能自我,可引发学生更高的成就动机。还可以通过提供挑战性任务来实现。虽然尝试容易的任务可能会较快取得进步，但学生较难从中了解自己解决挑战性任务的能力；反过来，如果尝试太难的任务，负面结果又会降低学生的自我效能感和长期动机。因此，只有当任务具有挑战性而又不很困难，并且学生能从任务操作中获得有关自己能力的信息时，才可能增强自我效能感。

拓展阅读 4-7

通过代数考试

14 岁的赵亮代数总是考不过，所以他的父母请李老师来辅导他。辅导的第一天，赵亮对李老师说，他一点也不喜欢代数，他想他肯定过不了。在赵亮看来，他根本无法改变自己的能力，失败是注定的。

在几周的辅导中，李老师总是鼓励赵亮自己思考而不是等待老师的帮助，培养他对学好代数的自信心。同时，李老师也教他理解并运用各种代数原理。赵亮进步很大，并逐渐意识到只要自己努力还是能学好的。

赵亮意识到自己的进步，逐渐懂得付出努力和使用学习策略同样重要，正如他说："我知道，拿到题目首先必须理解题意，然后再一步一步地进行推论，这样问题就会迎刃而解。"

随着代数成绩的逐渐好转，赵亮的自信心越来越强，他认为自己完全可以学好代数，考试及格绝对没有问题。

"现在我试着去理解、提问，同时去弄明白老师是怎么做到的。"

"以前上课我只是听，总是不爱做笔记。我总以为自己记得住，可是往往却忘了。现在上课我会做笔记，即使没有作业，除了星期五我也每天在家学习，我想我现在不会再为了代数头痛了。"

思考：赵亮认为失败的原因有哪些？他早期的想法对他的学习行为有什么影响？之后，在教师的帮助下，赵亮对成功的归因有怎样的转变？这种转变是如何影响他的学习动机的？

5. 积极、适度而明确的期望，及时反馈

学习者的学习动机在很大程度上体现了家长及教师的期望与要求。研究表明，教育者对学习者的积极期望，往往会在学习者内心产生积极的反应，从而使期望转化为现实。这便是心理学中所说的"皮格马利翁效应"。但是，过高的期望又容易造成学习者过重的精神压力，尤其是当学习者感到自己无论如何努力也不可能达到期望时，往往会放弃努力。

教育者对学习者的要求是建立在期望基础上的，过低或过高的期望，便会导致过低或过高的要求，这都不利于学习动机的培养。而适度的期望与要求，是与因材施教相联系的。

此外，在具体的学习任务中，教师对学生的期望及要求还应尽可能明确。要使学生清楚地了解自己应该做什么，如何被评价以及成功之后会有什么收获。学生在某个任务上的失败通常是由于不知道到底做什么。所以，作为教师，将期望与要求传达给学生是很重要的。

最后，研究表明，及时反馈对学习动机具有重要的影响。让学生及时了解自己的学习结果，会产生相当大的激励作用。因为学生知道自己的进度、成绩以及在实践中应用知识的成效等，可以激起进一步学习的愿望。同时，通过反馈的作用又可以及时看到自己的缺点和错误，及时改正，并激起上进心。

因此，在教学过程中，教师应注意：①及时批改和发还学生的作业、测验和试卷。“及时”是利用学生刚刚留下的鲜明的记忆表象，满足其进一步提高学习的愿望，增强学习信心。②评语要写得具体，有针对性、启发性和教育性，使学生受到鼓舞和激励。

拓展阅读 4-8

皮格马利翁效应

皮格马利翁效应(Pygmalion effect)，也称“罗森塔尔效应”或“期待效应”，是由美国心理学家罗森塔尔等人于 20 世纪 60 年代提出的一种心理效应现象。

罗森塔尔博士曾在加州一所学校做过一个著名的实验。

新学期，校长对两位教师说：“根据过去三四年来的教学表现，你们是本校最好的教师。为了奖励你们，今年学校特地挑选了一些最聪明的学生给你们教。记住，这些学生的智商比同龄的孩子都要高。”校长再三叮咛：“要像平常一样教他们，不要让孩子或家长知道他们是被特意挑选出来的。”这两位教师非常兴奋，更加努力教学了。

我们来看一下结果：一年之后，这两个班级的学生成绩是全校中最优秀的，甚至比其他班学生的分数值高出好几倍。

知道结果后，校长不好意思地告诉这两位教师真相：他们两个不是本校最好的教师，而是在教师中随机抽出来的；他们所教的这些学生也是随机抽取的，智商并不比别的学生高。这一切都是校长按照罗森塔尔的实验设计进行的。

正是学校对教师的期待、教师对学生的期待，才使教师和学生都产生了一种努力改变自我、完善自我的进步动力。这种企盼将美好的愿望变成现实的心理，在心理学上称为“期待效应”。它表明：每一个人都有可能成功，但是能不能成功，取决于周围的人能不能像对待成功人士那样爱他、期望他、教育他。

你期望什么，你就会得到什么，只要充满积极的期待，你所期待的事情往往就会发生。罗森塔尔采用古希腊的一个美丽神话将其命名为“皮格马利翁效应”。

皮格马利翁是一个国王，也是一位有名的雕塑家。他精心雕塑了一位美丽可爱的少女，并深深地爱上了它，经常拥抱它、亲吻它，他热烈而真诚地期望自己的爱能被“少女”接受，并祈求神能将“少女”赐给自己做妻子。他的精神感动了神，在神的帮助下，雕像慢慢发生了变化，它的脸颊逐渐出现血色，它的眼睛逐渐明亮，它的嘴唇缓缓张开，露出了甜蜜的微笑，最终开始说话了……她变为一个真实的美少女，最终成为皮格马利翁的妻子。

6. 合理运用外部奖惩

适当的表扬与批评所起的作用，主要是对学生的学习活动予以肯定或否定，从而使学生巩固和发展正确的学习动机。多数情况下，表扬、鼓励比批评、指责能更有效地激励学生的学习动机。因为前者能使学生产生成就感，后者则会挫伤学生的自尊心和自信心。进行适当的表扬与批评，应注意以下几点：①要使学生对评价有一个正确的态度。只有对分数持正确的观点，分数才能起到积极的激发学习的作用。②评价必须客观、公正和及时。如若评价不公正，则会使评价产生相反的结果。③评价必须注意学生的年龄特征与性格特征等。如对学龄初期的学生，教师的评价起的作用更大些，对学龄中、晚期的学生，通过集体舆论来进行表扬或批评，效果更好。对自信心差的学生更应多一些鼓励与表扬，对过于自信的学生，则应更多地提出要求，在表扬的同时还应指出其不足之处。

复习思考题

1. 什么是需要？需要有哪些种类？
2. 马斯洛需要层次理论的基本观点是什么？
3. 什么是动机？其形成条件有哪些？具有哪些功能？
4. 举例说明什么是双趋动机冲突、双避动机冲突和趋避动机冲突。
5. 强化理论的主要观点有哪些？对教学有何启发？
6. 归因理论的主要观点有哪些？对教学有何启发？
7. 自我效能感理论的主要观点有哪些？对教学有何启发？
8. 什么是学习动机？学习动机有哪些种类？
9. 学习动机与学习效果的关系如何？
10. 如何激发学生的学习动机？

参考文献

1. [美]马斯洛. 动机与人格[M]. 许金声，译. 3 版. 北京：人民大学出版社，2007.

2. [美]Robert E Franken. 人类动机[M]. 5 版. 郭本禹，译. 西安：陕西师范大学出版社，2005.

3. 姚本先. 心理学[M]. 北京：高等教育出版社，2005.

4. 张大均. 教学心理学[M]. 北京：人民教育出版社，2005.

5. 张承芬. 教育心理学[M]. 济南：山东教育出版社，2000.

6. 韩进之. 教育心理学纲要[M]. 北京：人民教育出版社，1989.

7. 方刚. 性别心理学[M]. 合肥：安徽教育出版社，2010.

8. 曹新美，刘翔平. 从习得无助、习得乐观到积极心理学——Seligman 对心理学发展的贡献[J]. 心理科学进展，2008，16(4)：562-566.

9. 陈建文，王滔. 自尊与自我效能关系的辨析[J]. 心理科学进展，2007，15(4)：624-630.

第五章　人　　格

【内容提要】

本章介绍了人格的概念和经典的人格理论，并进一步阐述了气质和性格这两种包含在人格概念里的心理特征。本章内容分人格综述、气质、性格三节内容。本章内容与下一章《智力与创造力》前后衔接，互为姊妹篇，两者构成了心理学探讨个体差异的研究。

人格综述包括：人格定义、人格理论。

气质包括：气质的定义与特点、气质学说、气质与实践。

性格包括：性格的定义、性格与气质的区别与联系、性格的结构、影响性格形成与发展的因素。

【学习目标】

本章内容对于师范生将来真正落实素质教育具有重要的指导意义。具体学习目标是：

1. 了解人格概念的含义和人格的特点。
2. 了解艾森克和卡特尔的特质理论。
3. 能概述弗洛伊德人格理论中的人格结构、人格动力和人格发展的观点。
4. 了解罗杰斯人格理论中的“自我概念”。
5. 能说出罗杰斯和马斯洛分别提出的健全人格的内容。
6. 掌握气质概念和它的特征。
7. 了解四种气质类型的最初来源。
8. 掌握四种气质类型的心理特征及其行为表现。
9. 了解高级神经活动类型学说，掌握不同神经活动类型与气质类型的对应。
10. 了解气质无“好”、“坏”之分的原因。
11. 掌握如何根据不同气质类型因材施教。
12. 了解气质和择业的关系。
13. 掌握性格的概念。
14. 掌握性格与气质的区别和联系。
15. 掌握性格的结构。
16. 了解影响性格形成和发展的因素。

【关键词】

人格；人格特质；气质；气质类型；性格；性格结构

俗话说“一母生九子，九子各不同”，这说明人与人之间存在着个体差异，即使是同胞兄妹也不例外。在日常生活中，只要你稍稍留意观察，就会发现你周围的同学各有特点：有的同学开朗，有的同学沉默，有的同学马虎，有的同学仔细，有的同学灵活机敏，有的同学木讷……这种我们可以观察到的人与人之间行为上的差异，就是我们这一章所要探讨的心理现象——人格的外部表现。

第一节 人格综述

一、人格的概念

人格是我们日常生活中经常使用的词汇。我们日常生活中使用人格一词时，包含了人格的多种含义：有时是指人品，与品格同义，这是从伦理道德出发运用“人格”一词时对人的行为进行评价，比如说某人人格高尚，某人人格卑劣，某人没有人格；有时是指权利义务主体的资格，这是从法学意义上做出的一般解释，比如说侵犯了某人的人格权。

心理学对人格也有自己的解释。心理学中的人格概念，更接近我们日常生活用语中的“性格”一词，如外向、内向、待人接物的方式以及情绪的特点等。作为心理学的概念，人格也是心理学中最难统一的概念，真所谓“仁者见仁，智者见智”。

我们汉语中的人格一词是从日文中引进的。日文中“人格”所对应的英文是“Personality”。从词源上讲，“Personality”来源于拉丁文 Persona，其意义指面具、脸谱。早在公元前一百多年前，古罗马的一位戏剧演员为了掩盖他斜眼的缺陷开始采用面具，然后就有了这个词。因此，在古罗马时期，由词的本义而产生了人格的概念：别人眼中的我（或外在的自我）。除此之外，古罗马时期，人格含义还有：真实的自我；与工作相应的个人品质的总和；表示一个人的尊严和优势。而上述古罗马时期的人格都含有表现在外的“我”的意味，即“我”的行为表现。但要真正了解个体的行为，我们还要深入地去探究其内心世界，个体的内心世界是隐藏在外显行为背后不为人知的一面。所以人格应该包含：外在的人格，即个体表现在外被别人知觉和描述的方面；内在人格，即一些内在因素，可以说明为什么会形成这样的外在人格。

人格是一个多侧面、多层次、复杂的统一体。到目前为止还没有一个公认的人格概念。据美国心理学家奥尔波特于 1937 年的统计结果显示，人格的定义已达 50 多种，人格的现代定义也有 15 种之多。人格定义的不同，反映了心理学家们对人格研究的侧重点不同，以及所采用的研究方法的不同。总体说来，人格的定义大致可以分为这么几种：第一，总和式定义，也称罗列式定义，认为人格是个人所有属性的组合。一般只是列举出属于人格的东西；这种定义一般采用“人格是……的总和”这种形式。这种定义通常不分主次和本质、非本质，往往容易扩大概念的外延，梅林就认为人格被用来描述所有的东西，从灵魂的属性到爽身粉的属性。第二，整合式定义，强调人格的组织性和整合性。第三，层次型定义，认为人格不仅是有组织的，而且这种组织是有层次的，按照一定的层次结构排列，使人格特征层次分明，具有内在统一性。第四，适应性定义，强调个体对环境的适应，认为人格是个体在社会生活中形成的独特的适应方式。第五,区别性定义,强调了人与人之间的区别,即独特性。

我们认为:人格是个体在其遗传素质与环境因素交互作用中,逐渐形成的相对稳定和独特的内在心理组织和外在行为模式的统一体。

首先,从人格形成发展的根源看,个体的遗传素质为人格发展提供了生物基础,各种环境因素(包括后天的社会环境和自然环境)为人格的形成与发展提供了现实条件。遗传素质和环境因素对人格形成和发展的作用不是分别发挥作用的,而是一种复杂的交互作用,共同影响着人格的形成和发展。

其次,从人格的构成成分看,人格是个体内在心理组织和外在行为模式所构成的统一整体。内在心理组织是行为方式的内在根源,行为方式是内在心理组织的外部表现。内在心理组织包括个体的需要、动机、信念、价值观、态度等心理倾向性,它们是个体行为的动力系统,制约着个体行为的积极性和指向性。此外,内在心理组织还包括个体的情绪体验方式和认知方式(又称认知风格),它制约着个体的行为方式。

最后,人格是独特的。人格的独特性使得人与人之间可以相互区别开来,虽然人与人之间在某些心理或行为上具有一定相似性,但就人格整体而言,每个人的人格都是独一无二的。

拓展阅读 5-1

心理学中对人格的不同定义

在古希腊时人格就引申出比较复杂的含义,如一个人外在的行为表现方式、在生活中扮演的角色、人的内在品质等。美国心理学家奥尔波特曾列举出各心理学家做出的不同定义:

(1)“人格是个体行为的全部品质”(吴伟士,1947);

(2)“人格是交互结合的行为系统的动力组织”(卡默龙,1947);

(3)“人格是个人经由社会化所获得的整体”(拉皮勒,1949);

(4)“人格是从一个人所有行为中抽象出来的理论解释”(麦克莱兰德,1951);

(5)“人格是个体由遗传和环境所决定的实际的和潜在的行为模式的总和”(艾森克,1955);

(6)“人格是一个人不同于他人的所有的心理历程”(卡尔恩,1955);

(7)“人格是人的特质的独特模式”(吉尔福特,1959);

(8)“人格是个体在其发育的特别状况下所获得的独特行为装备”(伦丁,1961);

(9)“人格是一种倾向,可借以预测一个人在给定情境中的所作所为,它是与个体的外显和内隐行为相联系在一起的”(卡特尔,1965);

(10)“人格是一个人的生活方式”(莱尔德,1968);

(11)“特质是简单的行为模式或行为倾向,人格就是特质的模式”(雅尼斯,1969);

(12)“人格是由观察个人行为而获得其假设的系统”(鲍曼,1972);

(13)“人格是特征的一种组织,它存在于自己而区别于他人”(林德舍,1975);

(14)“人格是基本和稳定的心理结构和过程,它们组织着人的经验,并形成人的行为和对环境的反应”(拉扎鲁斯,1979);

(15)“人格是个人心理特征的统一,这些特征决定人的外显行为和内隐行为,并使它们与别人的行为有稳定的差异”(来德尔,1980)。

二、人格的基本特征

(一)人格结构是各种心理及行为特征的有机统一体

人格是个统一的整体结构,它不是孤立的特征的堆砌,不是一个个单一的心理特征及行为方式的简单相加,而是由诸多心理特征和行为方式相互作用形成的具有一定组织和层次结构的模式。人格中的各个部分或不同成分错综复杂地相互渗透、相互促进或相互制约,从而形成了一个有机的整体。

(二)人格是稳定性与可塑性的统一体

人格的稳定性是指个体的人格具有跨时间的持续性和跨情景的一致性。

“跨时间的持续性”是指人格不会在短时间内有很大变化。一个乐观的人,在过去他是乐观的,现在是乐观的,由此可以预测他在未来很大程度上应该还是乐观的。常言所说的“三岁看大,七岁看老”正是这个意思。当然,一个乐观的人也会偶尔表现出悲观的一面。这时候我们会觉得“此时的他不像他了”。也就是说他此时的表现违背了他的“一贯表现”,这是由于特定因素引起的情绪及行为的暂时变化,时过境迁之后,他还会恢复其本来面目。也就是说,判断一个人的人格特征,要看其长期的“一贯表现”,而不能看其一时的“偶然表现”。

“跨情景的一致性”是指个体在不同情境中表现出的人格特征基本是一致的。例如,同样这个人在学习上是乐观的,在工作上是乐观的,在生活中他还是乐观的。在处境有利时,他会憧憬美好的未来;在处境不利时,他也会对未来抱有希望而积极努力改变处境。当然,人格的一致性是相对的,在不同情境中的人格表现还具有一定的伸缩性或变通性,比如人们在公开场合或在陌生人面前一般会表现得更加自制、谨慎甚至拘束一些,而在熟人或朋友面前会表现得相对轻松活泼一些。此外,人格的伸缩性和变通性还与角色意识有关,每个人都在人生的大舞台上扮演着多重社会角色,如一个人在家里是父亲或子女、在学校是教师或学生、在单位是领导或下属等,在不同场合,个人会意识到自己的角色变化,从而调节自己的言行。

人格的稳定性是相对的,人格的特征也是可以变化的,从而使人格具有可塑性的特征。例如,具有决定意义的环境因素的变化或个体身心因素的变化都会使其人格特征发生不同程度的改变。应当指出,人格的变化不同于行为的变化。行为变化是由情境引起的暂时的变化,而人格的变化则是内在特质的变化,具有永久性。例如,一个很温和的人,偶尔也会因急躁而发脾气,这是行为的暂时变化。但如果他从原来宽松的环境中来到一个充满压力的环境中生活,长期的压抑会使他逐渐变成一个急躁的人,从此会经常发脾气。再如，一个平时乐观的人，也可能因一次重大的挫折从此变为一个忧郁的人。这些都属于人格变化。

(三)人格是生物性和社会性的统一体

研究表明，人格不仅受生物因素的制约，而且受社会因素的制约。生物的遗传素质为人格的形成和发展奠定了基础，提供了可能，这就决定了人格具有自然性和生物性的一面，即人格的自然属性。同时，我们更应该注意到人的社会性。人在社会生活过程中，不仅改变了人以外的自然，也改变了人本身的自然属性，实现了人的自然属性的社会化。因此，生物因素只给人格的形成提供可能性，社会因素才使这种可能性转化为现实条件。从人格的内容来看，它是社会生活的反映，从人格的形成和发展的动力来看，它是社会实践活动的结果。

(四)人格是独特性和共同性的统一体

我们每一个人的遗传素质的差异、生活环境的差异，造成了每一个人都不完全相同的人格特征。人格是具有个体特征性的各种思想、感情及行为模式的独特组合，它可以区分个人与他人的不同。

但是，任何事物都是共性与个性的统一体，人格也有共性。首先，人类作为一个物种，经长期生物进化，形成了人类共有的遗传基因，它制约着人类基本的大脑结构、信息加工方式及行为方式，它是“人性”的自然属性，也是所有人类个体形成人格的共同根基。因此，每个人的人格中都包含着这个根基。其次，男女两性遗传素质、生理特性等因素的不同，导致了人格上的性别差异，但也同时导致了同一性别之间具有某些相近的人格特征。此外，人格还受成熟阶段的制约，不同年龄阶段的人具有不同的人格发展水平及特点，而同一年龄阶段的人具有某些相近的人格特征。最后，人格受社会文化的重要影响，生活在同一种社会文化背景中的人往往具有某些共同的或者近似的人格特征，这通常被称为“国民性”。此外，不同地区之间也存在不小的社会文化差异(如风俗习惯的不同)，这不仅导致了不同地区间的人的人格差异，还可以导致同一个地区的人具有人格上的相似性。如北方人大多粗犷、南方人大多精细等。

拓展阅读 5-2

人格裂变的姑娘

试想一下，如果你的周围，有一个人，有 17 个名字、17 种不同的装扮、17 种不同的发式、17 种不同的声调和面孔、17 种不同的性格、17 种不同的生活，你会有怎样的感觉？我想，你一定会感到非常惊异和迷惑。你首先的反应可能是不信，这太超乎我们的想象了，这能是真的吗？可是，这恰恰就是纪实体的心理分析小说《人格裂变的姑娘》中主人公西碧尔的现实。这部小说除了人名是假的，其他事实几乎都是真实、未加修饰的。她就是存在着 17 种不同的装扮、声调、面孔、性格和生活的那个人，活生生的人。心理学上，把这种一个人具有多种人格的现象，称作“多重人格”。

"西碧尔·伊莎贝尔(1923年):一个性格干瘪的人;醒着的自我。"

"维多利亚(1926年):小名维基;一个自信的、世故的而又动人的金发女郎;西碧尔众多自我的记忆痕迹。"

"佩吉(1926年):一位热心的、爱武断的、常常发脾气的小鬼,长着狮子鼻,留短发,一副调皮的笑容。"

"马西娅(1927年):一位作家和画家;极易激动;脸呈盾形,长着灰色的眼睛和靠一边偏分的褐发。"

"迈克(1928年):西碧尔两个男性化身之一;一个木工和建筑工;长着深色皮肤、黑发、褐色的眼睛。"

"西碧尔·安(1928年):无精打采,到了神经衰弱的地步;苍白,胆怯,长着灰金色头发,椭圆脸和直直的鼻子。"

"鲁西(年份未明):是一个婴儿,一个未充分发育的自我。"

"玛乔里(1928年):安详、富有活力、很易发笑;一个逗乐的人;身材娇小,皮肤白,鼻子扁平。"

最后是"新的西碧尔(1965年):第17个自我;其余16位自我的混合物。"

从这里,我们就会发现,西碧尔17种人格中的每一个人格,都有自己的名字,自己的面孔、发式和特殊独特的性格。其中,既有"未发育的婴儿",也有"其他16个自我的混合物";既可以是一个"自信世故的金发女郎",还可以是"易激动的画家和作家"或"无精打采,到了神经衰弱的地步,苍白、胆怯的西碧尔·安";除了"婴儿和不同年龄的女人",还可以是作为木工或建筑工的"男人化身"。她的多重人格五花八门、丰富多彩,又相互矛盾。

拓展阅读 5-3

人格测量

人格测量是采用测量的方法对人格进行测验,测出一个人在一定情境下,经常表现出来的典型行为和人格特征等。由于心理测量的对象是人的心理现象,对人的心理能力,人格特征是无法直接测量的,人们只能测量心理活动的外显行为,一般只是通过对一个人测验题目的反应来推论出他的心理特点。人格测量的主要方法有自陈量表法和投射测验法。

一、自陈量表法

自陈量表法是让被试按自己的意见,对自己的人格特质进行评价的一种方法。用自陈量表法编制的人格量表,在我国常见的有明尼苏达多项人格测验量表、爱德华个人兴趣量表、卡特尔16种人格特质量表和艾森克人格类型量表等,仅举两例:

1. 明尼苏达多项人格测验

明尼苏达多项人格测验量表(简称MMPI)是目前著名的人格测验之一。它是由美国明尼苏达大学教授哈萨威和麦克金里编制的,内容包括健康状态、情绪反映、社会态度、心身性症状、家庭婚姻问题等26类题目，测验包括10个临床量表：疑病(Hs)、抑郁(D)、癔症(Hy)、精神病态(Pd)、男子气或女子气(Mf)、妄想狂(Pa)、精神衰弱(Pt)、精神分裂症(So)、轻躁狂(Ms)、社会内向(Si)；另外还有4个效度量表：说谎分数(L)、诈病分数(F)、校正分数(K)、疑问分数(Q)。所有题目均采用是、否、不一定来回答，例如：

(1)我相信有人反对我。 是[ ] 不一定[ ] 否[ ]

(2)每隔几夜我就会做噩梦。 是[ ] 不一定[ ] 否[ ]

这个测验所重视的是被试的主观感受，而不是客观事实，又因为在编制量表时采用正常与异常两个对照组为样本，因此MMPI不可用做临床上的诊断依据，但可用来评定正常的人格，使人们对一个人的人格有个概略的了解。

2. 艾森克人格问卷

艾森克人格问卷(简称EPQ)，由英国心理学家艾森克编制，有成人问卷和儿童问卷两种格式。EPQ包括四个分量表：内外倾向量表(E)、情绪性量表(N)、心理变态量表(P，又称精神质)和效度量表(L)。有男女常模。P、E、N量表得分随年龄增加而下降，L则上升。精神病人的P、N分数都较高，L分数极高。这个量表有良好的信度和效度。中国的修订本仍分儿童和成人两式，各88个问题。因量表题目少，使用方便，比较适用。

自陈量表法人格测验的优点是题数固定，题目内容具体而清楚，因此施测简单，记分方便。其缺点是因编制时缺乏客观效标，效度不易建立；而且测验内容多属于情绪、态度等方面的问题，每个人对同一问题常常会因时空的改变而选择不同的答案；另外，使用这种方法时，还难免出现反应的偏向。例如，有些被试对问卷中提出的各种问题总是持赞同的态度，这种反应偏向影响到对人格做出客观的评定。因此，其信度和效度都不如智力测验。

二、投射测验法

投射测验法(projective)是以弗洛伊德心理分析的人格理论为依据的。它是在测验时向被试提供一些无确定含义的刺激，让被试在不知不觉中、自由投射出自己内在的思想感情，然后确定其人格特征。投射测验种类较多，仅举两例。

1. 罗夏墨迹测验

罗夏墨迹测验(Rorschach inkblot test)是由瑞士精神医学家罗夏设计的，共包括十张墨渍卡片，如图5-1所示。其中五张为彩色，另五张为黑白图形。施测时每次按顺序给被试呈现一张，同时问被试："你看到了什么""这可能是什么东西"或"这使你想到了什么"等，允许被试自己转动图片从不同的角度去看。这种测验属于个别施测，每次只能施测一个。施测时，主试一方面要记录被试的语言反应，另一方面要注意被试的情绪表现和伴随的动作。

图5-1 罗夏墨迹测验卡片示例

2. 主题统觉测验

主题统觉测验(thematic apperception test,TAT)是由美国心理学家默瑞编制的。这种测验的性质与看图说故事的形式很相似。全套测验由30张模棱两可的图片构成,另有一张空白图片,图片内容多为人物,也有部分景物,不过每张图片中至少有一个人物在内,如图5-2所示。测验时,每次给被试一张图片,让他根据所看到的内容编出一个故事。故事的内容不受限制,但必须回答以下四个问题:图中发生了什么事情?为什么会出现这种情境?图中的人物正在想些什么?故事的结局会怎样?主题统觉测验的主要假定是,被试在面对图片情境时所编出的故事会和其生活经验有联系,因而不自觉地把自己隐藏或压抑在内心的动机和欲望穿插在故事中,进而把这些内在的东西"投射"出来。因此,通过分析被试自编的故事,有可能对他的需要和动机做出鉴定。

图5-2 主题统觉测验卡片示例

投射测验的优点是弹性大,被试可在不受限制的条件下随意做出反应。由于投射测验使用墨渍图或其他图片,因而便于对没有阅读能力的人进行测验,进而推论其人格倾向。投射测验也有缺点:首先,评分缺乏客观标准,对测验的结果难以进行解释。同样的反应由于施测者的判断不同,解释很可能不一样。其次,这种测验对特定行为不能提供较好的预测。例如,测验结果可能发现某人具有侵犯他人的无意识欲望,而实际上,他却很少出现相应的行为。最后,由于投射测验适于个别施测,因而它需要花费大量的时间,这一点不如问卷法优越。

拓展阅读5-4

巴纳姆效应

研究发现,人们很容易相信一个笼统的、一般性的人格描述特别适合他,即使这种描述十分空洞,他仍然认为反映了自己的人格面貌。心理学上将这种倾向称为"巴纳姆效应"。这个效应是以一位著名魔术师肖曼·巴纳姆来命名的,他曾经在评价自己的表演时说，他的节目之所以受欢迎，是因为节目中包含了每个人都喜欢的成分，所以每一分钟都有人上当受骗。

有位心理学家给一群人做完明尼苏达多项人格检查表（MMPI）后，拿出两份结果让参加者判断哪一份是自己的结果。事实上，一份是参加者自己的结果，另一份是多数人的回答平均起来的结果。参加者竟然认为后者更准确地表达了自己的人格特征。

曾经有心理学家研究发现可以用一段笼统的、几乎适用于任何人的话使大学生认为这段话将自己刻画得细致入微、准确至极。例如：

“你有许多可以成为你优势的能力没有发挥出来，同时你也有一些缺点，不过你一般可以克服它们。”

“你与异性交往有些困难，尽管外表上显得很从容，其实你内心焦急不安。”

“你有时怀疑自己所做的决定或所做的事是否正确。”

“你喜欢生活有些变化，厌恶被人限制。”

“你以自己能独立思考而自豪，别人的建议如果没有充分的证据，你不会接受。”

“你认为在别人面前过于坦率地表露自己是不明智的。”

“你有时外向、亲切、好交际，而有时则内向、谨慎、沉默。”

“你的有些抱负往往很不现实。”

你觉得这段话描述的是否是你呢？这其实是一顶套在谁头上都合适的帽子。

巴纳姆效应在生活中十分普遍。例如算命，很多人请教过算命先生后都认为算命先生说得“很准”。其实，那些求助算命的人本身就有易受暗示的特点。当人的情绪处于低落、失意的时候，对生活失去控制感，于是，安全感也受到影响。一个缺乏安全感的人，心理的依赖也大大增强，受暗示性就比平时更强了。加上算命先生善于揣摩人的内心感受，稍微能够理解求助者的感受，求助者立刻会感到一种精神安慰。算命先生接下来再说一段一般的、无关痛痒的话便会使求助者深信不疑。

第二节 气　质

一、气质的概念

在课堂上我们会发现，有些学生总是反应灵活、思维活跃，回答问题总是很积极，而有的同学却很安静、反应缓慢，回答问题时总要反复思考，想好了才回答；有的同学喜形于色，情绪明显表露在外，心里藏不住事情，而有的同学不论做什么事总是不动声色；有的同学做什么事总是显得十分急躁，而有的同学做什么事都显得不急不躁。这些特征就是不同气质类型的行为表现。

气质是指一个人与生俱来的心理活动的动力特征。心理活动的动力特征指的是心理活动发生的速度、强度和指向性等特点。速度指知觉、思维以及动作反应的敏捷程度。强度包括情绪的强度、意志力的强弱等。指向性是心理学活动更多地指向于外部世界（外向），还是指向于自己的内心世界（内向）。这些特征不以活动的动机、目的和内容而转移，往往以同样的方式表现在各种活动中，使得一个人的全部心理活动都染上了个人独特的色彩。

上述气质特征还可以概括为以下三个主要维度：①情绪性。即情绪反应的强度及稳定性。②活动性。指一个人是好静还是好动。③交际性。指一个人是否好交际。其中的活动性与交际性结合起来还可以考察一个人是外向还是内向。

气质特征在很大程度上由遗传素质决定，因此在出生不久的婴儿身上就有明显的表现。如有些婴儿好动，四肢不停地活动，爱哭爱笑；有些婴儿安静，即使醒着也显得很安稳，活动量少。而且这些特征具有很强的稳定性，环境因素对其的影响作用非常缓慢，因此多数人的气质特征在一生之中往往只有表现程度的变化而难有质的变化。

心理学中所说的气质概念，含义近似于日常所说的"脾气"、"秉性"等。而日常生活中人们所说的"气质"一词，其含义近似于"风度"、"气派"等，这与心理学中所说的气质不是一个概念。

二、气质的学说

由于气质的先天性，几千年来学者们先后探索了气质的生理机制，并在此基础上提出了许多学说。比如，我国古代的《黄帝内经》中根据人体内的阴阳二气的比例的不同，把人分为太阴之人、少阴之人、太阳之人、少阳之人、阴阳和平之人。在西方历史上同样出现了一些著名的气质理论，像德国精神病学家克雷奇默的体型说、日本学者古川竹二的血型说、美国心理学家伯曼的激素学等。这里我们着重介绍体液说和高级神经活动类型说这两种气质理论。

(一)体液说

古希腊医生和学者希波克拉底(Hippocrates，约前 460—前 370)提出了体液说。他认为：人体含有四种不同的液体，即血液、黏液、黄胆汁和黑胆汁。它们分别产生于心脏(血液)、脑(黏液)、肝脏(黄胆汁)和胃(黑胆汁)。四种体液在不同的人身上有不同的比例，以维护人的机体机能的正常。一旦四种体液比例失调，人体正常的机能被破坏，人就会处在不健康状态下，产生各种疾病。在体液的混合比例中，血液占优势的人属于多血质，黏液占优势的属于黏液质，黄胆汁占优势的人属于胆汁质，黑胆汁占优势的人属于抑郁质。每一种体液都由寒、热、湿、干四种性能中的两种性能混合而成。血液具有热—湿的性能，因此多血质的人温而润，好似春天一般；黏液具有寒—湿的性能，黏液质的人情感冷漠，好似冬天一般；黄胆汁具有热—干的性能，黄胆汁的人热而燥，如夏天一般；黑胆汁的人具有寒—干的性能，因此抑郁质的人如秋天一般。

希波克拉底的理论后来被罗马的医生盖伦(C. Galen，129—199)所发展。他用拉丁语"temperameteum"一词来表示"四种体液组合"的概念，这就是现在心理学中"气质"(temperament)概念的来源。

用现代眼光看，用体液的比例来解释气质的生理机制显然没有科学依据。但他们对四种气质类型的划分却是通过长期观察从现实生活中总结出来的。因此，气质类型的概念一致沿用至今，并被后来的一些哲学家或心理学不断地丰富着。在现今心理学中将四种气质类型的典型心理特征和行为表现概括为：

(1)多血质。灵活、敏捷，反应迅速，注意力易转移，兴趣容易变换。情绪易波动，但情绪强度不高，情绪来得快去得也快，心境转化快，体验不深刻，情绪外露，表情丰富生动。外向、活泼好动，喜欢与人交往，喜欢人多热闹的活动。在良好教育下，容易形成能言善辩、有朝气、热情、有同情心、思维灵活等品质，容易接受新鲜事物、对新环境适应能力强；在不良环境影响下，也容易形成不够扎实、缺乏一贯性等特点。

(2)黏液质。安静、稳重、反应缓慢，注意稳定，兴趣专一。情绪稳定，很少波动，而且情绪的强度低，但持续时间较长。善于忍耐，情绪不易外露，表情微弱沉静。内向、沉默寡言，好静不好动，做事总是慢条斯理，是有名的“慢性子”。为人比较随和，但交际中比较被动，不喜欢过多与人来往。在良好教育下，容易形成沉着坚定、勤勉、埋头苦干、持之以恒的特点；在不良环境影响下，也容易形成萎靡、怠惰、冷漠、固执等不良品质。

(3)胆汁质。反应迅速但精确性和灵活性不足，观察粗略。情绪发生迅速、强烈，脾气暴躁，但持续时间不长，来得快去得也快。情绪外露，表情剧烈。外向、精力旺盛，喜欢激烈运动，喜欢富于挑战性或冒险性活动，做事果断、胆大、急躁、易于冲动，是有名的“急性子”。为人热情、直率，易与人发生冲突，但大多具有过后即忘的特点。男性胆汁质阳刚之气明显，女性胆汁质也多有男性气概。在良好教育下，容易形成性情豪爽、意志坚强、敢闯敢干、为人侠义、好打抱不平等品质；在不良环境影响下，也容易形成草率、冒失、性情粗鲁、攻击性强等不良品质。

(4)抑郁质。感受性高，观察敏锐，善于觉察别人不易注意的细节。情绪的易感性高、多愁善感，情绪体验强烈、深刻且持久，但情绪内抑，表情收敛，严重内向。为人敏感、易多心、交际圈小、不大合群，最怕与陌生人交往或在公众场合出头露面。做事过分谨慎、优柔寡断、行动迟缓、精力不足、容易疲劳。在良好教育下，容易形成高度负责、感情专一、鞠躬尽瘁等品质；在不良环境影响下，也容易形成多疑、孤僻、心胸狭隘、悲观绝望等品质。

现代心理学的研究表明，上述典型的气质类型在人群中只占少数(一般不超过40%)，多数人属于两种或多种类型的中间型。此外，在儿童及少年身上更容易发现典型的气质类型，而随着年龄的增大，由于后天环境等因素的影响，一些人的气质特征在一定程度上会被改造或掩盖，其行为表现渐趋复杂。丹麦学者皮特斯特鲁普认为，四种典型气质类型行为特征如图 5-3 所示。

(二)高级神经活动类型说

俄国生理学家巴甫洛夫根据多年的实验和观察，提出了高级神经活动类型学说。一般认为巴甫洛夫的高级神经类型是气质类型的生理基础。

巴甫洛夫指出，动物高级神经活动有三个主要特性：兴奋过程和抑制过程的强度，指神经系统接受强烈刺激的能力和持久工作的能力和耐力；兴奋过程和抑制过程的平衡性，指兴奋过程和抑制过程的强度相对关系或优势，若两者强弱相似为平衡，强弱不相似为不平衡；兴奋过程和抑制过程的灵活性，指兴奋过程和抑制过程的相互转换速度和难易程度，它保证有机体能适应外界环境的迅速变化，表现在各种条件反射的转换是迅速还是缓慢，是容易还是困难等方面。

根据以上特性，巴甫洛夫认为动物的高级神经活动类型主要有四种，并且对应于气质类型(见表 5-1)。

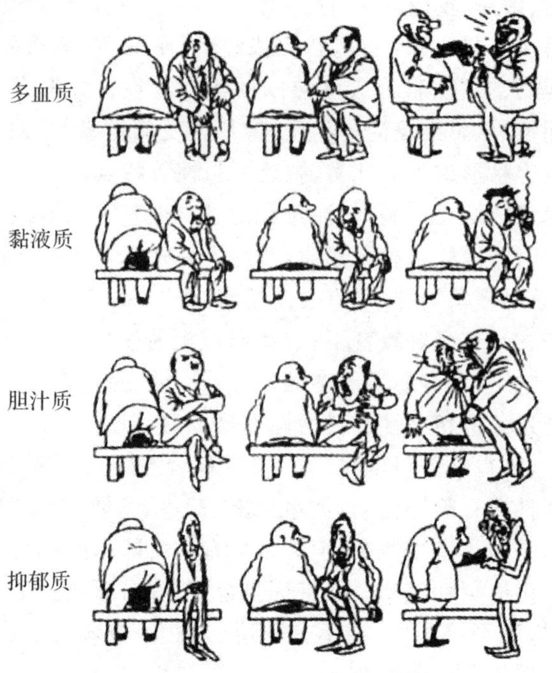

图 5-3 四种典型气质类型行为特征

表 5-1 神经活动类型与气质类型对应关系

高级神经活动类型	强度	平衡性	灵活性	行为特点	气质类型
不可遏制型	强	不平衡		攻击性强、易兴奋、不易约束	胆汁质
活泼型	强	平衡	灵活	活泼好动、反应灵活、好交际	多血质
安静型	强	平衡	不灵活	安静、迟缓、有节制、不好交际	黏液质
抑制型	弱			胆小畏缩、消极防御反应强	抑郁质

(1)强而不平衡型:兴奋过程强于抑制过程,以易兴奋、激动、不能抑制为特点,又称“不可遏制型”——与胆汁质相对应。

(2)强而平衡、灵活型:兴奋和抑制都较强,并且两者容易转化,以反应敏捷、活泼好动、能迅速适应环境为特点,又称“活泼型”——与多血质相对应。

(3)强而平衡、不灵活型:兴奋和抑制都较强,但两者不易转化,以安静、沉着、反应迟缓为特征,又称“安静型”——与黏液质相对应。

(4)弱型:兴奋和抑制都较弱,且弱的抑制过程占优势。过强刺激易引起疲劳,甚至会引起神经官能症。以胆小畏缩、消极防御为特征,又称“抑制型”——与抑郁质相对应。

巴甫洛夫认为这四种神经活动类型可以用来解释人的四种气质类型,多数人属于两种或三种类型结合的中间型。后来,学者们对此做了大量研究,发现高级神经活动类型和气质类型并不存在完全的一一对应关系。社会环境对人的气质也有一定的影响作用。

其他气质学说

人的身心系统是一个交互影响的整体,由遗传而来的只是生理素质,但生理素质会制约心理发展的特征。因此,不同生理素质的人往往会形成不同的心理行为特征。进入20世纪之后,心理学界相继出现了许多气质学说,分别揭示了不同生理素质对心理行为的影响。比较有代表性的主要有以下几种:

1. 气质的体型说

德国精神病学家克雷奇默根据对精神病患者的临床观察,认为人的身体结构与气质特点有一定的关系,克雷奇默把人的体格类型分为三种:

矮胖型(pyknie type)的人:矮胖、腿短、胸圆,具有外向、易动感情、乐观、热情、善于交际、好活动等特点。

瘦长型(asthenic type)的人:体型瘦长、腿长、胸窄、孱弱,具有不善交际、孤僻、沉默、羞怯、固执等特点。

强壮型(运动型)(athletic type)的人:肌肉结实、身体强壮,具有乐观、富有进取心和攻击性等特点。

当时克雷奇默的这个分类法几乎被普遍地接受,特别是为精神病科医生所接受。但是,苏联生理学家巴甫洛夫对此抱否定态度,他指出:"他想把地球上生存的全体人类都打进他自己的两种临床病型……为什么要把几种占多数的、归根到底陷入了精神病院的病型认为是基本的类型呢?要知道绝大多数人是与精神病院毫无关系的。"

2. 气质的激素说

美国国心理学家伯曼认为人的气质特点是由内分泌活动所决定的。他根据人的某种内分泌腺特别发达而把人划分为甲状腺型、脑垂体型、肾上腺型、性腺型、副甲状腺型和胸腺型。他认为,不同类型的人有不同的气质特点。

(1)甲状腺型:甲状腺分泌增多者精神饱满、不易疲劳、知觉敏锐、意志坚强,处事和观察迅速,容易动感情甚至感情迸发。甲状腺分泌减少者可能发生痴呆症。

(2)脑垂体型:脑垂体分泌增多者性情强硬、脑力发达、有自制力、喜欢思考、骨骼粗大、皮肤甚厚、早熟、生殖器发达。脑垂体分泌减少者身材短小、脂肪多、肌肉萎弱、皮肤干燥、思想迟钝、行动懦弱、缺乏自制力。

(3)肾上腺型:肾上腺分泌增多者雄伟有力、精神健旺、皮肤深黑而干燥,毛发浓密,专横、好斗。肾上腺分泌减少者体力衰弱、反应迟缓。

(4)副甲状腺型:副甲状腺分泌增多者安定、缺乏生活兴趣、肌肉无力。副甲状腺分泌减少者注意力不易集中、妄动、容易激动。

(5)胸腺型:胸腺位于胸腔内,幼年发育,青春期后停止生长,逐渐萎缩。如果成年胸腺不退化者,则单纯、幼稚、柔弱、不善于处理工作。

(6)性腺型:性腺分泌增多者常感不安、好色、具有攻击性。性腺分泌减少者则性的特征不显现,易同性恋,进攻行为少。

气质的激素说在现代西方心理学中广泛流传,这是因为现代生理学研究表明,内分泌腺活动所产生的各种激素激活着身体的不同机能,因而对人的心理活动也有重要的影响。但是对人体的两种调节机制来说,神经调节较体液调节起主导作用,内分泌机能受神经系统的控制,所以这种只看到激素的重要性而忽视神经系统主导作用的学说是片面的。

3. 气质的血型说

血型说是日本学者古川竹二提出的。他认为人的气质与血型有关。A 型人思维严谨但灵活性不够,处事谨慎、企求完美等;B 型人思维灵活但严谨性不足,喜欢自由自在、随心所欲、善于社交;AB 型兼有 A 型和 B 型的特点;O 型的人务实、好胜心强,比较霸道等。

此学说在日本及东亚国家流传较广,但其科学证据不足,尚未被心理学界所接受。

三、气质与实践

(一)气质类型无"好"、"坏"之分

我们说气质本身并无"好"、"坏"之分,是因为气质既不能决定一个人的智力水平和成就高低,也不能决定一个人的道德水平及社会价值。

首先,气质不决定人的智力水平及成就的高低。气质特征能够影响智力活动的特点,例如,多血质反应快,黏液质反应慢,他们在思维的速度和灵活性上有着明显的差异,但智力水平主要取决于思维的深度而不是速度,因此,气质不决定智力的高低。同一气质类型的人可以有不同的智力水平,各种气质类型的人都可能出现智力及成就出众的人物。

其次,一个人的道德水平是后天培养的,也与气质无关。不同种气质类型也可以有相同的价值观。任何一种气质类型的人,既可以成为品德高尚、有益于社会的人,也可成为道德堕落、有害于社会的人。不能依据个体的气质去判断一个人的社会价值。

最后,任何一种气质类型都有其积极的一面,也有其消极的一面。例如,多血质的人灵活性好而稳定性差,黏液质的人稳定性好而灵活性差,胆汁质的人刚毅果断但易于冲动,抑郁质的人谨慎细致但优柔寡断。因此在现实生活中,每种气质类型的人应注意扬长避短,发挥自己的优势。

(二)气质是选择职业和选拔人才的依据之一

虽然对大部分的工作而言,各种气质类型的人都可以从事,但工作性质不一样,对气质有不同的要求,即有一个适合不适合的问题,以及由此可能带来活动效率的问题。如果气质类型与工作性质不太适应,就要为此付出更多的努力。多血质的人较适合从事那种活动内容丰富、需要反应灵活敏捷、与人交往的工作,如教师、推销、公关等,而不太适合做那种单调重复、需要长时间注意专注的工作,如会计、图书管理、实验员之类。黏液质正好与之相反。胆汁质的人更喜欢从事应急性强、具有一定冒险性和挑战性的职业,如警察、军人、导游、勘探、探险等,而不太适应那种需要耐心细致的工作。抑郁质的人较适合做那种无风险的、特别需要耐心细心的工作,如校对、打字、排版、化验等;情感丰富的他们还特

别容易对文学艺术感兴趣,并容易在此取得成就,但难以适应那种有风险或需要大量与人交往的工作。

选拔和培养某些特殊职业的人员(宇航员、飞行员、艺术表演家、运动员、外交家等),由于这些职业活动对人的心理和气质特征提出专门的或是更严格的要求,人们就更要重视气质问题,甚至需要对气质进行测定,以便为职业选拔提供心理学的依据。1979年德米特里耶娃等人对航空调度员进行的心理特征研究发现:从事这一工作的人应该具有语音平稳、精力集中、紧急情况下保持冷静、长时间不降低质量和效率地持续工作等特征。神经系统兴奋过程弱、灵活性差的人是不宜从事这项工作的。

另外,研究表明,不同气质类型的人之间进行合作,可以起到互补的作用,工作效率更高,而且更利于团结。

(三)气质特征是教师因材施教的依据之一

教师要指导学生分析和认识自己气质特征中的长处和短处,加强对行为的自我管理,扬长避短,这对于塑造健康的人格具有重要意义。此外,教师应根据学生的不同气质类型进行有针对性的"因材施教"。依据学生不同的气质特征,采取不同的教育策略。

对多血质的学生,首先应给予更多的活动机会和工作任务,使其发挥灵活敏捷、喜欢发言、喜欢为同学服务等特点。其次,利用其兴趣广泛的特点,拓展其知识面,形成多种能力,但还应注意逐渐引导其培养中心兴趣以及持之以恒的精神。最后,对于其注意力不够稳定、上课喜欢做小动作等特点一方面要适度容忍,另一方面要加以引导,培养其自我约束能力。

对黏液质的学生,首先,应注意照顾他们反应迟缓的特点,在讲课时不能语速过快或教学进度过快,否则他们难以跟上。还应经常考察并发现其学习进度,必要时还要对其进行个别辅导,及时补课。同时发挥其认真踏实、精力专注、持之以恒等优点,不断促使其提高学习成绩及自信心。其次,注意引导其开发多方面兴趣,防止他们出现偏科现象。最后,鼓励其积极参与新活动、接触新事物,防止形成墨守成规的品质。

对胆汁质的学生,首先,应提供更多富于挑战性的任务,使其发挥勇敢、进取和主动的品质,同时注意培养其自制力,逐渐克服冲动、轻率等缺点。其次,在人际交往上,发挥其热情、爽朗等特点,并逐渐培养其约束脾气暴躁的缺点。最后,对胆汁质的学生进行批评教育时,教师切忌急躁,不能以强硬方式激惹他们,宜用"以柔克刚"和"热心肠冷处理"等有效方法。

对抑郁质的学生,首先,应注意发挥其观察敏锐、耐心细致、情感深刻等特点,以促使其取得良好的学习成绩,培养其自信心。其次,由于他们的自尊心脆弱而敏感,因此切忌在公开场合批评。对其存在的问题在私下里用和气的态度指出即可。再次,应注意引导其多参加集体活动,并鼓励其他同学私下多与之交往,逐渐消除其人际交往中的顾虑,使其融入集体。最后,安排他们从事有一定困难又力所能及的工作,逐渐培养其战胜困难的勇气或心理承受力。

第三节　性　　格

一、性格的概念

（一）性格的定义

性格是个体在社会生活过程中形成的对客观现实的稳定的态度和与之相应的习惯化了的行为方式。

首先，性格是“态度”与“行为方式”的统一。态度是认知、情感与意志的综合产物。一个人在社会生活过程中，会逐步对各类事物（包括人）形成一定的认知，并由此形成情感及意志，它们综合起来形成态度。比如肯定或否定、接纳或拒绝等。态度决定行为方式，一个人对一类事物或对一类人的不同态度最终会体现在不同的行为方式上。可以说，一个人的性格就是其“为人处事”的方式。正如恩格斯所说：“人物的性格不仅表现在他做什么，而且表现在他怎么做。”（《马克思恩格斯选集》第四卷，人民出版社 1972 年版，P344）。其中“做什么”反映的是人对现实的态度，“怎么做”反映的是人的行为模式。

其次，性格是稳定性和可塑性的统一。性格是个体在长期的社会生活过程中逐步形成的，它一旦形成就具有相对的稳定性。因此性格是指“稳定的”态度以及由此派生出的“习惯化了的”行为方式。比如，我们说一个人具有“为人热情”的性格特征，是指他在多数情况下对多数人都是热情的，而排除了那种偶然表现的“热情”或者只对少数人表现出的“热情”。然而，性格的稳定性是相对的，它同时具有较大的可塑性。性格是后天社会生活塑造的。儿童早期的生活经验形成了他的性格基础，虽然也具有一定稳定性，但还会在后来的社会生活中不断被塑造，从而不断地丰富、发展和变化。成年人的性格稳定性更强，但成人还形成了比较高的自我调节能力，自我调节对性格的约束及改造也能发挥较大作用。

最后，性格是一个人人格中最重要、最显著的心理特征，在人格中起核心作用。因此，现实生活中人们所说的性格大多是指一个人的整个人格。

（二）性格与气质的关系

性格与气质同属于人格的概念，又都是通过个体的典型行为反映出来，他们相互制约、相互影响。因而在实际生活中，人们经常把两者混淆起来，常常把气质特征说成性格。例如，有人常说某人的性格活泼好动，有的人性子太急或太慢，其实讲的是气质特点。性格与气质是既有区别又有联系的两种不同的个性心理特征。

1.性格与气质的区别

（1）气质是先天形成的，性格主要是后天形成的。从起源上来看，气质是与生俱来的。而个体在生命之初并没有形成性格，虽然性格的形成也会受遗传素质的制约，但它主要是在后天的社会生活过程中逐步形成的。

（2）气质无“好”、“坏”之分，性格有“优”、“劣”之别。气质是人的心理活动的动力特征，与心理活动的内容无关。因此，气质无好坏、善恶之分。而性格包括行为的内容及方式，表现为个体与社会环境的关系，具有社会历史性，并且与人的道德评价有关。因此，性格有优劣、善恶之分。例如，“好逸恶劳”、“虚伪奸诈”是不好的性格品质，而“勤劳勇敢”、“诚实善良”是良好的性格品质。

(3)气质可塑性小，性格可塑性大。气质受生物遗传素质的制约，可塑性极小，变化极慢；性格受环境的制约，可塑性较大，环境对性格的塑造作用较为明显。

2. 性格与气质的联系

性格与气质的联系是相当密切而又相当复杂的。相同气质类型的人可能性格特征不同；性格特征相似的人可能气质类型不同。具体地说，两者的联系主要存在于三个方面：

(1)气质影响性格的形成和发展速度。当某种气质与性格特征有较大的一致性时，就有助于该性格特征的形成与发展，相反会有碍于该性格特征的形成与发展。如胆汁质的人容易形成勇敢、果断、主动性的性格特征，而抑郁质的人就较困难。

(2)气质影响一个人性格的表现方式，使带上个人色彩。气质可按自己的动力方式渲染性格，使性格具有独特的色彩。例如，同是勤劳的性格特征，多血质的人表现出精神饱满、精力充沛；黏液质的人会表现出踏实肯干、认真仔细；同是友善的性格特征，胆汁质的人表现为热情豪爽，抑郁质的人则表现出体贴温柔。

(3)性格可以对气质进行掩盖和改造。性格对气质有重要的调节作用，在一定程度上可掩盖和改造气质，使气质服从于生活实践的要求。如形成了自卑性格的人一般不愿意与陌生人交往，这会掩盖多血质好交际的气质特点。严格的军事训练，可使军人形成纪律观念强、忍耐等性格品质，这些性格的形成就会掩盖或改造胆汁质者易冲动、急躁的气质特征。

二、性格结构

性格由许多个别特征组成。我国心理学界将性格特征分为以下四大类，它们构成了性格的基本结构特征。

(一)性格的态度特征

性格的态度特征是指人在对客观现实稳定的态度方面的特征。主要指处理各种社会关系的性格特征，具有较强的道德评价意义，在性格结构中具有核心意义。具体表现为：

1. 对社会、集体、他人的态度

积极的特征表现为：爱祖国，关心社会，热爱集体，具有社会责任感与义务感，乐于助人，为人热情、诚实、善良、正直等。消极的特征表现为：不关心社会与集体，甚至没有社会公德，为人冷漠、自私、虚伪、奸诈等。

2. 对劳动、工作、学习的态度

积极的特征表现为：认真细心、勤劳节俭、富于首创精神。消极的特征表现为：马虎粗心、奢侈浪费、好逸恶劳、因循守旧等。

3. 对自己的态度

积极的特征表现为：自信、自尊、自爱、自律、谦虚等。消极的特征表现为：自卑或自负、自以为是或自暴自弃等。

(二)性格的意志特征

性格的意志特征就是一个的意志品质。具体表现为：

(1)自觉性。意志的自觉性主要指个人的自主性。具有自主性的人，在行动中有自己的主见，不轻易受外界的影响和干扰，对别人的意见或建议也能在独立判断的基础上做出取舍，虚心接受有益的意见。缺乏自主性的人，遇事不会独立思考，缺乏主见，人云亦云，表现出过多的屈从和盲从；或者过于独断，完全从主观愿望出发，很难听取他人中肯的意见，一意孤行。

(2)果断性。有的人做事果断性，能够在冷静分析的基础上把握机会，当机立断。而有的人优柔寡断、踌躇不前，或者是鲁莽草率、仓促决断。

(3)坚韧性。坚韧性又称“毅力”。这是意志品质的核心成分。具有坚韧性的人，能够勇敢地面对并克服困难，不怕挫折和失败，坚持不懈地追求目标的实现。而有些人在刚开始行动的时候，劲头很足，热情很高，但一旦遇到困难就退缩不前，或者是害怕失败，不敢行动。

(4)自制性。自制性又称“自制力”。它是意志的抑制功能。自制力强的人，对自我有较强的约束力，情绪稳定，能抑制与行动目标不一致或相违背的行动。与之相反的表现是任性，行为容易受情绪左右，任意为之，意气行事。

(三)性格的情绪特征

表现在情绪活动的强度、稳定性、持久性和主导心境等方面。

(1)情绪强度。有人情绪反应强烈、明显，易受感染；有人情绪反应微弱、隐晦，不易受感染。

(2)情绪稳定性。有的人情绪易波动，起伏程度大，时冷时热；有的人情绪比较平稳，即使有波动，起伏程度也较小。

(3)情绪持久性。即情绪持续的时间长短和情绪对人身心各方面影响的时间长短。有的人情绪产生后很难平息，对自身心理的影响也很深；有的人情绪虽来势凶猛但转瞬即逝，情绪对自身心理的影响很小。

(4)主导心境。不同的主导心境反映了主体经常性的情绪状态。如有的人经常精神饱满、乐观开朗，有的人一贯情绪平静、祥和，有的人却整日愁眉苦脸、烦闷悲观等。

(四)性格的理智特征

性格的理智特征是指个体在认知活动中表现出来的心理特征。主要指在感知、记忆、想象、思维等认识过程中表现出来的态度和活动方式上的差异。

(1)感知方面。个体在感知活动方面的性格特征主要表现在：有人善于把握事物的整体轮廓而忽略细节，有人特别注意细节而忽略整体；有人观察细腻，有人观察粗略；等等。

(2)记忆方面。在记忆速度方面，有的人记忆敏捷，过目成诵；有的人记忆较慢，需反复记忆方能记住。在记忆的牢固性方面，有的人记忆牢固，保持时间长；有的人记忆不牢且遗忘迅速。在记忆类型方面，有的人属于视觉记忆型，喜欢通过阅读记忆材料；有的人属于听觉记忆型，喜欢通过听觉记忆材料。此外，有的人属于形象记忆能力型，长于记忆形象事物；有的人属于抽象记忆能力型，长于记忆抽象材料；等等。

(3)想象方面。有的人想象丰富、奇特，有的人想象贫乏、狭窄；有的人想象主动、富有情感色彩，有的人想象被动、情感贫乏；有的人想象大胆奇特，有的人想象平淡无奇；等等。

(4)思维方面。不同人往往具有不同的思维方式，它是认知方式(或称"认知风格")的核心，人与人之间的思维方式千差万别，对其行为方式具有重要的影响作用。例如，有人长于形象思维，有人长于抽象思维；有人直觉发达，有人擅长分析；有人长于发散思维，有人长于聚合思维；有人善于把握主干，有人善于分析细节；有人喜欢遵循权威，有人喜欢批判置疑；等等。

拓展阅读 5-6

认知风格

认知风格(认知方式)：指人们在对事物、现象或人进行认识的过程中，个人所偏爱使用的加工信息的方式。目前认知心理学经实证研究所揭示出的认知风格主要有：

1. 冲动型与沉思型

冲动型认知方式的特点是反应快，但精确性差。面对问题时总是急于求成，不能全面细致地分析问题的各种可能性，不管正确与否就急于表达出来，甚至有时还没弄清问题的要求，就开始对问题进行解答。他们的信息加工策略使用的多是整体加工方式，在完成需要做整体型解释的学习任务时，学习成绩会更好些。

沉思型认知方式的特点是反应慢，但精确性高。总是把问题考虑周全以后，再作反应，他们看重的是解决问题的质量，而非速度，但在回答熟悉的比较简单的问题时，反应也是比较快的。在回答比较复杂的问题时，沉思型反应慢的特点表现得更为明显。信息加工策略多是细节性加工方式，在完成需要对细节做分析的学习任务时，学习成绩会好些。

沉思型的学生阅读能力、记忆能力、推理能力、创造力等方面都表现比较好，而冲动型学生会出现阅读困难，常伴有学习能力缺失，学习成绩不太好。因为阅读、推理需要细心分辨。

2. 系列型与同时型

达斯认为左优势脑的个体在对信息进行加工时，表现出系列型加工风格；而右优势脑的个体则表现出同时型加工风格。

系列型认知风格的特点是：在解决问题的过程中，一步一步地分析问题，每一个步骤只考虑一种假设或一种属性，第一种假设成立后再进一步考虑第二种假设，一环一环地推导出问题的结果。每一种假设都有其时间上的前后顺序，解决问题的过程如链状。言语操作、记忆等属于系列加工过程。一般来说，女性擅长系列加工方式，此为女孩的记忆功能、言语功能比男孩强的原因之一。

同时型认知风格的特点是：在解决问题的过程中，采取宽视野的方式，同时考虑多种假设，并同时兼顾到各种可能性，才能解决好问题。许多数学操作、空间问题的操作都要依赖于同时型加工方式。此为男孩的数学能力与空间能力优于女孩的原因之一。

3.场独立性与场依存性

场独立性的人不太依赖于外界环境，他们在对信息进行加工处理时，依据内在的标准或内在参照，与人交往时也很少能体察入微。

场依存性的人则要依赖于外界环境，处理问题总是依赖于“场”，他们在对信息进行加工处理时，依据外在参照，与别人交往时也能考虑到对方的感受。

两种方式无好坏之分，在不同领域各领风骚：场独立性的人在认知领域显示了优势，他们处理问题比较灵活，善于抽象思维，自觉能力较强，对自然科学知识更感兴趣；而场依存性的人在人际社会领域中显示了优势，他们善于体察别人，与人相处亲切融合，他们更喜欢社会定向的学科与知识。

三、影响性格形成与发展的因素

在性格的形成和发展问题上，历史上有两种截然对立的观点：一种是遗传决定论；另一种是环境决定论。现在持这两种观点的学者已经非常少了。我们认为性格的形成和发展是在生物遗传素质的基础上，通过后天的家庭、学校和社会环境的影响，经过儿童自己的积极能动的实践活动才逐渐形成。

（一）遗传因素

性格虽然主要是在后天社会生活过程中形成的，但它的形成与发展受到生物学因素的影响。遗传素质是性格形成的自然基础，它为性格形成与发展提供了可能性以及潜在的发展趋向。影响性格形成的遗传因素很多，有些原因尚未明确，目前心理学界研究较多的是以下两个方面：

1.高级神经活动特性

高级神经活动类型对性格的形成具有制约作用，它可以对某些性格的形成起加速或延缓作用，还可以对某些性格特征产生掩盖或改造作用。这从气质与性格的相互作用中可以印证：通常，活泼型的人比抑制型的人更容易形成热情大方的性格；在不利的客观情况下，抑制型的人比活泼型的人更容易形成胆怯和懦弱的性格特征，而在有利的条件下，活泼型的人比抑制型的人更容易成为勇敢者。

2.性别

性别差异对人类性格的影响也有明显的作用。一般认为，男性比女性在性格上更具有独立性、自主性、攻击性、支配性，并有强烈的竞争意识，敢于冒险；女性则比男性更具依赖性，较易被说服，做事有分寸，具有较强的忍耐性。这些差异与不同性别的遗传素质相关，当然也与社会环境的影响相关。每一个社会都有自己的性别角色模型，这种性别角色会对生活在其中的每个人产生社会期望，使其完成性别角色的社会化，形成与性别角色相吻合的外显行为。

（二）环境因素

1.家庭环境的影响

多数心理学家都强调早期经验对一个人性格形成的影响作用，认为儿童早期形成的性格是今后性格发展的基础。有心理学家认为，儿童一年的生活经历对性格所产生的影响力要大于成年后数年生活经历对性格的影响力。

在个体的早期经验中，家庭生活是其最主要的生活内容，家庭构成了儿童最初的也是最重要的社会生活环境，儿童与母亲的关系构成了其最初也是最亲密的人际关系。儿童出生后首先要以其特有的遗传素质(如气质类型)适应家庭生活环境，从而形成自己最初的性格。此外，家庭又是社会的缩影，父母的生活方式、思想观念以及教育方式都不同程度地体现了社会的文化准则与风俗习惯。可以说，社会首先是通过家庭开始对儿童进行社会化的。

在家庭生活中，直接影响儿童性格形成的因素有：父母的教育观念及教育方式、父母本身的个性、家庭生活方式、家庭气氛、儿童在家庭中的角色与地位等。心理学在以下几方面进行了较为充分的研究。

(1)父母的教养方式。不同家庭的父母教养方式千差万别，心理学界对其进行了概括与分类，并对各种类型的教养方式与子女性格之间的关系做了大量调查研究，以下是目前心理学界比较公认的研究结果(见表 5-2)。

表 5-2　父母的教养态度对子女性格的影响

父母的态度与方式	子女的性格
支配性的	依赖性，服从，消极，缺乏独立性
溺爱的	任性，骄傲，利己主义，缺乏独立精神，情绪不稳定
过于保护的	缺乏社会性，任性，依赖，被动，胆怯，深思，沉默的，亲切的
过于严厉的(经常打骂)	顽固，冷酷，残忍，独立的；或怯懦的，缺乏自信心、自尊心，盲从，不诚实
民主的	独立的，协作的，社交的，亲切的，天真，有毅力和创造精神，直爽，大胆，机灵
忽视的	妒忌，情绪不安，创造力差，甚至有厌世轻生的情绪
父母意见分歧的	易生气的，警惕性高的；或两面讨好，好说谎，投机取巧

(2)家庭气氛。家庭成员之间特别是父母之间的相互关系处理的好坏，会直接影响儿童性格的优劣。一般来讲，家庭成员之间和睦、愉快的关系所营造的宁静的家庭气氛对儿童的性格有积极的影响；家庭成员之间相互猜疑、争吵、极不和睦的关系所造成的家庭紧张气氛，尤其是父母离异的家庭对儿童性格有消极的影响。大量研究表明，离异家庭的儿童比完整家庭的儿童更多地表现出孤僻、冷淡、冲动、好说谎、恐惧、焦虑甚至反社会等不良的性格特征。

(3)儿童在家庭中的角色与地位的影响。儿童在家庭中所处的地位及扮演的角色，也会影响其性格的形成与发展。如父母对待子女不公平时，受偏爱的一方可能有洋洋自得、高傲的表现，受冷落的一方则容易嫉妒、自卑。

艾森伯格研究认为，长子或独生子比中间的孩子或最小的孩子具有更多的优越感。孩子在家庭中越受重视，其性格发展越倾向自信、独立、有优越感强。如果其地位发生变化，原有的性格特征往往会随之产生不同程度的变化。

2. 学校教育环境的影响

儿童走进学校以后，便进入了一个更大的社会活动领域。学校生活出现新的学习任务，同时形成了更为广泛而复杂的人际交往关系。儿童必须以其已有的性格基础适应新的学校环境，从而使自己的性格不断丰富和发展。

(1)学校是社会有目的、有计划、系统地培养和塑造下一代的专门机构。学校的教育观念、教育方式、教育内容及教育水平，对学生的认知结构、学习态度及动机、社会情感及品德、思想观念等都具有重要的影响作用。合理的教育可以使学生的性格获得良好的发展，还可能对学生原有的性格缺陷进行改造。而不合理的教育则会导致学生的性格向不良方向发展。

(2)学校生活以学习为主要活动内容。学生在学业上的成功或失败，会影响到教师和同学对他的评价及态度，最终影响到学生对自己的评价及态度(如自信或自卑等)，这对其性格的发展具有重要作用。

(3)学校中的人际关系主要是师生关系及同学关系，对性格的形成具有重要影响。一般而言，小学阶段，由于小学生对教师的依附性较强，因此师生关系作用更大，教师的人格、修养、教育水平及教育方式在师生关系中起着决定作用。而到中学阶段，随着青春期的到来，中学生对教师的依附性大为减弱，而对同伴的依附性增强，同学之间的关系，如友谊或竞争、接纳或排斥、重视或歧视、和睦或冲突等，对中学生的性格发展具有重要的影响作用。

(4)校园文化、学校的校风、班级的班风构成了一个具有整体性影响作用的社会小环境，对学生的性格具有潜移默化的影响作用。学校或班级的整体特点、行为规范、评价机制对学生都是一种无形的、巨大的教育力量。学生在集体中通过参加学习、劳动、文体及其他兴趣小组活动，可增强其责任感、义务感、集体感，也培养了其乐观、坚强、勇敢、向上等优秀品质。

3. 社会环境的影响

一个人走出校门后，接触到更加广泛的社会生活以及更加复杂的人际关系，长期的社会实践对其性格的进一步丰富发展具有重要的影响作用。

(1)职业的影响。一个人长期从事的某种职业往往使得其性格染上了职业色彩。例如，农民大多朴实，工人大多豪爽，机关职员大多谨慎，知识分子大多带有“书生气”，军人大多举止庄严，从政者大多理智而现实，艺术工作者大多情感丰富而浪漫等。

(2)恋爱婚姻生活的影响。恋爱及婚姻生活顺利与成功，会大大增强个体的生活信心及积极性。反之，恋爱过程中过多受到挫折、婚姻生活的失败，容易使人形成自我怀疑甚至自卑感，从而使其生活态度趋于消沉。此外，夫妻之间由于性格的不同，需要一个长期的相互适应过程。在这个过程中，个体的性格也会发生一些微妙的变化。

(3)事业成就及社会地位的影响。俗话说“性格决定命运”，良好的性格更容易使个体在社会生活中取得成功。但反过来，个人的事业成就也会进一步影响性格的发展。事业成就的大小，往往决定了个体在社会上经济地位或政治地位的高低，这对其自我态度(如自信或自卑等)以及对待他人的态度具有重要影响。另外，有研究表明，社会阶层的高低与“延宕需要”的能力相关。低社会阶层的人，往往难以延宕需要的满足，遇到挫折会立即做出反应，更具冲动性，而社会阶层高的人，在延宕需要及克制冲动的能力方面表现更好。

(4)社会文化的影响。广义上的文化指人类社会历史实践过程中人类所创造的物质财富和精神财富的总和。狭义上的文化是指社会的意识形态(以价值观为核心)以及与其相适应的社会制度和组织机构。文化环境所蕴含的因素主要有社会阶层、家庭结构、生活方式、生产方式、消费方式、风俗习惯、宗教信仰、伦理观念、审美观念等。社会文化渗透到社会生活的各个方面,如家庭、学校、各类社会组织、社会传媒等。

一种社会文化对生活在其中的个体具有整体性的影响,从而形成全体文化成员人格上的共同特征,所谓的"国民性"就是文化影响的产物。"国民性"又称"民族性"或"民族性格",指一个国家或民族中多数成员共同具有的精神特质及性格特征。如价值观、思维方式、情感内涵、生活态度、人际关系等。

例如,有研究表明,高食物贮存的农业社会,更注重培养儿童的集体责任感和服从性,而低食物贮存的渔猎社会,更注重培养儿童的个体的独立性和进取性。西方文化更注重培养自由、平等观念,以及独立自主、自我肯定、个人奋斗等。而东方文化更注重培养个体的集体观念和责任意识,强调人与人关系的和谐以及相互依赖和相互照顾。

现代社会还可以通过大众传媒等途径施加广泛的文化影响。美国的心理学家在1971年进行的实验证明,电视节目里的许多攻击性行为对年幼无知的孩子的行为发展影响很大。此外,当前,随着信息时代的到来,通过网络传播的各种信息对儿童及青少年的性格形成产生的影响是广泛而深刻的。这就对教育工作者提出了新的研究课题。

拓展阅读 5-7

国民性

民族是一个结构体,由生物的、地理的、文化的和心理等要素构成。民族性格是各种心理要素的组合系列。构成民族的其他要素直接或间接地影响民族性格的形成和发展。这些要素主要有:①生物要素。如种族的血统、身体基准、人口的生殖和生长的能力等,它们是民族存在和延续的生理基础,同时又影响民族心理功能的发挥和心理活动的特点。②地理要素。如疆域、气候、地形、物产等。生物要素和地理要素是影响民族性格的天然因素。③文化要素。这是影响民族性格的社会因素。中国学者梁漱溟在《中国文化要义》一书中认为,文化是维系民族统一而不破灭所必需的内在纽带,是体现民族特点的东西,民族性格是根植于人的内心的文化模式。

1969年,美国社会学家A.英克尔斯在《民族性格》一文中把民族性格定义为"成年人中最频繁出现的比较持续的人格特点或方式",并称之为"众趋人格"。

对中国人民族性格或国民性最早进行直接研究的,是美国传教士A.H.史密斯。他在中国生活了50多年,大量接触过各个阶层的中国人,他于1894年出版了《中国人的特性》(或译《中国人的性格》)一书,列举了中国人爱面子、节俭、勤劳、保守、固执、孝顺、知足常乐、缺乏时间观念、缺乏精确习惯、好兜圈子、富有耐性与毅力、相互猜疑、好争斗等26个性格特点。

此后,我国学者梁启超、梁漱溟、林语堂、鲁迅、柏杨等都对中国人的国民性做了论述。其中鲁迅概括的"阿Q精神胜利法"影响最大。此外,柏杨在《丑陋的中国人》(1985年)中批判中国人的“脏、乱、吵”、“窝里斗”、“死不认错”等，也曾引起巨大反响。

还有当代学者指出，由于中国人受儒学传统的影响，最能体现传统中国人性格的莫过于一个“中”字，即“中庸之道”。中国人喜欢采取折中的方式处理问题，具体表现为：怕得罪人、遇事总留有退路、崇尚和平、同情弱者、反对霸权、有正义感、喜欢以仲裁者或和事佬自居。中国人也以自我为中心，以保全自己和宣扬自己为出发点和落脚点。因此，中国人一般不会轻易采纳别人的意见，比较固执。中国人的“中”也表现为当看客，喜欢隔岸观火、坐山观虎斗。

当然，随着中国近一百多年来的不断开放，中国人的国民性格越来越与世界其他民族的性格趋同。

(三)自我教育因素

一个人的性格并不是完全被动地受遗传和环境影响，个体还能通过自我教育对自身的性格发展发挥能动的影响作用。

自我教育是通过自我意识和自我调节完成的。自我意识指个体对自身的认知、评价及态度(罗杰斯所论述的自我概念与自我意识含义相近)。随着个体自我意识的不断发展，自我认知能力不断提高，个体可以逐渐意识到自己性格中的优缺点，从而自觉或不自觉地进行自我调节，在不断地发扬优点及改正缺点的过程中不断地自我完善。

在整个儿童阶段，个体的自我意识发展水平还不高，对性格发展的影响作用还很有限。但到青春期以后，自我意识快速发展，在自我教育中所发挥的作用逐步加大。个体的性格发展也就从被控者转变为一定程度的自我控制者，从而产生一种自我锻炼、自我提高、自我完善的独特动机。因此，教师和家长要指导学生自我意识的发展，创造各种机会，加强他们自身锻炼与修养。

总之，个体的性格形成与发展是遗传、环境及自我教育三方面因素共同作用的结果。而且这三个方面的因素是相互联系、交互作用的，每一个方面的作用都受到其他因素的制约。它们之间的复杂关系以及其中所包含的众多因素，导致了人与人之间在性格方面的千差万别。

第四节　人格理论

人格理论(theory of personality)是心理学家用来整合人格研究材料、解释和说明人格实质、人格结构、人格发展动力、人格影响因素以及人格发展阶段等理论问题，以反映人格的本质与规律的一套概念体系。借助人格理论，我们可以建立起可以验证的理论假设并发现人格研究的新观点和新方法。任何人格理论都应该回答人格理论家所不能回避的人格基本问题，他们包括：人格是指什么，它的结构是怎么样的？人格发展的动力系统是什么？人格发展呈现出什么样的进程，有没有阶段性的特征？人格发展受到哪些因素的影响？什么样的人格是健康的，问题人格应该如何矫正？不同的心理学家对这些问题的理解各有不同的侧重，因此，就形成了不同的人格理论。到底哪一种已有的人格理论对上述问题的回答和解释更符合客观事实，目前还没有一个定论。也许每一种理论都有一定的道理，有其正确的地方，也都有一定的片面性和局限性。

一、人格特质理论

早在 1937 年，美国心理学家奥尔波特就指出，特质是人格的基本单元。一种特质就是一个人格维度，“特质”在心理学里可以用来指人格的任何持久特征，只要这个特征与他人有所区别。特质论用多个基本的特质来描述人的人格，每一个特质都是对立两端联系起来所构成的一个维度，任何人都在这个维度上有一个确定的位置。

特质论者提出三个共同的观点：①人格由个体的一组特质组成，特质是构成人格的基本单位，决定个体的行为；②人格特质在时间上是相对稳定的，并具有跨情景的稳定性；③了解人格特质，可以预测个体行为。

(一)艾森克特质理论

英国人格心理学家汉斯·艾森克运用因素分析的方法建立了自己的人格类型理论，也被称为人格的“三因素模型”理论。

1. 人格结构

艾森克认为：“人格是生命体实际表现出来的行为模式的总和。”它由遗传和环境决定，包括四个方面：认知(智力)、意动(性格)、情感(气质)和躯体(体质)。其中，认知可以分为抽象思维能力、学习能力、使手段适合目的的能力；意动是根据调节的原则，抑制本能冲动持久的心理倾向，人类性格提供了一个连贯和稳定的自我控制力和自我定向或自主力的基础；情感是指个体与情绪有关的各种现象；驱体是指稳定的身体状态和神经内分泌系统状况。

2. 人格层次

艾森克认为人格的结构是一个多层次的结构，按由外到内的顺序依次是：首先是特殊性反应水平，是个体在实验时的反应或对日常生活经验的反应，可能是个体特征也可能不是。其次是习惯性反应水平，是在同样环境中可以重复发生的特定反应。再次是特质水平，是在观察一些不同习惯性反应的相互关系的基础上得出的。最后是类型水平，是在观察一些不同特质的相互关系基础上得出的。

艾森克通过因素分析找到了四种不同类型的因素：普通因素(所有实验共有)、群因素(某些实验共有)、特殊因素(特殊情况下)、误差因素(在偶然机会里出现)。行为的四个层次与四种因素是一致的。

以外倾型为例(见图 5-4)，外倾的最表层水平是特殊性反应水平。比如，我们看到某天午餐时，一个人在餐桌上显得很活跃，主动和大家打招呼，不停地和别人聊天说笑，这个人在餐桌这个特殊的场合、特定的时间的行为就是一个特殊的反应。如果这个人经常在就餐时和别人说笑聊天，那么，这个人就到达了第二层水平，即习惯性反应水平。一旦他不仅在就餐时，在其他场合、其他时间也经常主动和别人说笑聊天，你完全可以断定他具有艾森克所谓的社交性这种特质水平。最后，好交际的人也倾向于冲动、灵活、活泼和易激动等特质时，他就具有了更高的人格层次——外倾性。

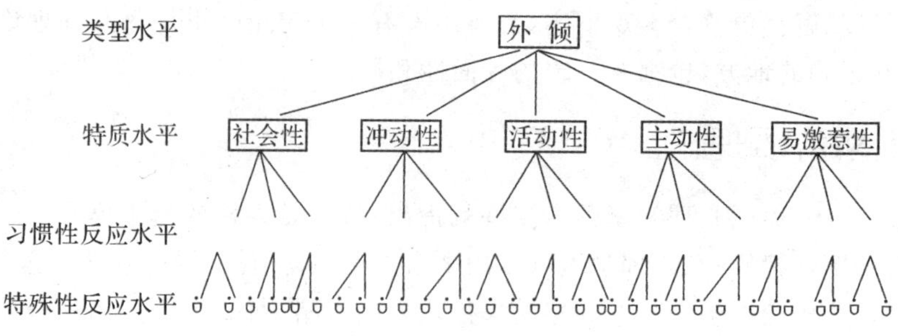

图 5-4 艾森克人格特质的等级结构

3. 人格维度

艾森克认为人格由多个维度组成,每个维度都代表了一个连续的尺度,每一个个体都可以在这个连续体中找到与自己相对应的一个位置。艾森克认为人格主要有以下三个维度:外内向、神经质和精神质。

外向的人不易受周围环境影响,难以形成条件反射,在人格上具有情绪易冲动、善于社交、渴望刺激、粗心大意和易发脾气等特点。内向的人易受周围环境影响,易形成条件反射,在人格上具有情绪稳定、好静、不爱社交、不喜欢刺激、极少发脾气等特点。当外向性和情绪不稳定性同时出现在一个人身上时,很容易在不利情境中表现出强烈的焦虑。

神经质反映的是个体在情绪稳定性等方面的特点,与病症无关。分数高的人情绪易变化,倾向于过度反应;表现出焦虑、担心,常常郁郁不乐、忧心忡忡,有强烈的情绪反应,以至于出现不够理智的行为。得分低则情况相反。

精神质并非指精神病,它在所有人身上都存在,只是程度不同。但如果某人表现出明显的程度,则容易发展成行为异常。分数高可能是孤独、不关心他人,难以适应外部环境,不近人情,感觉迟钝,与别人不友好,喜欢寻衅,喜欢干奇特的事情,并且不顾危险。得分低则情况相反。

艾森克接受了古希腊、古罗马学者关于四种气质的描述和冯特按情绪维度来划分气质的思想,提出了人格结构的层次性质理论。根据人格的两个维度,艾森克把人分成四种类型,即稳定内倾型、稳定外倾型、不稳定内倾型与不稳定外倾型。形成了人格二维模型:稳定内倾型表现为温和、镇定、安宁、善于克制自己,相当于黏液质的气质;稳定外倾型表现为活泼、悠闲、开朗、富于反应,相当于多血质气质;不稳定内倾型表现为严峻、慈爱、文静、易焦虑,相当于抑郁质气质;不稳定外倾型表现为好冲动、好斗、易激动等,相当于胆汁质气质(见图 5-5)。

图内的小圆代表四种传统的气质类型,大圆代表了按两个维度区分的四种人格类型。从图上可见到,艾森克关于人格结构的理论,是以传统的气质理论为基础的,它所表明的人格特点,也是以个体的心理活动和行为的外部动力特点为主要内容的。

(二)卡特尔特质理论

美国心理学家雷蒙德·卡特尔接受了奥尔波特的特质概念,并发展出一套独特的特质理论。

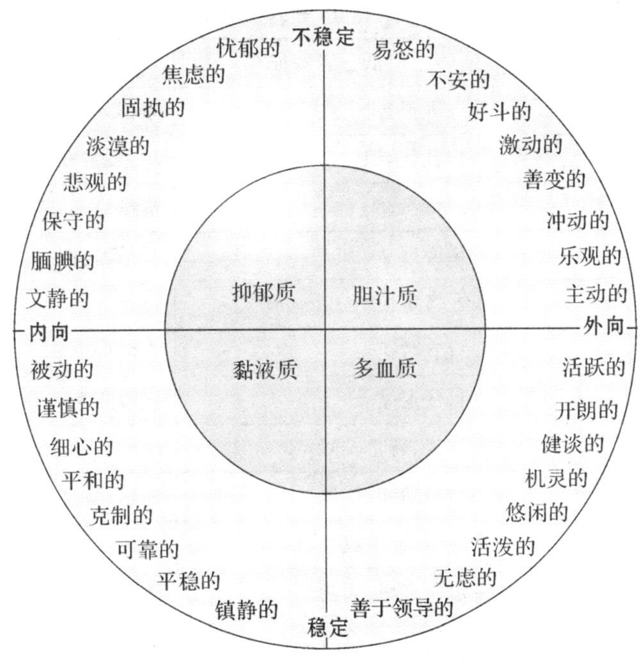

图 5-5　艾森克人格结构

1. 人格结构

卡特尔用心理元素周期表的形式把他提出的基于人格特质的理论模型表现出来(见图 5-6)。

其中,个别人具有的特质是个别特质也叫独特特质,某一地区、某一群体中各成员共有的特质属于共同特质。共同特质在不同的成员身上有不同的强度,同一个人在不同的时间也有不同的强度。

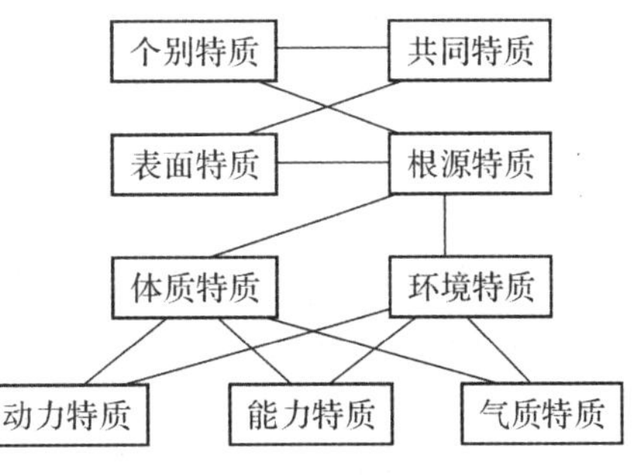

图 5-6　卡特尔人格特质层次

经常发生的、从外部可以直接观察的行为表现称为表面特质。从许多表面特质中求出相关系数,就可以发现根源特质。人的所作所为,无一不受根源特质影响。根源特质隐藏在表面特质的背后,深藏于人格结构的内层,必须以表面特质为媒介,运用因素分析方法才能发现。

2. 人格特质

卡特尔在多年测查、筛选工作的基础上,把奥尔波特等人找到的 17953 个描述人格的词归纳为 171 个特质,然后运用聚类分析法将其合并为 35 个特质群,把它们叫作“表面特质”,再用因素分析找出了其中的 16 种根源特质(见表 5-3),认为它们就是人格的真正构造物,根据这些特质,我们就可以预测一个人的行为反应。

表 5-3 卡特尔 16 种人格特质维度

人格因素	低分者特征	高分者特征
A. 乐群性	缄默孤独	乐群外向
B. 聪慧性	迟钝、学识浅薄	聪慧、富有才识
C. 稳定性	情绪激动	情绪稳定
E. 恃强性	谦逊顺从	好强固执
F. 兴奋性	严肃审慎	轻松兴奋
G. 有恒性	权宜敷衍	有恒负责
H. 敢为性	畏怯退缩	冒险敢为
I. 敏感性	理智、着重实际	敏感、感情用事
L. 怀疑性	信赖随和	怀疑、刚愎
M. 幻想性	现实、合乎成规	幻想、狂放不羁
N. 世故性	坦白直率、天真	精明能干、世故
O. 忧虑性	安详沉着、有自信心	忧虑抑郁、烦恼多端
Q_1. 激进性	保守、服从传统	自由、批评激进
Q_2. 独立性	依赖、随群群众	自立、当机立断
Q_3. 自律性	矛盾冲突、不明大体	知己知彼、自律尊严
Q_4. 紧张性	心平气和	紧张困扰

由身体内部条件构成的特质称体质特质，它包括由遗传素质所规定的特质，如神经质、兴奋性等特质，也有受后天环境影响引起的模式，如不注意、多嘴多舌等。起源于环境影响的特质称为环境形成特质，也可以说环境形成的特质是习得的特质。比如，热情是体质特质，实验性是环境形成特质。

动力特质是指个性结构中那些使人趋向某一目标的行动动力，是一种积极性成分，是人格的动机因素。它分为本能特质和习得特质。本能特质是与生俱来的生物内驱力、行为能量的基本来源，也是一种以特定方式朝向目标的内在反应倾向。习得特质由环境塑造，是变化的，数量很多。

能力特质决定了一个人如何有效完成某一任务，是人格的认知表现。其表现在知觉和运动的个别差异方面，包括一般能力的各个方面、刺激—反应行为中的辨别和运动控制、反应学习程度和记忆的减退程度等。

气质特质是遗传因素之一，它不随环境的变化而变化，具有一贯性。诸如在体态中表现的活泼、反应速度、力量的强度以及情绪等都是气质特质。

拓展阅读 5-8

“大五”人格理论

20 世纪 80 年代末以来，一些人格研究者们在人格描述模式上达成某种共识，认为人格有五种最主要的稳定的特质，即“大五”因素模式。外向性(E)，其特征是热情奔放的、健谈的、自信的、活跃的、社交的、果断的、富有冒险精神的、乐观的；情绪稳定对神经质(N)，其特征是平静的、非神经质的、不易发怒的对焦虑的、敌对的、压抑的、冲动的；认真性(谨慎性)(C)，其特征是有条理的、负责任的、可依靠的、尽职胜任的、公正自律的、谨慎克制的；适意性(随和性、宜人性)(A)，其特征是善良的、合作的、可信任的、直率、利他的、依从的、谦虚的；开放性(O)，其特征是明智的、有想象力的、独立思考的、具有审美能力的、情感丰富、求异、富有创造力的。这五个特质的头一个字母构成了“OCEAN”一词，代表了“人格的海洋”。

“大五”因素模式也引发一些争论，一些有代表性的研究指出，研究人格适应包括评价性特质。特里根等人于 1987 年用不同的选词原则，获得了七个因素，构成了“七因素模型”。这七个因素是：正情绪性、负效价、正效价、负情绪性、可靠性、宜人性、因袭性。与“五因素模型”相比较，“七因素模型”增加了正效价(如优秀的、机智的、勤劳的等)和负效价(如邪恶的、凶暴的、自负的等)两个因素。自称“大七”人格理论。

二、精神分析学派的人格理论

弗洛伊德开创的精神分析理论是一种具有广泛影响力的人格理论。这里我们简单介绍其中的一些基本观点。

(一)人格动力

弗洛伊德认为人格发展的动力是本能。人的动机是以本能为基础的。本能是躯体内部的兴奋状态，它寻找表现和紧张释放。他把本能分为“生本能”和与之对立的“死本能”。

生本能在于追求个体生存和种族的延续，代表爱和建设的力量，包括饥、渴、性等本能，其中弗洛伊德最强调的是性本能。与生的本能相联系的一切心理能量称为“力比多”。死的本能是促使人返回生命前非生命状态的力量，死亡是最后的稳定状态，因为不再需要为满足生理欲望而斗争，所以所有生命的最终目标都是死亡。死本能派生出攻击、破坏、战争等一切毁灭性行为。当它转向内部时，导致个人的自责，甚至自杀；当它转向外部时，导致对他人的攻击、仇恨、谋杀等。

(二)人格结构

弗洛伊德提出了“三部人格结构”说，即人格由本我、自我和超我三部分组成(见图 5-7)。

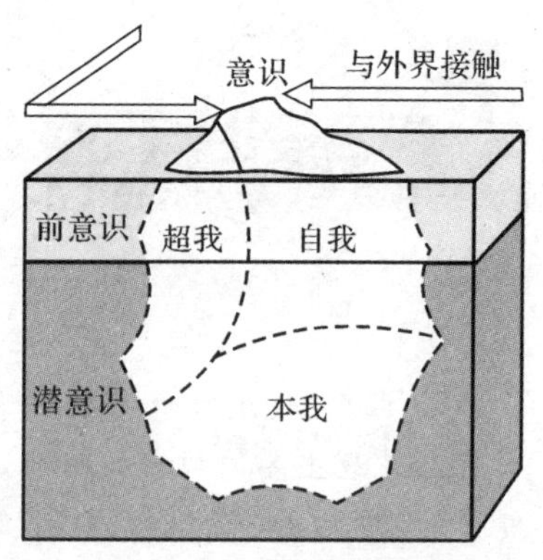

图 5-7 人格三部结构

本我是与生俱来的本能和欲望。它是人出生时人格的唯一成分,也是建立人格的基础。本我过程是无意识的、模糊的,我们对它几乎什么都不知道。不过,只要当一个人有冲动的行为时,我们就可以看到本我在起作用。例如,一个人出于冲动砸东西、拦路抢劫或强奸妇女时,他就处于本我的奴役之中。本我遵循着"快乐原则",即追求快乐,逃避痛苦,强烈地要求得到发泄的机会。

自我是现实化了的本我。它是可以意识到的,是通过后天的学习和与环境的相互作用发展起来的。个体随着年龄的增长,逐渐学会了不能凭冲动随心所欲,他们逐步学会了考虑后果,考虑现实的制约,这就是自我。自我遵循"现实原则",因此它既是从本我中发展出来的,又是本我与外部世界的中介。弗洛伊德把自我与本我的关系比作骑士和马的关系,马提供能量,而骑士则指导马的能量朝着他想去游历的路途前进。这就是说,自我不能脱离本我而独立存在,然而由于自我联系现实、知觉和操纵现实,能参考现实来调节本我。这样,自我按照现实原则进行操作,现实地解除个体的紧张状态以满足其欲望。因此,自我并不妨碍本我,而是帮助本我最终合理获得快乐的满足。

假如人格中仅有本我和自我这两个结构部分,那么人就将成为快乐主义和兽欲主义的有机体,当他处于一种需要状态时,他就会从合适的环境对象中寻求对需要的直接满足。然而人格中还存在着使情况变得更加复杂的第三个结构部分,即"超我"。超我是人格中专管道德的司法部门。

超我是道德化了的自我。它是从儿童早期体验的奖赏和惩罚的内化模式中产生的,即根据父母的价值观,儿童的某些行为因受到奖赏而得到促进,而另一些行为却因被惩罚而受到阻止。这些来奖赏和惩罚的经验逐渐被儿童内化为自身的行为准则,当自我控制取代了环境和父母的控制时,就可以说超我发展起来了。充分发展的超我有"良心"和"自我理想"两部分。良心是儿童受惩罚而内化了的经验,它负责对违反道德的行为做惩罚;自我理想是儿童获得奖赏而内化了的经验,它规定着道德的标准。超我的主要功能是控制行为,使其符合社会规范的要求。超我遵循的是"道德原则"。

弗洛伊德认为,本我的目的在于追求快乐,自我的目的在于追求现实,超我的目的则在于追求完美。由于超我永无止境地追求完美,所以它同本我一样是非现实的,它经常批评本我、谴责自我。自我服从超我的强制规则,它不仅必须寻找满足本我需要的事物,而且还必须考虑到所寻找的事物不能违反超我的价值观。弗洛伊德认为,在通常情况下,本我、自我和超我是处于协调和平衡状态的,从而保证了人格的正常发展,如果三者失调乃至破坏,就会产生神经病,危及人格的发展。

弗洛伊德人格发展理论

弗洛伊德为了强调性本能的作用，扩大了"性"的含义，将一切生理快感都看作性本能的表现形式，从而形成了一个泛化了的性概念。在此基础上，他提出了备受争议的儿童性欲论，认为，人在不同年龄，"力比多"通过身体的不同部位获得满足，这些部分他称作"性感区"，不同年龄阶段的性感区不同，如果能够等到合理的适度满足，个体的人格就会顺利发展到下一个阶段，否则（如过度满足或严重缺失）则会使个体的人格发展"停滞"（又称"固着"）在这一阶段。弗洛伊德把人格发展分为以下五个阶段，其中，他特别强调前三个阶段（5 岁前）的早期经验对人格发展起着决定作用。

（1）口唇期（0～1 岁），性感区在嘴唇及牙齿。儿童通过吮吸、撕咬活动可以产生快感。比如，婴儿不饿时也有吮吸手指的现象就是例证。口唇期欲望过度满足或严重缺失的人其人格发展会"停滞"于此阶段，形成"口唇期人格"。其又分两种：一种是"口欲综合型人格"，喜好沉溺于吃、喝、抽烟与接吻等口唇活动；另一种是"口欲施虐型人格"，喜好挖苦、讽刺、谩骂等口头攻击行为。

（2）肛门期（1～2 岁），性感区在肛门部位。在这一时期，儿童必须学会控制生理排泄，使之符合社会的要求，也就是说儿童必须形成卫生习惯。人格发展如果"停滞"这一阶段，形成"肛门排泄型"人格，表现为慷慨、放纵、生活秩序混乱、不拘小节；或者是"肛门滞留型"人格，表现为循规蹈矩、谨小慎微、吝啬、整洁及强迫等。

（3）性器期（3～5 岁），性感区在生殖器部位。此时儿童出现"恋亲情结"和"认同作用"。男孩出现"恋母情结"，并有排斥父亲以便独占母亲的心理倾向。但同时还会因此产生"阉割恐惧"，害怕自己的性器会被父亲割掉。为了应付由此产生的冲突和焦虑，男孩最终会抑制自己对母亲的占有欲，同时对父亲产生认同作用，学习男人的行为方式，这对个人的成长和社会化极为重要。与此类似，女孩有"恋父情结"，看到男孩的阴茎时会产生嫉妒，同时伴随着一种自卑感。同时也会从母亲身上学习做女人。弗洛伊德认为，适当地处理性器期的矛盾冲突是影响人格健全发展的重要因素。与父母亲的认同不但是超我发展的启端，同时也是两性行为方式的基本学习历程。同时，此阶段的矛盾冲突不易解决，因而导致"滞留"的现象很普遍。这是造成日后许多不良行为如侵略性人格和异常性行为的导因。具有性器期人格特征的男人往往行为果断而轻率，这是对"阉割焦虑"的反抗。性器期女子受阴茎嫉妒的驱使，在生活中往往扮演男性角色，总想超越男性。

（4）潜伏期（6 岁至青春期来临前），此阶段的儿童的"力比多"处于潜伏状态。这种情形的发生可能与儿童因年龄增大而其生活范围也随之扩大有关。儿童到了这个年龄阶段，他们的兴趣不再局限于自己的身体，而是转向外界环境，逐渐有了探索的倾向。

（5）生殖期（青春期以后）。随着生理发育的成熟、性机能的出现，个人的"力比多"开始指向同龄异性，开始学习与异性相处，形成良好的两性关系。儿童这时已从一个追求快感的孩子转变成具有异性爱能力的社会化的成人。弗洛伊德认为这一时期如果不能顺利发展，儿童就可能产生性犯罪、性倒错，甚至患精神病。由于弗洛伊德重视早期经验，所以他对潜伏期和生殖期没有较多论述。

三、人本主义人格理论

人本主义理论强调人的成长，认为自我实现是生命的本质，他们积极探索个体成长和完善的途径以帮助个体形成健全的人格并达到自我实现。

(一)马斯洛的人格理论

马斯洛的需要层次理论就是一种人格理论。在此基础上，他重点研究的是自我实现的需要，指出自我实现的需要位于需要层次之巅。马斯洛认为自我实现是把自己的潜能极度发挥，使自己朝向自身的统一、完整和协调的一种倾向。自我实现的人格也是马斯洛所倡导的健康人格。马斯洛研究了历史上的一些杰出人物，如歌德、林肯、爱因斯坦等，还研究了当时他所能够接触到的一些著名科学家和优秀的大学生，总结出自我实现者所共同具有的以下人格特征：

(1)客观地认识现实。自我实现者能够以客观的态度去认识自己、他人和周围世界，因而他们不受观念偏见的影响，能够按照事物的本来面目来认识事物，更能发现事实的真相。

(2)宽容和悦纳自己、他人和周围世界。自我实现者能够承认和接受任何事物都具有积极与消极两个方面的事实，他们不否认任何人和任何事物的消极面，因而对此有较大的宽容性。他们知道自己的长处，也承认自己的不足，因而能够宽容和悦纳自己。同样，也能宽容和悦纳他人和周围世界。

(3)自发性、单纯性和自然性。自我实现者坦率、自然，倾向于真实地表达自己的思想和感情，行为具有自发性。他们有什么想法，就讲什么；他们有什么感情，就表达什么；他们想做什么，就做什么。他们不矫揉造作，完全按照自己的本性行事。

(4)以问题为中心，而不是以自我为中心。自我实现者一般能够全力以赴地解决问题，实现自己的目标。对他们来说，工作和事业不是为了金钱、名誉或权利，工作本身就是享受，能够发挥自己的潜能。

(5)具有独处的需要。自我实现者是自由的个体，他们不会依附他人，不怕孤独，经常主动地去追求一个人独处的环境。

(6)有较强的自主性。自我实现者独立自主，因此总能不受文化和环境的约束，他们的行为更多源自内在精神动力。

(7)永不衰退的欣赏力。自我实现者带着好奇、喜悦和天真的心理去欣赏平凡的生活，并发现美。对他们来说，周围的一切都是美好的。

(8)常常会产生高峰体验。自我实现者常常因自我价值的发挥而产生一种强烈深刻的兴奋感、愉悦感和生命的意义感，马斯洛将之称为高峰体验。

(9)对全人类的认同。自我实现者把自己视为人类的一员，他们具有帮助全人类的真正愿望，关心全世界的一切文化，对所有人都有强烈而深刻的认同感和同情心。

(10)具有深厚的个人友谊。自我实现者能够与少数人建立亲密的人际关系，这种友谊虽然数量不多，但感情深厚而持久。

(11)具有强烈的民主精神。自我实现者易于接受民主的价值观，平等待人，能够与任何性格的人友好相处。

(12)具有很强的道德观念。自我实现者遵循自己认可的内在的伦理道德标准，在不同情境中一贯坚持自己的道德准则。

(13)富有幽默感。自我实现者不会倾向于在伤害他人感情或淫秽的事情上寻找幽默，他们更倾向于嘲笑自己或一般意义上的人。

(14)具有创造性。自我实现者保持着儿童般的天真、好奇以及异想天开的想象力，始终以开放、新鲜、纯真的眼光来看待生活和世界，在自己平凡的生活和工作的各个方面均能够表现出创意和独特性。

(15)具有批判现存社会文化的精神。自我实现者注重内心体验，而不是墨守成规、随波逐流。对现在社会文化经常表现出批判精神。

(二)罗杰斯的自我理论

像弗洛伊德一样，罗杰斯对人格的研究也是从心理治疗开始的，他把自己的心理治疗经验进行总结、提炼，进而形成了自己的人格理论。但他的立场是人本主义的，认为每个人都有朝着健康、积极的方向发展和变化的潜能。他的理论有以下几个核心概念。

(1)自我概念。自我概念是指个人经验中关于自己的知觉、认识和感受。这些经验围绕以下问题而形成："我是个什么样的人"、"我能做什么"、"我有哪些本事"、"我和周围人的关系如何"等。罗杰斯认为，自我概念是人格发展和变化的基础。

一个人的自我概念首先来自他人的"关注"，特别是童年阶段父母的关注，父母对儿童一贯持喜爱、认可、尊重、关怀等"积极关注"，可使儿童形成积极的自我概念，反之，会使儿童形成消极的自我概念。儿童在他人关注的基础上逐渐发展出"自我关注"，形成自己对自己的评价，从而使自我概念进一步发展。

(2)自我协调。自我概念并不一定符合个人的真实面目，有可能掺入了虚假的成分，如果一个人的自我概念与其真实情况差距过大，就会导致自我概念与自我行为体验不一致，罗杰斯称之为"自我不协调的人"。这类人便会经常出现内心混乱状态以及焦虑情绪，严重者会导致心理异常。因此，"自我协调"是保持人格健康的关键。

此外，自我协调还包括现实自我与理想自我之间的关系。两者之间的差距应该适度，个体为消除这种差距就会不断努力提高和完善自己以趋近理想自我，这便是自我实现的倾向，这种倾向是人格发展的根本动力。但如果两者差距过大，往往使个体用理想自我否认现实自我，出现自我的不协调。

(3)机能健全者。罗杰斯认为自我实现倾向使人更成熟、更独立、机能更健全。机能健全者的人格是健康完善的人格，具有以下特征：

①经验开放。机能健全者不需要防御机制，所有的经验都可以被转化为意识。因此，他们的人格更加广泛和充实。

②自我与经验和谐。机能健全者的自我和他的经验是一致的，可以不断同化各种新经验。

③行动带有自发性。机能健全者常常根据直觉行动，他们所有的人格因素都在发挥

作用。

④有自由感。机能健全者信任自己,可以接受一切经验,有很大的自由选择的余地。

⑤创造性高。机能健全者总是主动、积极、灵活地去做事情,富于创造性。

⑥与人和谐相处。机能健全者乐意给他人无条件的关怀,同情他人,与人和谐相处,受到大家的欢迎。

复习思考题

1. 什么是人格,它的特点是什么?
2. 什么是表面特质,什么是根源特质?
3. 艾森克人格特质的维度及其意义是什么?
4. 弗洛伊德的人格理论的主要内容是什么?
5. 什么是罗杰斯人格理论中的“自我概念”?
6. 罗杰斯和马斯洛分别提出的健全人格的标准分别是什么?
7. 什么是气质,它和我们日常所说的“脾气”、“秉性”和“气质”有什么关系?
8. 如何理解心理活动的动力特征?
9. 四种气质特征的行为表现是什么?
10. 不同的高级神经活动类型分别与什么气质类型相对应?
11. 为什么说气质无“好”、“坏”之分?
12. 如何根据不同气质类型因材施教?
13. 什么是性格?
14. 性格与气质有什么关系?
15. 性格的结构特征是什么?
16. 影响性格形成和发展的影响因素有哪些?

参考文献

1. 黄希庭. 人格心理学[M]. 杭州:浙江教育出版社,2002.

2. 郑雪. 人格心理学[M]. 广州:暨南大学出版社,2007.

3. 叶奕乾. 现代人格心理学[M]. 上海:上海教育出版社,2005.

4. 许燕. 人格心理学[M]. 北京:北京师范大学出版社,2009.

5. [美]L A 珀文. 人格科学[M]. 上海:华东师范大学出版社,2001.

6. [美]Richard M Ryckman. 人格理论[M]. 高峰强,译. 8版. 西安:陕西师范大学出版社,2005.

7. [美] Jerry M Burger. 人格心理学[M]. 陈会昌,等译. 北京:中国轻工业出版社,2000. .

8. [美]B R 赫根法. 现代人格心理学历史导引[M]. 文一,等译. 石家庄:河北人民出版社,1988.

9. 车文博. 西方心理学史[M]. 杭州:浙江教育出版社,1998.

10. 叶浩生. 西方心理学理论与流派[M]. 广州:广东高等教育出版社,2004.

第六章 智力与创造力

【内容提要】

智力与创造力是个体重要的心理品质。本章内容分智力和创造力两节内容:一方面阐述基本概念与理论,另一方面探讨智力的开发与创造力的培养。

智力包括:智力的含义、智力测验、智力发展的一般规律以及智力开发四个环节。

创造力包括:创造力的内涵、影响创造力的因素以及创造力的培养等方面内容。

【学习目标】

1.理解智力概念,了解传统智力概念与现代智力概念的联系与区别。

2.掌握主要的智力理论。

3.了解智力测验的方法以及智力测验结果的含义。

4.了解智力发展的一般规律。

5.掌握智力开发的内容与主要方法。

6.理解什么是创造力。

7.了解影响创造力的因素。

8.掌握开发学生创造力的途径与方法。

【关键词】

智力;智力测验;智商;创造力;创造性思维;创造性人格

在人类历史上,能够创造一个时代的人寥若晨星,比尔·盖茨就是其中的一个。比尔·盖茨拥有好多个"世界之最",他是有史以来最年轻的世界首富;他是第一个白手起家,在短短20年内创造财富达139亿美元的奇才;他是首先利用高科技和高智商创造巨大财富的典范,有人称他为电脑帝国的"拿破仑"、信息时代的"福特"。他的成功靠的是什么?靠的是他超群的智力和创造力,以及坚毅、自信、敢于冒险和不甘落后的个性。

第一节 智　　力

一、智力的含义

心理学界对智力的认识有一个不断深化和丰富的过程,理解智力的本质、科学设计智力测量工具以及开发学生的智力有着重要的意义。

(一)传统的智力含义

自19世纪末至今,智力问题一直是心理学研究的重点问题之一。但由于智力是一个多层次、多维度的复杂概念,心理学界对此至今尚未有定论。

20世纪70年代以前,心理学界基本上是在认知范围来界定智力概念的,认为智力是个体各种认知能力(注意力、观察力、记忆力、想象力和思维能力)的综合,其中抽象思维能力是智力的核心。虽然也有人提到智力包含适应能力,但也基本上是在认知范畴谈适应问题的,因为对环境的认知是适应的前提。

例如,法国学者比纳(Binet)认为,智力是一种判断力、创造力、适应环境的能力。美国心理学家推孟(Terman)认为,个体的智力与抽象思维能力成正比。科尔文(Colvin)认为,智力是个人为了适应环境而进行学习的能力。斯腾(Stern)认为,智力是个体有意识地以思维活动来适应新情境的一种潜在能力。韦克斯勒(Wechsler)认为,智力是有目的的行为、合理的思维以及有效适应环境的总能力。

在此认识基础上,心理学界编制了多种智力测量量表,如1905年编制的《比纳-西蒙智力量表》、1916年编制的《斯坦福-比纳量表》、1938年编制的《瑞文推理测验》、1939年编制的《韦克斯勒量表》等。这些智力量表中的多数测验题都是测验个体的语言理解力及概括能力、逻辑思维能力,也有少量的题目兼顾观察力、记忆力的测量。

(二)当代智力含义的扩大

20世纪70年代以后,越来越多的研究表明,传统的智力概念只涉及了智力的一小部分,由智力测验所获得的智商不能决定一个人现实生活的成功或成就。因此,许多心理学家提出应当重新认识智力的内涵,把智力的含义扩大到非认知领域,如情绪的识别及控制能力、为人处世的能力等。

到20世纪80—90年代,新的智力理论相继出台,如梅耶和沙洛维提出“情绪智力理论”(见本书第三章第一节),将情绪智力定义为:“监控自己和他人情绪、对其加以识别并用这些信息指导自己思维和行为的能力”。加德纳提出“多元智力理论”,认为“智力是个体解决实际问题的能力,产生或创造出具有社会价值的有效产品的能力”。美国心理学家斯腾伯格提出“三元智力理论”,认为“智力是从经验中学习和获得的能力,抽象思维和推理能力,适应不断变化、模糊多样的世界的能力,以及激励自己有效地完成应该完成的任务的能力”。

虽然目前心理学界对智力的概念尚未取得统一定义,但当代大多数心理学家倾向于把智力看作多种相对独立能力的综合体,主要包括学习能力、适应能力和解决问题能力等。

二、智力理论

(一)传统的智力理论

传统智力理论都是对智力测验结果为研究依据的,因素分析法是建构这类理论的主要方法。研究者们试图寻找智力的构成因素,不同的研究者通过因素分析得到的智力构成因素各不相同,就形成了各种不同的智力理论。具有代表性的传统智力理论主要有以下几种。

1. 斯皮尔曼的二因素论

1904 年，英国心理学家斯皮尔曼提出二因素论，他认为智力由一般因素（G 因素）和特殊因素（S 因素）构成。完成任何一项智力活动都需要这两种因素的参与，G 因素是一切智力活动的共同因素，S 因素只与特定的智力活动有关。他发现有五类特殊因素：①口头能力；②算数能力；③机械能力；④注意力；⑤想象力。他认为可能还有第六种因素，即智力速度。G 因素和 S 因素相互联系，其中 G 因素是智力结构的关键和基础。

2. 瑟斯顿的群因素论

1938 年，美国心理学家瑟斯顿提出群因素论，他认为智力是由计算、词的流畅、言语意义、推理、记忆、空间知觉和知觉速度七种基本心理能力（即七种因素）构成，这七种因素的不同组合，便构成个体独特的智力结构。

最初，瑟斯顿认为这七种心理能力在功能上是相对独立的。但通过测量研究发现，每种能力和其余六种能力之间存在着不同程度的正相关，于是他后来又修正了自己的理论，认为在这七种因素之外还存在着"一般因素"。至此，他的理论便接近了斯皮尔曼的二因素论。

3. 阜南的智力层次结构模型

1961 年，英国心理学家阜南发展了斯皮尔曼的二因素论，提出了智力的四层次结构模型。最高层次是最基本和最关键的一般因素；第二层次为两大因素群，即言语、教育因素和机械操作因素；第三层次为小因素群，包括言语、数量、机械、信息、空间能力、手工操作等；第四层次为各种特殊因素。

4. 吉尔福特的三维智力结构模型

1977 年，美国心理学家吉尔福特提出三维智力结构模型，他认为智力结构应从操作、内容和产物三个维度来考虑。操作即心理活动或过程，包括认知、记忆、发散思维、集中思维和评价；内容即心理加工的信息材料类型，包括视觉、听觉、符号、语义和行为；产物即心理加工得到的结果，包括单元、类别、关系、系统、转换和隐含。操作、内容和产物三个维度的不同组合可得到 150 种独特的智力因素。

（二）现代智力理论

传统智力理论主要是对智力结构进行静态描述，很少涉及智力活动的内部心理过程，忽视了智力活动的动态过程以及智力与现实世界的联系；智力的内涵狭窄，主要以言语能力和逻辑—数理能力为核心。针对传统智力理论存在的弊端，20 世纪 80 年代以后，涌现出许多新的智力理论即现代智力理论。现代智力理论把智力研究的重点转移到其内部活动过程的分析上。基于人的智力可能表现在许多不同方面的这一事实，倾向于将智力的概念定义得更加宽泛，强调智力的多元性。重视人们的社会适应能力和社会文化对智力的影响，体现了智力理论发展的新趋势。下面介绍两种影响广泛、具有代表性的现代智力理论。

1. 斯腾伯格的三元智力理论

1985 年，美国心理学家斯腾伯格提出三元智力理论，认为智力不是一个简单的因素构成，而是一种多元的复杂系统。他认为大多数传统智力理论只从某个特定的角度解释智力是不完备的。一个完备的智力理论应该考虑智力与内在世界、外在世界以及与人的经验的关系。三元智力理论从主体的内在世界、人生存的外在世界和联系主客体的经验世界三方面简述智力的本质及其结构，提出了智力有三种成分，即成分智力、经验智力和背景智力。

(1)成分智力(componential intelligence)。成分智力是指个人在问题情境中运用知识分析资料，通过思维、判断推理以达到问题解决的能力。它包含有三种机能成分：一是元成分(metacomponents)，是指人们决定智力问题性质、选择解决问题的策略以及分配资源的过程。例如，一个好的阅读者在阅读时分配在每一段落上的时间是与他要从该段落中准备吸收的知识相一致的。这个决定就是由智力的元成分控制的。二是执行成分(performance components)，是指人实际执行任务的过程，如词法存取和工作记忆。三是知识习得成分(knowledge acquisition components)，是指个人筛选相关信息并对已有知识加以整合从而获得新知识的过程。

(2)经验智力(experiential intelligence)。经验智力是指个人运用已有经验解决新问题时整合不同观念所形成的创造能力。例如，一个有经验智力的人比无此智力的人能够更有效地适应新的环境；他能较好地分析情况，用脑筋去解决问题，即使是从未遇到过的问题。经过多次解决某个问题之后，有经验智力的人就能不假思索、自动地启动程序来解决该问题，从而把节省下来的心理资源用在别的工作上。这种能力就称为经验智力。

(3)情境智力(contextual intelligence)。情境智力是指个人在日常生活中应用学得的知识经验解决生活实际问题的能力。例如，在不同的文化中，人们应对日常生活实际问题的能力是不同的。区分有毒和无毒植物是从事狩猎、采集的部落人们的重要能力，而就业面试则是工业化社会的一种重要情境智力，他们的情境智力是不同的。

斯腾伯格从内在世界、外在世界和经验世界去分析智力本质的新观点，极大丰富了智力的内涵。该理论把适应环境的能力和改造经验的能力纳入人类智力的范畴中，对现代教育具有积极的启示作用。它使教育者意识到，在教育过程中，除了要注重培养学生的成分智力，还应让学生接触现实生活以培养其适应环境和创造新经验的能力。

基于三元智力理论，斯腾伯格于1996年又以新的视角剖析智力，不仅进一步超越了传统智力理论，也超越了其自身的理论，这个新智力理论被称作"成功智力理论"。所谓成功智力是指用以达到人生主要目标的智力，是对现实生活真正产生举足轻重影响的智力。成功智力以智力活动在现实生活中能否获得成功为衡量标准。

成功智力包括分析性智力(用于解决问题和判定思维成果的质量)、创造性智力(帮助个体从一开始就形成好的问题和想法)和实践性智力(将思想及其分析成果以一种行之有效的方式加以实施)三个方面。成功智力只有在三种智力协调、平衡时才最为有效。成功智力理论在个体智力发展的全面性、实用性等方面超越了传统智力理论，为全面理解智力和当今人才的培养提供了新的视角和理论基础。

2.加德纳的多元智力理论

1983年，美国心理学家加德纳出版了《智能的结构》一书，向传统智力理念提出了挑战。加德纳认为，智力不是一种能力而是一组能力，各种能力不是以整合的形式存在，而是以相对独立的形式存在。每个人身上都同时拥有相对独立的八种智力。这八种智力在每个人身上以不同方式、不同程度组合，从而使每个人的智力各具特色。

加德纳所提出的八种智力是：

(1)言语智力：对语言的掌握和灵活运用的能力。

(2)逻辑—数学智力：对逻辑结构关系的理解、推理、思维表达的能力。

(3)视觉—空间智力：对色彩、形状、空间位置等要素的准确感受和表达能力。

(4)音乐智力：感受、辨别、记忆、表达音乐的能力。

(5)身体—运动智力：身体协调、平衡能力和运动的力量、速度、灵活性等。

(6)人际智力：对他人表情、话语、手势动作的敏感程度以及个人觉察、体验他人的情绪、情感并做出适当反应的能力。

(7)自我内省智力：认识、洞察和反省自身的能力。

(8)认识自然智力：认识自然，并对周围环境中的各种事物进行分类的能力。

作为这些不同智力的典型代表，加德纳举出了诗人埃利奥特、科学家爱因斯坦、画家毕加索、作曲家斯特拉文斯基、舞蹈演员格雷厄姆、精神病学家弗洛伊德、印度民族解放运动领导人甘地和博物学家达尔文。后来加德纳还假设了第九种可能的智力即“存在智力”，这是一种“沉思关于生命、死亡和存在等重大问题”的能力。

加德纳认为，西方社会促进了前两种智力的发展，而非西方社会对其他智力更为看重。例如，在太平洋的卡罗琳岛，船员们必须能够在没有地图的情况下完全依靠他们的空间智力和身体—运动智力航行很长一段距离。在那种情况下，这种能力比写出一篇论文更重要。在巴厘岛，艺术表现是日常生活的一部分，因而流淌在优美舞步中的音乐智力和潜力更为宝贵。与美国等个人主义文化社会相比，日本这样的群体社会更强调合作行为和公众生活，因而人际智力更为重要。而要评价这些智力，仅有纸笔测验和简单定量测量是远远不够的，应该对个体在许多生活情境下的行为进行观察和评价。

加德纳的多元智力理论是对传统智力理论最彻底的挑战，受到了世界教育界的广泛关注。它对学校的课程改革以及对传统的学生观、教学观、评价观的变革产生了重要的影响，已成为西方国家教育教学改革的重要指导思想。加德纳认为，传统的学校教育仅重视言语智力和逻辑—数学智力，而较少关注其他智力，这是片面的。学校教育的宗旨应该是全方位地开发学生的多种智力，并帮助学生发展适合其智力特点的职业。学校应从其他类型的智力角度来激励学生，并为学生提供更多获得成功的机会。加德纳的观点对于全面认识和培养学生的多元智力具有积极的意义。

从 20 世纪初起，人们从未停止过对智力的争论，各种理论有其不同的研究角度和理论背景，我们很难去评价哪个理论的好与坏。作为家长，重要的是能够找到一种基于某种理论之上的合适的教育方法和教育手段，使得孩子们学有所成，幸福成长。

拓展阅读 6-1

智力的 PASS 模型

加拿大心理学家戴斯及他人于 1990 年提出 PASS 智力模型。他们提出了人类智能活动的三级认知功能系统的智力模型，即计划—注意—同时加工—继时加工模型，即PASS模型。

戴斯认为，智力有三个认知功能系统：①注意—唤醒系统。该系统在智力活动中起激活和唤醒的作用。②同时—继时编码加工系统。该系统负责对外界刺激信息的接收、解释、转换、再编码和存储，是智力活动中主要的信息操作系统。③计划系统。该系统负责认知过程的计划性工作，确定目标、制定和选择策略，对操作过程进行控制和调节，对注意—唤醒系统和编码系统起监控和调节作用。计划系统是整个认知功能系统的核心。

戴斯等人从PASS模型的理论出发，编制了标准化的测验，此测验目前已出版。量表分别对计划、注意、同时性加工和继时性加工进行测量。戴斯等人运用这一量表对三类特殊（学习困难）儿童进行评估研究，研究表明：计划过程是智力落后的最严重的缺陷。注意力缺陷障碍的个体在几个过程上会有缺陷，最显著的是注意缺陷，而学习困难个体的缺陷可能在计划、同时性或继时性加工的环节上。

PASS模型不仅具有坚实的神经心理学和认知心理研究的基础，能从认知过程的角度来评估和鉴别各种类型的特殊群体，而且提供了一个能够对特殊群体的缺陷进行补救的框架和计划。从某种程度上说，特殊儿童的异质性要远远大于正常的儿童。正确评估是实现"因材施教"思想的前提。

三、智力测验

智力差异是客观存在的，准确客观地测定人的智力，对于人才选拔、智力缺陷的早期诊断、因材施教具有重要意义。智力测验是测量智力水平高低的一种重要方法。智力测验的工具是智力量表。目前，世界上的各种智力量表不计其数，下面介绍几种广泛使用的智力量表。

（一）斯坦福-比纳智力量表

世界上第一个实用的智力测验是20世纪初法国政府为鉴别低能儿而聘请心理学家比纳和他的同事西蒙编制的。这个量表叫《比纳-西蒙智力量表》，它含30个题目，于1905年首次发表，之后做过两次修订。该量表发表后，美、英、德、日、意等国的心理学家分别将其译成本国文字并结合各自的国情加以修订。这当中以美国心理学家推孟在斯坦福大学先后四次修订而成的《斯坦福-比纳量表》最为有名。在我国第一次修订《斯坦福-比纳量表》的人是陆志韦，之后陆志韦和吴天敏进行了第二次修订，吴天敏做了第三次修订。

拓展阅读6-2

《斯坦福-比纳智力量表》试题举例

《斯坦福-比纳智力量表》第三次修订版适用对象的年龄范围为3～18岁，全量表共有

112个题。例如：

1. 五岁组题项

(1)人像画上补笔。

(2)折叠三角。模仿将一张六寸见方的纸对角折叠两次。

(3)为皮球、帽子、火炉下定义。

(4)临摹方形。

(5)判断图形的异同。

(6)把两个三角形拼成一个长方形。

备用项目：用鞋带在铅笔上打个结。

2. 七岁组题项

(1)指出图形的谬误。

(2)指出两物的相同点(木和炭、苹果和桃、轮船和汽车、铁和银)。

(3)临摹棱形。

(4)理解问题，例如“如果你在马路上遇到一个找不到父母的三岁小孩，你应该怎么办”等。

(5)完成相应的类比：雪是白，炭是(　　)，狗有毛，鸟有(　　)等。

(6)顺背五位数。

备用项目：倒背三位数。

《斯坦福-比纳智力量表》最后用智商(IQ)衡量智力测验的结果，智商是智力年龄(MA)和实足年龄(CA)之比。因而被称为比率智商。其计算公式是：

智商(IQ)＝ 智力年龄(MA)/ 实足年龄(CA)×100

其中，乘以100是为了消除小数。

智力年龄是以被试能通过的测验项目来计算的，每完成一个项目累计2个月的智力年龄。如果一个实足年龄为6岁的儿童，一般直接用6岁组的全部项目来测验，如果能够全部通过，6岁以下各组的项目不用测，就算通过了，其智力年龄就是6岁。如果他还通过了7岁组的2个项目，8岁组的1个项目，而9岁组的测验都没有通过(10岁以上各组就不必测了)，那么，其智力年龄便是6岁6个月。

举例来说，某童实足年龄为10岁9个月，其智力测验得到的智力年龄是11岁10个月，按照智商公式计算结果是：

IQ＝11岁10个月/10岁9个月×100＝110

智商是心理年龄除以实足年龄的得数，所以智商为100者，其智力相当于他的同年龄人的一般水平，属于中等智力。智商高于100，表明智力较佳；低于100，则表明智力较差。在普通人群中，智商呈正态分布，即中等水平的居多数，两极端的为少数。

(二)韦克斯勒智力量表

韦克斯勒智力量表分为三种：韦氏成人智力量表(简称WAIS)，评定16岁以上成人的智力；韦氏儿童智力量表(简称WISC)，测定6～16岁少年儿童的智力发展水平；韦氏学前儿童智力量表(简称WPPSI)，评定4～6岁半儿童的智力。

它们的项目类别大同小异，差别仅在于内容的难度。这三种量表各包括 11 或 12 个分测验，分为言语测验和操作测验，可以分别测量个体的言语能力和操作能力。以韦氏儿童智力量表为例，言语分量表包含的测验项目有：常识、理解问题、算术、发现两物的相似性和词汇等；操作分量表包含的测验项目有：整理图片、积木、图像组合、译码和迷津等。

韦氏量表的智商已不是传统的比率智商，而是离差智商（1960 年斯坦福大学修订比纳量表时也采用了离差智商）。所谓离差智商就是用标准分数来表示的智商。即让每一个被试和他同年龄的人相比，而不像以前比纳量表所用的智商是和上下年龄的人相比。因此，一个人的智力就可以用他的测验分数与同一年龄组其他人的测验分数相比较来表示。其 IQ 的计算公式是：

$$IQ=100+15(X-M)/S$$

式中：X 为某一年龄组的被试测验的原始分数，M 为该年龄团体的平均分数，S 为团体分数的标准差。$(X-M)/S$ 为标准分数，它是一种以标准差为单位的相对量数。

假定某个年龄组的平均分数（M）为 70 分，标准差为 10 分，甲生测验得 80 分，他的标准分数即为 $+1$；乙生得 60 分，他的标准分数即为 -1。代入上述公式，标准分数为 $+1$ 者（即 $+\sigma$），智商是 115，说明他的智力比 84%的同龄人要高；标准分数为 -1 者（即 $-\sigma$），智商是 85，说明其智力比 16%的同龄人高而低于一般人的水平。因此，离差智商就是根据同年龄的被试在总体中的相对位置计算出来的智商，也就是根据标准分数计算出来的智商。

韦氏智力量表的另一个特点是，不仅能算出一个人在全量表上的离差智商，还能算出他在言语分量表、操作分量表上的离差智商。虽然言语智商和操作智商有很高的正相关（$+0.77\sim+0.81$），但这两种分量表测得的毕竟是不同的能力。这就有可能对一个人的智力结构的诸因素进行比较和分析。

智力测验的种类很多。除前面介绍的两种个人智力测验外，还有团体智力测验，如适用于中小学生的洛奇-桑代克智力测验（Lorge-Thorndike intelligence test）和美国陆军所使用的陆军普通分类测验（army general classification test）等。

（三）瑞文推理测验

瑞文推理测验是由英国心理学家瑞文编制的一种非文字的图形智力测验，主要测量个体的观察能力、推理能力以及思维能力，有标准型、彩色型、高级型和联合型四种形式。它不受文化、种族与语言等条件的限制，不仅适用于正常人，也适用于具有某些生理障碍的人，如聋哑人及丧失语言机能的病人等。可采用团体施测，使用方便、省时，特别适合于大规模的智力测查。测验结果以百分等级解释，直观易懂。因此，该测验在世界各国得到广泛使用。

智力测验是评定智力的一种常用的重要方法，被广泛应用于教育、人才选拔、职业指导、临床诊断等方面。为了使智力测验能够更好地发挥它的功效，必须正确使用智力测验。在使用智力测验时应注意几个问题：①现行的智力测验所依据的是传统智力理论，主要测量言语和数理逻辑能力，反映的只是与学业有关的智力，它在测量言语和数理逻辑智力方面是一种有效的工具，但不能反映一个人的全部智力。②智力测验的实施是一项专业性很强的工作，受人的动机、焦虑、生理健康等因素的影响可能会使结果不正确，测验操作必须严格规范。对智力测验分数的解释，尤其是对测验低分者的解释应十分谨慎。③对学生的智力评定不能单靠智力测验，应将智力测验的结果和教师与家长的评定，学生在学习、生活中的智力表现以及学生在测验时的身心状态和测试环境等因素综合起来考虑，才能做出客观全面的评价。④智力测验分数高并不表示学业和职业的成功。影响学业和职业成功的因素是多方面的，其中非智力因素起着非常重要的作用，如勤奋、人际交往能力等，智力只是其中的一个因素。

拓展阅读 6-3

特殊能力测验

这类测验包括对艺术能力、音乐能力和机械能力等的测验。要测定从事某种专业活动的能力，就需要对该活动进行分析，找出它所要求的心理特征，列出测验项目，进行测验的设计。例如，梅尔美术判断测验(Meier art judgment test)分析了美术家绘画活动的特点，以比例、平衡、明暗排列顺序、线条排列匀称、构图的统一等为指标，将著名的图画加以改编制成 100 对图画，要求被试从每对画中选择出他感到满意的图画。“正确的图画”反映了上述的艺术特点，并被 25 名美术家公认为较好的画。因此，被试的得分就表明其判断与美术家的判断相一致的程度。又如，美国心理学家西肖尔于 1939 年分析了学习音乐的能力，区分出组成音乐才能的六种特殊能力：辨别音高、响度、持续性、音色的差别，判断韵律的异同和音调记忆力，从而设计出 6 个分测验。我国学者张厚粲等人于 1988 年编制的机械能力测验包括纸笔测验和操作测验。纸笔测验由机械常识、空间知觉、识图理解、工程尺寸计算和注意稳定 5 个分测验组成；操作测验由手指灵巧、拼板组合、间接手部动觉反馈、双臂随意调节、理解性操作、操作知觉、双手协调和复合操作 8 个分测验组成。

测验结果表明，一般智力同绘画能力、音乐能力、机械能力、运动能力的相关是低的，但却是正的。这说明上述这些特殊能力相对地不依赖于一般智力。

四、智力发展的一般规律

(一)智力发展的特点

1. 智力发展的一般趋势

人的智力是随年龄的增长而发展变化的。智力发展的速度是不均衡的，一般经历增长、稳定和衰退三个阶段。美国心理学家南希·贝利对智力发展的研究结果进行了分析，并绘制了智力发展的年龄曲线，13 岁以前智力发展呈直线上升，13 岁以后上升速度逐渐减缓，25 岁时达到最高峰，26～36 岁保持高原水平，36 岁以后呈下降趋势。此外，不同性质的智力衰退速度是不均衡的，不同个体的智力衰退速度也是不均衡的。

2. 智力发展的稳定性和可变性

人的智力既有相对的稳定性，又有可变性。美国心理测量学家布朗指出：一个人的智力分数是他的遗传特性、测验前的学习与经验以及测验情境的函数。智商在短期内有一定的稳定性，一般来说，智力测验分数在短期内有较高的预见性，时间越长，预见性越差。年龄较小的儿童，智力测验分数的预测性较低。

3.智力发展的个体差异性

个体智力的发展受遗传、环境和教育等多方面因素的影响，由于这些因素对不同个体的影响程度不同，智力的发展也不相同。人的智力差异主要表现在以下几个方面：

(1)智力发展的水平差异。人的智力水平有高有低。心理学中一般将智商低于69以下者称为智力低常(俗称“弱智”)；将智商在70至89之间者称为智力中下，智商在90至109之间者称为智力中常，智商在110至119之间称为智力中上；智商在120至139之间者称为智力优异，智商超过140以上者称为智力超常(俗称“天才”)。

大量智力测验表明，智力水平在全人口中的分布呈两头小、中间大的正态分布，即智力超常和智力低下的人占极少数，中等上下智力水平的人占绝大多数。

(2)智力发展的类型差异。加德纳的多元智力理论认为，每个人在不同程度上拥有八种智力，这八种智力在个体身上的发展水平不同步，有些人在某些智力上有较高水平，在另一些智力上则水平较低，不同智力的组合表现出个体之间的智力类型差异，在人的智力组合中，有的人言语智力占优势，有的人身体运动智力占优势，还有的人人际智力占优势等。

(3)智力发展的速度差异。智力发展的速度差异指智力表现的早晚。有些人在童年时期就显示出非凡的智力，聪明早慧。古今中外，聪明早慧的事例不胜枚举。与聪明早慧相反，有的人的智力表现时间较晚，大器晚成。智力表现时间较晚的原因是多方面的，可能是与不合理的社会制度和阶级地位有关；也可能是年轻时不够努力，后来加倍勤奋的结果；还可能是小时候智力平平，而后长期努力的结果。

(4)智力发展的性别差异。智力发展的差异性不仅表现在个体差异上，还表现在团体差异上。大量研究表明，男女的智力水平从总体上说没有显著差异，但在智力的不同方面可能存在一定的差异。比如男性的空间能力(包括空间知觉能力、心理旋转能力和时间空间判断能力等)优于女性，而女性的言语能力(包括阅读、词汇、拼写、语法知识和口头表达)普遍优于男性。

(二)影响智力发展的因素

人与人智力发展水平存在着差异，有的人聪明，有的人迟钝，那造成这种差异的原因究竟是什么呢？大量研究表明，影响智力发展的因素很多，在诸多因素中，遗传、环境、教育、个体实践及其主观努力是主要因素。

1.遗传因素的影响

遗传因素是智力发展的生物前提和自然条件，决定智力发展的可能范围。遗传因素在个体身上体现为遗传素质，也就是说从父母那里得到的生物状态和解剖生理特征，主要包括机体的构造、形态、感官和神经系统特征等通过基因遗传的特性，而其中最主要的是大脑和神经系统的解剖特点。遗传因素对智力的影响的一个主要证据来自对同卵双生子和异卵双生子的研究。同卵双生子具有完全相同的遗传素质，异卵双生子的遗传素质只有部分相同。通过比较同卵双生子和异卵双生子的智力相关系数，可以推测出遗传对智力的影响程度。

图 6-1 列出的是来自许多研究者对不同遗传关系的人的 IQ 的相关研究结果。从中可见，遗传关系越相近，测得的智力越相近：父母的 IQ 和亲生子女的 IQ 相关约为 0.50，而养父母和养子女 IQ 的相关仅为 0.25 左右；同卵双生子具有完全相同的遗传基因，其 IQ 相关可以高达 0.90 以上，而异卵双生子的遗传的相似性类似于同胞兄弟姊妹，他们的 IQ 相关就只有 0.55 左右了。这些结果说明了遗传对智力发展的重要影响。但另一方面，该资料研究也说明了环境对智力发展的作用。如图所示，虽同为同卵双生子，在一起长大的环境条件下，其 IQ 相关要高于分开长大的情况；而在一起抚养的孩子，即使两者没有血缘关系，其 IQ 的相似性也会提高。

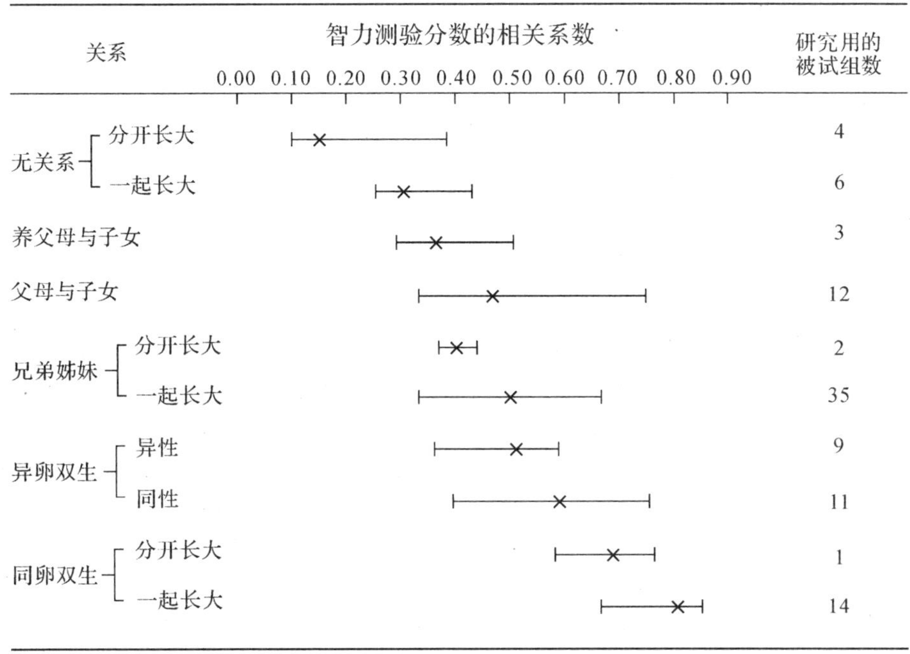

图 6-1 具有不同遗传关系的人在智力测验得分上的相关性

遗传对智力发展的影响是客观存在的，但是，我们不能过分夸大它的作用。有关资料表明，曾经有数十名人类被野兽掠夺去养大而又回到人类社会，他们有灵活的四肢，却习惯于爬行；有健康的发音器官，却习惯于嗥叫；有人类的大脑，但是他们当中没有一个被教育成为完全合格的“人”。人为地把婴幼儿从社会中隔离开，会造成孩子大脑思维功能的极大降低。

2.环境因素的影响

环境因素在个体的智力发展中具有重要意义，它影响和制约着个体智力发展的程度。

(1)产前环境即儿童出生前的胎内环境对其出生后的智力发展有重要影响。孕妇的年龄、服用药物情况、饮酒状况、情绪状态以及分娩状况(早产或难产)等因素是影响儿童智力发展的重要产前因素。在分娩的过程中，胎儿头颅由于产钳使用不当而受到严重损伤、胎儿因产程过长而窒息以致严重损害大脑等，都会导致儿童智力低下。孕妇年龄太大、孕妇经常酗酒也会影响儿童的智力。因此，重视产前环境的影响对智力发展具有重要意义。

(2)家庭环境对儿童的智力发展也有显著的影响。萨莫诺夫等人在对4～13岁儿童的智力与家庭因素关系的研究中发现：儿童的智力与母亲的教养方式、信仰、焦虑程度、心理健康状况、受教育程度、家庭受社会支持的多寡和主要生活压力事件等因素相关。巴德雷和卡罗德尉认为，儿童学龄前的家庭环境对智力发展很关键。他们发现智力测验获得高分与下面的因素有关：主要抚养人的情绪和言语应答及其与孩子的密切程度；儿童对约束和惩罚的回避；物理环境的布置和活动的安排；合适的娱乐材料的提供；日常刺激的变化。有研究表明，当一些儿童在幼儿时期离开母亲，或得不到母亲的爱抚，智力发展就缓慢。如大多数离开母亲被收养在孤儿院的幼儿，智力发展显著地落后于一般儿童。相反，有实验表明，孤儿院的一些幼儿被交给一些妇女单独抚养，尽管这些妇女本身智力并不高，但这些儿童在她们的教养下，智力有了较大提高，在9个月后，他们的智商平均上升了32。

(3)学校教育是影响儿童智力发展的另一个重要因素。最直接的证据来自上学儿童和不上学儿童在智力测验分数上的显著差异。瑟西研究发现，同龄儿童在校时间越长，其智力测验分数越高；断断续续上学的儿童比一直在校的儿童智力水平低。学校教育是促进儿童智力发展的重要途径。

(4)个体的主观努力和实践活动也是影响儿童智力发展不可忽视的因素。在相同的环境和教育条件下，有人智力发展较好，有人智力发展较差，除了先天素质差异外，还与人的主观努力和实践活动密不可分。智力的发展离不开人的主观努力。一个人勤奋、努力、好学、有广泛的兴趣和强烈的求知欲，智力就会得到更好的发展。俄国杰出的化学家门捷列夫说得好："终身努力，便成天才。"人的智力是在社会实践活动中形成和发展起来的，离开实践活动，即使有良好的先天素质、环境和教育，智力也难以发展。

总之，遗传因素是智力发展的生物前提，它为智力的发展提供了可能性，而环境、教育、个体实践及主观努力等后天因素则决定了智力发展的现实性。

五、智力的开发

个体的智力发展受遗传、环境和教育因素的影响，遗传因素规定了智力发展的可能范围，而环境和教育因素则决定了智力发展的程度。如何通过良好的教育和环境使学生智力发展的可能性成为现实性，是当今教育面临的一个重要课题。

(一)早期教育与智力开发

早期教育是对婴幼儿早期阶段的发展实施的一种全面教育，是按照婴幼儿身心发展的规律与特点进行科学的启蒙教育。人的神经系统在出生后头4年内获得迅速发展，这为儿童智力早期的迅速发展提供了物质基础。人的智力发展速度是不均衡的，四五岁前是人的智力发展的快速时期，如果在这一时期能够给儿童丰富的环境刺激，针对儿童的年龄特点实施特殊教育，对儿童智力的开发、良好行为习惯和个性品质的形成具有重要意义。许多早期干预的实验研究结果显示，在早期对儿童实施特定教育方案的实验组儿童比不施加任何特殊教育措施的控制组的儿童智力发展水平更高，早期干预对儿童的智力发展有明显的促进作用。

儿童的早期教育问题已引起广大教育工作者和家长的普遍关注和重视。但如何实施早期教育，却存在许多值得探讨的问题。

实施早期教育应特别注意以下几个方面的问题：①为儿童创设良好的智力环境，儿童的成长最关键的是有一个充满各种信息刺激的环境，让儿童自行探索，以利于促进大脑的发育和思维的发展。②鼓励和激发儿童的好奇心与兴趣，好奇心和兴趣是儿童主动学习的动力，激发幼儿对大千世界的兴趣，是促进幼儿智力发展的前提。③为儿童创造一种民主、温暖、安全和鼓励的心理环境。因为良好的心理环境是儿童智力发展的外部条件，它影响着智力活动的情绪和成效。④要根据儿童身心发展的特点，采用相应的教育措施，其难度和速度应遵循循序渐进、量力而行的原则，注意避免低估儿童智力发展潜能和高估儿童智力发展潜能并对儿童智力开发提出过高要求的两种倾向。总之，对儿童的早期智力开发不是简单地传授知识和技能，更重要的是向儿童提供丰富的智力刺激以促进儿童言语能力、想象力、观察力等认知能力的发展；在开发智力的同时，也应重视儿童情感、意志、性格等非智力因素的培养，因为良好的非智力因素也能有效促进智力的发展。

（二）学科教学与智力开发

受传统智力理论的影响，长期以来，我国学校教育只重视学生言语和逻辑—数学智力的培养，而较少关注学生其他智力的发展，导致教学内容、教学方法和评价标准、手段过于单一化。现代智力理论强调人的智力是多元化的。因此，学校向学生展示的智力领域应该是全方位的，课堂中基本知识的教学应涉及多个智力领域，从不同角度、通过不同的教学活动帮助学生解题和学习，充分调动学生多方面的智力潜能。不同的智力领域都有自己独特的发展过程并使用不同符号系统，教师的教学方法和手段应灵活多样，为学生学习某个主题提供不同的切入点。教师解释或教授某个主题的方式越多，学生的理解也就越深刻。同时，教师对学生的指导应该多样化，通过组织各种教学活动来发展学生的多种智力。

学校的评价标准、评价方式也应当多元化。传统教育倾向于用单一学业考试成绩来评价学生，这种评价方法不利于学生智力的全面发展。根据现代多元智力理论，个体智力的表现形式是多样化的，评价学生的标准和方式也应该是多元化的。对学生的智力评价应从智力的各个方面，通过多种渠道，采用多种形式，在不同的生活和学习情境中进行。对学生的评价不仅要注重对学习结果的评价，更要注重对学习过程的评价。

学生的智力存在差异是客观存在的，在教学中应充分考虑学生的智力差异，因材施教。教育应努力确保每个学生能最大限度地发挥其智力潜能。个别化教育是一种十分重视个别差异的教学方式，强调在可能的范围内发展不同的教学方式，使具有不同智力的学生都能受到同样好的教育。不同的人在不同智力上的表现是不同的，每个都有自己最擅长的智力领域，在这一智力领域中会表现得更好。教师应根据教育对象的不同智力特点，采取有效的策略，创设各种教学手段和方法。

（三）元认知能力的培养与智力开发

自美国心理学家弗拉维尔 1976 年首次提出元认知概念后，元认知便日益成为教育心理学关注的热点，当代智力心理学家视它为智力的核心成分。

元认知对智力开发的作用主要表现为对认知活动的监控和对认识过程的反思上，它使学生在获取知识经验的过程中，不仅“知其然”，更重要的是“知其所以然”。现代许多心理学家认为，元认知的培养对于智力开发具有重要作用，应成为开发学生智力的一个重要突破口。因此，在教育中应特别重视学生元认知能力的训练和培养。我国一些学者结合国外的研究提出了促进学生元认知能力提高的一些教学措施：

(1)让学生每天记学习日记。记学习日记可以促使学生理清自己头脑中的想法，有助于学生主动地控制自己的学习，使学生的注意从学习结果转移到对学习过程的认识。学习日记的内容可包括：学习内容；有关知识及知识点之间的联系，自己反复思考仍不清楚的问题；将一些容易混淆的概念列表对照，并自己举例说明。

(2)大声思维法。教师在对待陌生的任务与学习情境时可运用“大声思维法”这一有效策略，还可在假设自己的理解发生困难时，设想补救措施，同时用语言将思维过程展现给学生。教师运用元认知的榜样，能有意识地影响学生的元认知。有时教师以故意出错诱使学生“步步陷入”，以后又使学生“恍然大悟”、“后悔莫及”，让学生由此体验到认知活动中自我调节与自我控制的重要性与必要性。教师还可促使全班同学相互注意其元认知活动，如在布置一个作业或提出一个问题以后，让全体学生都来讨论这些问题的难度，完成目标，阐述一系列的步骤以及设计对结果的如何评价。这种讨论的目的在于强调学习的过程而不仅仅是结果，有助于学生加强对自身的学习过程的认识、调节与监控。

(3)指导学生如何提问及怎样思考。教师经常会发现有些学生不假思索地迅速完成了作业，其目的仅在于“做完”，而这些作业通常错误百出。通过培养学生自我质疑的精神，学生可以形成自我检查的习惯及能力。指导学生自我提问时，教师可鼓励学生在读完或听完作业内容与要求后自己对自己提出一些问题。如“我知道做什么吗”、“我能再说一遍指示语吗”等。当学生弄不懂问题时，教师可以减少重复指导的次数，而让学生自己重新阅读或复习相似作业的例子，整理出作业中的有关解题线索。指导学生怎样进行思考，也可促进学生对自己的认识过程进行监控与调节。具体步骤如下：等一等(认识到你已有的问题并对其做出描述)；想一想(产生这一问题的原因)；找一找(解决这一问题可采用的方法)；看一看(原先的问题是否得到部分解决或完全解决)；做一做(记录解决问题的经过，并决定以后怎样做)。

(4)指导学生评估自己的理解力。要使学生对自己的认知活动加以监控、调节，对认知活动的结果加以设想和预估，并及时改正错误，从中获益。教师还应指导学生评估自己的理解力，如提供不同数量、不同种类的知识，使学生对自己的理解程度进行评价等。例如，“这一点我理解得对吗”、“这句话除了字面上的意思外，还有没有深层次的含义呢”。

(5)经常给学生提供反馈的机会。教师应尽量创设一个师生之间、学生之间良好互动的环境，在其中每个学生都可以评价他人，也可以被其他学生所评价；更重要的是，教师还应有意识地帮助和引导学生将以教师为主导的外部反馈转化为学生对自己的内部反馈，并逐渐成为一种良好的学习习惯。如学生有时意识不到自己对某些问题没有弄懂，教师可以先提醒他们可能遗漏了某些重要方面，而不必急于指出学生的错误；也可让某些学生代替教师向另一些学生提供反馈，这样学生更容易理解和接受等。

(6)要求学生意识到与学习效果有关的四个因素，这四个因素是：所学材料的性质特点，学习者当前的知识与技能水平，学习者当前的心理状态，检验学习效果的标准与形式。

(四)几种主要智力训练方法

1. 思维器官(认识器官)训练

这是一种基于人脑的研究成果,把体力练习同人脑机能的相应脑区的功能加以锻炼的方法。例如,研究表明,小脑的发展水平与智力的发展有一定的关系,而小脑又是主管平衡的,因此学者设计了如单腿独立等方式来锻炼小脑,发展智力。又如,右脑是主管形象思维和创造思维的,有些学者提出用左手画图、左手写字的办法来锻炼右脑,因为右脑同时负责控制左手。美国加州大学教授培蒂·爱德华提出了用倒画的办法使大脑从左脑方式转化为右脑方式,并编写了教材。日本和德国还将幼儿在空中丢抛,以锻炼幼儿的脑平衡。

2. 阅读训练

阅读是锻炼思维极为有效的方法。国外在阅读思维训练方面进行了大量的尝试。其中包括对读物的语言技巧训练、对读物的理解与评价性训练、对读物的文体结构把握训练和创造性阅读训练。

3. 表达训练

用说和写的形式把我们的思想表达出来比单纯的思维要有用得多。我们的思想经口头或书面的形式表达之后,我们自己和他人就能对这种思想进行分析和评价,即对思维进行反思。对思维的反思能发展我们的思维,从而使之更加敏锐和完善。因此,国外非常注重对学生的说话训练和写作训练。

(1)说话训练。除了培训口齿清楚等发言技巧外,更重要的是用清楚的口头语言表达清楚的思想。国外学者认为主要的口头表达能力有以下几种:有重点地按顺序讲述的能力,为达到一定目的而同别人进行对话交流的能力(训练的方式是采访,要求学生精心设计采访的程序和采访所用的形式),培养迅速做出反应和在不同场合恰当地说话的能力。

(2)写作训练。在国外,作文教学的目的并不是看文章如何,而是重视培养学生的思维能力,而思维能力的培养不是抽象进行的,它同写作技能的训练结合在一起。因此,国外写作能力的训练力求按照学生的认识规律,更新组合成便于学生进行实践的训练体系。

4. 推理能力训练

巴特勒认为,所有的思维活动不外是下列三种"缺口填补"方法,方法之一:插入(把逻辑顺序中缺少的信息填补进去)、推断(扩展不完全的论据,得出结论)或重新解释(重新安排论据,做出新的解释)。其中推断的思维最有代表性,它经常出现在实验科学、日常生活以及艺术创造中。因此,国外很重视推断思维的训练,主要训练方案有以下几种:

(1)儿童哲学思维训练。该训练方式由美国学者利伯曼提出,主要是通过阅读专门的小说或文章来进行。这些材料中详细地描述了主人公遇到问题时的思维过程,描述了问题情境。阅读时在有意无意之间就向学生讲授了思维的方法,使学生领会了思维技巧。教材中蕴含的思维技巧主要有概念的形成、因果关系、推理方法、类比方法、逻辑上的一致与矛盾等。

(2)问题解决和理解法。这是一种分析推理的短期课程,由惠姆贝和洛克黑德提出。这一课程力求发展学生良好的问题解决技能,它强调出声思考和伙伴合作解决问题法。这种方法由两名学生轮流搭档作为问题的解决者和聆听者,一人在分析和解决问题的过程中边思考边将所想内容说出来，另一人帮助他反馈所采用的技能。

5. 工具性强化训练

该训练由以色列心理学家符尔斯坦于20世纪70年代提出，因其在解决学习障碍学生行为上的显著作用而备受重视，被认为开创了认识和干预学习障碍的新方法。符尔斯坦认为个体的问题解决过程包括信息输入、操作及输出三个阶段，在任何阶段发生问题都会导致学习障碍。而改善学习障碍儿童的学习效果及问题解决能力就要改进学习障碍儿童的认知策略或手段。该方案除了精心设计的教材外，还强调由训练有素的教师来指导学习障碍儿童形成良好的策略。在教学中，教师通过联系儿童的个人经验、当前所面临的问题与可能用到的策略来分析目标策略的特点，引导学生理解目标策略在当前情境与今后类似情境中都可能是有效的，今后可以有效地运用。在“工具性强化”方案中，教师在各个环节上均起着重要的指导作用。

第二节　创造力

正是人类的创造力改变了我们生存的世界。在这个讲求创造的时代，一个好的教师不仅要传播知识，更要培养学生的创造力。

一、创造力及其构成

(一)创造力的定义

关于创造力的定义，心理学界存在着多种观点。目前国内比较流行的是从创造力的结果入手，把创造力定义为：人们根据一定的目的，运用已知的信息，产生出某种新颖、独特、有社会或个人价值的产品的能力。

这里的“产物”是指以某种形式存在的思维成果。它可以是一种新设想、新理论，也可以是新产品、新技术。新颖性和价值性是创造力的两个重要特征。前者是指与众不同的或前所未有的，而后者则是指产品对社会或个人是有一定价值的。新颖性必须以价值性为前提，没有价值的新颖性是毫无意义的。同样，价值性也必须以新颖性为依托，没有新颖性只有价值性的产物不能称之为创造产物。

(二)创造力的构成

创造力包括创造性思维与创造性人格两大方面。

1. 创造性思维

创造性思维不是一种独立的思维方式，而是多种思维成分综合而成的一种思维活动，其中，既有集中思维又有发散思维，既有形象思维也有抽象思维，既有分析思维也有直觉思维。可以说，只要是为了寻求新答案的思维活动都可以被看作创造性思维。

首先，创造性思维活动是发散思维和聚合思维的统一。相比而言，发散思维是创造性思维的核心，心理学家吉尔福特认为发散思维水平可以从三个指标来衡量：①流畅性，是指发散的数量，它表现了思维的开阔性。思路开阔的人，能够打破思维定势的束缚，在一定的时间里，头脑中能够涌现出更多的观念。②变通性，是指能变换角度思考问题，它表现了思维的灵活性。创造力高的人，其思维的变通性较强，他们在解决问题时往往能触类旁通，举一反三。③独特性，是指发散的新奇成分，能提出与众不同、独特新颖的见解。独特性是发散思维的最终目的，流畅性与变通性都是达到独特性的手段。

其次，直觉思维是指个体面临新问题、新事物或现象时，能迅速理解并做出整体判断的思维过程。它具有直接性、快速性和跳跃性等特点。创造性思维常以直觉思维的形式表现出来。直觉思维在创造性活动中具有重要作用。爱因斯坦说，在科学研究中，“真正可贵的因素是直觉”。直觉常常是创造发明的先导，可以帮助个体在有关事实和证据不十分充分的情况下，极大地缩小思维的范围，确立思考的方向，并能够做出预见和提出新假设。

再次，形象思维、想象（尤其是创造想象）在创造性思维中发挥着重要作用。它们都是人们拓展思路，寻求思维的流畅、变通的具体手段。

最后，创造往往来自突然出现的灵感。一般说来，在灵感产生之前，个体都要经过长期不懈的殚思竭虑。围绕着创造目标不仅进行大量的显意识思维，而且还有过大量的潜意识思维。个体在长期紧张的思考之后，有意识地放松自己的思想，容易产生灵感。当然，灵感本身不等于创造，还需要捕获灵感，并进一步深入研究，才能将灵感转化成创造性成果。

发散思维、直觉思维、形象思维、想象、灵感等，它们不必遵循严格的形式逻辑规则，因此又被统称为“非逻辑思维”。而聚合思维、分析思维都属于逻辑思维。创造性思维一般包括发现问题、分析问题、提出假设、验证假设四个阶段。在发现问题、提出假设阶段，一般需要更多地运用非逻辑思维，因为这类思维具有更强的灵活性，有利于打开思路、产生新观念。但这类思维的严谨性不足，难以确定其结论的科学性与合理性，因此，在分析问题和验证假设阶段，需要更多地运用逻辑思维，以保障创造性成果的科学性与合理性。

2. 创造性人格

许多研究表明，富有创造力的人具有一些鲜明的共同的人格特征，被称为创造性人格。国内外关于创造性人格特征有不少的研究成果，虽然结论不完全一致，但具有好奇心、自信心、独立性、敢于怀疑和批判性、敢于尝试和冒险、不怕失败等特征却是共同的。

吉尔福特等人将富有创造性的人格特征概括为以下几个方面：①有高度的自觉性与独立性，不与他人雷同。②有旺盛的求知欲。③有强烈的好奇心，对事物运动的机理有深究的动机。④知识面广，善于观察。⑤工作中讲求条理性、准确性与严格性。⑥有丰富的想象力、直觉敏锐、喜好抽象思维，对智力活动与游戏有广泛的兴趣。⑦富有幽默感，表现出卓越的文艺天赋。⑧意志品质出众，能排除外界干扰，长时间地专注于某个感兴趣的问题之中。

二、创造力测验

创造力测验的内容不强调对现成知识的记忆和理解，而是强调思维的变通性、流畅性和异乎寻常的独特性，测验的结果主要反映个人的发散式思维能力。

许多研究表明，智商与创造力分数之间的相关是低的，但是正的。也有研究认为智商与创造力之间的相关高低是由创造力测验的性质而定的，某种创造力可能要求较高的智力，而另一些创造力又可能与智力相关不高。尽管在智力和创造力的相关上还有不同的看法，但比较一致的意见是，高智商并不能保证高度的创造性，而低智商的人肯定只能得到创造力的低分数。相当数量的智力(一般认为最低阈限智商约为 120)对于从事文化教育、科学技术或艺术上的创造革新是必要的。

1962 年，盖茨尔斯和杰克逊设计了一套创造力测验，主要包括如下五个分测验：

(1)词汇联想测验。如让被试对“螺钉”、“口袋”之类十分普通的单词，说出尽可能多、尽可能新颖的定义。以定义的数目、类别、新颖性等进行评分。

(2)物体用途测验。如让被试对“砖”之类的普通物品，说出尽可能多的用途。根据说出用途的种类及独创性进行评分。

(3)隐蔽图形测验。给被试看一张印有各种隐蔽图形的卡片，让被试者找出这些图形。根据所找图形的复杂性和隐蔽性进行评分。

(4)寓言解释测验。给被试呈现几个短寓言，但却缺少结尾，要求被试对每个寓言都做出三种不同的结尾：“有教育意义的”、“幽默的”和“悲伤的”。根据结尾的数目、恰当性和独创性进行评分。

(5)组成问题测验。给被试几节短文，让其用所给的材料尽量组成多种数学问题。根据问题的数目、恰当性、复杂性及独创性进行评分。

例如，在物体用途测验中，对“砖”的用途，甲生的回答是：可以造房子、造墙、造炮楼、铺路等；乙生的回答是：除了造房子、铺路外，可以用来抵门、做烟灰盆、当蜡烛台，甚至必要时当作武器打击敌人。主试对两生的回答进行分析，就可以看出，甲生没有什么创造力，因为他想到的都是平常的用途——“建筑”；乙生有创造力，因为他所想到的用途不仅种类多而且新颖，有独创性。

拓展阅读 6-4

创造力测验题目举例

心理学界还有多种创造力测验。下面是各种创造力测验中所用项目的一些例子。

(1)独创性。例如，一场罕见的风暴将小镇上一座电视传送塔摧毁了。这座电视塔建在小镇的一块平地上，周围没有高大建筑物。它的高度为 100 米，能为一个大的农业社区服务，现在当局准备重建一座新塔来恢复这项服务。在新塔建成之前，你觉得有什么暂时性的解决办法？

(2)不寻常用途。如对下列物品，把你能想到的用途尽量地说出来。

A. 牙签　　B. 砖　　C. 曲别针

(3)后果推测。如果国家和地方的法律都突然被废止，请你想象一切可能发生的事情。

(4)故事结尾。一条淘气的狗过去常常悄悄地走在行人的脚后，然后突然咬他们。狗的主人只好将一个铃子系在它的颈上，这样无论它走到哪儿，都会发出响声。这条狗想这真是太好了，于是很骄傲地响着叮当声走遍了全城。但是，一条老狗说……

(5)图案的意思。要求被试说出所给图中每个图案可能想象出的一切事物。

(6)改进产品。向被试呈现一些物品如儿童玩具或被试的特定职业要用的器具，然后让被试提出对他们的改进建议。

(7)非直接联想。让被试给出第四个词并使之与下列每组中三个词有联系：

A. 老鼠—蓝色—农舍小屋　　B. 轮子—电—高

C. 外面—狗—猫　　D. 惊奇—线—生日

(8)词的联想。要求被试对下列的每一个词写出尽可能多的意思：

A. 母鸭　　B. 布袋　　C. 投掷　　D. 公平的

三、影响创造力的因素

人的创造力受多种因素影响。心理学家斯腾伯格和洛巴特在他人和自己许多研究的基础上提出了具有代表性的“创造力的多因素理论”。该理论认为，个体的创造力能否充分发挥，受以下六个方面因素的影响。

(一)智力

它是创造力充分发挥的必要条件，影响个体对问题情景的感知、表征以及选择解决问题的策略等过程，即影响信息的输入、转译、加工和输出过程。智力在创造力中起到三个关键作用：综合、分析、实践。我们需要运用智力去洞察信息的加工过程，以一个新的角度看待问题。能够把旧的知识和理论以新的方式结合，是创造力发展的关键步骤。个体必须在大多数人还没有意识到的时候形成或发现一个观念的价值。

(二)知识

即有关的经验体验、知识结构，不管是对问题分析、推理还是联想都离不开原有的知识经验，但知识经验的量的多少并不足以决定创造性思维的水平，对知识理解的深度以及知识经验的组织方式对创造性具有重要影响。只有在知识经验之间建立了丰富的联系，形成了良好的知识结构，学习者获得的知识才是灵活的，才可以广泛地迁移应用。只有“活”的知识才有助于学习者以新颖的方式理解和解决问题，“死”的知识反而会束缚学习者的思维。

(三)认知风格

认知风格是人类对信息和经验进行组织和加工时所表现出来的一贯和持久的倾向和特征。斯腾伯格和洛巴特认为认知风格有三种：立法式认知风格(即乐于建立自己的规则和善于解决非预知的问题)、执行式认知风格(偏向于用现成的规则解决具有形成结构的问题)和司法式认知风格(用判断、分析和批判倾向看待事物，乐于对规则和程序做出评价，对现有的结构作出判断，从而来检验自己和他人的行为)。创造型个体常常具有立法式认知风格。

(四)人格特征

人格可以被看作一个人与环境交互作用的方式。个体的人格特征对创造力的发挥有着重要影响，其中对模糊的容忍力、冒险性、毅力和坚持性以及成长的愿望和自尊至关重要。正如科乐思系统的发明者，他也曾被玩具公司拒聘，而如今科乐思已被认为是玩具市场上最具想象力的设计。他将自己的成功归于自己倔强的个性，这种个性让他承受住巨大的挫折。

（五）动机

动机是驱使个体从事创造性活动的动力。要超越潜能真正地表现出创造力，个体需要动机，需要目标明确。对于创造性工作而言，外部动机和内部动机都很重要，因为它能使个人全力以赴。但是也有研究认为，外在动机会妨害个体的创造力。

（六）环境

环境既可以激发一个人的创造力，也可以抑制创造力的发挥。大量的研究发现，过于严格、过于要求服从的家庭教养方式不利于儿童创造性的发展。对子女的教育采用适当辅导策略，气氛民主的家庭环境有利于孩子创造性的培养。过于强调纪律和规范、过于强调唯一标准答案、缺乏自由和开放气氛的学校环境会妨碍学生创造性的发展。如果学校气氛民主，教师不以权威方式管理学生，鼓励学生的自主性，容许学生自行探索，这种环境有利于学生创造性的培养。某些社会文化特征对创造性的发展具有重要影响。如果一个社会过于强调社会规范，因循守旧，个体创造性就会受到抑制。因此，创造一个具有一定开放性和自由性的成长环境，尊重学生的独立性，尊重差异，对创造性培养具有重要意义。

斯腾伯格和洛巴特特别指出，上述六个因素对创造力的作用不是孤立的，而是相互影响、综合发挥作用的。创造力的充分发挥的关键是这些因素的投入和它们之间的凝聚方式，这六个因素必须经有效聚合后才能产生出高创造力来。

四、创造力的培养

个体的创造力除小部分受遗传因素影响外，主要取决于后天的开发和培养。家庭、学校和社会因素对人的创造力的发展均有影响。作为教育的主渠道，学校应如何开发学生的创造力？

（一）营造创造的环境

学校是学生获取知识的主要场所，课堂环境直接影响学生的创新意识和创新能力。传统教育强调学生对经典的接受，而不鼓励学生怀疑或超越经典。对权威的认同、对书本知识的接受成了学校教学的主要任务，学生的个性和创造潜能常常被忽视。在这种压抑的课堂环境中学习，要求学生有创造力是徒然的。

如何营造一个有利于培养学生创造力的教与学的环境？我们认为，应该树立两个最基本的理念：

（1）教学要以创新为目的。在知识经济时代，经济的竞争力来源于科技的竞争力，科技的竞争力来源于人才的竞争力，而人才的核心内涵是创新。学校教育应以创新为目的。要实施创新教育，就必须彻底改变传统的教育理念，从注重传承性教育转到注重创新性教育。传统教学以接受教材知识为目的。事实上，教材只提供一个相对的真理，并未穷尽知识，甚至还可能包含错误；教材只是为学生提供一个基本的知识平台，并未终止知识的增长。超越教材就是对教材的不足或缺陷提出批评，对教材的观点提出不同的意见，学生在教材这个跳板上，上升到更高的知识境界。学生通过教育，又不局限于教材，在学习教材的过程中，有所发现、有所创造，这便是创新教育的教材观。

(2)教学要以学生为主体。在素质教育中,教师的职责是把学生培养成全面发展的、有创造力的人。因此,就要充分尊重学生的独特思想,允许思想的多样性;就要彻底放弃传统的师道尊严的角色习惯,与学生建立朋友式的良好关系;就要把课堂还给学生,改变传统的教师独角戏;教学方法要灵活多样,富有启发性;要注重培养学生的问题意识。为了激发学生的创造力,必须给学生营造一种心理自由和心理安全的教学环境。人本主义心理学家罗杰斯认为心理自由、心理安全是个体创造力得以发挥的先决条件。所谓心理自由,就是尽量减少对学生无谓的限制,让学生有充分表达自己观点的自由。所谓心理安全,就是创造一种批评较少的学习环境,消除学生的顾虑,获得心理上的安全感。在宽松、自由的环境中,学生有了更多表达、感知、思维的自由,也就必定有创造的火花闪现。

(二)加强创造性思维方式和创造技法的训练和培养

传统教育注重学生聚合思维、逻辑思维的培养,忽视发散思维、侧向思维、直觉思维的培养,阻碍了学生创造力的发展。因此,在教学中,教师应特别注重学生发散思维、横向思维、直觉思维的培养。

培养发散思维应从培养思维的流畅性、变通性和独特性这三个方面入手。在教学过程中,教师要尽可能为学生提供发散思维的机会,善于启发学生从不同角度去思考问题,鼓励学生对问题提出尽可能多的解题设想和方法,开阔思路,逐步养成学生多方向、多角度认识问题和解决问题的习惯。此外,还要特别注意引导学生克服和破除认识上的各种功能固着和思维定势等。

培养横向思维的重要途径是对学生进行联想和类比推理的训练。教师应鼓励和引导学生根据联想的法则(如相似、对比、接近等)进行积极联想。联想能够克服两个概念在意义上的差距而把它们联结起来,因而往往能够发现某些事物的相同因素或某种联系,揭示出事物的本质。通过联想训练可以触类旁通,开阔学生解决问题的思路,活化所学的知识。

拓展阅读 6-5

横向思维训练

横向思维的智力开发理论是英国剑桥大学的波诺教授提出的。他认为,智力的高低不是由学习好坏来决定的。其实智力只是一种潜在能力,它必须加上头脑的思考能力,即思考的技巧,才能充分发挥出来。横向思维就是关于思考的技巧。

波诺认为横向思维的含义包括:①横向思维是与创造紧密联系的,但是创造常常只是对结果的描述,而横向思维却是对过程的描述。②横向思维与新观念的生成相联系。③横向思维也是与打破旧观念的思想束缚相联系的。波诺根据他的横向思维理论设计了由6部分组成的智力开发计划,又称柯尔特思维训练教程,每部分都针对思维的某一方面,每个部分由10课组成。

(1) 拓宽,帮助个体发展一些能用来广泛考察思维情境的工具和习惯。

(2) 组织,教个体如何有组织、有系统地处理思维情境。

(3) 交互,关于有争议和引起讨论的情境。

(4) 创造力,关于创造性思维的,包括横向思维的几个要素。

(5) 信息与情感,关于思维中信息和感觉的安置。

(6) 行动,是有关执行行动的计划和构想,这个计划是把前面所讲的训练内容融合成一套有效的思维步骤。

波诺教授开发智力的横向思维训练方法,最早在委内瑞拉的小学四、五、六年级共120万人中进行了实验,效果非常显著。近年来,这一方法已在美国、澳大利亚、新西兰、加拿大、西班牙、马耳他和尼日利亚等国5000所学校进行,效果比较理想。

要培养学生的直觉思维,教师就要引导学生善于从整体上把握事物;在学习中,让学生尽可能多地获得解决问题的经验,在解决问题中简缩思维过程;要鼓励学生大胆地猜想和假设;鼓励学生快速思考,即兴回答问题;引导学生在学习过程中进行类比联想,用形象化的方式思考问题。

此外,教师还应重视学生进行创造技法的训练。随着创造力日益受到重视,许多用于训练创造力的技术和方法(即创造技法)孕育而生。目前创造技法种类繁多,如智慧激励法、分析借鉴法、触类旁通法、聚焦发明法、特征列举法、检验表格法、综合分析法、未来预测法、信息交合法等。下面着重介绍两种常用的创造技法:

(1)头脑风暴法是产生创造性观念的一种重要方法。它是由美国创造学的奠基人奥斯本创立的。这种方法是借助团体的力量,以专题讨论会的形式,通过无拘无束、自由奔放的发散思维进行思维共振,互相启发、激励,使创造性设想或构思产生连锁反应。头脑风暴法可以促进联想和创造性想象,激发灵感,从而产生大量创造性解题设想。采用头脑风暴法应遵循四条基本原则:①禁止批评,延迟评价。评价必须在所有的想法出来之后再进行。②提倡自由奔放的思考,充分发表自己的看法。③追求数量,鼓励创新。④提倡对他人的设想进行组合和重建以求改善。

(2)产生创造性观念或产品的另一种重要方法是特征列表法。该方法是由美国创造学家克劳福得提出的。它是一种简单易行的创造发明的方法,特别适用于具体事物的创造发明和革新。这种方法是把某一产品的几个关键特征一一列出,而后考虑对每个特征可以作什么改动,或怎样结合起来形成一种新产品,最后,从产生出的众多设想中,通过检验、评价,挑选出最佳的行之有效的设想。

拓展阅读 6-6

教学中的发散思维训练

1. 思维流畅性训练

(1)用词的流畅性训练。例如,在平时或上课时对学生提出要求:在一定时间内说出尽可能多的含有规定的字母或字母组合的词来,并提供范例进行训练。

(2)联想的流畅性训练。例如,在平时或上课时对学生提出要求:在限定时间内对一个指定的词说出尽可能多的意思及其同义词或反义词,并提供范例进行训练。

(3)观念的流畅性训练。例如,要求学生在限定的时间内提出尽可能多的满足一定要求的观念,即提出尽可能多的解决问题的答案。

2. 思维变通性训练

(1)物体功能变通性训练。例如,要求学生在一定时间内对普通物体如桌子、木块等提出尽可能多的用途来。

(2)远距离联想变通性训练。例如,要求学生在表面看似不存在联系的事物间建立新联系,用几个关键词将它们联系起来。如“月亮与饭”,可表达为:月亮—石头—锅灶—饭。

(3)问题解决变通性训练。例如,要求学生解决一系列问题,而其中每个问题的解决都需要运用一个不同的策略,从而增强思维灵活性的意识。

3. 思维的独特性训练

(1)命题独特性训练。例如,要求学生对一段故事情节给出一个适当的又富有新意的题目,并且越有新意越好。

(2)后果推测独特性训练。例如,给出一些独特性的事情,如“如果国家和地方的法律都突然被废止”、“在宇宙飞船上分娩”等,让学生想象可能会发生什么事。

(3)故事结尾独特性训练。例如,给出一些短的故事或寓言,但缺少结尾,要求学生写出独特性的结尾来完成这些故事或寓言。

(三)重视创造性人格的培养

创造性人格与个体的创造力水平有密切的关系。在讲求创造的今天,学校应特别重视学生创造性人格的培养。兴趣广泛、有强烈的好奇心、勇于冒险和挑战、敢于怀疑、富有批判性、独立、自信、坚毅、勤奋、幽默等是重要的创造性人格特征。由于传统教育不重视学生怀疑批判精神的培养,造成学生在这方面的不足。因此,学校教育尤其要重视学生怀疑批判精神的培养。教师要给学生提供更多独立思考和解决问题的机会,注意培养学生尊重不同观点和意见的态度以及敢于向传统、习惯、权威提出挑战的精神。来自教师权威的压力往往会使学生自信心降低,批判精神不敢张扬,为此要特别注意克服教师权威的消极作用。

(四)开展丰富多彩的课外活动,激发创造灵感

课外活动是培养全面发展的人才的不可缺少的途径,是课堂教学的必要补充,是丰富学生精神生活的重要组成部分。课外活动内容和形式灵活多样,没有课堂教学上那种紧张、压抑的气氛,常受到学生的喜欢,容易激发学生的兴趣。课外活动具有很强的实践性,学生有直接动手的机会,往往能积极主动探索和思考各种问题,并有所发现。学校可以开展形式多样的课外活动,如办报纸、创画刊、出诗集、设计各种模型与产品、制教具、撰写科技小论文,举办各类艺术节、科技节,拓展学生创造力发展的空间。在各种课外活动中,学生通过查阅资料、观察、思考、设计、动手制作和实验等,能更好地激发创造灵感,发展创造力。

复习思考题

1. 你是如何理解智力的含义的?
2. 简述加德纳的多元智力理论。
3. 常见的智力测验工具有哪些?
4. 在使用智力测验时应注意什么?
5. 试述智力发展的一般特点。
6. 试述影响智力发展的因素。
7. 试述智力开发的内容与主要方法。
8. 什么是创造力?创造力的构成因素有哪些?
9. 发散思维的衡量指标是什么?
10. 影响创造力的因素是什么?
11. 如何培养创造力?从你自身的经历出发,你觉得在创造力的培养方面,我们当前的教育可以进行哪些尝试与改革?

参考文献

1. 林崇德,辛涛. 智力的培养[M]. 杭州:浙江人民出版社,1996.
2. 郑日昌. 心理测验与评估[M]. 北京:高等教育出版社,2007.
3. 白学军. 智力心理学的研究进展[M]. 杭州:浙江人民出版社,1996.
4. 白学军. 智力发展心理学[M]. 合肥:安徽教育出版社,2004.
5. [美]斯滕博格. 智慧智力创造力[M]. 王利群,译. 北京:北京理工大学出版社,2007.
6. [美]加德纳. 多元智能[M]. 沈致隆,译. 北京:新华出版社,1999.
7. 竺培梁. 智力心理学探新[M]. 合肥:中国科学技术大学出版社,2006.
8. 陈龙安. 创造性思维与教学[M]. 北京:中国轻工业出版社,1999.

第七章　发展心理

【内容提要】

本章内容分心理发展概述、心理发展理论、小学生心理发展和中学生心理发展四节内容。本章内容构成了发展心理学的主要知识框架。

心理发展概述包括：心理发展阶段、心理发展的一般规律、影响心理发展的因素等方面内容。

心理发展理论包括：毕生发展观、皮亚杰心理发展理论、埃里克森心理发展理论和维果茨基心理发展理论。

小学生心理发展包括：小学生认知的发展、小学生情绪情感的发展、小学生个性和社会发展等方面。

中学生心理发展包括：中学生认知的发展、中学生情绪情感的发展、中学生个性和社会性发展等方面。

【学习目标】

本章内容对于师范生将来从事课堂教学工作具有重要的指导意义。具体学习目标是：

1. 理解心理发展的概念、心理发展的阶段和心理发展的一般规律。
2. 了解影响心理发展的因素，并举例说明。
3. 掌握毕生发展观，理解这一观念的内涵。
4. 了解皮亚杰的思维发展阶段理论，并能进行评价。
5. 了解埃里克森的人格发展阶段理论。
6. 理解维果茨基的“最近发展区”理论，并能够举例说明。
7. 掌握小学生心理发展的特点，并能了解相应的教育方法。
8. 掌握中学生心理发展的特点，并能了解相应的教育方法。

【关键词】

心理发展；毕生发展观；自我同一性；最近发展区；早期经验；关键期；自我意识

第一节　心理发展概述

一、心理发展的概念与阶段

(一)心理发展的概念

对于心理发展的问题，在心理学中，一般是从两个方面加以研究的：一是种系的心理发展，指从动物到人类的种系演化过程中心理发生发展的历史；二是个体的心理发展，指个体从出生到成熟再到衰老的过程中心理发生发展的历史。

个体心理发展指个体从受精卵开始到出生、成熟，直至衰老、死亡的生命全程中，心理的发生和发展的变化过程。个体心理发展是一个由量变到质变、持续一生的发展过程。整个生命全程中，个体的心理不是固定不变的，而是处在一个不断发展变化的过程中，是生长和衰退两个对立面的统一。

个体心理发展包括两个大的发展主题：认知发展和社会性发展。前者主要指感觉、知觉、注意、记忆、思维、想象和言语等认知能力的发展，其中思维的发展是认知发展的核心环节；后者主要指自我意识、情绪、动机、兴趣、价值观、人格和道德品质等的发展，其中人格发展是社会性发展的核心环节。

（二）心理发展的阶段

心理发展可以分若干阶段，不同阶段具有不同的心理特征。国内外的学者对儿童心理发展阶段的划分提出了各种不同观点。例如，伯曼以生理发展的特点进行划分，达维多夫以儿童的活动特点进行划分，皮亚杰以智力或思维水平进行划分，弗洛伊德、埃里克森以人格特征进行划分等。不论以何种标准来划分，心理发展的年龄特征总有相当的整体结构性，表现在个体成长过程中主导的生活事件和活动形式、智力与人格发展等方面的特点上，而不是一些无关特征的并列和混合。

根据国内外研究材料，结合我国国情，我国心理学界一般把个体一生的心理发展划分为以下几个阶段：

(1)乳儿期。又称“哺乳期”，1 岁以内。

(2)婴儿期。又称“托儿期”，1 岁至 3 岁。

(3)幼儿期。又称“学龄前期”，3 岁至 6、7 岁。

(4)童年期。又称“学龄初期”，6、7 岁至 11、12 岁。

(5)少年期。又称“学龄中期”，11、12 岁至 14、15 岁。

(6)青年初期。又称“学龄晚期”，14、15 岁至 18 岁。

(7)青年中期。18 岁至 25 岁。

(8)青年晚期。25 岁至 35 岁。

(9)中年期。35 岁至 60 岁。

(10)老年期。60 岁以后。

二、心理发展的一般规律

（一）连续性与阶段性

心理发展是一种连续、渐进的过程，是一个不断地由量变到质变的发展过程。其中，连续性表现在个体整个心理发展是一个逐渐变化的连续性过程，即量变的过程。每一种心理过程、心理特征的发展，都是对先前心理活动的继承与发展。阶段性表现在当某些代表新质要素的量积累到一定程度时，就会取代旧质要素而处于优势的主导地位，表现出一些明显的、可以标志出来的阶段，即质变的过程。例如，思维的发展遵循着从动作思维到形象思维，再到抽象思维的顺序，整个思维的发展既是一个连续的过程，也是分阶段的。

因此，个体心理的发展是连续性与阶段性相统一的过程，它是一种量的积累过程，发展过程中每一质变的转折点，都是在个体长期发展过程中量的积累的结果。每一个发展阶段有意无意地为下一发展阶段做了准备，并且每一发展阶段又是先前经验的结晶。

(二)方向性与顺序性

个体的心理发展在正常条件下，总是具有一定的方向性和顺序性，而且是不可逆，也不可逾越的。比如，个体动作的发展，就遵循由上到下、由近到远、由粗到细的发展规律，每个婴儿都是如此。在儿童思维的发展中同样遵循一定的方向性和顺序性：直觉行动思维、具体形象思维、抽象逻辑思维。因此，根据发展的方向性和顺序性，教育和训练都必须遵循循序渐进的原则。

(三)不平衡性

心理发展的不平衡性主要是指人一生全程的心理发展并不是以相同的速率前进的，而是按不均衡的速率向前推进的。因此，心理发展可以因发展速度、起始时间、达到成熟水平的不同而表现出多样化的发展模式。从总体发展来看，整个发展不是匀速上升，而是呈波浪形向前推进。婴幼儿期是个体心理发展的第一个加速期，儿童期是平稳发展期，青春期出现第二个加速期，然后平稳发展，最后老年期各方面都表现出下降趋势。心理发展的不平衡性一方面表现在不同系统在发展速度、发展起止时间和到达成熟时期的不同进程等方面；另一方面还表现在同一机能系统特性在发展的不同时期有不同的发展速率。比如智力的发展，在儿童期呈上升趋势且发展速度非常快，到青年期达到顶峰，以后随着年龄的增长而缓慢下降。可见，心理发展是不平衡的，在教育中必须遵循适时性原则，不能急于求成、拔苗助长。

(四)个体差异性

人类的心理发展具有普遍的规律性，但与此同时，个体心理发展在进程、内容、水平等方面又具有千差万别的特殊性。各种特殊性统称为心理发展的差异性。世界上没有完全相同的两片叶子，也没有完全相同的两个人，在人类的心理发展中也是如此：有的人聪明早慧，有的人大器晚成；有的人活泼好动，有的人沉默寡言；有的人善于逻辑思维，有的人善于形象思维等，可谓千人千面，各具特色。众多心理学的研究发现，不同的个体在心理发展过程中，其“心理机制、运动系统的活动能力、感觉和知觉的灵敏度、智力、知识范围、学习成绩、兴趣、态度以及其他种种不同的心理特征……都存在着程度不等的差异性”。造成个体心理发展的差异性的原因很多，主要与个体自身的遗传素质、后天生活环境、学习等因素有关。正是由于心理发展的差异性，才构成了多姿多彩的人类世界；也正是由于心理发展的差异性，才要求我们在教育工作中必须因材施教。

三、影响心理发展的因素

(一)遗传因素

遗传因素是指那些与基因联系着的生物有机体内在因素。遗传因素在个体身上体现为遗传素质，主要包括机体的构造、形态、感官和神经系统的特征等通过基因传递的生物特性，而其中最主要的是大脑和神经系统的解剖特点。遗传素质在精子和卵子结合的一刹那就已经决定了，它是心理发展的生物前提。

对动物进行选择性繁殖，可以看到一些遗传效应。屈赖恩依据走迷宫能力的高低将一群最初未加挑选的白鼠分类，选择其中聪明的公鼠与聪明的母鼠配对、繁殖，迟钝的公鼠与迟钝的母鼠配对、繁殖，再对下几代白鼠走迷宫的能力进行考察。这样重复到第七代，聪明组与迟钝组的表现相差极为明显：聪明组白鼠进入盲路（即迷宫中走不通的路）的次数要大大少于迟钝组白鼠。这说明，动物的某些行为能力具有明显的遗传效应，不同遗传素质的白鼠具有截然不同的学习能力。

在人类心理与行为的发展方面，英国心理学家高尔顿坚持以遗传的观点来解释个体差异。他认为遗传在发展中起决定作用，儿童的心理与品性早在生殖细胞的基因中就已经决定了，发展只是这些内在因素的自然展开，环境和教育只起引发作用。高尔顿运用名人家谱调查法，从英国的政治家、法官、军官、文学家、科学家和艺术家等名人中选出 977 人，调查他们的亲属中有多少人成名。结果发现，名人的亲属中有 332 人也同样出名，而对照组中人数相等的普通人的亲属中只有 1 个名人。高尔顿认为，两组群体出名人比率如此悬殊，证明能力受遗传决定。在随后进行的对名人的孩子与教皇的养子进行比较调查还发现，教皇养子成名的比率不如名人之子多，高尔顿认为教皇养子的环境条件与名人之子相仿，因而名人之子成名更多的原因在于遗传而不是环境。

对同卵双生子与异卵双生子或普通兄弟姐妹的比较，是研究遗传对心理发展作用的最有效的途径。同卵双生子是由同一个受精卵分裂而成的两个胚胎，各自发育成的两个个体，两者具有几乎完全相同的遗传特性。因此，同卵双生子所表现出来的心理与行为上的相似性，可以看成遗传对发展所起的作用。同卵双生子若出生后不久便被分开抚养，之后他们之间的差异便被认为是由环境造成的，而他们之间的一致性便被认为由遗传导致的。有人搜集了 95 对这样的双生子案例，结果表明，这些分开抚养的双生子不但在体形、外貌、指纹、发色等生理方面极其相似，而且在性格及智力方面也存在惊人的相似。不过研究者也指出，不同环境所造成的差别也是明显的，因而也承认环境对人具有一定的影响。但从总倾向上看，双生子研究者还是将遗传的作用放在了首要位置。

拓展阅读 7-1

双胞胎的秘密

同卵双胞胎在遗传素质上是相同的，如果他们从小被分开抚养，各自所经历的社会环境便出现差异。如果双方分别长大成人后出现明显的性格差异，说明环境对人的性格影响更大，如果即便在不同环境中长大，双方的性格依然十分相近，那就说明遗传对性格的影响更大。这是研究遗传与环境各自作用的很好个案。

在美国，就有这样一对双胞胎——贝丝和埃米，她们刚出生几个月时就被分开抚养了，有心理学家对她们进行了持续十多年的跟踪研究。其间，她们一直不知道她们是这项研究计划的一部分，甚至不知道自己是双胞胎。

收养埃米的夫妇比较贫穷，埃米的养母情绪易波动，整日局促不安，谈起埃米来就说她很缠人，难伺候。她的丈夫也逐渐同意她的看法。埃米的性格变得越来越内向和胆怯。她夜里做噩梦，尿床，发展成严重的学习障碍。在许多人看来，埃米显然是父母教导无方的牺牲品。如果养父母对埃米多鼓励一些，更慈爱一些，她就不会变成这样一个忧伤不安的孩子。但是，实际上，他们错了。

贝丝的养父母富有而慈善，对贝丝爱护有加，养母谈起贝丝来总是赞不绝口。贝丝在这种优越的家庭环境中长大，但她却与埃米一样烦恼不安，郁郁不乐。她的问题根源在基因里，无论如何总要表现出来。

资料来源：中央电视台．双胞胎的秘密[Z]．2001-08-08．

（二）环境因素

环境因素分为两大类：一类是指生物有机体所共有的维持生存所必需的自然环境，如食物营养、地理气候等；另一类是指人类的社会环境，即个体所处的社会生活条件和教育条件，包括家庭、学校、社会等方面的各种影响。环境是心理发展的现实条件。

1．胎内环境的影响

环境因素对一个人的影响从受精卵形成的那一刻就开始了。子宫，又称为胎内环境，是影响个人成长的最早的环境。孕妇的身体健康状况，接触烟酒、毒品及其他药物的情况，怀孕时的年龄，母亲的情绪状态，以及分娩状况（如早产或难产）等都可能直接或间接地影响胎儿心理的发展。这里我们分析几个主要的胎内环境因素。

（1）母亲的年龄。母亲年龄对胎儿的影响主要指两方面：年龄偏小与年龄偏大。年龄太小（18 岁以下）生育，产出低体重儿、死胎、分娩困难的概率要高于正常孕妇；35 岁以上生育（特别是第一胎），易出现分娩困难和死胎，另外出现唐氏综合征的可能性会大大增加。有数据显示，孕妇年龄超过 35 岁，胎儿患唐氏综合征的概率要比孕妇年龄在 35 岁以下的胎儿至少高出 2 倍。这是由于低龄与高龄孕妇为胎儿提供的胎内环境与正常孕妇相比，通常有些劣势所致。

（2）母亲服药。药物对成长中的胚胎或胎儿会有潜在的影响，其作用的大小往往视使用的剂量、时间、次数及药物本身的性质而定。20 世纪 60 年代初，西德的一家医药公司推出了名叫“反应停”的药品，该药可以减轻孕妇的恶心、呕吐、无名状的难受等常见的早孕反应，还有镇痛、定神、改进睡眠等作用。许多孕妇服用了，结果出现了近万名婴儿畸形：孩子或是耳鼻发育不完全，或是心脏功能出现问题，最典型的是四肢特别短，上肢表现为桡骨、尺骨几乎完全不存在，手好像直接从肩部长出。除了“反应停”以外，某些口服避孕药因含有雌激素，也会伤及胎儿。麻醉剂、抗生素等都会对胎儿的发育产生影响。母亲吸烟、酗酒对胎儿的危害也类似于药物对胎儿的影响。药物作用于胎儿的方式一般有两种：一种是透过胎盘，对胎儿和母亲产生同样的效果；另一种是药物改变了母亲的生理状况，从而也改变了子宫内的环境。因此，孕妇如果确有服药的必要，应在医生的指导下进行。一般妊娠 7 个月后，胎儿发育已较为完善，药物对他们的作用已大大降低。

（3）母亲的情绪。一般而言，母亲产生的短暂的不良情绪对胎儿的身体和精神不会造成大的危害。但是，如果母亲在怀孕期间遭受了直接的、重大的精神刺激，如丈夫亡故或是遭丈夫遗弃等，或者是长时间的紧张不安、焦虑或夫妻关系不和等，都会造成新生儿身体瘦小、体质差等问题，心理上则表现为易神经过敏与偏执。母亲在受到精神的极度刺激或长时间刺激时，一方面作用于大脑，并传递到下丘脑使母亲产生消极的情绪体验，另一方面使母体释放出一种叫儿茶酚胺的激素。这种激素会通过胎盘进入胎儿的血液，同样使胎儿体内发生化学变化，并通过植物神经系统与内分泌系统，使胎儿产生与母亲类似的情绪反应。有研究曾比较了孕妇放声大笑与极度悲伤对胎儿的影响。结果发现，这两种情况下母亲具有类似的生理指标，这些生理指标对胎儿的成长都是不利的。因此，孕妇保持平和的情绪状态对胎儿的健康发育有着重要的意义。母亲的情绪与胎儿的情绪并不存在一一对应的关系。但母亲种种过于激烈的情绪反应，或长时间的消极情绪，会在胎儿身上产生累积效应，从而使孩子一出生就带有不良的心理状态。

2.早期经验的作用

许多心理学家都认为一个人的早期生活经历对其一生发展具有重要影响作用，这一思想由来已久。20 世纪 40 年代以后，心理学界掀起了对早期经验的研究热潮。主要研究的问题有三个方面：其一，早期经验是否影响正常的发展？其二，早期经验是否比后期经验更重要？其三，早期经验建立的行为模式是否能够为以后的经验所改变，早期经验被剥夺造成的行为损害是暂时的，还是持久的？是可逆的，还是不可逆的？下面介绍一些主要的研究成果：

(1)动物的实验研究。

许多心理学家在动物身上进行有关早期经验的剥夺与早期环境条件的丰富性研究，然后把动物实验的结果在一定程度上推论到人类身上。动物繁殖与成长的周期短，能较快地看到研究的结果，同时也不受人类科学伦理的制约。

罗森兹韦格等进行了小鼠生存环境对大脑发育的比较研究。一组小鼠被饲养在丰富的环境下，拥有诸如小梯、轮子、小箱、平台等“玩具”；另一组小鼠则置于单调的环境下，每天除了定时有食物供应外，没有丰富的环境刺激。80 天以后，对两组白鼠分别进行解剖发现，成长于丰富环境的白鼠，大脑皮质更重，大脑结构比成长于单调环境的白鼠要复杂得多，脑的化学物质也更为丰富。

(2)人类孤儿的研究。

墨森等心理学家总结了早期进孤儿院的孩子的发展状况，认为这些孩子与一般孩子有三方面的差异。孤儿院的孩子更爱打闹(如脾气暴躁、毁坏财物、踢打他人)，更依赖成人(如需要别人留意、要求不必要的帮助)，更散漫和多动。研究者认为，与成长于正常家庭环境的孩子相比，生活在孤儿院的孩子往往既缺乏认知与社会性刺激，也缺乏应答性的反应，因而造成情绪与社会性方面的缺陷，并且一直持续到成年期。

(3)对“关键期”的研究。

奥地利动物习性学家和比较心理学家洛伦兹在 20 世纪 30 年代首次发现的雏鸭的“印记现象”(imprinting)。刚孵出的雏鸭对最早注意到的环境中会移动的客体，随即表现出跟随依附的行为，如在它面前出现的是母鸭，雏鸭会跟随，但如出现的是母鸡或者人甚至是移动的玩具，它同样也会跟随。印记一旦形成，即长期不变。印记只在出生后某段时间内发生，刚孵出的雏鸭、雏鸡等禽类的印记现象，只能在一天之内发生，超过 30 小时印记将不会发生。同理，小狗出生后如在一个半月之内不与人接近，以后将无法与人建立亲密关系。洛伦兹把产生印记的有效期间称为“关键期”(critical period)。

此后，心理学家们开始研究人类儿童各方面发展的关键期。有研究者提出，大脑发展的关键期为出生后第5～10个月。在这时期，如果疏忽或缺乏良好的环境刺激，会使发展受到损害。一般认为，儿童依恋形成的关键期是2岁以前，学习口语是3岁以前，形象视觉发展是4岁以前，学习音乐是5岁以前，掌握数概念是5岁左右。

印度发现的“狼孩”是关键期缺失的典型案例。狼孩卡玛拉从小被狼抚养长大，8岁被救回到人类社会时，不会说话、不会直立行走，只有狼的习性。后来虽然经过系统训练，掌握了一些人类生活的基本技能，但直到17岁病逝时，她的智力才达到正常儿童的3岁水平。

但也有学者认为，人类的许多心理机能，尤其是高级心理机能，不像动物的低级心理机能那样，关键期那么确定。即便在此期间缺乏教育，也可以在后来的阶段中进行弥补，只是弥补时比较困难而已。因此，有人建议将关键期改称“敏感期”更为合适。

(4)目前的结论。

经过几十年的探索和努力，心理学界对早期经验在某些方面已取得了较为一致的看法：

其一，儿童早期经验中以下成分是必不可少的：丰富的感官刺激及言语刺激；成人的关爱与照料；允许儿童自由地探索，学会自己控制环境；建立富有感情的社交关系等。

其二，丰富的早期经验是促进儿童以后发展的必要条件，但非充分条件。丰富的早期经验可以促进儿童的发展，但这种得益能否长久地保持还有赖于以后各个发展阶段环境的有利性。比如某些“神童”虽然早期得到了充分发展，但成年后却各方面表现平平。

其三，持久的、严重的、极端贫乏的早期环境会影响儿童正常行为的发展，至于由剥夺所造成的后果是否可逆，要依受剥夺的时间、程度、补偿教育的适时性而定。

有研究表明，儿童具有相当的恢复能力，对儿童青少年的“心理弹性”研究似乎证实了这一点。研究者认为，在承受不良的环境刺激过程中，个体会出现“敏化”或“钢化”效应。“敏化效应”是指以前经常遇到的压力和逆境，会使个体在今后面临类似情境时表现更为脆弱；相反，“钢化效应”则会使个体对类似情境的耐受性提高，从而更能成功应对。唐山大地震后留下了4200名孤儿。这些早期家庭环境遭到严重破坏的孩子，其心理发展如何？有研究调查分析了震后21年这些孤儿的心理健康状况，出乎人们意料的是，尽管这些孤儿经受了大地震和丧失父母的双重创伤，但他们基本上不存在特殊的生活应激问题，心理状况也无明显的变化。研究者认为，社会支持系统在这些个体的成长中起了重要作用，而我们也不能忽视个体发展过程中“弹性”所起的巨大作用。

总之，早期经验仍然是一个带有探索性的新课题，到目前为止，仍有许多问题有待深入探索，如早期经验发生影响的机制，不同能力和人格的个体在不同年龄阶段中的相对可塑性等。对这些问题的深入探讨将会促进早期经验研究的不断发展。

心理弹性

想象有三块同样大小、几毫米厚的钢板,分别是由坚硬脆性的高速工具钢、高硬度高韧性的弹簧钢和低硬度高塑性的普通低碳钢做成的。一般的敲敲打打下,三块钢板都表现得很坚硬结实,但如果放在压力机上,用上百吨的压力加上去,会怎么样呢?结果发现任何一块钢板都抵抗不住这个压力,但表现却是大相径庭的:脆性的高速钢直接断成两截;塑性的低碳钢变形了,而且无法自行恢复;高韧性的弹簧钢板也同样变形了,但压力撤销以后,却会自行恢复原状。

原来我们通常认为,坚强的人更能承受挫折和打击。但现实生活却表明,具有心理弹性的人,才能更好地适应各种困难和打击。

目前对心理弹性的研究还在进行中,但普遍都承认它是个体应对挫折、压力、创伤等消极生活事件的能力和特质。它表明个体是有意识地接受并反映外界客观刺激,在主观上呈现一种积极的和主动的状态。主要具备以下特征:

(1)互动性。心理弹性是主客体交互作用的结果,它一方面受主体外因素制约;另一方面又能动地反作用于客观刺激,并随该刺激改变而改变,在动态变化中达到对外界环境的有效调控与适应。此外,主体在反映客体过程中,其内部各心理要素间也处在一种联系和互动状态中。

(2)整合性。心理弹性不仅是主体心理上的反应,而且是行为上的应答,是主客体交互作用过程中主体心理及外化(行为结果)的一个完整的连锁结构。

(3)差异性。个体在反映客观刺激的过程中,其心理弹性不会固化不变,它同样会出现强度、平衡性及灵活性等方面的特质,且因主客体间的性质不同、作用方式不同,该特质也会有所不同,即呈现出较鲜明的差异性。

以上特性综合体现在主体的适应性上,该适应性是主体通过有意识的调节和控制以达到对客体的一种良性适应,这即是心理弹性的本质所在。

3. 社会因素的影响

胎内环境与早期经验所论述的大多是生物因素(如营养、药物等)以及物理刺激(如声、光、色、形等)对儿童心理发展的影响。这些因素主要是通过促进儿童生理成熟(尤其是神经系统、感觉系统、运动系统的发育)从而制约着儿童基础性的心理发展水平,如感知觉及运动机能、初步的言语能力、理解物体功能及其分类等。

苏联心理学家维果茨基(Lev Vygotsky,1896—1934)区分了“低级心理机能”(如上述儿童基础性的心理发展水平)与“高级心理机能”(如情绪情感、人格、人际关系、社会角色、道德观或价值观等)两种形式,并指出,人的高级心理机能是个体与社会交互作用的产物。

人是社会性动物,人的发展也是一个社会化的过程。社会化就是个体在成长过程中不断内化社会文化准则，逐步由自然人转变为社会人的过程。

影响个体心理发展的社会因素有很多，包括：家庭因素、学校因素、社会关系（人际关系）、各类社会组织、大众传媒、社会经济条件、政治制度、民族及其亚文化形态（如语言、宗教、价值观、生活方式、交往方式等）等。上述所有社会因素对个体心理发展的影响都直接或间接地通过人际关系而发挥作用。这些因素相互交织、异常复杂，很难进行量化的实证研究，目前心理学界研究较多的社会因素有以下四个方面。

（1）“依恋”。

人的社会性发展的最初表现是“依恋”。婴儿出生第一年会对照料者表现出情感上的依恋。这是幼儿获得信任感、安全感、亲密感的基础。弗洛伊德最先指出婴儿和母亲的情感关系将为其今后的所有人际关系打下基础。婴儿和照料者之间的亲密接触和依恋的经验会对其未来生活中的爱的能力、与他人亲近的能力发展产生重要影响。哈洛（H. F. Harlow）的幼儿依恋实验证明，“接触安慰”对幼猴与母猴间依恋关系的发展具有极其重要的作用。

拓展阅读 7-3

幼猴依恋实验

1959 年，美国心理学家哈洛教授，在研究灵长类动物学习能力的过程中，偶然发现一些幼猴与母猴隔离后，对笼子里粗布织成的尿布有一种明显的依恋。幼猴常常抱着尿布爱不释手，还喜欢将自己裹在尿布里，显得难舍难分。更有趣的是，每当人们将尿布拿走清洗时，幼猴就又叫又跳，表现出非常难过的神情。为了弄清幼猴依恋尿布的原因，哈洛设计了一个有趣的实验。

他制作了两只假母猴，它们外形相同、都在胸前安装一个奶瓶，体内还安装一个提供温暖的灯泡，如图 7-1 所示。它们之间的区别仅仅是表面触觉的不同：一只假母猴是木制的，并用毛织物把它裹起来；另一只假母猴是由铁丝网制成的，外面没有包裹物。

图 7-1 幼猴依恋实验

首先把两只母猴分别放到两个房间里，将 8 只刚出生不久的幼猴分成两组，一组由木制母猴喂养（用奶瓶），另外一组由铁丝母猴喂养。几天后再把两只假母猴放到一个房间里，让 8 只幼猴分别进入这个房间，以观察它们对不同母猴的反应。结果是所有的幼猴几乎整天都与木制母猴待在一起。甚至是那些由铁丝母猴喂养的幼猴，它们为了吃奶才迫不得已离开木制母猴，吃完后便迅速返回到木制母猴这里。尤其是当受到惊吓时，所有幼猴都会迅速跑到绒布包裹的木制母猴那里寻求安全感。

此外，哈洛还把刚出生的恒河猴隔离在特制的房间里，猴子成长所需要的物质条件都能得到满足，如食物与水都能自动供应，但不与人或其他猴子接触。研究发现，隔离时间长的恒河猴，会造成心理上的失调，显示了许多异常的行为模式，如自己咬自己、害怕、喜欢独自蜷缩在角落里等。而且行为失常的严重性与隔离时间的长短、隔离开始的时间有关。该实验表明，对于社会性动物而言（如灵长类动物），社会交往是心理正常发展的必要条件。

(2)家庭教养方式。

家庭为个体心理开始形成提供了最初的社会环境，是儿童早期经验的主要来源。家庭的经济条件、家庭结构、家庭氛围、父母的受教育程度等因素也都对儿童的心理发展带来影响。其中，家庭教养方式是影响儿童心理发展的主要因素。

当前，心理学家普遍地将父母教养方式分为民主型、专制型、溺爱型和放任型四种。

民主型父母既提出合理要求，又积极鼓励儿童独立自主，尊重儿童人格。这样的儿童有能力，有责任心，独立性强，自信，善于控制自己，爱探索，喜交往。

专制型父母缺少对儿童的理性控制，滥用家长职权，不尊重儿童的看法，较粗暴专制，温暖、慈爱少一些。这样的儿童有中等能力，独立性、自我控制能力弱一些，往往易忧虑，多疑，不喜欢和同伴交往。

溺爱型父母对儿童充满了爱和期望，但却忘记了孩子社会化的任务，很少对孩子提出什么要求或施加任何控制。这样的儿童自我控制能力特别差，平时表现也不成熟，呈现出很强的依赖性和过度的需求，而在任务面前则缺乏责任和毅力。

放任型父母对儿童的成长表现出漠不关心的态度，缺乏管教，任其发展。这样的儿童表现出情感淡漠，常出现适应性障碍，遇事易紧张或退缩，并且在长大后表现出较高的犯罪倾向。

(3)学校教育。

学校教育是社会环境因素的重要组成部分。学校的教育观念、教育方式、教育内容及教育水平、校风、班风、师生关系等都对学生的心理发展具有重要的影响作用。

维果茨基提出了“教学引领发展”的思想。苏联教育家乌申斯基指出：“在教育中，一切都应该以教育者的个性为基础，因为教育的力量只能从人的个性这个活的源泉流露出来。”“只有个性才能作用于个性的发展和形成。”我国学者陈益、李伟于 2000 年的研究表明，小学教师的某些人格特征与学生学业成绩有着较高相关，而且具有良好人格品质的教师是学生效仿的楷模，潜移默化影响着儿童人格的形成。国内外研究和教学实践经验表明，一名优秀的教师应该具有热忱关怀、真诚坦率、胸怀宽阔、作风民主、客观公正、自信自强、耐心自制、坚韧果断和热爱教育事业等优良的心理品质，才能更有效地培养儿童良好的心理品质。

1968 年，美国心理学家罗森塔尔等人做的著名的实验所获得的“皮格马利翁效应”表明，教师对学生的期望、热情关注是影响学生学业成绩和人格品质的重要因素。2005 年，我国学者郑海燕的研究表明；教师期望的改变对初中生总体自我价值感、个人取向的一般自我价值感及特殊自我价值感有显著影响。

(4)社会文化。

社会文化渗透到社会生活的各个方面，如家庭、学校、各类社会组织、社会传媒等。上述所有社会因素都打上了文化的烙印。文化的深层内核是价值观和思维方式，它决定了人们重视或忽视什么，信仰什么，认为什么是正确或错误的，如何思考问题及解决问题，等等。例如，1977 年维豪夫和奇尔研究发现，在非洲文化背景中，人们坚信道德标准主要是与他人保持良好的关系，而不是维持正义和个人权利。这与西方文化截然不同。

文化可按相对的集体主义和个人主义来划分。集体主义重视内部的团结，有着统一的集体规范、目标和信仰，当个人利益与集体利益冲突时要求把集体利益放在首位。而个人主义重视个人成就，鼓励个人奋斗以及竞争，价值标准往往是多元的，当个人利益与集体利益冲突时，允许把个人利益放在首位。

文化对人的发展方向、发展模式、发展速度都起到了一定作用。1950 年，鲁丝·本尼迪克特认为，个体所处的特殊文化团体所提供的期望、资源和挑战，塑造着个体心理经验。个体可以通过文化适应来塑造，即文化载体通过传授、示范、奖励、惩罚，以及使用其他符号策略来传递关键性的实践活动和价值。

(三)遗传与环境的关系

心理发展究竟是先天遗传的结果，还是后天环境的结果？对这个问题的争论在发展心理学的历史上从未间断过。从早期的遗传决定论和环境决定论两种论调，到“二因素论”的调和，再到遗传与环境的交互作用论的兴起，发展心理学家对这一问题进行了长期的研究。

19 世纪末 20 世纪初，心理学界中遗传决定论一度占上风，其代表人物有英国心理学家高尔顿和美国心理学家霍尔。霍尔的著名论点是：“一两的遗传胜过一吨的教育。”

遗传决定论有一个变形就是“成熟势力说”。其代表人物是美国儿童心理学家格塞尔。1929 年，格塞尔做了著名的“双生子爬楼梯”实验。他选择了一对出生 48 周的双生子，对其中一名婴儿 C 不做任何训练，任由其自然生长，而对另一名婴儿 T 进行了为期 6 周的爬楼梯、搭积木、运用词汇等技能训练。其间，T 的相关技能水平明显超越了 C。到第 53 周后，格塞尔对 C 也进行了相同的训练，结果发现，只需少量的训练，C 的水平很快就赶上了 T。由此他得出结论，学习的进步取决于成熟水平，成熟之前的学习只能取得暂时的进步而不能决定最终的水平。他认为，发展是由机体成熟预先决定的，而成熟的顺序和“时间表”都是在基因里预先设置好的。

随着行为主义的兴起，环境决定论逐渐抬头，代表人物有华生、斯金纳等。行为主义的观点认为，如果能对环境进行足够的控制，我们就可以把一个孩子塑造成我们所期望的任何一种人。华生的著名论断是“给我一打健全的儿童和我可以培育他们的特殊环境，……我可以把他训练成我所选定的任何类型的特殊人物，如医生、律师、艺术家、商人，甚至于乞丐”。此外，教育万能论、文化决定论等都是环境决定论的变形。

随着现代遗传学对遗传基因研究的深入，遗传与环境交互作用的理论已成为学界共识。现代遗传学区分了作为基因素质的“基因型”与作为发展结果的“表现型”(表型)，表型不是基因型的简单复制，两者不是一一对应关系，表型是基因与环境交互作用的结果。

赫尔希用果蝇做了大量实验，证明果蝇的眼睛颜色不仅受遗传基因的制约，还受孵化时环境温度的影响。

美国心理学家安娜斯塔西认为，遗传与环境这两者是交织在一起共同起作用的，它们的作用不是相加的关系，而是相乘关系；它们不是各管一段或各管一面，而是重叠于发展的全过程之中，对所有行为均发挥着制约作用。

心理学家斯卡尔等提出了一种解释遗传和环境之间相互作用关系的理论。其基本观点是，个体的遗传类型(genotype)将影响其对环境的选择和经验，即虽然环境在个体成长过程中起着非常重要的作用，但是，究竟哪些环境因素会起作用以及怎样起作用，还是要由个体的遗传特征来决定。“遗传—环境—行为表现”的关系随个体年龄的发展而变化，并具体体现为三种形式。第一种为被动式(passive)影响，是指由儿童的父母为他们提供成长的环境。此时，遗传的作用与环境的作用很难区分开来，因为为儿童提供遗传基因和成长环境的是同一个来源——父母。被动式影响的作用将随个体年龄的增长而减弱。第二种为唤起式(evocative)影响，是指由于个体的遗传特征而影响了作用于他的环境因素。例如，生性比较活泼和合作的儿童更易得到父母、教师及其他社会成员的关注，更易形成与这些外界环境因素的相互作用。这种唤起式的影响在个体整个发展过程中将持续存在。第三种为主动式(active)影响，指主体在其遗传特征的影响下，对环境因素进行有目的的选择。主体总是倾向于选择那些自己感到比较能适应的环境经验去体验，其结果是，个体间在发展的方向与程度上表现出差异。随年龄的增长，这种形式的影响程度将越来越大。

遗传与环境对心理发展的作用是相互依存、相互渗透的。环境对于某种心理特性或行为的发生发展所起的作用，往往有赖于这种特性或行为的遗传基础。由于个体心理发展的内部条件(如遗传基础、成熟水平等)不同，环境的效应也就不同。同样，遗传作用的大小也依赖于环境变量。此外，遗传和环境对心理发展的相对作用在个体发展的不同阶段和不同领域所产生的作用都不一样。在发展的低级阶段，一些较简单的初级心理机能(如感知、动作、基本言语等)，受遗传与成熟的制约较大；而较复杂的高级心理机能(如抽象思维能力、道德、情感等)，则更多地受环境和教育的制约。

总之，遗传与环境对心理发展的相互作用可以理解为发展的可能性与现实性之间的辩证关系。个体的生物遗传因素规定了发展的潜在可能范围，而个体的环境与教育条件确定了发展的现实水平。这其中，潜在可能性转化为现实性离不开环境与教育条件。一般情况下，正常健康儿童发展的潜在可能性是相当广阔的，从这个意义上说，环境条件的有利与否对个体发展的现实水平起了更为重要的作用。

第二节　心理发展理论

一、巴尔特斯的毕生发展观

传统的发展心理学关注的只是从出生到发育成熟(青春期)这一阶段个体的成长与发

展，因此，从某种程度上说，传统的发展心理学几乎就等同于儿童心理学。

从20世纪60年代后期开始，受系统科学方法论的影响以及现代社会逐步向老龄化过渡，加之发展心理学本身研究范围的拓展，越来越多的心理学家将人的毕生发展作为研究对象。20世纪70年代以后，毕生发展观的主要倡导者——德国发展心理学家巴尔特斯(P. B. Balte，1939—2006)，整合了发展心理学领域研究成果，提出了系统的毕生发展观，基本思想主要体现为：

毕生发展心理学是关于从妊娠到死亡的整个生命过程中行为的成长、稳定和变化规律的科学，它的核心假设是个体心理和行为的发展并没有到成年期就结束，而是扩展到了整个生命过程，它是动态、多维度、多功能和非线性的，心理结构与功能在一生中都有获得、保持、转换和衰退的过程。

(一)个体发展是整个生命发展的过程

人的一生都处在不断的发展变化中，从生命的孕育到生命的晚期，其中的任何一个时期都可能存在发展的起点和终点。传统的心理发展观主张心理发展从生命之初开始，儿童和青少年是发展的主要年龄阶段，到成年期趋于稳定，到了老年阶段，心理衰退则成为其主要特征。因此，传统的心理发展观强调早期发展经验对以后发展的重要性，认为后继的发展直接取决于先前的经验；毕生发展观则主张心理发展不仅取决于先前的经验，而且也与当时特定的社会背景等因素有关。因此，发展中任何阶段的经验对发展均有重要的意义，没有哪一个年龄阶段对于发展的本质来说特别重要。

(二)个体的发展是多方面、多层次的

心理和行为发展的各个方面，甚至同一方面的不同成分和特性，其发展的进程与速率都是不相同的。表现在个体上，有些方面的发展变化可以表现为一条不断平稳上升的直线，有些方面则可能表现为一条波动的曲线；有的方面发展先慢后快，有的方面发展先快后慢，也有的方面是终身保持不变或是终身都在不断地改变，如在智力发展领域。

此外，发展是获得与丧失、成长与衰退的整合，任何发展都是在获得新能力的同时也包含着已有能力的丧失。例如，在个体学习掌握本民族语言的同时，他对其他语言的发音能力就会降低。最优化的发展就是最大程度的获得以及最低程度的丧失。

(三)个体的发展是由多种因素共同决定的

主要有三类影响系统决定着个体的毕生发展：

(1)年龄阶段的影响。主要指生物性上的成熟和与年龄有关的社会文化事件，包括接受教育的年龄、女性更年期、职业事件等。

(2)历史阶段的影响。指与历史时期有关的生物和环境因素，如战争、经济状况等。

(3)非规范事件的影响。指对某些特定个体发生作用的生物与环境因素，包括疾病、离异、职业变化等。这三类影响系统共同决定个体一生发展的性质、规律和个体间的差异。

(四)生物和文化共同进化的结构构成了毕生发展观的整体框架

巴尔特斯认为，人的发展是生物—基因和社会—文化两方面条件共同构建的结果。但两种因素在毕生发展过程中的不同时期扮演了不同的角色。

(1)由进化形成的生理潜能的发挥与年龄之间呈负相关。在达到成熟之前，生理潜能得到充分的表达和发挥，促进个体生理、心理和行为的各个方面迅速发展，而当个体逐渐达到成熟之后，生理潜能的促进作用就开始逐渐衰退。

(2)随着年龄的增长，对文化资源的需求也会不断地增长，丰富的文化资源(如知识、能力、经济等因素)对于发展过程中出现的衰退具有补偿作用。

(3)随着年龄的进一步增长，文化因素和文化资源的效用会不断地下降，文化资源在发展的早期其效用是强大的，但在各方面均达到成熟后，其补偿效用也就随年龄的增长不断降低。

(五)发展是带有补偿的选择性最优化的结果

带有补偿的选择性最优化理论模型包括选择、最优化、补偿等三方面要素。选择是指个体对发展的方向性、目标和结果的趋向或回避。最优化是指获取、优化和维持有助于获得理想结果，并避免非理想结果的手段和资源。补偿则是由资源丧失引起的一种功能反应。补偿的方式有两种：一是创造新手段以达到原有目标，二是调整目标。

上述三者之间的协调存在于个体发展的任何过程之中。这一理论模型整合了对个体发展有至关重要作用的三方面的心理功能，既体现了普遍性，又表现出相对性。它的普遍性在于选择、最优化和补偿三者之间的协调是存在于任何发展过程中的；它的相对性在于个体的发展过程和发展结果因人而异，因情景、领域不同又有千差万别。

毕生发展观所产生的影响是巨大的，借助于这种观点，我们可以更全面、更深刻地理解人的发展过程。同时，毕生发展观也为中老年人调整心态、接受终身教育提供了理论支持。

二、皮亚杰的认知发展理论

让·皮亚杰(Jean Piaget，1896—1980)是瑞士著名的儿童心理学家。他认为，儿童有着与成人完全不同的思维方式，研究儿童的逻辑，是了解人类心智发展的基础。20世纪30年代，他在妻子的协助下，对自己的三个孩子进行了大量的观察，之后又设计了许多巧妙的实验，在更大范围里对不同年龄阶段的儿童进行了认知实验。以此为基础，他创立了认知发展阶段理论，成为发展心理学中的经典理论。

让·皮亚杰

皮亚杰认为，认知(或智慧)的发展是整个心理发展的核心，通过对认知(或智慧)发展阶段的描述，能展示心理发展的基本特征。他认为发展进程是一个具有质的差异的连续阶段，心理发展阶段出现的先后顺序固定不变，每一阶段都有其独特的格式或认知结构，前一阶段的结构是后一阶段的基础。他把个体认知发展的过程划分为以下四个阶段。

(一)感知运动阶段(0～2岁)

主要特点是儿童依靠感知和动作来认知外部世界，即思维与动作密切相连。在10个月时，儿童获得了客体永久性概念，即当客体在他的视线中消失的时候，仍然认为该客体是客观存在的。此后，儿童可以将自我从外界客体中区分开来。在该阶段的后期，儿童建立了初步的因果关系概念，开始认识到主体既是活动的来源，也是认识的来源。但儿童在这个时期还没有达到运演的水平，他们所具有的只是一种图型的知识(figurative knowledge)，即仅仅是对刺激的认识。婴儿看到一个刺激，如一个奶瓶，就开始做出吮吸的反应。图型的知识依赖于对刺激形状的再认，而不是通过推理产生的。

(二)前运算阶段(2～6岁)

这个时期儿童的认知开始出现象征(或符号)功能(如能凭借语言和各种示意手段来表征事物)。正是由于这种消除自身中心的过程和具备象征功能，才使得表象或思维的出现成为可能。但在这个阶段，儿童还不能形成正确的概念，他们的判断受直觉思维支配。此阶段儿童的思维不具有可逆性，因此也不能守恒。例如，唯有当两根等长的小木棍两端放齐时才认为它们同样长；若把其中一根朝前移一些，就会认为它长一些。他们还不能认识到改变了的位置还可以改变回原位(可逆性)。

该阶段儿童的思维还具有明显的“自我中心”的特点，他们只会从自己的立场与观点去认识事物，而不能从客观的、他人的立场和观点去认识事物。例如，幼儿虽然能够识别自己的左右手，但是不能理解站在对面的人的左右方向和自己的左右方向相反。它们仅能够体验到自己的情绪情感，而难以体验到别人的情绪情感。

自我中心的思维方式还导致了儿童特有的“泛灵论”(拟人化)的思维特点，即不能区分心理的和物理的现象，倾向于将活动着的任何物体都视为有生命的。在儿童的绘画作品及童话中，“泛灵论”都有充分的体现。

拓展阅读 7-4

皮亚杰的“三山实验”

皮亚杰曾经做了一个“三座山”的立体模型，一座山在前，两座山在后，因此面对面坐着的两个观察者会看到完全不同的群山景象，他以3～6岁幼儿为实验对象。先让幼儿绕模型一周观看，再在幼儿的对面放一个娃娃，让幼儿从一组图片中选出自己看到的和娃娃看到的景象。三四岁的幼儿会选出完全一样的图片，部分五六岁的幼儿也是如此。由此，皮亚杰认为：儿童倾向以“自己眼睛所见到的状况”类推他人所见。

皮亚杰把幼儿思考问题时，只能从自己的角度出发，不能站在别人的角度考虑，认为自己的观点就是别人的观点的这种现象称为“自我中心主义”。他指出，有时幼儿即使听懂了别人说话的意思，也不能正确地表达出来。因为他们只是从自己的角度进行描述，他们不能想象别人和他有完全不同的看法。例如2岁的小孩用手把眼睛捂了起来，他喊道：“妈妈来找我。”他以为自己看不见妈妈的时候，妈妈也就看不见他。

“泛灵论”是自我中心的一种表现。如4岁的秀秀第一次看到大海，奔腾起伏的海涛使她兴奋，她问：“海什么时候睡觉呢？”当成人告诉她大海永远是不停地流动的，她不相信地又问：“难道我睡觉的时候，它也不休息吗？”她的思维完全是自我中心状态的，她没法设想，任何东西都有不同的活动规律。

“自我中心”是人类从幼年走向成熟的一个自然的必经阶段。但应注意：这里说的“自我中心”不同于“自私”概念，自私是个道德问题，是针对利益问题而言的，而自我中心是个思维方式问题，并不一定涉及利益问题。

(三)具体运算阶段(7～11 岁)

在这一阶段，个体的思维具有内化性、可逆性、守恒性以及整体性等特性。儿童是否具有守恒概念是具体运算阶段区别于前运算阶段的主要标志。所谓守恒，是指儿童认为物体尽管从外表上看来由一种状态转变为另一种状态，但实质上其物质含量既没有增加，也没有减少。这表明儿童的思维已不再简单地受客体知觉特征的影响。当然，尽管此时儿童已有了运算性的心理操作，但这些心理操作仍需要具体对象作为依托。

进入具体运算阶段后，儿童的思维开始了“去自我中心化”的过程，逐渐学会从多个维度来认识事物，能够认识到不同的人对同一事物往往持有不同的看法和态度，即具备了观点采择能力。

拓展阅读 7-5

皮亚杰的守恒实验

皮亚杰设计了一系列守恒实验，其中最著名的是液体守恒实验，如图 7-2 所示。当着儿童的面，向两个大小完全相同的 A 杯和 B 杯中注入相同高度的水，并问儿童两个杯子中的水是否一样多；在得到肯定的答复后，由实验者或儿童将 B 杯的水倒入另一个较高且细的 C 杯中，再问儿童，A 杯和 C 杯中的水是否一样多。

处于前运算阶段的儿童往往有两种表现：一种是不能达到守恒，他们有集中化倾向，即考虑问题只将注意集中在事物的一个方面，而忽略了其他方面，顾此失彼，造成对问题的错误解释。如儿童会认为 C 杯中的水多，因为它高。另一种是接近守恒但尚未成功，儿童注意到不同的维度，但不能同时考虑，在心理上感到困惑。如儿童一会儿说 C 杯中水多，因为它高；一会儿又说 A 杯中水多，因为它宽。

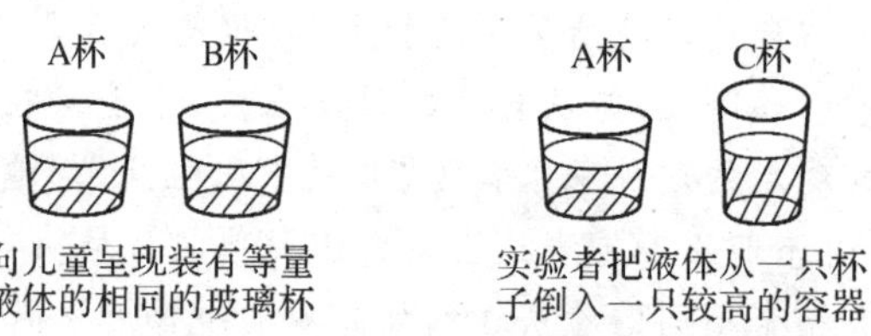

图 7-2 皮亚杰的液体守恒实验

儿童大概到 7 岁，进入了具体运算阶段时，能够掌握液体的守恒。他们运用三种形式的论断达到守恒。第一，同一性论断。儿童认为既没增加水，又没拿走水，因此它们是相等的。第二，互补性论断。儿童认为宽度的增加补偿了高度的下降。第三，可逆性论断。儿童认为可将 C 杯中的水倒回原来的 B 杯中，因此是相同的。

（四）形式运算阶段（12 岁以后）

皮亚杰认为最高级的思维形式便是形式运演。形式运演的主要特征是它们有能力处理假设，而不只是单纯地处理客体。因此，这一时期的思维更具灵活性、系统性和抽象性。

首先，儿童在这时已有能力将形式与内容分开，用运演符号来替代其他东西。可以对假言命题做出逻辑的和富有创造性的反映。其次，能够进行假设—演绎推理。假设—演绎推理是先提出各种解决问题的可能性，再系统地评价和判断正确答案的推理方式。最后，儿童形成了完整的分类系统，能依据某种可定量的维度排列客体（序列概念），能认识事物间的关系而不仅仅是事物的绝对特征（关系思维），能同时思考客体的整体与部分（类包含概念）。

皮亚杰的理论被公认为是发展心理学史上的一座“里程碑”，它的实验方法及其成果对发展心理学产生了深远的影响。他的理论对儿童教育也具有重大的启示价值。但也有新的研究表明，儿童某些认知能力（如守恒等）可以经过训练而提前出现。因此，上述四个阶段的年龄划分不是绝对的。但四个阶段的顺序是不可逆的。

三、埃里克森的人格发展阶段理论

爱利克·埃里克森（Erik H. Erikson，1902—1994）是新精神分析学派的代表人物。他于 20 世纪 60 年代提出了著名的人格发展（又称“心理的社会发展”）八阶段理论。

他认为，个体在发展中逐渐形成的人格，是生物的、心理的和社会的三方面因素构成的统一体。在人格的发展过程中，要经历顺序不变又相互联系的八个阶段。每个阶段都存在着特定的心理发展上的一对矛盾，从而构成了一种“心理危机”。解决这个矛盾或危机就成为一个阶段心理发展的核心任务。如果个体解决了这个任务，就能形成积极的人格品质，相反则形成消极的品质。个体就是这样在不断地解决冲突、克服心理危机、完成发展任务的过程中从一个阶段向下一个阶段过渡。埃里克森还指出，各个发展阶段是相互联系的，前一个阶段发展矛盾被解决的好坏制约着下一个阶段的发展方向。但是如果个体在某一阶段未能很好地解决发展矛盾，他还可以通过教育等措施在下一阶段得到补偿。

埃里克森

埃里克森将人格发展划分为以下八个阶段：

（1）婴儿期（0～1 岁）。此阶段的发展任务是获得信任感，克服怀疑感，体验着“希望”的实现。

婴儿出生后首先面临的就是生存问题，他对初次降临的这个世界是否安全、能否满足自己的生存需要问题有着本能的敏感，婴儿如果能够得到成人的精心照料和保护，便会逐步形成对周围人及世界的信任感（即安全感）。否则就会产生不信任感，并将在今后的生活过程中，对周围人及这个世界充满了内心的疑虑。信任感是整个人格发展的基础。埃里克森认为，信任感在人格中形成了“希望”的品质，即“对自己愿望的可实现性的持久信念”。

（2）儿童早期（1～3 岁）。此阶段的发展任务是获得自主感，克服羞怯感，体验着“意志”的实现。

此阶段儿童的活动能力快速发展，特别好动，凡事都想亲自尝试，以显示自己的力量，并藐视外部的控制。“让我来”、“我不”成为这时孩子的口头禅。因此，这时的孩子与父母的冲突开始出现，出现了“第一个反抗期”。如果父母在安全的范围内给孩子一定的自由，鼓励他做力所能及的事，就能使孩子获得自主感。反之，如果父母对儿童限制过多、指责或惩罚过多，便会使儿童产生对自身能力的怀疑与羞怯感。埃里克森认为，自主感在人格中形成了“意志”的品质，即“不顾不可避免的害羞和怀疑心理而坚定地自由选择或自我抑制的决心”。

(3)学前期(3～6 岁)。此阶段的发展任务是获得主动感，克服内疚感，体验着“目的”的实现。

此阶段儿童在自主性基础上，发展出更广泛地探索世界、扩充环境的愿望。如果他的主动探究行为受到鼓励，幼儿就会形成主动性，这为他将来成为一个有责任感、有创造力的人奠定了基础。如果成人讥笑幼儿的独创行为和想象力，那么幼儿就会逐渐失去自信心，这使他们更倾向于生活在别人为他们安排好的狭窄圈子里，缺乏自己开创幸福生活的主动性。埃里克森认为，主动性形成了人格中的“目的”品质，即“一种正视和追求有价值目标的勇气，这种勇气不为幼儿想象的失利、罪疚感和惩罚的恐惧所限制”。

(4)学龄期(6～12 岁)。此阶段的发展任务是获得勤奋感，克服自卑感，体验着“能力”的实现。

儿童开始进入学校，意味着真正意义上地进入了社会。学校是训练儿童适应社会、掌握今后生活所必需的知识和技能的地方。为了努力完成学习任务、与他人共处，儿童必须勤奋努力。如果他们能够顺利地完成学习任务，他们就会获得勤奋感，形成良好的学习态度，这使他们在今后的独立生活和承担工作任务中充满信心。反之，他们就会感到自卑。埃里克森认为，勤奋感是人格中的“能力”品质，“能力是不受儿童自卑感削弱的，完成任务所需要的是自由操作的熟练技能和智慧。”

(5)青春期(12～18 岁)。此阶段的发展任务是建立自我同一性，防止同一性混乱，体验着“忠诚”的实现。

所谓自我同一性是一种关于自己是谁，在社会上应占什么样的地位，将来准备成为什么样的人以及怎样努力成为理想中的人等一系列的感觉。跨入青春期的个体，由于身体迅速发展、性的成熟，以及所面临的种种社会义务与选择，会对过去怀疑，对将来迷惘，现实自我与理想自我难以统一，这就是同一感危机。如果个体在进入青春期之前，有较强的信任感、自主感、主动感和勤奋感，就容易在这一阶段实现自我同一感。否则容易形成“同一性混乱”。埃里克森认为，自我同一性形成了“忠诚”的品质，即“不顾价值系统的必然矛盾，而坚持自己确认的同一性的能力。”

拓展阅读 7-6

埃里克森与自我同一性

爱利克·埃里克森生于德国,父亲是丹麦人,母亲是犹太人,他继承了父亲那丹麦人的外貌,而又有犹太血统,这使他的童年在交往上备受冷落,非犹太儿童将其视为犹太人而疏远他,而犹太儿童又视他为丹麦人同样不愿接近他,这种尴尬使他无法形成自我的同一感,这对他以后形成"自我同一性"概念产生影响。

中学毕业后,他放弃了高等教育的机会,选择了艺术道路,并且周游欧洲,到维也纳后,受聘于弗洛伊德的女儿安娜·弗洛伊德在一家私立学校教美术,受安娜影响对精神分析发生了兴趣,并随安娜从事儿童精神分析工作。1933 年,埃里克森全家迁往美国,并加入美国国籍。

在埃里克森看来,如果青年人在这个阶段中获得了积极的同一性,他们就会形成"忠诚"的美德。"忠诚"意味着,一个人有能力按照社会规范去生活,尽管它存在着不完善和不和谐之处。这并非要求青少年接受不完善,如果一个人热爱自己所在的社会,当然希望自己所在的社会变得更加美好,但"忠诚"意味着能在既定的现实中找到自己的位置。在这个位置中能奉献自我,实现自己的价值,在有意义于社会的同时也感受自己生活的意义。由此可以看出,同一性的确立,关系到一个人的健康发展,关系到他能否更好地适应社会、能否体验到自身的价值和人生的意义。

埃里克森把"同一性危机"理论用于解释青少年对社会不满和犯罪等社会问题上,用以解释青少年所表现出来的许许多多骚乱和攻击现象。他称之为"同一性扩散、混乱的危机"。他指出:"如果儿童感到环境对允许他把下一阶段整合在个人的自我同一性在内的所有表现形式进行彻底剥夺,那么,儿童就会以野兽突然被迫捍卫其生命般地迸发出惊人的力量进行抵抗。的确,在人类生存的社会丛林中,如果没有同一性的意识就没有生存的感觉。"所以,他宁做一个坏人,或干脆死人般地活着,也不愿做不伦不类的人,他自由地选择这一切。

(6)成年早期(18～25 岁)。此阶段的发展任务是获得亲密感,避免孤立感,体验着爱情的实现。

恋爱与婚姻是这一阶段的主要特征,只有具有牢固的自我同一性的青年人,才敢于冒与他人发生亲密关系的风险。因为与他人发生爱的关系,就是把自己的同一性与他人的同一性融合一体,这里有自我牺牲或损失。只有这样才能在恋爱中建立真正亲密无间的关系,从而获得亲密感,否则将产生孤独感。埃里克森把爱定义为"压制异性间遗传的对立性而永远相互奉献"。

(7)成年中期(25～50 岁)。此阶段的发展任务是获得繁殖感,避免停滞感。体验着"关怀"的实现。

在这一时期，人们不仅要生育孩子，同时要承担社会工作，这是一个人关怀下一代和对社会发挥创造力的愿望最旺盛的时期。繁殖感有“生”和“育”两层含义，即生殖及教育下一代，这是一种生命的延续感。一个人即使没生孩子，也可以通过关心或教育他人的孩子而获得繁殖感。没有繁殖感的人，就会体验到发展的停滞感以及人生的无意义感，将成为一个自我关注的人，他们只考虑自己的需要和利益，失去关怀他人的热情。

(8)成年晚期(50岁以后)。此阶段的发展任务是获得完善感、避免失望感，体验着“智慧”的实现。

在体验了人生的众多喜怒哀乐后，当老人们回顾过去，如果感到自己的一生没有虚度，就会产生对生活的完善感，从而可以怀着充实的感情坦然地面对死亡。埃里克森把智慧定义为“以超然的态度对待生活和死亡”。与此相反，那些对过去的生活感觉不满意的老人，往往会内心充满失落感，从而会惧怕死亡。

在埃里克森之前，心理学家大多认为人格最迟定型于青少年期晚期。埃里克森独特而有创意的观点，开阔了发展心理学研究的视野，看到了青年期以后人格发展的可能性。心理学家再也不会忽视成年人及老年人，或者认为他们生活中发生的一切事情都是由他们早期生活事件预先决定的。这为毕生发展观的产生奠定了坚实的理论基础。此外，埃里克森提出的自我同一性概念，不仅对西方心理学产生了重大影响，而且还对精神病学、教育学甚至整个西方文化都产生了广泛而深远的影响。

四、维果茨基的心理发展理论

维果茨基是苏联著名的心理学家，“社会文化历史学派”的创始人。

维果茨基

(一)基本观点

维果茨基早在20世纪30年代就提出了“心理发展的活动说”、“心理发展的语言中介说”和“心理发展的内化说”三位一体的心理发展理论。

首先，“活动”是维果茨基理论的中心概念。他与皮亚杰一样，将“活动”看作儿童心理发展的起点。他认为，意识不是与世隔绝的内部封闭系统，而是通过活动与外部世界相联系的，意识与活动是一个统一的整体，活动正是意识的客观表现。儿童正是在参与各种活动中，不断积累各种经验、形成各种能力，从而促进了心理的不断发展。

其次，心理发展离不开语言的中介作用。维果茨基将人的心理机能区分为两种形式：低级心理机能和高级心理机能。前者具有自然的、直接的形式，而后者则具有文化的、间接的形式。人与动物最根本的区别在于使用工具，包括直接指向外部世界的物理工具和直接指向内部世界并可以在活动中加以利用的心理工具(符号或语言)。正是这种符号与工具的中介在心理的发展中起着关键作用。语言是思考与认知的工具，一个人在学习语言时，他不仅仅是在学习词语(词语的书写符号和发音)，而且还在学习与这些词语相连的思想。因此，可以将语言看作可供儿童认识与理解世界的一种“文化工具包”。语言的获得可促进儿童认知的发展。正是通过语言的中介作用,人才有可能实现从低级心理机能向高级心理机能的转化。

最后,心理发展是一个通过活动和语言的中介作用逐步将社会文化内化到个体头脑中的过程。儿童的活动不是孤立的活动,而是与他人之间的一种社会互动式的活动,儿童与其养育者、儿童与同伴之间的共同活动是儿童发展的社会源泉,尤其是人的高级心理机能是个体与社会交互作用的产物。这样,维果茨基就把儿童的活动与社会的、文化的和历史的因素有机地联系了起来。个体所有的高级心理机能都是社会关系的内化,正是这些内化了的社会关系构成了人格的社会结构。

(二)"最近发展区"理论

维果茨基认为,儿童身上同时具有两种发展水平:一是"现实发展水平",即儿童已经掌握了的、能够独立解决问题的能力水平(现实能力);二是"潜在发展水平",即通过成人指导下或在集体活动中同伴帮助下儿童能够很快达到的发展水平(潜在能力)。这两种水平之间的差距叫"最近发展区"。它是一种介于儿童看得见的现实能力和并不是显而易见的潜在能力之间的潜在的、即将可以实现的发展空间。

"最近发展区"是一个动态的概念,教育必须以学生的"现实发展水平"为起点,同时教育目标不能超出学生的"潜在发展水平",这样的教育才能促进学生的发展。当学生有效地完成了一个"最近发展区"的学习任务后,原有的"潜在发展水平"就转化为新的"现实发展水平",在此基础上又会生成新的"潜在发展水平",从而形成下一个"最近发展区"。

该理论深刻揭示了教育与发展的相互制约关系,即教育受制于学生的已有发展水平,同时也可以促进学生的发展。维果茨基提出了"教学引领发展"的思想,他指出:"教育学不应以儿童发展的昨天、而应以儿童发展的明天为方向,只有这样,教育学才能在教学过程中激起那些目前尚处于最近发展区内的发展过程。"

第三节　小学生心理发展特点

小学阶段所对应的发展阶段是童年期或学龄初期(6、7 岁至 11、12 岁),这时的儿童生活从过去以游戏活动为主导转变为以学习活动为主导,其主要任务是通过学校教学系统地掌握学习能力和学习态度学会学习。心理发展主要表现在认知能力和社会性发展方面。认知发展是以学习知识为基础而展开的,主要特征是思维过程的具体运算性,是从形象思维向逻辑思维的过渡;社会性发展主要表现为逐渐摆脱对父母的依赖性,突出地重视伙伴关系,以同伴的评价为依据,形成自我评价。

一、小学儿童的生理发展

心理的发展以生理成熟为基础。身体发育,尤其是神经系统的发育是小学儿童心理发展的直接前提和重要物质基础。

(一)身体外形的变化

从整个小学时期来看,儿童的生长发育比较平稳。小学生的身高和体重随年龄增长而稳步增长，但存在着性别差异。小学低年级，男生的身高、体重等各项指标均高于女生；但从小学中年级起，女生的身高、体重等增长较快，在10～12岁时超过男生。

小学儿童的身体比例也不断发生变化。进入小学以后，儿童的头部生长速度逐渐减慢，而四肢的增长速度依旧，头部与全身、躯干及下肢的比例随之逐年变小。

(二)体内机能的发育

首先，小学儿童心血管系统一直在不断地发育，12岁时已接近成人水平了。由于小学儿童正处于长身体时期，具有新陈代谢快、机体供血量大的特点，所以他们的心脏必须加速运动，才能保证血液循环加速进行。

其次，小学儿童的肺发育很快，12岁的肺的重量是出生时的9倍，肺活量也快速增长。肺活量的大小是判断儿童肺功能好坏的一个重要指标。儿童经常参加体育锻炼，可以大大提高其肺活量。

再次，小学儿童的骨骼比较柔软，骨骼硬化(钙化)是一个逐渐完成的过程，要到身体发育完全成熟时骨骼才完成硬化。小学儿童的肌肉也是逐步发达起来的。

(三)神经系统的发育

心理活动是脑的机能，脑是神经系统的高级中枢。因此，神经系统的发育直接影响着儿童的心理发展。

神经系统的发育首先表现在脑的重量变化。研究表明，人脑平均重量的变化趋势为：新生儿为390克，8～9个月的儿童为660克，2～3岁的儿童为990～1011克，6～7岁的儿童为1280克，到12岁左右发展到1400克，基本达到了成人的平均脑重量。

其次，根据脑电波的研究发现，随着年龄的增长，儿童神经系统的兴奋过程逐渐增加。

最后，研究还发现，脑发育有两个显著加速的时期，或称“两个飞跃”，5～6岁是第一个显著加速时期；13～14岁是第二个显著加速时期，到这个时期脑的发育已基本成熟。

二、小学儿童心理发展的一般特点

(一)迅速性

进入学校以后，丰富的学习内容、日益复杂的各种活动以及更加广泛的人际交往，向儿童提出了多种多样的新问题，从而促使他们的心理活动水平得到迅速提高。所以小学阶段是发展其认知能力、活动能力的大好时机。

(二)协调性一性

小学儿童心理发展很迅速，但又非常协调。他们很少出现内心的矛盾冲突，比起中学生“暴风骤雨”式的内心世界而言，小学生心理发展以协调性为主要特征。所以，小学时期是发展儿童和谐个性、良好品德和社会性的大好时机。

(三)外露性

小学儿童经历简单，内心世界不太复杂，因此他们纯真、直率，心理活动具有较强的外露性。所以，在小学阶段，成人与儿童容易沟通，师生之间、亲子之间关系比较融洽。可以说，小学时期是了解儿童真实心理活动，从而进行有的放矢的教育的大好时期。

三、小学生的认知发展

（一）小学生注意的发展

（1）有意注意在认识活动中的作用逐渐加强。小学低年级的学生在认识活动中主要依赖无意注意，上课时的注意状态取决于教学内容的直观形象性、刺激的新颖性等。如果教学内容缺乏吸引力，他们的注意很容易分散。随着年级的增高，大脑的不断成熟，再加上教师家长的不断要求和约束，他们的有意注意能力快速发展起来。到了高年级时，有意注意的作用已超过无意注意，占据了主导地位。

（2）注意稳定性不断增强。小学生注意的稳定性随年级的增高而不断增强。根据观察研究表明，5～7 岁的儿童专注做一件事情时，注意持续的时间平均为 15 分钟左右；7～10 岁的儿童，平均为 20 分钟左右；10～12 岁的儿童，平均为 25 分钟左右；12 岁以后的儿童，一般为 30 分钟左右。

当然，不同儿童的人格特质不同，注意持续的时间具有很大的个体差异。一般来讲，越是外向的孩子注意的稳定性越差，而内向孩子的注意稳定性相对要好得多。此外，注意的稳定性还与活动的内容与方式有关。合理的组织活动，增加活动的趣味性，是保持注意稳定的外在因素。

（3）小学生在注意的广度、分配及转移等方面均有缓慢的发展，但表现不明显。

（二）小学生观察力的发展

个体的感觉及知觉能力基本在上小学前就已经基本发育完善。因此，到小学阶段，此方面发展的任务主要是有目的的观察能力。

小学生观察力的发展水平随年级增高而提高，具体表现在：

（1）观察的目的性较低，发展到五年级儿童有所改善，但提高不多；

（2）观察的精确性不强，观察极不细心、不全面，低年级儿童观察常常比较笼统、模糊。三年级学生观察的精确性明显提高。五年级学生只是略优于三年级学生；

（3）观察的顺序性方面，低年级儿童观察显得零乱、不系统，中、高年级学生观察的顺序性有较大发展，一般能做系统观察；

（4）观察的深入性方面，低年级儿童难以从整体做出概括。三年级学生观察的深入性有较大的提高。五年级学生观察的深入性更有显著发展，表现为正确判断明显提高。

从以上小学生观察各品质的发展，可以看出小学一年级学生各方面的水平都较低，而经过两年的教育，到小学三年级时已有明显的发展。

（三）小学生记忆的发展

小学生的记忆能力迅速发展。从机械识记占主导地位逐渐向意义识记占主导地位方向发展；从无意识记占主导地位逐渐向有意识记占主导地位方向发展；从具体形象记忆占主导地位逐渐向抽象记忆占主导地位方向发展。此外，儿童记忆的发展还表现在短时记忆的容量增大，开始主动使用记忆策略等方面。

（四）小学生思维和想象的发展

小学生思维的基本特征是：从以具体形象思维为主要形式逐步过渡到以抽象逻辑思维为主要形式。但这种抽象逻辑思维在很大程度上仍然是与直接和感性经验相联系的，仍然具有很大成分的具体形象性。有的研究认为，小学生从形象思维向抽象思维过渡的关键年龄在小学四年级(10～11 岁)，不过这也是一种相对的说法，关键年龄的早晚跟教师的教育水平、教育方法有密切联系。小学生正处于皮亚杰所说的具体运算阶段。这个时期儿童思维的主要特征是对于具体的事物或情境能够按照逻辑法则进行推理。

儿童进入小学以后，在教学的影响下，想象有了进一步的发展。想象的有意性、目的性迅速增长；想象中的创造性成分日益增多，也更富有逻辑性；想象更富有现实性。

(五)小学生言语的发展

小学生言语发展主要体现在书面言语的发展和内部言语发展两方面。

儿童真正掌握书面言语是从小学时期开始的。书面言语虽然和口头言语同样是表达思想、进行交际的工具，但远比口头言语复杂，一般要经过识字、阅读和写作三个阶段。儿童开始识字，标志着儿童开始以语言文字作为认识的对象。阅读是一个复杂的过程，要求学生能在掌握一定词汇量的基础上，运用综合分析能力理解课文，并在理解的基础上加快阅读速度。写作是书面言语发展的高级过程和形式，是儿童掌握的词汇量、语法修辞、思维能力的综合体现。大部分小学生都能开始写作，但还不会修改自己的文章。

儿童内部言语的发展是以儿童的口头言语、书面言语和智力活动的发展为前提的。童年期儿童内部言语的发展，大体可以分为三个阶段：一是出声思维阶段。刚入学的儿童还不善于考虑问题，主要是通过出声的思考和回答教师的问题来培养内部言语能力。二是过渡阶段。在比较简单的问题中，培养儿童在出声思维的同时，学会短时间的无声思维，提醒儿童“想一想”。接着通过向儿童提出比较复杂的问题，要求儿童进行比较长时间的思考。三是无声思维阶段。在教师教学影响下，随着抽象思维能力的发展和学习内容的复杂化，对儿童独立思考问题的要求日益提高，内部言语也就逐渐发展起来。

四、小学生情绪情感的发展

(一)小学生的情绪特点

(1)小学生的情绪具有很强的情境性、不稳定性和外显性。他们的情绪容易受具体事物或情境的左右，也容易因情境的变化而变化。因此，他们的情绪极易转换，持续时间很短，比如他们时常会出现诸如“破涕为笑”的情况。小学生尚未面临升学、求职等重大压力，因而其基本情绪状态一般是平静而愉快的。此外，小学生还没有学会掩饰自己的情绪，情绪外露明显。

(2)情绪的控制能力不强，但在逐步提高。小学生的情绪很容易激动或冲动。当然，随着年龄的增长，情绪的稳定性、可控性也在不断地增长。小学高年级学生已逐渐能意识到自己的情绪冲动可能产生的后果，开始有意识地控制和调节自己的情绪。有人专门对学前儿童与小学儿童的愤怒情绪进行了对比研究，发现以下特点：一是学前儿童常用哭泣等方式来表示自己的不满，小学生则逐渐学会以言语来表达自己的不满。二是随着儿童的归因能力不断提高，愤怒的情绪开始逐渐减少，并更加现实化。学前儿童常因父母的各种规定(如吃饭、睡觉、洗澡)而产生愤怒，小学生则经常在同伴交往中或在学校情境中受到戏弄、讽刺、不平等待遇等而产生愤怒。三是学前儿童会因为父母因下雨而取消野餐计划而感到愤怒，小学生则可能了解到实际原因而只是产生失望感。

(二)小学生的情感特点

(1)情感的内容不断丰富。儿童入学后,实践活动的领域扩大了,学习活动、集体生活、文体活动、劳动及社会公益活动,对学生都提出了更多的具体要求,学习的成败、集体的地位、同伴之间的关系,都使儿童产生各种各样的情感体验。大大充实了儿童的情感世界。

(2)情感的深刻性和稳定性不断增强。学前儿童之间的友情,只是为了能在一起玩,这种友情既不深刻也不稳定,而小学儿童开始逐渐形成一些比较深入且相对稳定的友情。此外,学前儿童对父母的情感主要是依恋,而小学儿童开始出现一定的责任感,开始为分母分担一些事物,并能够初步体贴和照顾父母的情绪和需要。

(3)道德情感发展迅速。首先,从内容上看,小学儿童已经具有荣誉感、责任感、集体感及爱国主义情感;其次,从形式上看,小学儿童的道德体验与具体形象密切联系,光辉的道德形象最能引起情感共鸣;最后,我国学者的研究表明,我国小学儿童道德发展具有明显的转折期,一般是在小学三年级。儿童道德情感的发展是一个从外部控制向内部控制转移的不断内化过程,小学三年级是道德情感发展的一个转折期。低年级学生主要以教师、父母的反应作为自己道德情感体验的依据,中年级学生主要以一定的道德行为准则为依据,而高年级学生则开始以内化的抽象道德观念为依据。

在道德感发展的同时,小学生的理智感及美感也在不断发展。初步形成了一些判断真假、善恶及美丑的标准,不过这些标准还十分粗浅、相当绝对,还不能一分为二地评价人或事。

拓展阅读 7-7

柯尔伯格的道德发展阶段论

当代美国心理学家、教育家劳伦斯·柯尔伯格采用“道德两难”(moral dilemma)的问题情境,概括出了著名的道德发展阶段理论。

他先是给儿童讲述了一个故事:“海因茨的太太罹患严重癌症,医师诊断只有一种新制药物可治。海先生奔赴药店时,店主将成本仅 200 美元的药物,提高为 2000 美元。海先生为妻子久病已用尽所有积蓄,向亲友借贷只能凑得 1000 美元。他恳求店主允许其先付此数取药回去救他妻子一命,余款保证稍后补足。店主拒绝并称卖药目的只求赚钱,不考虑其他问题。海太太性命危在旦夕,海先生走投无路,就在当天夜间撬开药店窗户偷得药物,救了妻子一命。”讲完这则故事之后,柯尔伯格要儿童回答:“你认为海先生偷药救妻的行为对不对?为什么?”

通过整理测试结果,他总结出了儿童道德发展存在三种水平,共六个阶段:

层次一:前习俗水平。

阶段 1:避罚服从取向:只单纯地为免被惩罚而服于规范,不会考虑其他因素。

阶段 2:相对功利取向:为得到赞赏或为了取得个人利益而不懂违反规范。

层次二：习俗水平 。

阶段 3：寻求认可取向：遵从成人订立的“好孩子”标准。或者为获得大众好评。

阶段 4：遵守法规取向：遵纪守法，服从大众的道德规范。

层次三：后习俗水平。

阶段 5：社会法制取向：一切以大众的利益为准则，现有法律仍有不足之处，所以有些时候应为了大众的利益而做出违法行为。

阶段 6：普遍伦理取向：凭自我良心行事。若无法实践自己的道德信念，纵使犯法也在所不惜。因为他会认为他所做的是为了全世界人类的福祉着想。

五、小学生的社会性发展

(一)小学生自我意识的发展

1. 自我意识的内涵

自我意识是一个人对自己以及自己和他人关系的意识。自我意识是人类特有的心理现象。人的大脑不仅可以反映客观事物，还可以把自身作为客体加以反映，比如人们平时所说的“自我感觉”、“自我分析”、“自我反省”、“自我评价”等都属于自我意识活动。

自我意识包括三个方面：自我认识、自我体验和自我调控。

(1)自我认识是个体对自己身心状况及发展水平的认知和评价。比如对自己的外貌、身体健康、知识能力、思想观念、情绪情感状态、性格特征以及自己的人际关系、自己在周围人中的地位等方面的认知和评价。也就是对“我是怎么样的人”这一问题的思考及答案。

自我认识是整个自我意识的基础，其中自我评价又是自我认识的核心。人们评价任何事物都需要一个评价标准来做参照。自我评价的参照标准就是个体的“理想自我”。理想自我是指个体期望并为之努力的做人目标。例如儿童说“我希望长大后当个科学家”、“我希望自己能够成为一个善良、聪明和勇敢的人”等。理想自我是社会倡导的做人准则与个人主观愿望的结合体。社会倡导的做人准则通过从小的教育逐步内化到个体头脑中，个体再根据自身特点和愿望逐步加以调整，最终形成理想自我。

在理想自我的参照下，个体的自我评价就具有一定的主观性，不一定与自己的真实情况(现实自我)相符合。比如，理想自我过高的人，尤其是具有完美主义倾向的人，当自己的现实表现与理想自我差距过大时，容易对自己失望，从而形成较低的自我评价。

总之，正确认识自己、对自己形成一个相对客观的评价是一件十分复杂的事情，也是人生中一项非常重要的任务。需要个体在长期的各种生活实践中以及与他人的互动过程中，反复检验和反思自己，才能得到逐步的提高。

认识你自己

“认识你自己”(know yourself),相传是古希腊时代刻在阿波罗神庙的著名箴言之一。也有人说这句话出自古希腊的某个哲学家,如喀隆、泰勒斯或苏格拉底。根据第欧根尼·拉尔修的记载,有人问泰勒斯:“何事最难为?”他的回答是:“认识你自己。”

苏格拉底一生都以这句话为座右铭。在他看来,认识你自己就是要认清自己的能力,知道自己长处是什么,短处是什么,适合做什么,不适合做什么,从而做到自知,在社会中找到自己恰当的位置。这是人生最大的智慧。苏格拉底说:“一个人要知道自己知道什么,也要知道自己不知道什么”,只有“聪明人或有节制的人,才能够认识自己,能够考察他知道或不知道的事情,还能够明白其他人知道些什么”。“我只知道一件事,那就是我什么都不知道。”“知道得越多,才知知道得越少。”

这些话居然出自我们公认的哲学家之口,总有点让人难以接受,但细细想想,苏格拉底的话还是很有道理的。认识自己才能认识到什么对自身来说才是最好的,从而进行选择。认识自己同时也就是“反求诸已”,当遇到挫折时切莫责怪他人,而应先反过来从自己身上找出问题的症结,并努力加以改正,获得智慧。苏格拉底的最后结论就是“认识自己,方能认识人生”。

19世纪德国哲学家尼采在《道德的系谱》的前言中,也对“认识你自己”这一问题来大做文章,他说:“我们无可避免跟自己保持陌生,我们不明白自己,我们搞不清楚自己,我们的永恒判词是:‘离每个人最远的,就是他自己’——对于我们自己,我们不是‘知者’……”

认识自己是人类永恒的主题,人最熟悉的是人,最不熟悉的也是人;人最想了解的是自己,最不了解的也是自己。“不识庐山真面目,只缘身在此山中。”

中国古代有个故事:从前有一个记性很差的衙差,在押送一个和尚的途中生怕遗忘了什么东西,他自编了一句话:“文书钥匙锁,和尚雨伞我。”和尚看出了其中的机会,晚饭时把衙差灌醉,然后将枷锁套在衙差手上,把他的头发剃光,然后逃跑了。第二天衙差醒来,数了数物品。“文书钥匙锁”都在,雨伞也在,和尚呢?他紧张地一拍脑袋,发现自己没头发,高兴地说:“原来和尚在这里……但是,我哪去了?”这个故事也是在暗喻人们常常迷失自我,“找不到”自己了。

(2)自我体验是对自己的态度体验。如是否对自己满意或悦纳自己。自我体验是在自我评价的基础上所形成的,比如对自己评价高的人往往形成积极的态度体验,如自信、自尊、自爱,甚至还可能产生优越感等。而对自己评价低的人往往形成自卑感,甚至会全面地否定自己,严重者会发展到自暴自弃的地步。

罗杰斯所说的“自我概念”相当于相对稳定的自我评价及自我体验。人们认识和评价自己需要一个长期的过程,在人生早期,一般总是根据一时一事的成败或者根据他人对自己的评价来认识和评价自己，因此自我评价总是忽高忽低地变化不定，自我体验也随之波动。但随着年龄的增长，会逐渐形成相对稳定的自我评价和自我体验，这就是自我概念。

(3)自我调控是指个人根据自我认识对自己行为进行的监督和调节，如发扬优点，克服缺点，不断提高自己、完善自己。其中，理想自我是自我调控的动力和努力方向。

2.小学生自我意识的特点

个体的自我意识有一个逐渐发生及发展的过程。刚出生的婴儿往往把自己与外界客体区分不开，比如他们会把自己的手指、脚趾当作食物放进嘴里去咬，即使出现疼痛感也不知是怎么回事。到一岁左右时，儿童才能够把自己的动作与动作的对象区分开来，从而把自己与客体区分开来，意识到自己是活动的主体，这是自我意识的萌芽。再后来，随着语言的掌握，幼儿能够把名字(或爱称)理解为自己的代号，能够用名字表达自己的愿望(如“宝宝吃”)，从而加速了自我意识的发展。到两三岁时，当幼儿能够正确地使用“我”、“你”、“他”等人称代词时，用“我”代替名字表达自己，并且将自己与他人区别开来，这标志着自我意识正式形成。

以后随着年龄及认识能力的增长，自我意识的发展水平也在不断增长。比如在学龄前儿童就能够根据他人的评价及直观的比较，形成初步的自我评价。比如，“我是漂亮的孩子”、“我是聪明的孩子”、“我比你力气大”等。但是，在整个童年阶段，个体的自我意识一直处于朦胧肤浅的水平，也缺乏探究自己的自觉性和积极性，对“自己是怎样的人”这一问题似乎不太关心。直到青春期来临后，个体的自我意识才出现一个质的飞跃，进入了真正的觉醒状态。

小学生自我意识具有以下特点：

(1)在自我认识方面，小学生由于整个认知能力发展水平不高，因此自我认识的能力有限。首先，由于他们独立思维的能力不强，因此，往往是根据他人的评价来认识自己，其中，父母和教师对他们的一贯评价对他们的自我认识具有关键的影响。也就是说，小学生的自我认识和评价主要是他人对其评价的内化。其次，他们的自我认知比较片面和肤浅，关注点主要是自己的外貌、智力等少数几个方面，而且认识还停留在表面现象，往往根据外在表现及其成败(如学习成绩)来认识自己，对自己的内心世界缺乏探究的能力。最后，他们的自我评价还不客观，也不稳定。有研究表明，多数小学生容易对自己产生过高的评价。

当然，随着年级的升高，小学生自我认识能力也在不断提高。自我认识的自觉性、独立性、深刻性、全面性及稳定性也在逐步改善。

(2)在自我体验方面，随着小学生自我认识的提高，他们的情绪体验也逐步加深。在小学生自我体验的各种情感中，愉快和失望的体验发展较早，而自尊感、羞愧感和委屈感发生较晚，其中自尊感最为重要。小学中、低年级的学生对理想我和现实我还难于区分，对自己的能力评价也不够客观和准确，一般是倾向于高估自己的能力，对自己正面的评价较多，因此，中、低年级的小学生一般自尊心水平较高。到了小学高年级，儿童开始能够用较为客观的标准来评价自己，能够与同伴作更多的社会比较，因此趋向于更客观地评定自己，自尊心趋向中等水平。但整体看，小学阶段的自我体验还不够深刻，此方面的情绪反应也不够强烈。也就是说，即使他们有自尊感，也不会自尊心过于强烈，即使有自卑感，也不会过于消沉。

(3)在自我调控方面,小学生的理想自我基本上体现的是家长或教师的期望,往往具有“好孩子”模式,比如,“听话”、“懂事”、“有礼貌”、“好好学习”、“长大成才”等。也就是说,他们主要是按照成年人的要求来调控自己的行为,而内在的自我调制的动力和能力均不足。我国学者韩进之等人的研究表明,幼儿自我控制水平呈近乎直线型上升,而小学生自我控制能力的发展与幼儿相比速度开始变缓,且出现倒退现象。小学低年级儿童的自我控制分数比高年级儿童高。造成这种现象的原因是低年级儿童比较容易接受权威人物的控制。他们的自我控制分数较高是由外部因素造成的,是外部控制的结果。小学高年级的独立性增强了,因而表现为自我控制分数下降,究其实质,这是自我意识发展的表现。儿童最初的自制力是由于成人的要求而产生的,约在三年级末,才逐渐养成在学习时自我控制的习惯。同时,在学习过程中,儿童自制力的范围在不断扩大,自制力的质量也日益改善,这表现在儿童不仅能发现自己学习中的缺点,而且能用自己的力量去改正这些缺点。

(二)小学生人际关系特点

小学生的人际关系主要体现在亲子关系、师生关系和同伴关系三方面。

随着在校时间的增加,小学阶段儿童与父母的关系处于发展变化之中,对父母的权威从完全信服发展到出现一定的怀疑性和批判性,但仍然保持与父母间亲密的关系和浓厚的情感。在生活上依然以依赖父母为主,不过独立自主性也在不断增强。

小学生的师生关系具有波浪式发展的特征。低年级儿童对教师的绝对信服和崇拜,随年龄的增长逐渐有所改变。他们的独立性和评价能力逐渐发展,因此高年级的小学生不再无条件地服从和信任教师,往往只对教学水平高、风趣幽默、有亲和力的教师更为喜爱和信赖。

小学生的同伴关系是除父母、教师之外另一项重要的人际关系。小学生同伴关系的主要特征是交往时间更多,在交往中传递信息的能力增强,更善于协调自己与其他儿童的活动,到小学高年级,开始形成比较稳定的同伴团体,出现了许多“朋友圈”。

总之,小学阶段是一个人际关系相对简单的阶段,但是,由于目前的小学生绝大多数为独生子女,他们在家庭交往的对象多为成人,是在“以自己为中心”的“顺境”下生活的,因此学生普遍存在任性、固执、依赖性强的特点。进入新的集体后,在集体中的位置已改变,但仍以自我为中心去与人交往,常常是唯我独尊、不能善解人意,遇到困难不能克服,缺乏自信心;或者在交往中出现过重的恐惧感、过强的防范心理,其结果是封闭自己,导致人际交往的焦虑感。此外,还有过度依赖问题。许多父母对孩子百般呵护甚至溺爱,造成孩子自立能力差。遇到困难时只会向父母求助,使得其依赖性不断得到强化,而阻碍了独立性的正常发展。

第四节 中学生心理发展特点

中学阶段所对应的发展阶段是少年期(11、12 岁至 14、15 岁)和青年初期(14、15 岁至

18岁)。这两个阶段合起来正好构成了"青春期"。青春期(puberty)指11、12岁到18岁左右的这一年龄阶段,是人体以性机能为核心的生理机能全面成熟、从而导致心理上剧烈变化、逐步完成由儿童到成人过渡的一个重要的人生阶段。这一阶段,个体无论是生理成熟还心理发展都发生了质的飞跃,形成了该阶段独有的特性与特色。因此,家长及教师必须深入了解中学阶段学生的身心发展特点,才能有针对性地做好教育工作。

一、青春期的生理成熟

(一)身体的生长与发育

(1)从身体的外部结构来看,青春期是个体一生中第二个生长的高峰期(第一个是0～2岁)。这一时期,男女的身高平均每年增长6厘米左右,体重平均每年增长3.5～4千克。其中,女生身高增长最快的时期是10～15岁,男生身高增长最快的时期是14～18岁。

此外,在初中阶段,身体发育以增高为主,主要是腿部骨骼的增长加快,因此,初中生的体型多为瘦长型。进入高中阶段,开始了体型增宽的发育,主要是肩部(男性)或臀部(女性)的骨骼增宽。

(2)机体内部器官的快速发育成熟。例如消化系统功能大大增强,而且由于身体的快速增长,对营养的需求量大,因此饭量猛增。呼吸系统发育迅速,肺活量加大。此外,肌肉、脂肪的增长也很快。以上发育使个体的体能迅速增长,因此青少年的精力十分旺盛,往往喜欢从事剧烈的活动,以消耗过盛的能量。

(二)神经系统的发育

青春期刚开始时,脑重量已接近1400克,基本达到了成人的平均脑重量。进入青春期后,发育的重点转移到了脑功能的发育和完善。如神经元之间的联系开始复杂化、神经细胞的机能分化迅速发展。此外,大脑皮层的抑制机能快速增加。不过在少年期,抑制机能的发展水平尚未达到与兴奋机能相平衡,因此,初中生依然像小学生一样容易兴奋和冲动,自我控制能力不强。到了高中阶段,抑制机能的发展水平基本达到与兴奋机能相平衡,因此,高中生的自我控制能力增长明显。

(三)性机能的成熟

性机能开始成熟是个体进入青春期的主要标志。性成熟是由于体内开始分泌性激素而促发的。性激素的分泌,女性一般开始于11、12岁,男性一般开始于13、14岁。也有少数个体开始的时间早些或晚些。当代社会由于营养膳食等原因,有些儿童出现了性早熟现象,从而使个体提前进入了青春期。

性成熟首先表现为第二性征的出现。男孩表现为喉结突出、声音变粗,开始长出胡须、腋毛、阴毛,遗精等。女孩表现为骨盆增宽、乳房发育、出现腋毛和阴毛、月经初潮等。初中阶段虽然性机能开始成熟,但性器官及性机能尚未完善,到高中阶段才达到成年水平。

性机能是成人区别于儿童的一个主要生理指标。因此,性机能的成熟,标志着个体从生理上结束了儿童时代。到青春期结束时,个体已基本具备了成人的各方面生理素质,为进入成年人生活奠定了生物基础。

二、青春期在个体心理发展过程中的地位

(一)青春期是个体心理发展过程中的重大转折期

人的心理活动,是为个体的生存与发展服务的。随着个体生存方式的变化,心理也必须有相应的发展和变化,才能使个体更好地生存和发展。个体一生大体要经历三种生存方式:

(1)胎儿期的寄生生活。胎儿寄生于母体之中,完全以摄取母体的营养而生存。

(2)儿童期的依附生活。出生意味着脱离母体,实现了身体上的独立。但儿童缺乏独立生存的能力,必然依附于成人。因此,依赖性是儿童心理的基本特点,渴望得到成人的保护、照料和养育。

(3)成年期的自立生活。以进入职业生涯为标志,个体不再依赖别人而独立生活。他们不仅需要自己照料自己、自己养活自己,而且还要逐步承担起对他人的责任和义务。此外,成人还要面临种种人生选择、承受种种生活压力,这就要求成人必须具有一定的谋生能力、独立自主能力以及心理承受能力,只有这样才能更好地适应生活,更好地生存与发展。

以上三种生存方式之间的更替都不是突然完成的,而是需要一个渐进的过渡期。

首先,由寄生生活向依附生活的过渡期是哺乳期。乳儿虽然在身体上脱离了母体,但仍然需要继续摄取母体的营养来生存,这依然带有寄生的性质。但在这个阶段,乳儿会逐渐适应母体以外的食物,以此取代对母体营养的依赖,直到断乳为止。因此,生理上的断乳是儿童在食物来源方面脱离对母体的依赖从而走向独立的第一步,对个体的发展具有标志性意义。在此期间,儿童经历了一个比较痛苦的适应过程,对其心理发展同样具有重大意义。

其次,由依附生活向自立生活的过渡期正是青春期。它需要完成从生理到心理两方面从儿童向成人的过渡。在心理上的过渡包含着两个方面,一是由心理上的以依赖性为主逐步走向以独立性为主。这个过程在心理学中被称为"心理断乳",这与生理断乳一样,是个体心理发展过程中一次质的飞跃。二是由心理幼稚走向心理成熟。心理成熟(也可称人格成熟)是指具有能够适应成年生活而必备的基本心理素质。包括认知成熟(比如看问题不能过于简单幼稚或过于天真烂漫、需要积累一定的社会生活经验等)、情感成熟(如不能过于任性、需要一定的情绪控制能力、能形成稳定而深入的情感等)、意志成熟(比如不能过于脆弱或娇气、需要一定的心理承受能力等)、自我意识成熟(比如能够客观地认识自己、自我接纳、形成积极的自我同一性等)。

综上所述,青春期是个体人生中一个重要的转折期,从生理到心理都完成着从儿童向成人的过渡,它在个体整个人生历程中具有质变意义。

(二)青春期是心理失衡与心理大调整时期

一般情况而言,整个儿童时期,个体的心理是基本平衡的,儿童心理虽然幼稚,并以依赖性占主导,但这种心理与其生存方式相适应,因此,他们能够形成平衡的心态,表现为天真烂漫、无忧无虑。而成人期,要求成人以独立性及心理成熟为基础形成一种更高层次的心理平衡。而处于两者之间的青春期,正是前一种平衡被打破、新的平衡尚未形成,整个

心理系统处于失衡状态。

导致青春期心理失衡的根本原因，是过渡期特有的内心矛盾。青春期的主要心理矛盾有以下几个方面：

(1)依赖性与独立性的矛盾。随着身体的迅速发育，身高逐渐接近成人，尤其是性机能的成熟，使他们开始意识到自己“不再是孩子了”、“我长大了”，这叫作“成人感”。但这只是他们的一种主观感受，其实他们在心理发展水平上离成人还有较大差距。但这种“成人感”极大地促发了他们的独立意识，急切地想摆脱成人的约束，凡事都想自主选择、自主探究或自主解决。但是由于他们的心理发展还不够成熟，社会经验也比较缺乏，独立地解决问题的能力不高，很多时候不得不依赖成人的帮助。从而形成依赖性与独立性的矛盾。

(2)闭锁性与开放性的矛盾。青春期的内心世界变得越来越丰富、复杂，心理活动不再像童年期那样单纯、外露，逐渐开始具有某种含蓄、闭锁的特点。这时候他们喜欢有一个自己的私密空间，享受着自己内心的各种“小秘密”，即使是对父母也不愿轻易袒露自己的心声。但另一方面，他们时常感到孤独和寂寞，渴望别人的理解和支持。因此他们急切地寻找知心朋友，一旦找到，就会推心置腹，毫无保留。由此形成闭锁性与开放性的矛盾。

(3)理想自我与现实自我的矛盾。青少年往往对自己的未来寄予了极高的期盼，由此导致了过高的理想自我，而他们的现实自我发展水平还很低，由此导致了理想自我与现实自我的矛盾。

心理失衡导致了青春期个体的内心充满了不协调和不稳定因素。因此，青春期被认为是个体心理发展过程中的一个心理“危机期”，极易出现种种心理障碍或行为问题。

但是，青春期的心理失衡又是过渡阶段的正常现象，同时又是发展的重大契机。心理失衡必然导致个体积极寻求新的平衡，因此，心理上的全面调整是青春期心理发展的重要任务。这个任务的核心就是克服“心理断乳”的阵痛、不断提升独立自主的能力、走向心理成熟，并最终建立积极的自我同一性。这一任务如果完成得好，将对今后的成人生活(恋爱、婚姻、就业等)产生重要的积极影响。如果完成得不好，则会推迟心理成熟的时间。如果此阶段的任务完全失败，不仅会使个体心理长期停滞于幼稚状态、难以适应成人生活，严重者还会导致同一性混乱，出现种种心理问题。

青春期的心理调整大多是一个自发的过程，如果能够得到家长或教师的有效指导，将对他们克服心理危机、顺利完成过渡任务、促进心理健康发展发挥重要的积极作用。

三、中学生的认知发展

(一)中学生注意的发展

中学生的有意注意取代无意注意占据了注意的主导地位，并且无论是无意注意还是有意注意，都在不断地深化，注意的各项品质也在不断提高，具体表现在以下几方面：注意稳定性大大增强；注意广度已经接近于成年人水平，但注意的分配和注意的转移能力在青少年期的发展并不显著。

(二)中学生记忆的发展

在整个人生全程中，中学阶段无论是记忆的深度、广度，还是记忆的内容、方法，都有了较大的发展。首先，青少年的意义记忆占据主导地位，并且意义记忆和机械记忆具有不同的发展趋势。以往研究表明，从初一到初二，机械记忆的效果随年级而提高，但是从初二开始，机械记忆效果随年龄增加而有所下降，意义记忆的效果则一直随年龄的增长而上升。其次，与无意记忆相比，青少年的有意记忆占据优势的地位。青少年不仅有意识地为自己设立记忆的任务，而且也能有意识地调节自己的记忆活动，使之服务于一定的目的。此外，对于抽象材料和形象材料的记忆，中学生的成绩也有大幅提高。比较而言，中学生对抽象材料的记忆能力提高的幅度更大。

（三）中学生思维的发展

中学生思维发展非常迅速，主要体现在以下几个方面：首先，思维能力发展较快，抽象逻辑思维逐渐处于优势地位。在初中阶段，抽象逻辑思维已经占据主要地位，在一定程度上还受到具体、直观的感性经验的影响。只有到了高中阶段，思维才逐步摆脱经验的限制，从而完全根据理论来进行逻辑推理。其次，思维的独立性和批判性都有了显著的发展，但同时也存在片面性和表面性的特征。最后，思维追求新颖、独特，喜欢标新立异并具有浓厚的个人色彩。

四、中学生情绪情感的发展

（一）中学生的情绪特点

(1)情绪的波动性和两极性比较明显。如前所述，青春期是一个心理失衡的阶段，心理失衡的最直接表现就是情绪的剧烈波动，表现为对小的刺激往往产生夸大的情绪反应，情绪起伏剧烈，从而出现情绪的两极化，即常常因一时的成功就欣喜若狂，一时的失败就垂头丧气。

(2)情绪的心境化和易感性比较明显。中学生随年龄的增加，尤其到了高中阶段，心境的持续时间不断延长，而且消极心境出现的比例明显增大，他们不再像小学生那样无忧无虑，而是经常会出现持续几小时甚至几天的闷闷不乐、苦恼、烦躁、抑郁甚至压抑等现象，从而显得有些多愁善感。

(3)情绪的内隐性逐步增强。进入青春期后，个体逐步学会了掩饰自己的情绪，情绪的内隐性逐步增强。尽管内心的情绪经常剧烈波动，但表面上往往装出一副对什么都无所谓或若无其事的样子。

(4)情绪的控制能力快速提高。中学生虽然情绪波动剧烈，但随着认识能力的提高，他们已经能够深刻地认识到情绪冲动带来的不良影响和后果，因而他们有着强烈的控制情绪的愿望，在长期有意控制自己情绪的过程中，会使得情绪控制能力不断增长。但是，由于青春期的情绪波动过于频繁，难免因一时疏忽而失控，事后他们常常会自责，尤其是在情绪反应过于强烈而控制失败时，又会过分发泄不满，但事后又非常后悔。这种自责和后悔反过来又会不断强化他们控制情绪的意识。这是青春期走向心理成熟过程中必经的心理磨炼。

（二）中学生的情感特点

(1)情感的丰富性、深刻性及稳定性快速增长。进入青春期后，个体的情感世界似乎向整个世界都打开了大门，小到个人爱好、大到国家及国际大事，他们对任何事物都可能发生兴趣并产生情感。例如，几乎所有的青少年都喜欢听音乐、看电影，喜欢看小说、看人物传记，喜欢追星、喜欢传奇故事等，他们通过这些途径了解世界、了解社会、体验人生，并从中憧憬着自己的未来。在青春期异常丰富的情感世界里，友情与爱情是这一阶段的主题。此外，青春期在情感的深刻性和稳定性上也在快速增强。他们已经能够与朋友之间建立稳定而深入的友情关系。对异性的爱慕情感体验深刻而持久。开始品尝“初恋”或“暗恋”的滋味。

总之，青春期是个体一生中情感最丰富也是最强烈的时期，他们爱憎分明，并且有极端化的倾向，容易出现盲目的狂热。此外，此阶段情感的稳定性虽然增长很快，但与成人相比，依然存在着情感容易变化的特点。

(2)高级社会情感发展迅速。随着情感世界的丰富和深化，青春期的道德感、理智感、美感等高级社会情感迅速发展起来。他们开始关心国家大事，对不合理或不道德的社会现象深恶痛绝，而对国家在各方面取得的成就(如体育比赛获得冠军)欣喜若狂。此外，他们还有着异常丰富的艺术情感(即美感)体验，对能够抒发自己内心情感的艺术(如音乐、电影、小说、诗歌等)往往嗜爱如命。这个时期也是一个人的世界观、人生观、价值观、审美观等初步形成的阶段。

拓展阅读 7-9

青春期的情绪情感体验

美国心理学家阿奈特总结了有关青春期风暴的众多研究，这些研究无一例外地支持一定程度上存在青春期风暴的论述。这些研究认为青春期是一个比其他时期容易产生各种各样问题的时期，青春期风暴的典型表现可以概括为三个方面：与父母冲突，情绪激荡和冒险行为。

相似的研究也表明，青少年们认为他们经历的情绪高峰体验(比较多的是消极体验)远比他们父母观察报告的次数要多，他们报告的“处于难堪”发生率比其父母报告的高出2～3倍。青少年也报告更容易感到“笨拙”、“孤独”、“紧张”和“被忽视”。通过对小学五年级和初中三年级学生的对比分析发现，从儿童期到青春期是一个情绪“滑坡”阶段，“非常高兴”指标降低了50%，“成就感”、“自豪感”等也呈现相似的变化。也就是说，随着青春期到来，其幸福感锐减。研究者认为，这种变化不是由青春期到来的生理变化导致，而更多源于环境和认知因素。有时候，即使面对同样的或类似的事件，青少年也比儿童或成人更多表现出极端或消极的情绪。

资料来源：桑标. 儿童发展心理学[M]. 北京：高等教育出版社，2009：319-320.

五、中学生的社会性发展

(一)中学生自我意识的发展

1. 青春期自我意识的觉醒

(1)自我意识觉醒的表现。首先，个体一进入青春期，自我意识的发展突然来了一次质的飞跃，进入了真正的觉醒状态。表现为探究自己的自觉性和积极性突然高涨，对“自己是怎样的人”这一问题十分关心，自我意识活动十分活跃，随时随地都可能进行自我反思和自我衡量。其次，在人与人的交往中，由于高度关注自己的形象，导致了青春期特有的一种心理现象——“假想观众”(imaginary audience)，如同舞台上的演员时刻被观众所关注和议论一样，他们往往感觉自己也时刻被周围人所关注和议论。例如，当自己出现在人多的场合，总觉得大家都在注意自己；当看到周围有人在窃窃私语，时常觉得他们是在议论自己。这种现象反过来又导致了自我意识的高度敏感，在人际交往中往往过于谨慎甚至紧张。

拓展阅读 7-10

青少年的“自我中心”与“假想观众”

在发展心理学上关于“自我中心”的含义有两个，一是幼时自我中心(egocentrism)，指皮亚杰所说的前运演阶段的思维特征。二是青少年自我中心(self centric)。有两种表现，一是在青少年中普遍存在的“假想观众”心理。二是部分青少年还可能出现“个人传奇”(personal fable)心理。即强烈的“个人英雄主义”愿望，极度地想表现自己，往往把冒险事件视为上天赐给他的表现机会或是对他的考验，并常常伴有一种“战无不胜”的错觉，如飙车不会有危险，闯红灯、作弊等不会被抓到等。此外，也有学者认为，还存在第三种“自我中心”，即亲密关系中的自我中心：如在夫妻关系中，一方在思考事情的时候，仅仅顾及自己的想法和利益，而忽视对方的感受和损失。

青少年的自我中心与幼儿时的自我中心有本质的差别。青少年早已能够从别人的角度看待客观世界，知道别人的思想与自己不同。但是他们往往不能区分自己关注的焦点与他人关注的焦点。例如，他们非常关注自己的一切，就会下意识地以为别人也像他自己一样关注他的一切。他们凭空制造出了假想的观众，感觉自己生活在一个大舞台上，随时随地都可能受到别人的喝彩、批评或者嘲讽。于是，他们非常注意自己的形象，为了应付这些假想的观众，他们往往要花费大量的时间和精力。女生越来越注意的是脸蛋和身材，男生越来越注意的是身高和肌肉。有证据表明，大部分少女对自己体重的估计超过实际水平，而大部分少男对自己肌肉发达水平的估计也和实际水平有偏差。女孩渴望自己苗条漂亮一点，男孩希望自己强壮高大一点，许多男孩女孩都为自己的外表苦恼，这是众人皆知的现象。

假想观众心理使得青少年们必须时刻保持警觉以避免做出任何可能导致尴尬的行为。别人一句无心的话、一个细微的动作，甚至毫无意识的眼神，到他们那里，都有可能产生严重的紧张和不安，甚至爆发冲突。当自己做了好事或取得成功的时候，他们会认为别人都注意到了他所做的一切，并对他投以赞扬和敬佩的目光。他们会因此而获得一种成就感和自豪感。相反，如果他做了错事，他就觉得所有的人都在看他的笑话。当他们身处公共场合时，往往会感到有千万双眼睛在注视着他，于是表现得过分拘束和紧张。

实际上，关注他们的都只不过是他们自己，因为别人也都在关注着自己而无暇顾及他人。所以，他们既是自己的演员，也是自己的观众。

(2)自我意识觉醒的原因。首先，青春期自我意识突然觉醒的最直接原因是性机能的成熟。性机能的成熟导致他们突然开始关注自己在异性心目中的形象。他们需要衡量自己对异性的吸引力如何，这是一种生物求偶本能在心理上的体现。这种心理极大地促发了青少年探究自己的自觉性与积极性。其次，独立性及“成人感”的出现，使他们的自主行为特别是探究活动大大增加，他们需要在各种活动中不断地衡量自己的能力及心理承受力。最后，随着年龄及知识经验的增长，他们的自我认识能力不断提高，为自我意识的觉醒奠定了基础。特别是独立思维能力的提高，使他们不再满足于他人对自己的评价，试图根据自己的标准来衡量自己，独立地对自己做出评价。

2.青春期自我意识的特点

(1)在自我认识方面，中学生由于认知能力的不断提高，自我认识的全面性和深刻性快速增长。他们首先是从关注自己的外貌开始，逐渐深入到关注自己的内心世界，比如自己的知识和能力(尤其是智力)、思想及观念、情绪情感状态、性格特征以及自己的人际关系、自己在周围人中的地位等。

但是，由于每个人的内心世界都是异常复杂的，青春期的个体刚刚踏上这片“新大陆”，一时还难以把握它的“真面目”，所以，他们对自己的评价还难以客观真实，也极不稳定。尤其是在初中阶段，他们更愿意看到自己的优点而不愿意承认自己的缺点，往往把自己刻意“表演”出来的行为当作自己真实的优点。特别是取得一点成绩时更是沾沾自喜，过于自豪。但一旦遇到挫败，马上又会过分失落和沮丧。他们往往因一时一事的成败来衡量自己，自我评价也因此而大起大落。但到高中阶段，多数人能够一分为二地看待自己，在自我评价的客观性和稳定性上得到较大提高。

(2)在自我体验方面，自我意识的觉醒导致了青春期个体的自我体验十分敏感，例如，对自己各方面的优缺点特别敏感，并喜欢与人比较，从而产生优越感或自卑感。十分介意别人对自己的态度和评价，对别人的夸奖或批评都有夸大的反应，表现出极强的自尊心。好表现自己、引人注意、极力展现自己的优点，并掩饰自己的缺点，特别怕被人轻视或耻笑，表现出较强的虚荣心。

青春期是个体一生中自尊心最强烈也是最脆弱的时期，如果他们的尊重需要能够得到基本满足，则会成为一种积极的心理品质。如果不能得到满足，极易引起自我怀疑、自卑等消极心理，如果长期自尊心受挫伤，还可能形成变态自尊，表现为易激怒、顽固、好斗、盲目反叛、欺弱争强，以不正当的“英雄主义”方式来满足自尊心。

(3)在自我调控方面，进入青春期后，个体的理想自我发生了重大变化，他们突破了童年时代由成年人灌输给他们的“好孩子”的做人标准，开始自己构建自己未来的发展目标，但他们建构的理想自我还带有浓重的英雄主义和浪漫主义色彩，他们往往从公众人物中选择出自己的偶像，当作自己的理想化身，不加批判地盲目崇拜，偶像崇拜是青春期理想自我的一个典型特点。

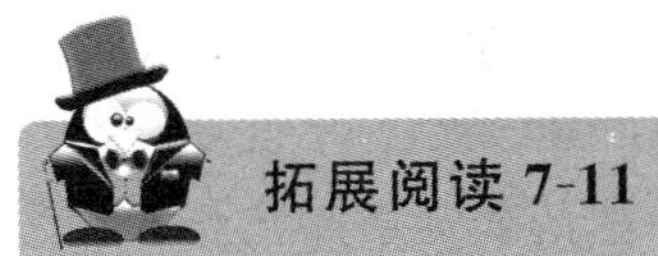

拓展阅读 7-11

青少年的偶像崇拜

偶像崇拜是当今青少年精神生活的重要内容。以中学生为主体的青少年，把明星作为自己的偶像；追星族们对于其心目中的偶像极度喜爱，有的甚至到了痴迷和狂热的程度，常常导致某些偏激事件，引起家长、老师、社会的忧虑。例如：

辽宁一名16岁的少女自杀，起因只是母亲没有给她买偶像的CD；浙江一名17岁的初中生因没钱亲眼见到偶像而服毒自尽；四川一名13岁的女孩在连看8遍《流星花园》后，独自离家出走，下落不明；武汉女歌迷为思念偶像而跳河寻死；17岁的偏瘫歌迷为偶像走遍六省，最后吞下30粒安眠药；兰州疯狂追星族因追逐偶像未果害老父跳海身亡……

偶像崇拜的实质，似乎是对自我的心理寄托和行为替代载体的迷信，由“我”赋予“他”某些意义，之后按照自我的方式相信并选择效仿。假如融合了批判，偶像的意义就会被自我摧毁。

青少年们崇拜偶像主要有三个原因。

首先，追星的青少年是要追寻自我。当他们或早或迟地走出童年，面对纷繁的世界时，往往会感到无所适从：“我是谁？我从哪里来？我要到哪里去？”他们这种内心深处的困惑缘于心中没有建立起一个稳定的自我形象，即所谓“自我同一性”。此时，他们开始思索自我的意义，他们急需一个看得见、摸得着的活生生的形象作为自我的代表。他们在公众人物中寻找那些具有自己欣赏特点的人物，于是明星出现了。如果明星能够有足以让他们佩服的表演，就会成为被崇拜的偶像。从这个角度来说，偶像是崇拜者的代言人，是崇拜者的理想自我，也是崇拜者心目中的未来。

其次，偶像也是青少年心目中父母的替代品。青少年在生理上有了突飞猛进的发展，但心理上的发展却远远滞后。由于生理上的发展，他们认为自己已经长大了，希望能够独当一面，渴望摆脱父母的控制。然而，他们有限的生活经验又使他们不能没有父母的帮助，这种矛盾状况使他们感到很苦恼。因此，他们选择崇拜拥有能力、地位和独立的偶像，希望通过偶像崇拜来实现独立自主的目的。某种意义上，这不过是将偶像作为了父母的代替品，让偶像来行使父母对自己的控制。

最后，偶像崇拜也是青少年融入自己团体的一种手段。有些追星族是为了保持与同伴的一致而被卷入追星的行列的，相形之下他们是二流的追星族。他们追求的是让自己有所归属，是为了让自己和别人知道他属于哪个团体，所以他们需要知道大家正在讨论的明星的生日、星座和爱好。

理想自我会促进青少年积极地进行自我调节，不断提高和完善自己，朝着自己理想的目标发展。因此，青春期往往具有强烈的自我完善的愿望，他们大多喜欢抄录名言警句来鞭策自己，愿意为克服自己的缺点积极努力，这是促进其心理发展的一种强大的内在动力。但过于完美的理想自我又会使他们对现实自我严重不满，由此导致自卑、自责等消极体验。这便是理想自我与现实自我的矛盾。因此，教育工作者应注意引导青少年在不断提高自己现实自我的同时，逐步克服理想自我的完美主义倾向，学会悦纳自我。

（二）中学生人际关系特点

中学生的人际关系与儿童时期有了较大的发展和变化，主要体现在以下几个方面：

1.与成年人的交往

中学生由于成人感及独立意识形成，他们的内心世界开始向父母及教师关闭。首先，他们急于摆脱“小孩子”的形象，往往把“老实听话”当作小孩子的特点而加以拒绝，故意用抵制成人的方式来证明自己不再是小孩了。其次，他们一改过去那种对父母或教师的崇拜，开始用批判的眼光看待他们，往往觉得他们的思想观念“过时”了，不能理解年轻人了。因此对父母或教师开始“敬而远之”，形成了所谓“代沟”现象。最后，开始他们急于摆脱过去那种受成分支配的地位，不仅想与成人平等相处，甚至大多抱有“互不干涉”的心态，对成人的管教（尤其是过多的“唠叨”）特别反感，由此往往形成“逆反心理”。由此导致了与成年人的冲突，尤其是亲子间的冲突往往比较剧烈。因此这一阶段也被称为“亲子关系的危机期”。

尽管中学生对成年人的态度有些“矫枉过正”，但也绝不是“全盘否定”。亲子之情不至于动摇，在心目中也有几位钦佩的教师。他们也知道成年人身上还有许多值得他们学习的地方，在遇到自己无法解决的生活困难时，他们又希望得到成年人的帮助。此外，他们还非常渴望能得到成年人的理解。因此，成年人如果能够调整对他们的教育方式，愿意以平等方式与之沟通，尊重他们的独立愿望，多给他们一些自由的空间，并鼓励他们用适度方式进行独立的尝试，这样便可以将两代人的冲突减小到最低程度，才能真正引导他们健康发展，同时也能获得他们的极大尊重。

2.与同龄人的交往

在与成年人交往减少的同时，中学生人际交往的重点转向同龄伙伴。

首先，他们不再像小学生那样，交往活动主要限于娱乐，而是内心的交流活动不断增加，他们更多地从同伴那里寻求理解、接纳、情感的依托和支持，以缓解青春期带来的心理和生理上的焦躁。

其次，他们渴望在同龄人中寻找朋友，并希望彼此之间能够形成稳定深入的友情关系。他们十分关心自己在同伴群体中被接纳的程度。但他们逐步克服了儿童期团伙交往方式，而选择那些志趣相投和性格相近的人进行交往，开始形成小范围的“朋友圈”。

最后，中学生异性之间的交往日益增多。其交往方式也在发生变化，一般经历三个阶段：刚进入青春期时有一个短暂的对异性的疏离与排斥阶段，之后很快进入了关注与接近阶段，其中部分有可能进入追求和爱恋阶段。

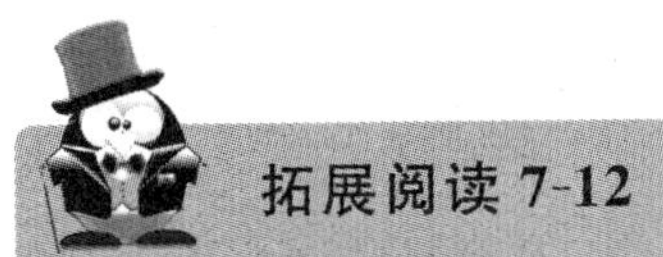

中学生异性交往的发展阶段

1. 对异性的疏离与排斥阶段

这一阶段一般出现在小学高年级及中学低年级。刚进入青春期时，由于对性别、性角色的心理认同的增强，以及对第二性征发育的不安和烦恼，使得一些学生此时对异性有意疏远。常表现为：不愿与异性同座，在活动中躲避与异性接触，对比较接近的男女同学进行嘲讽等。

不过，表面上男女界限分明的真正原因，在于与异性交往的不安与羞涩。这是一段短暂的、引发日后对异性兴趣与爱恋的前奏曲。

2. 对异性的关注与接近阶段

短暂的疏远与相斥之后，是渐浓的关注与接近。在初二三年级逐渐明显，表现为刻意修饰打扮自己，并以各种理由接近异性。少数大胆者会从眉目传情发展到写纸条、写信示爱。此阶段的男生女生正处于钟情、思春的朦胧状态，其对异性的关注具有明显的好奇性、试验性、模仿性和盲目性，其交往指向多是泛泛的，大多是因相互的好感自然吸引。

3. 对异性的追求与爱恋阶段

随着对异性关注的增多和接近的频繁，高年级的学生已经能感受到异性吸引的情感撞击和性欲的冲动。当这种心理较为专一地指向某一异性时，便有了纯洁而幼稚的初恋，并产生相应的追求行为。初恋的心理，既有欢乐喜悦、痴迷陶醉，也有羞涩不安、疑惑戒备，错综复杂。

一般情况下，孩子在这个时期对感情的态度是非常纯洁的，如果家长在这一时期能够积极沟通和引导，将有助于孩子正确处理这类问题。如果采用简单粗暴的方式，反倒会让孩子陷入苦恼之中，并常伴有深深的自责或对家长的不满。

复习思考题

1. 你怎么认识心理发展这一概念？
2. 简述心理发展的阶段和一般规律。
3. 简述心理发展的影响因素。
4. 简述毕生发展观及其对当前社会的影响。
5. 皮亚杰的认知发展理论是什么？
6. 埃里克森的人格发展理论的主要内容是什么？
7. 试述维果茨基的心理发展思想。
8. 简述小学生的认知发展的特点。
9. 简述小学生自我意识的特点。
10. 简述自我意识的内涵。

11. 试述青春期在个体发展过程中的地位。

12. 简述中学生认知发展特点。

13. 简述中学生情绪发展特点。

14. 简述中学生自我意识发展的特点。

15. 根据中学生的一些突出心理特点，在教育中应当注意哪些问题？

参考文献

1. 林崇德. 发展心理学[M]. 2版. 北京：人民教育出版社，2009.

2. [美]Newman，Newan. 发展心理学[M]. 白学军，译. 8版. 西安：陕西师范大学出版社，2005.

3. 王惠萍，孙宏伟. 儿童发展心理学[M]. 北京：科学出版社，2010.

4. 桑标. 当代儿童发展心理学[M]. 上海：上海教育出版社，2003.

5. 周宗奎. 现代儿童发展心理学[M]. 合肥：安徽人民出版社，1999.

6. 张文新. 儿童社会性发展[M]. 北京：北京师范大学出版社，1999.

7. 莫雷，张卫，等. 青少年发展与教育心理学[M]. 广州：暨南大学出版社，1997.

8. 黄煜峰，雷雳. 初中生心理学[M]. 杭州：浙江教育出版社，1993.

9. 郑和均，等. 高中生心理学[M]. 杭州：浙江教育出版社，1993.

10. 唐龙云. 新编心理学教程[M]. 银川：宁夏人民出版社，2001.

11. [英] David Whitebread. 小学教学心理学[M]. 赵萍，等译. 北京：中国轻工业出版社，2002.

第八章　学习心理

【内容提要】

本章分学习及学习理论、知识的掌握、学习策略三节内容。

学习理论包括：学习的实质及类型、学习理论。

知识的掌握包括：知识的分类、知识的表征、陈述性知识的学习、学习的迁移。

学习策略包括：学习策略的分类、认知策略、元认知策略、学习策略的训练。

【学习目标】

学习心理属于教育心理学的核心内容，通过学习能够帮助学生加深对学习规律的认识，形成现代科学的学习观；学会分析学习过程中的种种心理现象，掌握知识传授中的原则和方法；掌握学习策略方面的初步技能，提高自身的学习能力。具体教学目标有：

1. 理解学习的实质与类型，能够举例说明不同的学习类型。
2. 能够举例说明试误说及顿悟说的基本观点，能够比较两者的异同。
3. 掌握斯金纳的操作性条件作用学习理论，并认识到它与试误说的关系。
4. 了解班杜拉的观察学习，并认识到它与其他行为主义学习理论的联系与区别。
5. 了解布鲁纳与奥苏伯尔的学习理论，并认识两者的联系与区别。
6. 理解建构主义的知识观、学习观、师生观，并认识到它对当代教育改革产生的影响。
7. 了解罗杰斯的学习理论，并能够区别他与奥苏伯尔对有意义学习的不同解释。
8. 能够举例说明理解陈述性知识与程序性知识的联系与区别。
9. 初步掌握促进陈述性知识掌握的策略。
10. 能够举例说明学习迁移的定义及类型。
11. 了解影响学习迁移的因素，掌握促进迁移的教学原则。
12. 掌握学习策略的分类，并能够举例说明。
13. 掌握学习的认知策略(含复述的策略、精加工策略、组织策略)及元认知策略，并能够运用这些知识分析自己在学习策略方面的成败经验。

【关键词】

学习；接受学习；发现学习；机械学习；意义学习；试误说；顿悟说；观察学习；认知结构；知识的建构；陈述性知识；程序性知识；上位学习；下位学习；并列学习；学习的迁移；正迁移；负迁移；学习策略；认知策略；元认知；元认知策略

学习心理是教育心理学的重要组成部分。1903 年，美国心理学家桑代克出版了《教育心理学》一书，标志着教育心理学的正式诞生。教育心理学是一门研究教育情境中学与教的心理规律的科学，是介于心理学与教育学之间的交叉学科。

经一百余年的发展，教育心理学逐步形成了两大研究领域：一是学习心理，包括学习的基本理论、知识的掌握、学习策略等内容；二是教学心理，包括教学设计、课堂管理、教学评价、教师心理等内容。

第一节　学习及学习理论

一、学习的实质及类型

(一)学习的内涵

1.学习的定义

学习的概念有狭义与广义之分：狭义的学习仅指“正式学习”，即事先有明确学习目的和学习任务的学习。如学生的学习、成人接受培训或自学等。广义的学习包括“正式学习”与“非正式学习”。非正式学习指没有事先的学习目的和任务，而是在各种生活经历或实践活动中不自觉地积累经验、掌握技能、提高能力、形成习惯或态度的过程。

从广义上给学习下定义就是：学习是有机体由经验引起的行为或行为潜能的相对持久的变化过程。

我们可从以下四个方面来理解广义的学习概念。

(1)学习的结果(或目的)是引起行为或行为潜能的变化。显性的行为的变化如从不知到知、从不会到会、从不能到能等。但有些学习只是导致思想观念、情感态度等方面的变化，它们不一定引起显性的行为变化，但会对隐性的行为潜能产生广泛的影响。

(2)行为变化必须是“相对持久”的。因此，由情绪波动、疾病、疲劳等所引起的暂时的行为变化不属于学习范畴。

(3)学习是由经验引起的。经验分直接经验与间接经验。直接经验指个体通过亲身经历获得的切身体验。间接经验指通过语言等媒介传播的前人(或他人)的经验，书本知识就属于间接经验。因此，由残疾、衰老等引起的持久的行为变化不属于学习范畴。

(4)经验是后天习得的，因此学习的概念不包括先天的本能或由生理成熟所导致的行为变化。例如，随着身体发育、体力增强，儿童的负重能力等会发生持久变化，青春期后个体会出现心理、生理及行为的一系列持久变化，这些都不属于学习的范畴。

2.学生学习的特点

(1)学生的学习以掌握间接经验为主。人类的认识一般是从亲身实践开始的，学生的学习也离不开亲身实践与体验，但是由于受年龄及环境条件限制，学生不可能对学习的各种知识都事先有亲身实践的机会，更多的情况是在学校情境中通过教材、教师的传授间接地学习掌握前人的经验，然后再以自身的直接经验逐步同化间接经验。

(2)学生的学习是在有计划、有目的、有组织并有教师指导的情况下进行的。学生的学习必须在有限的时间内完成掌握前人系统知识的任务。

(3)学生是学习的主体。在学校教育中，教师的教是手段，学生的学才是目的，因此，学生是学习这一认识活动的主体。教师的教学目标、教学内容、教学方法都必须从学生出发，为学生的成长服务。确立学生学习的主体地位，已成为现代化教育的本质要求。

(二)学习分类

1.根据学习内容分类

我国学者冯忠良根据教育系统中传递的经验内容的不同将学生的学习分为三类：

(1)知识学习。即知识的掌握，在头脑中建立起相应的知识结构。

(2)技能学习。它包括动作技能与心智技能的学习。

(3)社会规范学习。它是指把外在的行为要求内化为主体的行为需要的过程。

2.根据学习方式及性质分类

美国心理学家奥苏伯尔根据两个维度，对认知领域的学习进行了分类。

一是按学习进行的方式，将学习分为接受学习和发现学习：接受学习是指导教师以定论式的方式向学生传授知识，学生被动接受知识的学习方式；发现学习是在教师引导下学生主动思考、自主发现知识的学习方式。

二是按学习过程的性质，将学习分为有意义学习和机械学习：机械学习是主要通过机械识记掌握知识的学习方式；有意义学习是通过理解知识的意义而掌握知识的学习方式。

3.根据学习结果分类

加涅从学习结果的角度将学习分成五类：

(1)言语信息。言语信息是指能用言语表述的知识。

(2)智慧技能。智慧技能主要是指运用概念和规则分析问题或解决问题的能力。如计算、写作等。

(3)认知策略。认知策略是指用以支配注意、学习、记忆和思维以提高效率的能力。智慧技能指向于学习者的外部信息，而认识策略是调控个人内部学习行为的方法和策略，如学习策略等。

(4)动作技能。动作技能是指通过练习获得的、按一定规则协调自身肌肉运动的能力。

(5)态度。态度是指习得的对人、对事、对物等的内部准备状态或反应倾向。

4.根据学习意识水平分类

(1)外显学习。外显学习是指学习者通过自觉的学习过程获得明确的学习结果的学习。

(2)内隐学习。内隐学习是指学习者在生活过程中不自觉地获得“默会知识”的过程。默会知识具有“只可意会、不可言传”的特点，它既不能由别人传授，必须通过自己亲身实践去感受，也不能用语言与别人交流。例如学骑自行车、人际交往能力的提高等。内隐学习和默会知识往往隐藏在显形认知背后，大多具有无意识的特点，容易被个体所忽略。

二、学习理论

由于学习问题本身具有复杂性，研究者的文化背景、知识经验以及指导思想和研究方法也不相同，研究者对学习的某些根本问题的理解存在分歧，从而形成了各种不同派别的学习理论。

学习理论的发展脉络

学习是一个心理活动过程。学习理论是对学习过程中心理机制及规律的探究。截至19世纪,已有许多学者对学习问题进行了探讨和论述,但都属于哲学思辨或经验概括,桑代克第一个用动物实验的方法研究学习规律,标志着具有科学性质的学习理论正式形成。

1. 行为主义学习理论

20世纪初,桑代克首创学习的"联结理论",后被行为主义(华生、斯金纳等)继承和发扬。由于行为主义特别强调研究方法的客观性和科学性,在西方社会当时科学主义思潮的背景下,行为主义在心理学界占据主流地位长达半个世纪之久。而此阶段相续出现的早期认知学派的学习理论(如苛勒、皮亚杰、维果茨基等)则被边缘化。

行为主义的代表人物众多,但他们都有以下共同特点:其一,忽视意识(内在心理过程)在学习中的作用,只在行为层面研究学习。其二,强调环境对学习的决定作用,认为人和动物都像机器一样被动地被环境刺激所驱动,被环境因素所塑造。其三,重视"强化"手段在学习中的作用。

行为主义对心理学的科学化做出了重大贡献,它的学习理论也揭示了学习中的一些客观规律,但由于它固有的机械论立场,忽视人的主观能动性,因而又使其具有很大的片面性。20世纪60年代,随着认知心理学和人本主义心理学的兴起,行为主义逐渐衰落。

2. 认知学习理论

20世纪60年代,随着计算机及信息科学的兴起,出现了"认知心理学革命"。其重在研究学习者对环境刺激(信息)的内部加工过程和机制,而不限于研究外显的刺激与反应;重在研究人是如何形成概念、理解事物和解决问题,而非只是研究实验室中的动物行为学。他们强调:学习是主动的心智活动,是内在认知表征或认知结构的形成、丰富或改组的过程,而不是简单的行为塑造或改变过程。

认知学习理论分为以下两个分支同时发展着。

一派是以加涅、安德森为代表的信息加工学习理论,主要受计算机科学和信息论的启发,将人脑类比为电脑,从信息的输入、编码、储存和提取流程来分析人的学习过程及内部机制。

另一派是以布鲁纳和奥苏伯尔为代表的认知结构学习理论,他们继承发扬了苛勒等人的格式塔理论,并吸纳了皮亚杰的认知结构思想,他们认为学习者已有的认知结构(知识体系)作为内在的信息编码系统左右着个体对于新信息的选择、理解、组织和推理,把学习看作学习者认知结构的形成、重组与不断发展的过程。20世纪80年代后,在这个分支的基础上进一步发展出了建构主义学习理论。

3. 建构主义学习理论

建构主义学习理论形成于20世纪80年代,是认知结构学习理论进一步发展和分化的产物，它以皮亚杰、维果茨基的心理学思想为理论基础，并综合了杜威的教育学思想，借鉴了当代认知心理学及计算机科学的新成果，提出了一套全新的教育理念及主张，很快成为当今世界教育中最具影响力的学习理论。该派理论代表人物众多，而且出现了许多分支，主要有在皮亚杰理论基础上发展起来的个体建构主义，以及在维果茨基理论基础上发展起来的社会建构主义。

建构主义将“情境”、“协作”、“会话”和“意义建构”看作学习中的四大要素，认为个体根据已有的经验背景以及情境信息来建构自己对知识的理解，并通过“学习共同体”中个体理解的交互从而形成“社会性理解”。

4.人本主义学习理论

人本主义心理学是20世纪50—60年代在美国兴起的一种心理学思潮，其主要代表人物是马斯洛和罗杰斯。他们主张人性本善，强调人的自主性和创造性，强调开发人的潜能，以促进人格的健全发展及自我实现。

人本主义提出了极具特色的学习理论。他们既反对行为主义的机械论立场，同时也批评认知主义只重视认知结构，而忽略了人在学习中的情感、态度、价值观等非认知因素。人本主义认为，学习的目的不仅仅是学习知识，更深远的意义是促使学习者的人格得以健全发展，成为一个自我实现的人。

人本主义学习理论的基本立场是：以人为本，不以知识为本；重人格培养，轻技术教育；以个体幸福为目的，不以成功为目标。

(一)行为主义学习理论

1.桑代克的联结学习理论

桑代克为了研究人和动物最基本的学习规律，设计了著名的“猫开谜笼”实验（见图8-1）。实验中将饥饿的猫关进笼子里，笼子外面放置一条鱼。猫必须踩到机关，才能打开笼门，出来吃到鱼。猫开始只是盲目尝试，在大量错误反应中偶然踩到了机关，出来吃到了鱼。经过同样的多次反复之后，这只猫逐渐减少错误反应，每次打开笼门的时间逐渐缩短，最后掌握了打开笼门的技能。

桑代克从实验中得出结论：学习的实质是刺激与反应（S-R）之间的联结，学习的过程是通过盲目尝试、逐渐排除错误直至成功的过程。该理论被称为学习的“尝试错误说”，简称“试误说”。

图8-1　猫开谜笼实验

桑代克认为，学习过程不需要意识（观念或思维）的参与，只是经过反复的盲目尝试，在逐渐排除错误的过程中，最终形成刺激情境（如猫被关在笼子里，笼外放着鱼）与正确反应（踩到机关）之间形成的联结。

桑代克是第一个用动物实验研究学习规律的心理学家，并提出了对后世影响深远的“试误说”。该理论可以解释人和动物的许多学习机制，但他认为人和动物所有的学习都通过“试误”而形成，夸大了该理论的适用范围。

2. 斯金纳的操作性条件作用学习理论

斯金纳把人和动物的行为分为两类:应答行为和操作行为。

应答行为是对明确刺激做出的回应性行为。如巴甫洛夫所做的条件反射实验:给狗吃肉的同时伴以铃声,多次重复后,只要听到铃声,狗就会分泌唾液。其中,铃声是个明确的刺激,狗分泌唾液的行为是对铃声的应答。现实生活中也有大量的应答行为,如有人叫你的名字,你会立即回应;学生听到上课预备铃声,就走进教室等。这些都是在过去生活过程中形成的条件反射现象,斯金纳称其为经典性条件作用。

操作行为是指在没有明确刺激物的情况下做出的自发行为。斯金纳认为,巴甫洛夫的理论还不完善,不能解释现实中大量存在着的人和动物的自发行为。如人和动物在没有明确刺激物的情境中也会出现许多自发的"尝试"行为,如寻找食物、寻找问题答案等。斯金纳称其为操作性条件作用。这与桑代克的"尝试一错误"说是一脉相承的。

斯金纳在桑代克的基础上改进了实验方法,他用小白鼠等动物为实验对象,并且设计了一种更为精密的实验装置——斯金纳箱(见图 8-2),箱内有装有小食丸的漏斗装置,食物是看不见的,下面有一个小压板,只要按到压板,就有一粒食丸从漏斗中漏出。实验中,饥饿的小白鼠在并未见到明确刺激物(食物)的情况下就开始了大量的自发性"操作行为",不停地在箱里到处乱跑乱咬。其中,只有当无意中按到小压板时才能够得到食物,该操作便会得到强化,从而使反应概率增加;而没有得到食物的那些操作(其他错误反应),其反应概率就会下降。经过多次反复,正确操作因不断得到强化,反应概率不断上升,小白鼠最终掌握了获取食物的技能。

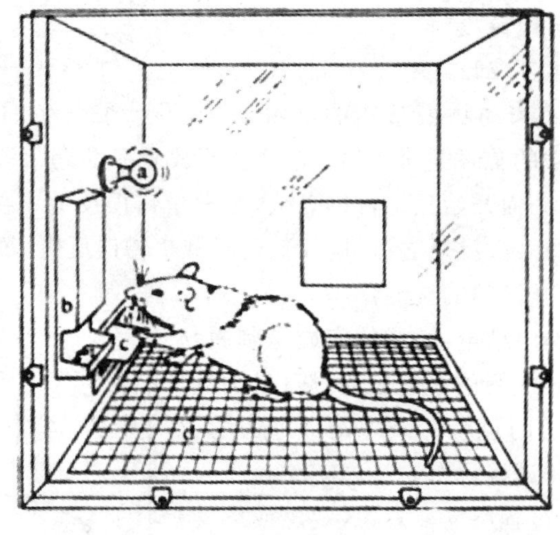

图 8-2 斯金纳箱

斯金纳认为,学习实质上是一种反应概率上的变化,而强化是增加反应概率的手段。如果一个操作出现后,有强化尾随,则该操作概率增加,反之则反应概率下降,直到消失。因此,强化是学习的关键因素,只要设计出合理的强化程序,就可以任意"塑造"出人或动物的任何行为。为此,他对强化做了系统的研究,区分了正强化与负强化、及时强化与延缓强化等概念。

斯金纳还对强化程序做了深入细致的研究，并在此基础上提出了通过“小步子原则”塑造复杂行为的整套技术。即将总体的学习目标分解为许多小的步骤，在学习者每表现出一种趋近分解目标的反应之后便给予及时强化，逐步提高要求，直到把多个反应连贯成一种复杂的行为，这种通过小步子反馈来帮助学习者形成新行为的方法就是“塑造”。用此方法，他成功地“塑造”出鸽子弹钢琴、打乒乓球等复杂行为。

斯金纳以其精密的实验设计发展了条件反射学说，同时提出了一套完整严谨的强化理论，将行为主义心理学发展到顶峰，在20世纪50年代曾轰动一时。但他完全无视学习的内在心理过程及人的自主性和能动性，也把行为主义的机械论弊端发展到极致。此外，他的研究局限在动物的简单学习上，没有涉及有机体的内部认知过程，不能有效地解释人类的高级学习行为。

3.班杜拉的社会学习理论

班杜拉活跃于20世纪60—70年代，他的理论既受行为主义影响，又受到新兴认知理论的影响。他试图融合两种立场，被称为“新行为主义”。

班杜拉认为人类的学习有两种形式：一种是直接学习（又称“参与性学习”），如通过试误形成操作性行为；另一种是间接学习（又称“替代性学习”）。他认为人类的高级行为的形成有些不必通过试误（如语言），有些则不容许试误（如开车、做手术）。人可以通过观察与模仿他人的行为及行为后果而习得行为，他称之为观察学习。他认为间接的观察学习比直接的试误学习有着更高的学习效率。只有这样，人类才能够在较短的时间内掌握大量的复杂社会行为。

班杜拉通过让儿童观看电影的方法进行观察学习的实验。让三组儿童分别观看一个成年男人踢打塑料娃娃的电影场面，但各组影片的行为后果不同。其中第一组儿童看到的是成年人的行为受到奖励，第二组儿童看到的是成年人的行为受到惩罚，第三组儿童看到的是成年人的行为既没得到奖励也没得到惩罚。看完之后让三组儿童进入一个游戏室，里面放着一个与电影中一样的塑料娃娃。结果发现，这些儿童对塑料娃娃的攻击行为第一组最多，第三组次之，第二组最少。

班杜拉总结出观察学习具有以下特点：

（1）观察学习的产生并不依赖于直接强化。实验中儿童通过观察榜样的行为及其后果（得到的是奖励或惩罚）而影响到对该行为的习得或表现，而不必自己亲身体验直接强化。班杜拉称之为“替代性强化”，因此，观察学习实质上是一种替代性学习。

（2）学习来自观察与模仿，但观察学习不等于简单的模仿，它具有认知性。班杜拉将观察学习形式分为以下三种：一是直接的观察学习，它是指对示范行为的简单模仿，如幼儿的大部分模仿行为；二是抽象性观察学习，观察者从对他人行为的观察中可概括出一定的行为规则或原理，在观察者以后的行为中能根据这些规则或原理表现出某种类似的行为；三是创造性观察学习，观察者可将各个不同榜样的行为特点综合成新的行为方式。

班杜拉社会学习理论是对传统行为主义理论的重大发展与校正，它吸纳了认知心理学的思想成果，注重认知因素对行为的影响，深化了对学习的认识。此外，它注重学习过程的自我控制、自我调节作用，肯定了人类学习的主观能动性。但班杜拉仍然侧重于在行为层面研究学习问题，对整个内部意识在学习中的作用仍然重视不足，从而影响到其理论的深刻性。

(二)认知学习理论

1.苛勒的顿悟学习理论

20 世纪初,德国出现格式塔心理学(“格式塔”是德语音译,有完形、构造、整体等含义),强调心理活动的组织性和结构性特点。苛勒是其代表人物之一。

苛勒用黑猩猩做实验,提出了与桑代克“试误说”相对立的“顿悟说”。苛勒给黑猩猩设置了许多问题情境,然后看它能否解决以及如何解决。如将香蕉从窗户扔到室外,然后关上窗子,黑猩猩知道从房门出去取到香蕉;或将香蕉悬挂在屋顶上,屋内放有几只箱子,部分黑猩猩能够将几只箱子叠起来取到香蕉(见图 8-3);或将黑猩猩关在笼子里,将香蕉放在其手臂够不到的地方,笼子旁放有手杖,大多数黑猩猩都能够用手杖将香蕉拨过来。然后再将问题复杂化,将香蕉放得更远些,笼子旁放两根短竹竿,最聪明的黑猩猩能够将两根短竹竿接起来用以取香蕉。

图 8-3 苛勒的黑猩猩实验

根据以上实验,苛勒认为类人猿有着和人类相似的智慧行为,这种行为的明显特征是:在行动之前已明确领会到了自己行为的目的、手段以及结果,特别是在概览了整个情境后对自己的动作、情境及目的物之间的关系产生了豁然的领悟,苛勒将之称为“顿悟”,它是一种飞跃的、突现的过程。苛勒由此得出结论:学习并不是一种盲目的尝试错误的过程,而是对问题情境诸要素之间整体关系形成“顿悟”的过程。学习的实质是在主体内部构造一种“完形”。完形是一种心理结构,是对事物关系的认识。学习过程就是察觉问题情境中的关键要素,并发现这些要素之间的关系与结构。

苛勒的学习理论对认知心理学产生了深远的影响。

2.布鲁纳的学科结构理论

布鲁纳是一位在西方教育界和心理学界都享有盛誉的学者。他继承并发展了苛勒、皮亚杰等人的结构主义思想,并首次将学习理论的研究与学校教育教学的现实相结合,大大增强了理论学习对现实学习的指导作用,20 世纪 60—70 年代世界性的教育改革运动与布鲁纳的学习理论有着密切的关系。他的主要观点有:

(1)学习的实质是认知结构的形成与发展。

布鲁纳认为,知识结构有两种形式:一是学科知识结构,如书本中的知识结构;二是认知结构，即学生头脑中的知识结构。认知结构既是在先前学习过程中逐步形成的，又是学习新知识的重要基础。学习的过程就是通过掌握学科知识结构从而形成并不断完善学生的认知结构的过程。一门学科的教学不能只着眼于一些知识与技能的掌握，教学的重点应是使学生逐步掌握该学科的基本结构（如基本概念、基本原理、基本方法等），以逐步造就学生头脑中的合理的认知结构。

拓展阅读 8-2

布鲁纳的认知结构思想

认知结构最早是皮亚杰提出的概念，布鲁纳对此做了深入的阐释。他将认知结构看作个体头脑中表征现实世界的归类——编码系统。

这一概念包含两层含义：首先是指个体头脑中的知识及经验体系。它以分类方式形成结构化的组织（编码系统）。其次，认知结构还是个体知觉事物以及推理的参照框架，它制约着个体的认知方式。

布鲁纳将认知结构看作制约学习的核心因素。学习的实质就是个体头脑中认知结构的形成并不断重组和发展的过程，随着认知结构的不断丰富和完善，个体的认知能力及认知方式会不断提升。

布鲁纳认为，归类是人类基本的认知方式，归类的作用是简化信息，人类正因为具有归类能力，才不会被复杂的环境信息所压垮。例如，据研究，人类能够知觉到的颜色多达700万种，人们把它归为赤、橙、黄、绿、青、蓝、紫七大类，每类下面又分子类。归类使颜色信息趋于简化。

编码系统是对相关类别做出有层次的结构安排，较低级的类别比较具体，越高级的类别越具有概括性，从而越具有简化信息的作用。

归类与编码系统是个体知觉以及理解事物的参照框架。人的所有认知活动都涉及类别问题。当个体遇到新事物时，并非将其当作全新的刺激从头知觉和理解，而是试图将其与已知的某种类别联系起来给予初步判断和推理，这样，他所“理解”到的信息就超越了事物“所给的信息”，超越了直接的感知材料。

人是借助已经建立起来的类别系统来感知和处理外界信息的，并基于外来信息建立新的类别。如果某种新信息与一个人已有的分类系统全然无关，它会使人感到茫然不知所措。正如远古时代的人看到月食、极光等现象而感到神秘不解一样。

概念是人类对环境信息进行归类的最基本表现形式，是对一类事物共同属性的概括。学生掌握一个新概念，实质上就是在头脑中创建一个新的类别。

（2）发现学习是最佳的学习方式。

布鲁纳将传统的教学方式称为“接受学习”，并认为它只能导致学生的机械学习，对此给予了彻底否定。他提出了与之相对立的“发现学习”理论。他认为，发现学习至少有以下四个优点:其一,有利于充分挖掘潜力,最大限度地调动学习者的思考;其二,有利于激发内在的学习动机;其三,有利于使学生学会发现的技巧,培养学生批判性思维与创造性思维;其四,有利于知识的保持和检索。

发现学习理论一经提出,马上引发了美国相应的教育改革,但在实践中也发现发现学习法有其局限性,比如费时太多,不能保证教学进度,而且要求学生必须具备相关基础知识以及较高的动机水平和一定的智力水平,否则发现学习无法正常开展。

3.奥苏伯尔的有意义接受学习

奥苏伯尔继承和发展了布鲁纳关于认知结构的理论,但他反对布鲁纳对接受学习的全盘否定。鉴于发现学习费时太多的缺陷,他提倡学校教学中应以接受学习为主,以发现学习为辅。关键是如何避免接受学习滑向机械学习,他用"有意义的接受学习"理论重新为接受学习恢复了名誉。

(1)有意义学习的条件。

奥苏伯尔认为,导致有意义学习的条件有三个:首先,学习材料本身必须具有内在的逻辑意义;其次,学习者原有的认知结构中必须具有同化新知识的相应基础知识;最后,学习者还应有理解所学知识的动机或心向。上述三个条件缺一不可,否则便会导致机械学习。

奥苏伯尔反对布鲁纳认为接受学习必然导致机械学习,只有发现学习才能导致有意义学习的观点,他认为,无论是接受学习还是发现学习,都有可能导致有意义学习,同时也有可能导致机械学习。如果教师讲授得法,接受学习也可以是有意义的学习;如果学生只是机械地记住解决问题的步骤或者是通过盲目试误而发现答案,同样也属于机械学习。

(2)先行组织者。

奥苏伯尔认为,传统教学导致机械学习的主要原因之一是由于在学生还不具备起固着作用的先前知识时,教师就要求他们学习某种新内容。这就使得学生无法理解所学内容。

因此,在教学之前,教师应分析学生已有的知识结构,如果学生缺少学习新内容所需要的先前知识背景时,就应该在教学之前先向学生介绍这种知识。奥苏伯尔把这种先于学习任务本身所呈现的准备性和引导性材料称为"先行组织者"。它可以在学生已有的知识与新学内容之间架设一道桥梁,从而促进学生能够有效地理解新知识。

4.加涅的累积学习说

加涅被公认为将行为主义学习论与认知主义学习论相结合的代表。他从两大理论中汲取合理的成分,并且在 20 世纪 70 年代之后引进现代信息论的观点和方法,从而成为认知学习理论流派中强调信息加工模型的代表人物。

加涅认为,人类学习是一个由简单到复杂的累积过程。人们只能在掌握了相对简单的知识技能基础上才能进一步学习更高一层的知识技能。他按复杂程度将学习划分成 8 个层次:①信号学习(经典性条件反射)。②刺激—反应学习(操作性条件反射)。③动作链索(多种条件反射的联结)。④言语联想(言语层面的联结,如单音节联成复合音节,将单词组成句子等)。⑤辨别学习(知觉的分化,如辨别物体颜色、形状,辨别不同字形等)。⑥概念学习(包括具体概念与定义概念)。⑦规则学习(即原理的学习)。⑧问题解决或高级规则的学习(将简单规则组合起来解决复杂问题)。

加涅认为,知识的学与教的过程都可以分为以下8个阶段:①动机阶段。引发学生对达到学习目标的心理预期。②了解阶段。引起学生的注意,使刺激情境的具体特点能被学生有选择地知觉到。③获得阶段。即对选择的信息进行加工。④保持阶段。获得的信息经过复述、强化之后,在长时记忆中永久地保存下去。⑤回忆阶段。这是知识的检索过程,也就是寻找已经储存在长时记忆里的知识,使其复活的过程。⑥概括阶段。把已经获得的知识和技能应用于新的情境之中。⑦作业阶段。提供应用知识的时机,使学生显示出学习的效果。⑧反馈阶段。学习者因完成了新的作业并意识到自己已达到了预期目标,从而使学习动机得到强化。

此外,加涅还对学习的层次和条件、学习的结果等问题进行了深入细致的研究。这些研究为教学设计提供了重要的理论依据。

(三)建构主义学习理论

建构主义是认知学习理论进一步发展和分化的产物,它以皮亚杰、维果茨基的心理学思想为理论基础,并综合了杜威、布鲁纳的思想,借鉴了当代认知心理学及计算机科学的新成果,提出了一套全新的教育理念及主张,很快成为当今世界教育中最具影响力的学习理论。

拓展阅读8-3

皮亚杰及其发生认识论

让·皮亚杰,瑞士心理学家,发生认识论的创始人,当代最著名的认知心理学家和儿童心理学家之一。他的认知发展理论成为这个学科的典范。他先是一位生物学家,之后成为发生认知论的哲学家,更是一位以儿童心理学之研究著名的发展心理学家。他的理论对于当今的心理学、哲学、教育学、人工智能等领域都产生了难以估量的深远影响。

皮亚杰自幼聪慧过人,早年就对生物学有浓厚的兴趣,11岁时就发表了有关鸟类生活的观察论文,有科学神童之称。15岁上大学,主修生物学专业,22岁获博士学位。之后又周游欧洲,到处求学。广泛涉猎科学史、哲学、逻辑学、心理学等多种学科,之后开始深入研究儿童心理及认识论问题。1955年,他在日内瓦创建国际发生认识论研究中心,并召集了一批著名的心理学家、逻辑学家、哲学家、语言学家、控制论专家、数学家、物理学家和教育学家等,联合起来研究发生认识论问题。

皮亚杰一生著作等身,共发表论文500多篇、出版专著70多部。

皮亚杰的发生认识论为建构主义奠定坚实的理论基础,其基本观点是:

首先,认识既不是来自客体,也不是来自主体,而是来自主体与客体的相互作用。主体与客体的相互作用是通过动作(或说活动、实践)这一中介物而实现的,因此可以说,认识来源于动作或实践。

其次,认识活动的内在基础(或说内核)是“图式”,它是先天的,是人类作为高度发达的生物在漫长的生物进化过程中逐渐形成并不断提高的一种机能。它是认识发生的前提，并在个体后天的经验过程中不断地发展着。

再次，主体与客体之间的相互作用方式是“同化”和“顺应”，它们是一种双向关系。同化是按原有图式理解新信息，使新信息与原有图式相适应。顺应是改变原有图式以适应新信息。“图式”在这两种机制作用下不断发展。

最后，由于认识是主客体之间相互作用的产物，因此，认识及其产物（知识或说真理）既不是纯客观的，也不是纯主观的，“建构”意味着“创造”，皮亚杰的一句名言就是“理解就是创造”。但这不是任意主观的创造，而是主体在受客体一定制约下的创造，它是机体与环境相互作用达到某种平衡的结果。

1. 建构主义的知识观

建构主义信奉一种相对主义真理观，认为任何知识都不是对现实的纯粹客观的反映，不是解释现实世界的“绝对参照”，它只不过是人们对客观世界相对可靠的一种解释、假设或假说。任何知识也不是问题的最终答案，它必将随着人们认识程度的深入而不断地变革、升华和改写，出现新的解释和假设。“科学不是一种静态的、绝对正确的知识体系，它不是一种完成状态，而是对某种规律的探索过程，是动态地进行时……”

建构主义的这种知识观对传统的课程和教学理论提出了巨大挑战。教师不能把知识作为预先决定了的东西教给学生，不要用教师对知识正确性的强调作为让学生接收的理由，不能以用社会性的权威（如科学家、教材等）去压服学生。学生对知识的接收，只能以他们自己的经验为背景，对新知识进行分析、检验和批判。学习的结果不仅在于“知”，而且在于“信”，学习者对知识的接受需要其“经验事实”的支持。学习者头脑中过去积累的“经验事实”构成了他对知识的信念，只有符合其信念的知识才能成为其可接受的知识。

2. 建构主义的学习观

建构主义认为，个体根据已有的经验背景以及情境信息来建构自己对知识的理解，并通过“学习共同体”中个体理解的交互从而形成“社会性理解”。建构主义强调个体经验及真实情境在知识理解中的作用，强调社会建构的作用。

(1)知识建构是一个意义生成的过程。

知识的建构是指将新的学习材料整合于学习者已有的认知结构之中并使认知结构不断生长的过程。这也是一个意义生成的过程。

首先，知识在没有被理解之前，只不过是一串文字符号而已，对学习者是没有意义的，意义是新旧知识在学习者头脑中相互作用而生成的。人们总是根据头脑中的已有知识经验赋予新知识以含义或价值，从而形成对新知识的理解。

其次，知识的建构是一个能动的内部过程，它带有强烈的主观性。学习不是学生从教师或教材那里“复制”知识的过程，教师或教材所传递的知识仅仅提供了可供学生加工的学习材料，这些材料必须经学习者头脑中认知结构的改造和重组，才能生成意义。人脑并不是被动地记录所输入的信息，它总是根据自身需要主动地选择一些信息，忽视一些信息，同时根据个人头脑中的已有经验做出个人的推论，从而对新信息进行个性化解释。总之，知识的建构需要学习者的主动参与，是无法由他人代替的，学习是一个“自得于心”的过程。

最后，知识的建构是一个“同化”与“顺应”的双向过程。一方面，当新学习的材料与原有观念一致时，会将新的学习材料同化于原有观念之中，从而使原有的认知结构丰富和发展。如学生在学习“重力”或“摩擦力”概念时，会将其同化到原有的“力”概念之中，从而丰富了对“力”概念的理解。另一方面，当新材料与原有观念不一致时，还需要调整原有的认知来顺应新材料，从而引起原有认知结构的改造或重组。如在把“定滑轮”看作“杠杆”的特例同化到认知结构中时，学生关于“杠杆”的概念会发生改变：杠杆不一定是细长型的，也可以是一个轮子。总之，知识的增长不是一个信息的简单“积累”过程，而是一个认知结构的“生长”过程。其中，同化引起认知结构的量变，而顺应引起认知结构的质变。

(2)学习的基本条件。

建构主义认为，有效的学习(或说知识的建构)必须具备三个条件：

一是学习者的先前经验。包括先前日常经验(直接经验)与先前课内经验(间接经验)。以往的认知理论偏向强调学生的课内先前经验(即认知结构)对新学习的影响，而建构主义者更侧重于强调日常先前经验对学习的影响作用。

二是知识所赖以产生的情境。建构主义者强调，知识的意义总是情境性的，知识源于现实、寓于现实、用于现实，因而对知识的理解也需要相关的感性经验以及现实中的对应物，知识的建构不仅仅依靠新信息与学习者头脑中的已有信息的相互作用，而且还需要学习者与相应情境的相互作用。知识与具体情境相结合，既有利于知识的理解和迁移，也有利于知识的应用。因此，建构主义提倡“情境性教学”(又称“抛锚式教学”)，即学习最好是在“真实情境”中解决“真实的任务”。最理想的学习形式是类似在职培训的“学徒式教学”(又称“认知学徒式教学”)。

三是学习的共同体。由于建构主义强调知识建构的个人性与主观性，这就意味着每个人都以自己的方式建构对事物的理解，从而不同人看到的往往是事物的不同侧面，不存在唯一正确的理解。因此，学习还有必要通过学习者之间的合作及交流(会话)以起到互相启发、互相印证、互相补充的作用，在此过程中，每个学习者的思维成果为整个学习群体所共享，从而使个人的理解更丰富、更全面、更深刻，最终达到“社会性建构”。为此，新建构主义提倡“合作学习”，即由学习者与教师及同伴组成“学习的共同体”，共同体成员分担不同的任务，互相配合，共同完成学习目标。这种学习方式又称“分布式认知”。

综上所述，建构主义学习理论将“情境”、“协作”、“会话”和“意义建构”看作学习中的四大要素。在此基础上，新建构主义提出的教学原则有以下六条：基于问题的学习、基于情境和任务的学习、基于探究的学习、基于案例的学习、基于内在驱动的学习、基于社会性的学习(合作学习)。在学习的评价方面，建构主义提倡评价标准的多元化，重视学习过程的评价，将评价置于特定的背景之中。

3.建构主义的师生观

建构主义能动建构的学习观必然会导致教学中师生地位的根本变化，学生的地位从传统的被动的知识接受者转变为主动的知识建构者，教师的地位从传统的知识拥有者、传递者及解释者转变为学生建构知识的引导者与合作者。这是继杜威之后，对传统的“以教师为中心”的教育理念又一次也是更彻底的颠覆，是当代“以学生为中心”或是“以学生为本位”教育理念最有力的理论依据。

建构主义要求学生形成自己是知识建构者的自我定位，从而采取一种更加积极能动的学习方式和策略。学生应积极参与整个教学过程，承担更多的管理自己学习的责任，还应进一步面对复杂的真实世界，在真实情景中完成各项学习任务，同时应更具协作精神，积极参与到师生互动、生生互动的学习过程之中。

建构主义强调学生的主体作用，并不忽视或降低教师的作用，而是对教师在教育理念、教学方式、自身素质等方面提出了更高的要求和具有挑战性的新职责。

具体说，建构主义要求教师在教学过程中应从以下几方面发挥作用：

一是激发学生的学习兴趣和探究精神，激发学生的学习动机。

二是通过创设问题情境，激发学生积极思考，或者提供真实情境和真实任务，启发诱导学生自己去发现规律、协助学生建构知识的意义。

三是教师应尽可能地组织合作学习，并对交流过程进行引导，如提出适当的问题，在讨论中设法把问题一步步引向深入，使学生在对话交流中丰富认知，并纠正自己错误或片面的认识等。在此过程中，教师应重视学生对各种现象的理解，倾听他们的看法，并洞察这些看法的由来，以此为依据引导学生丰富或调整自己的理解。这不是简单的“告诉”就能奏效的，而是需要与学生共同针对某些问题进行探究，并通过彼此的交流与质疑，了解彼此的想法及思路，在彼此间的不断调整中逐步形成共识。

（四）人本主义学习理论

在学习理论方面，人本主义最突出的特色是，它对学习的关注，不是像其他学习理论那样偏重于认知的发展，而是看重于人的全面发展。他们认为，学习的目的不仅仅是学习知识，更深远的意义是使学习者的人格得以健康发展，成为一个完善的人。

1. 马斯洛的学习理论

(1)马斯洛的教育目标论。

马斯洛认为，人具有一种与生俱来的积极向上和向善的潜能。这种潜能是先天就有的，但还需要一定的社会环境条件才能激发出来。马斯洛关注人的成长，把自我实现作为教育的终极目标。理想的教育制度培养出来的“自我实现者”都有一个他信仰的事业，一个他为之献身的使命。

(2)马斯洛的内在学习论。

马斯洛认为，“外在学习”是单纯依赖强化和条件作用的学习。其着眼点是灌输而不是理解，是一种被动的、机械的学习方式。而“内在学习”是指依赖学生内在驱动，充分发挥潜能，达到自我实现的学习。这是一种自觉的、主动的、创造性的学习方式。

马斯洛主张学校应该打破各种束缚学生发展的清规戒律，促使学生自发、自由地学习他想学的任何东西，充分发挥他们的想象力和创造性。他指出：“理想的大学是一种教育的隐退，使你能试着发现你自己，发现你喜欢什么，需要什么；你善于做什么，不善于做什么。人们将选取种种主题，出席种种讨论会，不敢十分肯定他们应走哪条路，但在寻找自己的使命，而一旦找到了它，他们便能够很好地利用他们所受的技术教育。换句话说，理想的大学的主要目标将是自我同一的发现，同时也是使命的发现。”

2. 罗杰斯的学习理论

(1)教育目标观。

罗杰斯的教育理想是培养完整的人。罗杰斯认为，情感和认知是人类精神世界中两个不可分割的有机组成部分，彼此是融为一体的。因此，罗杰斯的教育理想就是培养知情合一的“完整的人”。当然，“完整的人”只是一种理想化的模式，而要想最终实现这一教育理想，应该有一个现实的教学目标，这就是“促进变化的学习，培养能够适应变化和知道如何学习的人”。他说：“在现代世界中，变化是唯一可以作为确立教育目标的依据，这种变化取决于过程而不是静止的知识。”

(2)有意义学习理论。

罗杰斯与奥苏伯尔一样，也把学习分为无意义学习与有意义学习。但两者的内涵有着根本的不同。

在罗杰斯看来，学生在课堂里学习的许多知识，只涉及心智而不涉及个人感情，对于学生来说是没有个人意义的(与学生的需要及生活体验无关，与学生的发展无关)。这类学习只是一种“在颈部以上发生的学习”，而没有涉及全身心，它与完整的人无关，因而是无意义的学习。

所谓有意义学习是一种能使个体的行为、态度、人格以及在未来选择行动方针时产生重大变化的学习。它以学习者的经验生长为中心，把学习与学生的兴趣、需要、情感有机地结合起来，必能引发学生学习的自发性和主动性，所学知识必能全面地渗入人格和行动之中，必能有效地促进个体的发展。

由此可见，罗杰斯的有意义学习和奥苏伯尔的有意义学习两个概念有本质区别。前者关注的是学习内容与个人发展之间的关系；而后者则强调新旧知识之间的联系，它只涉及理智，而不涉及个人意义。因此，按照罗杰斯的观点，奥苏伯尔的有意义学习也只是一种“在颈部以上发生的学习”。

罗杰斯认为，有意义学习具有四个特征：一是全身心投入，整个人的认知和情感均投入到学习活动之中；二是自动自发，学习的动力来自学生内在需要的驱动；三是全面发展，学生的行为、态度、人格等获得全面发展；四是自我评估，学生自己评估自己的学习需求、学习目标是否完成等。

总之，按照罗杰斯的话来说，“当学生觉察到学习内容与他自己的目的有关时，有意义学习便发生了”，“有意义的学习结合了逻辑和直觉、理智和情感、概念和经验、观念和意义。若我们以这种方式来学习，便会变成完整的人”。

(3)“以学生为中心”思想。

罗杰斯对传统教育进行了猛烈的批判。他认为，在传统教育中，“教师是知识的拥有者，而学生只是被动的接受者；教师可以通过讲演、考试甚至嘲弄等方式来支配学生的学习，而学生无所适从；教师是权力的拥有者，而学生只是服从者”。因此，罗杰斯主张废除“教师”这一称呼，而代之以“学习的促进者”。

罗杰斯提倡“以学生为中心”的教学思想。学校应该为学生而设，教师应该为学生而教。

他认为，人生来就有学习的倾向和潜能，只要条件适当，这种潜能就会释放出来。罗杰斯认为可以从以下几方面营造学习的气氛：一是真诚，教师在学生面前应该是一个完整而真实的人，真诚地对待每一个学生；二是无条件的积极关注，即对每一个学生都表现出无条件的尊重、接纳、认可和积极的期待，欣赏其价值；三是同理心，又称“共情”，即设身处地、感同身受地理解学生。

在这样一种心理气氛下进行的学习,"教师"只是学生学习的促进者、协作者或者说伙伴、朋友,"学生"是学习的关键。学习的过程就是学习的目的之所在。

罗杰斯的学习理论突出情感在教学活动中的地位和作用,形成了一种以知情协调活动为主线、以情感作为教学活动基本动力的新的教学模式;以学生的"自我"完善为核心,强调人际关系在教学过程中的重要性;把教学活动的重心从教师引向学生,从而促进了个别化教学运动的发展。但是,我们也需要看到,罗杰斯过分否定教师的作用,具有片面性。在教学中,我们既要强调学生的主体地位,也不能忽视教师的主导作用。

第二节 知识的学习

一、知识的分类

在传统的心理学及教育学中,知识与技能属于并列概念,知识说明"是什么"或"为什么",技能代表"做什么"及"怎么做"。这种分类法历史悠久、流传很广。如过去的教育学一直把重视基础知识和基本技能的教学称为"双基"教学。这种与技能并列的知识概念属于狭义的知识。

20 世纪 80 年代,现代认知心理学家安德森把知识分为陈述性知识和程序性知识两大类。把技能包含于知识之中,从而形成了广义的知识概念,这种分类,是根据对人们学习知识的信息加工过程的研究结果而提出来的,有一定的实证研究作基础,所以这种观点提出的时间虽不长,但已普遍地被教育学界与心理学界所接受,并对教学心理学与学习心理学的研究与实践以及教学领域有关问题的研究,都产生了积极的影响。

(一)陈述性知识

陈述性知识是描述事物的属性、原因或发展规律的知识,用以说明事物"是什么"或"为什么"等问题。

陈述性知识是对事实、定义、规则、原理等的描述;它容易被人意识到,可以明确陈述出来,比如"长方形的面积是长乘以宽"、"功的计算公式:$W=FS$"等。陈述性知识与过去所说的狭义的知识概念是等同的,它的主要表现形式是概念与原理。

(二)程序性知识

程序性知识是指用于具体活动的操作性知识,用以说明"做什么"和"怎么做"等问题。这里的操作即包括外部动作操作,也包括头脑内部的认知操作。如计算、推理、决策等。

程序性知识是与一定的现实问题相联系并在长期操作实践中形成的,它不一定能够明确地陈述出来,但当遇到相应问题情境时会被激活,自发地用以解决问题。过去所说的动作技能、心智技能、认知策略等均可被概括到程序性知识之中。它属于广义的知识范畴。

程序性知识具有以下特点:一是条件化。知道所学知识在哪类具体情境中有用以及怎么用。二是结构化。它是一个有机的操作序列。三是自动化。即遇到相应问题情境时能够不假思索地自如地运用。这一过程几乎是自动进行的，不需要太多的意识。四是策略化。程序性知识往往代表着最合理、最便捷、最巧妙的操作方式。因此它常被称为“技巧”。

（三）陈述性知识与程序性知识的联系

陈述性知识和程序性知识是相互联系的。在实际活动中，陈述性知识常常可以为执行某个实际操作程序提供必要的信息资料，比如上面关于计算“长方形面积”的例子，知道了长方形的长和宽，我们就可以求出这个长方形的面积，但长和宽各是多少米，这些都需要陈述性知识来提供信息。在学习中，陈述性知识常常是学习程序性知识的基础；反过来，程序性知识的掌握也会促进陈述性知识的深化。

学习往往从陈述性知识的获得开始，但陈述性知识的一个重要特征就是它的静态性，即这类知识仅代表了个体对某些事物的状况有所知悉、理解，而没有与实际应用相联系。只有理论联系实际地进一步消化陈述性知识，学会运用陈述性知识分析及解决问题，使之成为可以灵活、熟练应用的知识，才能形成动态的程序性知识。比如在教师培训中，一个新教师开始只是知道了一些关于教学方法的陈述性知识，但他还不明白如何将这些知识用到具体的教学活动中，只有通过对这些知识的深入理解，通过具体的教学实践和反思，他才能将这些知识转化为可以有效指导教学活动的程序性知识。在人的知识结构中，程序性知识占有重要的地位。有关研究表明，专家与非专家之间的一个主要区别是，专家不只是拥有丰富的陈述性知识，而且具有本领域丰富而灵活的程序性知识，专家懂得怎样分类，懂得加工信息的专门化规则。例如，一个象棋大师在弈棋中能迅速识别出对弈者采用的特殊模式并果断地做出正确的应对策略；一个电子专家能很快从电路图中找到帮助他诊断问题的模式；一个物理学家能迅速选择具体的公式（如 $F=ma$）解决物理问题。掌握了程序性知识实质上就是指个体获得了运用这种知识解决实际问题的能力。这是学校教育的主要目标。

二、知识的表征

知识的表征是认知心理学的核心概念之一。认知心理学家把信息在人脑中呈现和记载的方式统称为知识的表征。同一事物，如“狗”，在人的长时记忆系统中可能以不同方式，如狗的表象或关于狗的定义的命题等形式表征。这些不同的表征形式所具有的共同的信息被称为表征的内容，而不同表征形式称为编码。

（一）陈述性知识的表征

心理学家一般认为，陈述性知识主要以命题、命题网络或图式表征。

1.命题

现代认知心理学家认为，知识的基本单元是命题。命题是意义和观念的单元。许多句子如“小明给小刚一本书”表达一个观念，仅含一个命题。有些句子表达的不止一个观念，如“小明给小刚一本有趣的书”，表达两个观念。

2.命题网络

任何两个命题，如果它们具有共同成分，则可以通过这种共同成分而使之彼此联系起来。许多彼此联系的命题组成命题网络。现代认知心理学家认为，人脑中的知识不可能孤立地贮存，总是通过与其他知识建立某种关系而贮存，而且只有通过一定的网络系统贮存的知识才能被有效地提取利用。

科林斯和奎林的实验支持了知识以命题网络的层次结构贮存的观点。他们认为如动物、鸟、鱼等分类的知识以如图 8-4 所示的层次结构贮存。

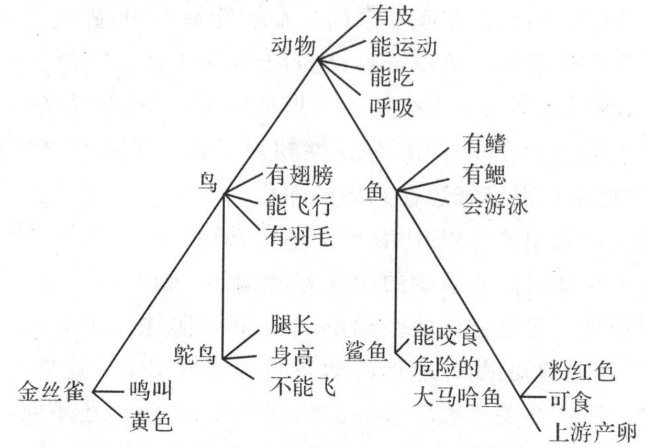

图 8-4 命题网络

科林斯和奎林认为，不同的动物知识的概括水平不同。在每一概括水平上贮存了可以用来区分其他水平的物体的属性。例如，“有皮”是所有动物的属性，贮存在最高水平，用这一属性可以把动物和矿石(没有皮)等区分开。又如，“有羽毛”是所有鸟的属性，贮存在比“动物”低一级水平上，可以被采用来区分鸟与非鸟的动物(如鱼、狗等没有羽毛)。

3. 图式

对于小的意义单元，人们是用命题表征的，而对于较大的有组织的知识块，则需要用图式来表征。安德森认为：“图式根据客体的一组属性组合表征一类客体的结构。”比如，人们有关房子的知识，如果用“房子是人们的居处”这一命题表征，则不足以表征与人有关的“房子”的全部知识。我们还知道关于房子的其他一些知识，这些知识可组合为一个图式，例如房子的建构材料有砖、水泥、木料等；房子的形状有方形、圆形等；房子的功能是供人居住或存放东西；房子的大小一般在几十平方米到几百平方米之间等。

图式中不仅包含有陈述性知识(即命题或命题网络)，有时还可以包含程序性知识(解决问题的方法和步骤)。如“去餐厅吃饭”就是一个图式，其中不仅包含了“餐厅是吃饭的地方”等命题，还包含了到桌边就座、点菜、服务员上菜、就餐、付账等程序性知识。

(二)程序性知识的表征

程序性知识是通过产生式及产生式系统进行表征的。产生式是由条件与动作相联结的一种操作程序或规则。

产生式这个术语来自计算机科学。计算机之所以具有智能，能完成各种运算和解决问题，是由于它贮存了一系列以“如果……那么……”(或“条件……动作……”)形式编码的规则的缘故。我们可以设想，人脑之所以能进行计算、推理和解决问题，也是由于人经过学习，在头脑中贮存了一系列以“如果……那么……”形式表征的规则。如果满足某种条件，那么就执行某种动作。例如以打乒乓球中接发球的技能为例，如果对方发下旋球，那么就用搓球或上拉的方式应接，如果对方发上旋球，就用推挡或扣球的方式应接。心智技能也不例外，如在算术计算中，如果求总和，那么就用加法；如果求平均数，那么就用除法等。

简单的产生式只能完成单一的操作任务，对于复杂的活动，需要许多产生式组合为一个整体，并按一定顺序依次进行。这便是产生式系统。产生式系统是复杂技能的心理机制。

三、陈述性知识的学习

（一）陈述性知识获得的基本方式

1.根据学习内容分

奥苏伯尔将意义学习分为以下三类，可将其视为陈述性知识获得的基本方式。

(1)符号表征学习。指学习单个符号或一组符号的意义（它们代表什么）。符号表征学习的主要内容是词汇学习，即一个单词代表什么相应的事物或现象。

(2)概念学习。概念学习实质上是掌握同类事物的共同关键特征。例如学习“三角形”这一概念，就是掌握所有三角形都具有三条相连接的边和三个角这样两个共同的关键特征，而与它的大小、形状、颜色等特征无关。

(3)命题学习。命题学习指学习由几个概念联合所构成的复合意义。学习一般知识或原理都属于命题学习。

2.根据新旧知识的关系分

奥苏伯尔认为，有意义学习就是将新学习的知识与认知结构中原有知识建立实质性联系，或者说将新知识同化到原有的认知结构之中。同化有三种途径，代表了三种学习方式。

(1)下位学习。认知结构中原有的知识的概括水平高于新学习的知识，即通过已知的上位概念（或原理）来理解新学的下位概念（或原理）。下位学习实质上是掌握事物的分类，所以又称“类属学习”。它是从一般到个别的分化学习过程，主要运用演绎推理。例如通过已知的三角形概念来理解直角三角形。

(2)上位学习。认知结构中原有知识的概括水平低于新学知识，即通过已知的下位概念（或原理）理解上位概念（或原理）。上位学习实质上是将若干低层知识概括为高层知识，也称总括学习。它是从个别到一般的学习过程，主要运用归纳推理。例如将已知的鱼类动物、爬行动物、鸟类动物、哺乳动物等概念概括起来理解掌握“脊椎动物”概念。

(3)并列学习。新旧知识之间处于同一个层次，这时产生的联合意义上的学习即并列学习。它是从一般到一般，或者从个别到个别的学习过程，主要运用类比推理。例如，通过已知的“脊椎动物”概念理解“无脊椎动物”概念。

（二）促进陈述性知识掌握的策略

1.创设问题情境、激发积极思维

创设问题情境的方式很多，例如在讲述新知识时，不直接告诉学习者答案，而是先举出学习者熟悉而不能解释的相关现象，提出问题，引发学习者的“疑问”并产生“悬念”，从而营造出一种问题情境，这样不仅有利于激发学习者的积极思考，还可能激发学习者的学习兴趣及动机，并吸引其注意。之后，可根据问题的难易或学习者的理解水平，适度地开展课堂讨论与交流，在教师引导下，使学生参与到得出答案的全过程，一步步接近答案。这种启发式、探究式的教学方法，可以看作接受学习与发现学习相结合的一种形式。

2.运用直观教学，提供丰富的感性材料

感性认知是理性认知的基础，个体头脑中已有的感知经验、事物表象及各类生活体验等是理解抽象概念和原理的必要前提。教学中教师应该为学生提供足够的感性材料，以帮助学生理解抽象的知识。提供感性材料的教学叫直观教学，有以下三种形式：

其一是实物直观。实物直观包括直接呈现相关实物（或实物标本）、课堂演示实验、外出实地参观等。实物直观可以使抽象知识与现实直接联系，最有利于知识的理解与应用。但它也其局限性。首先是实物有时难以突出它的本质特征，而要求学生“透过现象看到本质”又有一定难度。如观察实际的杠杆时，杠杆的外在特征很容易观察，而杠杆的支点、动力臂及阻力臂、动力作用线及阻力作用线等本质特征却难以发现。其次，许多知识受客观条件限制也无法直接展示实物。如过于缓慢的动植物生长过程、过于快速的化学反应过程、过于微观的基本粒子或过于宏观的宇宙天体等。因此，实物直观不是唯一的直观方式。

其二是模像直观。模像直观包括展示图片、图表、模型、幻灯片、影视片、动画演示等。由于模像直观的对象可以人为制作，因而可以克服实物直观的上述两种局限。但模像与实际事物之间存在一定差异，应注意结合实物直观等方法加以弥补。

其三是言语直观。包括口头举例、案例分析、用具体形象的语言描绘事物及过程等，言语直观运用方便，不受时间、地点和设备条件的限制，在人文社科类知识的理解中运用更为广泛。但言语直观需要学生通过对言语的准确理解、调动头脑中的已有表象展开想象，才能使抽象的言语转化为直观形象，同时言语所调动的表象没有实物及模像直观鲜明，因此，应尽量配合使用实物直观与模像直观。

3.合理运用例证

陈述性知识（概念或原理）都是对现实中一类事物（或现象）的高度概括。现实事物往往具有多重属性或特征，其中有些属于关键特征（又称本质属性），有些属于无关特征（又称非本质属性）。概念或原理往往只概括其中的关键特征，而忽略其中的无关特征。如动物学中的“鸟”概念，把世界上所有鸟类动物的关键特征概括为：有羽毛、两足（肢变为翅）、恒温、卵生、用肺呼吸的脊椎动物（上述关键特征缺一不可）。而对于不同鸟类的形状、大小、颜色、习性以及能不能飞翔等特征均作为无关特征加以忽略。再如，三角形概念的关键特征是：由三条边和三个角组成的封闭的平面图形。一切三角形都包含了这一概念的全部关键特征，而三角形的大小、颜色等则属于它的无关特征。

举例是教师讲解陈述性知识的最常用方法。但一些教师往往只是简单地列举相关知识的常见现象或事物，便以为学生可能通过这些例证理解相关知识。实际上，知识与例证的关系是一般与特殊、普遍与个别的关系，知识是高度概括的，而例证则是个别的、具体的，往往一两个例子不能全面反映相关知识所包含的全面信息。例如，只是举出燕子、鹦鹉等少数例子难以全面反映动物学中“鸟”概念的全部内涵，容易使学生在理解上出现偏差。

因此，教师在教学中通过举例讲解知识时，应注意以下几点：

其一，不仅列举相关知识的正例，而且应注意列举反例。正例又称“肯定例证”，是符合相关概念或原理全部关键特征的具体事物或现象。它可以为学生提供相关知识的正面信息。如上述燕子、鹦鹉等都是“鸟”概念的正例。反例又称“否定例证”，是不属于相关知识范畴的例子，但它们往往因具备部分关键特征而容易与相关概念相混淆。因此，列举反例是为了澄清“是”与“不是”的界限。如蝙蝠、翼龙都是“鸟”概念的反例，由于它们有翅、能在天空中飞翔，与鸟类动物有着相似的特征，容易与鸟类动物混淆，但它们都不属于鸟类动物。再如：等边三角形概念的关键特征有：①在平面上；②封闭的；③三条边相等；④三个角相等。一切等边三角形的正例都包含了这一概念的关键特征，而直角三角形只具备其中前两个关键特征，而不具备它的全部关键特征，因此，它不属于等边三角形。

其二，在列举正例时，不仅要列举“典型例证”，还应注意列举“变式”。典型例证往往是人们熟悉的、常见的例子，因此容易辨认。如上述燕子、鹦鹉等都是“鸟”概念的典型例证。变式是指具备全部关键特征，但在无关特征方面有所变化的正例。如企鹅、鸵鸟以及人工饲养的鸡、鸭等，由于它们丧失了飞翔能力，因而常被一些儿童误认为不是鸟，但它们具备鸟类动物的全部关键特征，而不会飞翔只是“鸟”概念的无关特征，因此，它们属于鸟类动物的变式。

拓展阅读 8-4

变式教学

顾明远主编的《教育学大辞典》中对“教学变式”词条的解释是：“在教学中使学生确切掌握概念的重要方式之一，即在教学中用不同形式的直观材料或事例说明事物的本质属性，或变换同类事物的非本质特征以突出事物的本质特征。目的在于使学生了解哪些是事物的本质特征，哪些是事物的非本质特征，从而对一事物形成科学概念。”

如在讲果实的概念时，不要只选用可食的果实（如苹果、西红柿、花生等），还要选择一些不可食的果实（如橡树籽、棉籽等），否则学生将会把“可食性”作为果实的本质特征。又如，在讲惯性时，不能只举固体的惯性现象，也要举液体、气体的惯性现象，否则学生将会认为只有固体才有惯性现象。

在几何中讲解三角形的“高”的概念时，就要运用变式，提供给学生各种典型的直观材料，或者不断变换“高”所呈现的形式，三角形各边的高是对角的顶点向这条边所作的垂线这一本质属性就正确地揭示出来了。如果教师只采用锐角三角形讲“高”的概念，学生对概念的理解就会被局限，要他们寻找直角三角形两条直角边的高，尤其是钝角三角形两个锐角所对应的高就会发生困难或错误。

只有通过变式，使学生学会掌握事物的本质特征的方法，才能使他们懂得怎样从事物的千变万化的复杂现象中，去抓住本质，举一反三，使思维既深刻又灵活。

4. 充分进行比较，揭示事物的异同

比较是人类常用的思维方式。它在知识的理解中有重要作用。教学中的比较主要有：与相反概念的比较（如有机物与无机物）、相近概念的比较（如矩形与梯形）、类似概念的比较（类比）等。此外，在举例时应注意进行正例与反例的比较、正例中不同变式间的比较等。通过比较，目的是揭示知识间的异同，这不仅能够加深理解，消除混淆，而且还可以使各种知识形成有机联系。

5. 进行知识的总结与概括，使知识系统化

在某一单元的知识讲授完毕后，教师应注意进行知识的总结与概括，不仅揭示本单元知识的内部逻辑联系，还应揭示此部分知识与学生已知的其他知识之间的逻辑联系，从而使学生头脑中的知识逐步系统化。在此工作中，如果能够运用编提纲、写提要、列表、列概念图等方式将复杂知识简明化、直观化，则会取得更好的效果。

四、程序性知识的学习

程序性知识包括动作技能、智力技能、认知策略三个方面。此处只介绍动作技能与智力技能的学习，认知策略部分在学习策略（见本章第三节）里体现。

（一）动作技能的学习

动作技能是通过练习形成的合理化、熟练化了的肢体动作模式。如各种体育技能、音乐技能、计算机技能等都属于动作技能。

1. 动作技能的特点

（1）高度熟练达到自动化程度。动作技能是对同一活动经过多次练习而形成的一种高度熟练化、定型化的反应，因此在这种活动中，由刺激到反应之间没有过多的意识参与，甚至不需分配过多的注意，似乎机体运动形成了对特定刺激的机械反应，这便是自动化的含义。

（2）内心过程简约化。动作技能几乎省略了内心过程，从而形成了跳跃式的反应过程。

（3）反应的快速化。有机体之所以形成技能，就是为了加快反应速度，从而既可以提高活动效率，又能够节省机体能量。

（4）各方面活动的高度协调。如多种活动器官的协调，不同局部动作之间的协调等。

2. 动作技能练习成绩进步的一般规律

（1）动作技能随练习时间或次数的增多成绩逐步提高，但随时可能出现成绩的小幅度起伏现象。这主要是每次练习时所面临的客观条件或主观状态不同所造成的。

（2）多数技能的成绩进步速度是先快后慢的。研究表明，除少数技能（如打字、投掷等）的成绩进步是先慢后快或前后基本一致之外，多数技能在练习的初期进步较快，以后逐步缓慢下来。其原因有二：一是练习的初期所学内容相对简单一些，而到后期学习内容逐步变难；二是多数技能中基础部分可借用过去已有的相关的生活经验或生活技能，而越是向上发展，可借用的东西逐步减少。

（3）当技能达到一定水平之后，往往还会在一定时期内出现练习成绩的暂时停顿甚至有所下降的现象，被称为“高原现象”或“高原期”。其原因主要是当练习成绩达到一定水平后，需要以新的活动结构或方式代替练习初期形成的活动结构或方式方能继续提高成绩。在练习者没有完成这个过渡任务时，便会出现成绩的停顿，甚至由于新旧活动方式之

间的干扰，还可能出现成绩的下降。高原现象不是个体某种技能发展的极限，如果能有效地克服上述原因，便可以渡过高原期从而使成绩得到新的提高。高原期往往是技能进步由量变到质变的转折点。

3. 动作技能形成的阶段

(1)认知阶段。动作技能也必须以一定的认识为基础，具体讲就是以程序性知识为基础。在学习一种新的动作技能的开始阶段，学习者首先要通过指导者的讲解或观察动作示范来理解学习的任务和要领，并在头脑中形成相关的概念、规则及“动作表象”。这便是动作技能的认知阶段。

(2)掌握局部动作阶段。在学习动作技能的初期，都是将该技能所包含的多种动作分解开来分别逐一掌握。并各自单独地达到基本熟练程度。

(3)局部动作的初步协调阶段。各局部动作进行配合练习，达到初步协调。

(4)整体动作的协调完善阶段。各局部动作初步协调后，最后进行整个技能的整体练习，待达到整体协调、准确、熟练后，便是动作技能的最终形成。

4. 动作技能的指导

(1)要做好示范与讲解，使学习者明确练习的目的、任务与要求，并在头脑中形成准确而鲜明的动作表象，掌握动作要领。

(2)从掌握局部动作入手，向整体协调发展。

(3)遵循“小步子”原则，防止信息负担过重。

(4)给予学习者及时、具体的反馈信息。

(5)要求学习者逐步用动觉控制代替视觉控制。以动觉控制为主、视觉控制为辅是技能熟练的重要标志之一。

(二)智力技能的学习

智力技能指针对解决外部现实问题而熟练化了的认知活动方式，如在记忆、阅读、计算、写作、棋牌活动中表现中的技能技巧。

1. 智力技能形成的过程

苏联教育心理学家加里培林认为，智力技能是由外部物质活动经言语活动的中介向内部思维活动转化的结果。他将整个转化的过程分为五个阶段。该观点采用了“动作—言语—思维”逐步内化的思想，对理解智力技能的形成过程具有启发意义，对教学实践具有很强的指导意义。

(1)活动的定向阶段。主要是让学习者了解活动的目的、任务、要求及操作程序，使之在头脑中形成关于活动的完整表象。

(2)物质活动或物质化活动阶段。借助实物或实物的模型以及肢体动作等进行学习活动的阶段。实际上这属于动作思维阶段。如用手指等学习加法、摆动棋子学习下棋等。

(3)出声的外部言语活动阶段。该阶段已摆脱了以实物为支撑物，而代之以外部言语为支撑物。如口算、朗读等。

(4)无声的“外部”言语阶段。能看到嘴动，但听不到声音。这是由外部活动向内部活动“内化”的过渡阶段。如心算、默读等。

(5)内部言语活动阶段。这实际上到了纯思维阶段。待其熟练后，内部思维过程简约化，便是智力技能的最终形成。

2.智力技能的培养

(1)首先使学习者掌握相关的陈述性知识。明确相关智力技能的目的、任务，掌握概念与规则。

(2)从物质活动或物质化活动入手，利用外部言语活动的中介作用，逐步向内部言语过渡。例如，先是要求学生边操作边做口头言语报告，然后是不操作只在口头言语水平上陈述整个动作程序，在此过程中逐渐简缩步骤，省去或合并不必要的动作，为内化创造条件。

(3)提供变式练习。智力技能中的概念及规则是高度概括化的，在运用它们解决具体问题时存在一个由一般到特殊的过渡，而变式练习正是解决这个问题的关键。变式练习也是从陈述性知识向程序性知识转化的必要手段，是产生式系统形成与分化的必要手段。

五、学习的迁移

(一)迁移的含义及种类

1.迁移的定义

学习的迁移，指一种学习对另一种学习影响。学习者所学的各种知识之间都会在头脑中发生相互影响，这种影响作用便是学习的迁移。日常所说的“温故知新”、“触类旁通”、“举一反三”、“一通百通”等都属于学习的迁移现象。

学习的迁移广泛地存在于陈述性知识及程序性知识的学习中。任何一种学习都要受到学习者已有知识的影响，只要有学习，就有迁移。迁移是学习的继续和巩固，又是提高和深化学习的条件，学习与迁移不可分割。

2.迁移的种类

(1)正迁移与负迁移。一种学习对另一种学习产生积极促进作用的现象称正迁移。例如，会骑自行车的人学摩托车很快；掌握了加减法有利于乘除法的学习；学好数学有利于物理、化学等知识的学习；阅读能力的提高有助于写作能力的提高等。

一种学习对另一种学习产生消极干扰作用的现象称负迁移。负迁移一般发生在表面相似但实质不同的两种学习内容之间。在初学某种新知识的，往往容易与相似的旧知识发生混淆从而形成负迁移。例如，过去掌握的母语读音会对学习外语读音具有干扰作用。

两种知识之间如果既有联系又有区别，往往会导致正迁移与负迁移同时出现，例如，汉语语法与英语语法之间的基本规则是相通的，这类内容之间可形成正迁移，但两者又存在一些具体差异，这些地方容易产生负迁移。因此，在学习一种新知识时，应特别注意与相关旧知识的联系与区别。

(2)顺向迁移与逆向迁移。先前学习对后继学习的影响称顺向迁移，如运用过去学过的旧知识理解新知识；后继学习对先前学习的影响称逆向迁移，如新知识的掌握还可以深化对旧知识的理解。

(3)特殊迁移与一般迁移。特殊迁移是指某种学习的内容只向特定范围发生迁移。如动作技能的迁移大都属于特殊性迁移。一般迁移是指一种学习可以对多种学习产生广泛的迁移作用。这是一种更重要的迁移。基本概念与原理、基本方法或态度的迁移大多具有一般迁移的作用。学习者掌握了基本概念和原理，能利用其不断扩大和加深知识，从而形成良好的知识结构。例如学习了金属的热胀冷缩原理后，很容易掌握各种具体金属的一般特征。

(4)现代认知心理学的分类。现代认知心理学家辛格莱与安德森根据其知识分类的观点，将迁移分为四种类型：程序性知识向程序性知识的迁移，程序性知识向陈述性知识的迁移，陈述性知识向程序性知识的迁移，陈述性知识向陈述性知识的迁移。这种方法基本上代表了人类知识学习中的迁移类型，是当今影响较大的一种迁移分类方法。

(二)影响学习迁移的因素

1.学习材料的共同要素

学习迁移的效果在一定程度上取决于学习材料之间的共同因素。由于材料之间存在着共同的因素，就会产生相同的反应，因而在学习中就会产生不同程度的迁移。

桑代克和武德沃斯曾做过实验研究。让被试观察各种大小不同的长方形面积(10～100平方厘米)，直至能准确估计每个长方形面积为止；然后让被试估计稍大的长方形面积或面积相同而形式不同的各种长方形。实验表明，练习能够在同类活动中产生迁移，而不能迁移到没有共同要素的其他活动之中。共同要素包括目的、方法、普遍原则和基本事实四个方面。

既然是两种学习材料，它们之间除了具有共同因素之外，必然会有不同的因素。因此，两种材料的学习可能产生正迁移，也可能同时产生负迁移。

2.对学习材料的概括水平

两种学习材料之间的共同因素固然是产生迁移的必要条件，但不是充分的条件。如果不能通过概括，把握一般原理，掌握事物的本质和规律，也难以产生迁移。

已有知识的概括水平越高，迁移的可能性就越大，范围也越广。反之，已有知识的概括水平越低，迁移的范围就越小。如果已有知识的概括水平高，反映了事物的本质，学生就能依据这些本质特征去揭露新事物的本质，把它纳入到已有的经验系统中去，这样迁移就顺利。如果已有知识的概括水平低，不能反映事物的本质，也就不能把新事物归入已有的经验系统中去，这就会给迁移造成困难和错误。例如，学生概括地掌握了哺乳动物的两个本质属性(胎生、哺乳)以后，就不会误认为哺乳类都是陆地上用四条腿走路的动物；对于鲸鱼、海豚等也会将其认知为哺乳动物而非鱼类动物。

3.教材的组织结构和学生的认知结构

教材是知识的基本结构，可以简化知识，给学生提供便利于获得知识的途径，有利于迁移。此外，合理的教材知识结构有利于学生形成合理的认知结构。学生总是根据自己已有的认知结构同化新知识，因此，认知结构是学习迁移的基础。

4.学习的指导

教育实践证明，由教师预先提供正确答案，不如在教师的指导下通过学生自己发现问题、解决问题学习效果好。学生适当参加与学习有关的活动，可以使学生在错误的尝试中得到启发，再加上教师必要的指导，不仅可以促成学生减少错误，还可以让学生发现联系，增进迁移。

(三)促进迁移的教学原则

1.科学组织教学内容

首先，教材内容的选择与组织一方面应考虑到该学科的知识体系，尽量给学生呈现一个完整系统的学科知识结构。另一方面还应考虑学生头脑中的认知结构以及理解水平，尽量将新学习的学科知识与学生头脑中的已有知识衔接起来，从而促进学科知识结构向学生认知结构的转化。其次，教材内容必须遵循循序渐进的原则，确保学生从已知到未知环环相扣地学习新知识。最后，一门学科的基本概念、原理、方法及态度对后继学习具有广泛的迁移价值，应将其放在教学的核心地位，确保其准确全面的理解。

2.合理组织教学过程

(1)应尽量在复习旧知识的基础上引入新知识。教师应帮助学生将已有知识迁移到新的学习情境之中。

(2)运用比较方法，突出新旧知识间的联系或区别。这样既可避免新旧学习之间不同之处的负迁移，又有利于新旧知识之间共同要素之间的正迁移。

(3)重视知识的概括，并逐步培养学生的概括能力。在教学中，教师应注意引导学生自己发现新旧知识之间的联系，从中概括出具有一般意义的原理或规律。这样不仅可以通过旧知识理解新知识，还可以对具有相同原理或规律的其他知识产生迁移作用。此外，长期引导学生进行知识的概括还有利于提高学生的概括能力。

(4)通过指导学生的活动，促进学习迁移的形成。指导学生学习，从某种意义上来说，就是帮助学生学会如何学习。学生会学习、会解决问题，这也是一种能力，有了这种能力就会明显地促进正迁移。

第三节　学习策略

随着信息社会的发展，知识增长的速度越来越快，学生不可能在学校中获得所有在未来生活和工作中所需要的知识，因此，学生不仅需要在学校中掌握一定的知识，而且，需要掌握一定的学习策略，自己学会学习。

一、学习策略概述

(一)学习策略含义

学习策略是指学习者为了提高学习的效果和效率，在学习活动中用来保证有效学习的规则、方法、技巧及其调控措施。换句话说，所谓学习策略，是指在学习情境中，学习者对学习任务的认识、对学习方法的选择和对学习过程的调控。

由此可知，学习策略包括学习方法，但比日常所说的学习方法含义更广。

教育心理学界最早提出并研究学习策略的是加涅，20世纪80年代以后逐渐形成研究热潮，但由于学习策略的复杂性，此领域的研究至今依然不够深入。

(二)学习策略的分类

1.丹塞伦的二分法

丹塞伦把学习策略划分成两大类:一是直接用来操作学习材料的基本策略。包括获得和存储信息的领会与保存策略,提取和利用这些信息的策略。二是用来维持适宜心理状态的辅助策略,包括三个子策略:计划和时间安排、注意管理、监控和诊断。

2.迈克卡的三分法

迈克卡等人认为学习策略中包括三个大的部分:①认知策略,包括复述策略、精加工策略、组织策略;②元认知策略,包括计划策略、监督策略、调节策略;③资源管理策略,包括学习时间管理、学习环境管理、努力管理、寻求帮助策略。

3.温斯坦的四分法

温斯坦认为学习策略包含:①认知信息加工策略,如精加工策略;②积极学习策略,如自我检查;③辅助性策略,如处理焦虑的办法;④元认知策略,如监控新信息的获得。

二、学习的认知策略

(一) 复述策略

复述是指多次重复某一学习材料,如重复阅读、默记、背诵、抄录、复习等,这是一种常用的记忆手段,许多新信息,如人名、地名、电话号码、外语单词等只有经过多次复述后才能记住。复述是一种比较低水平的信息加工策略。但它不等于死记硬背,也需要一定的策略。常用的复述策略有:

(1)及时复习。遗忘的进程是先快后慢,因此,新学习的材料应及时复习,至少在学习过的当天或第二天就复习一次,以减缓遗忘的进程。正如一位教育家所说的,要及时“巩固建筑物”,而不要“在建筑物崩溃之后才去修补”。

(2)集中复习与分散复习。集中复习就是集中时间一次性复习多遍,直到完全记住。分散复习是每隔一段时间重复学习一次,经长期多次复习逐渐巩固。研究表明,分散复习更有益于长期保持。

(3)排除相互干扰。记忆中的系列位置效应是影响记忆效果的因素之一。一份材料的开始部分和结束部分的记忆效果优于中间部分。在学习时可通过巧妙地安排材料的系列位置和时间顺序,把学习的重点和难点放在最有利于记忆的位置和时间上,以保证对这些材料的学习效果。例如,在早上起床后或学习开始时学习重要内容,可以克服前摄抑制的影响;在晚上睡觉前或学习结束前学习重要内容,可以克服倒摄抑制的影响。

(4)多种感官参与。在进行识记时,要学会同时运用多种感官,如用眼看、用耳听、用嘴说、用手写等。研究表明,多种感官的参与能有效地增强记忆效果。

(5)尝试回忆。自问自答和尝试背诵就是将学习与回忆交替进行,可以根据自己回答或背诵的情况检查自己的学习效果和薄弱环节,从而在随后的学习中能够有的放矢地分配学习时间和注意力。

(二)精加工策略

精加工策略是指学习者将新学的材料与头脑中已有的知识联系起来,通过积极思考和细致分析,促进知识理解并加深记忆的策略。

经过精加工的信息能够与学习者头脑中已有信息建立意义联系，在以后需要提取时容易被检索，甚至能够通过知识网络间接地把它推导出来。因此，精加工策略是比复述策略水平更高的信息加工策略。它是学习策略的核心成分，具有很强的内隐性，也是最难相互传授的学习策略。研究发现，学习者对材料加工得越细致、越深入，他们对知识的掌握就越牢固。

拓展阅读 8-5

精加工与非精加工的辨别

1984 年，加涅等人提出了精加工策略的标准：一是精加工必须是学习者自己完成的。二是将新的学习材料与学习者已有的知识内容相关联，且加工后与教学内容有关。并用以下几个案例要求学生对精加工与非精加工进行辨别练习：

案例 1 一个学生读到“哥伦布 1492 年发现美洲”时，他认为应该记住，就在心里一遍又一遍重复“哥伦布 1492 年发现美洲”。

分析：这不是精加工。因为他并没有进行加工，而只是简单的复述。

案例 2 小明读到“哥伦布是西班牙人，1492 年航海到了美洲”，他想记住此事，于是便想：“哥伦布很可能是由东而西到美洲的，因为这是从西班牙到美洲的最短航线。”

分析：这是精加工。这是由学生自己产生的，并将其原有知识与新知识联系起来了。

案例 3 小斌读到“哥伦布 1492 年发现美洲，他是西班牙人”，而后又想：“哥伦布平时爱吃什么呢？”

分析：这显然不是精加工。尽管它是由学生自己产生的，但与教学内容毫无关联。

案例 4 小红听见算术老师讲：“做分数除法，先颠倒除数的分子和分母，然后再相乘。”然后又听老师说：“记住，除数就是用来除的那个数。”

分析：这不是小红的精加工，而是老师的精加工。

案例 5 小强听到老师讲：“做分数除法，先颠倒除数的分子和分母，然后再相乘。”她想：“这又是一个做分数运算题的法则，在分数乘法里，不颠倒乘数，相乘就行了。”

分析：这是精加工。它不仅与教学内容有关，而且学生应用已有的分数乘法知识来学习分数除法的内容。

案例 6 小明听到物理老师说：“分子在气体中比在液体中相隔更远，所以气体比液体轻。”他想到：“这好像编织疏松毛织物要比用同样毛线编织密实的衣物来得轻。”

分析：这是精加工。它与教学内容有关，并且该学生将自己已有的生活经验与这一教学内容联系起来了。

精加工策略很多，下面介绍一些主要的策略。

1. 阅读策略

托马斯和鲁宾孙提出了 PQ4R 法，是一种学习材料的精读及复习方法。PQ4R 分别代表预览（preview）、设问（question）、阅读（read）、反思（reflect）、背诵（recite）和回顾（review）。PQ4R 技术可以这样具体地使用：

（1）预览。快速浏览材料，对材料的基本组织主题和副主题有一个了解。

（2）设问。阅读时自己问自己一些问题。根据标题用“谁”、“什么”、“为什么”、“哪儿”、“怎样”等疑问词提问。

（3）阅读。阅读材料，不要泛泛地阅读，要试图回答自己提出的问题。

（4）反思。通过以下途径，试图理解信息并使信息有意义：①把信息和你已知的事物联系起来；②把课本中的副题和主要概念及原理联系起来；③试图消除对呈现的信息的分心；④试图用这些材料去解决联想到的类似的问题。

（5）背诵。不是逐字逐句地背诵，而是在理解的基础上，对其重要内容进行背诵。

（6）回顾。最后一步是积极地复习材料，自问自答，答不出来时，再重新阅读材料。

2. 笔记策略

做笔记不是简单的抄录，而是通过深入思考、确定知识要点及知识结构，有选择、有组织地进行摘录。这是一个信息的精细和深入加工过程。

做笔记应注意以下几点：突出重点、提炼要点、标出要点序号以体现知识层次。同时就留出空白，以便补充、批注、置疑、概括或引申等。

3. 提问策略

“带着问题学习”是一种十分重要的学习策略，不断给自己提出需要思考或弄清楚的问题，如“是什么”、“为什么”、“是谁”、“什么时间或地点”、“发生了什么事情及其原因是什么”等，这对于知识的理解具有重要的导向作用。

在提问中，还可以通过“质疑”对某种流行的观点进行追问，如“这个观点对吗”、“它的依据是什么”、“这些依据充分可信吗”等。这种用挑剔、批判的眼光来看待已有的知识或观点，可以引发深层次的探究和理解。有人曾作过这样的研究，让两组学生学习关于太阳系、植物、动物、循环系统的知识，对一组仅要求仔细阅读，将来要考试；对另一组则要求边读边向自己提问：“为什么这个句子所说的事实是正确的？”如果自己答不出来，就采取猜测的办法。学习之后进行即时测验和间隔 74 天和 180 天的延迟测验，结果表明质疑组测验成绩明显优于对照组。

4. 联系策略

通过联想、比较（如对立比较、相似比较、差异比较、类比）、概括、引申等策略加强新旧知识的联系，可以极大地促进知识的迁移和理解，这是精加工策略的核心。

（1）比较法。

常言道：有比较，才有鉴别。当新学的知识与原有的知识存在某种联系而又有区别时，通过比较，不仅可以避免相互混淆，还能够结合旧知识理解新知识。通过比较，可以“成双成对”地掌握知识，达到一箭双雕的效果。常用的比较法有：

其一，对立比较。把相互对立的概念进行比较。比如数学中的正数与负数、约数与倍数、质数与合数等，化学中的氧化性与还原性、结晶与溶解、化合与分解等。

其二，差异比较。对两种具有相似性而易混淆的事物进行分析，着重找出其差异。如初学物理的人，难以区别位移与路程这两个概念，这是因为两者都是描述位置变化的物理量，故容易混淆。其实只要抓住位移的矢量性特征与路程的标量性特征进行比较，就比较容易掌握这两个概念了。

其三，对照比较。把同一类别的若干材料同时并列，进行对应比较。例如，现代汉语与古代汉语的指示代词不同，但指代的事物一样，通过表 8-1 的对应比较，不仅易掌握两者的差异，也易记住。

表 8-1 现代汉语与古代汉语指示代词对照

	现代汉语	古代汉语
近指	这、这里、这样、这个	是、此、斯、兹、然、尔
远指	那、那里、那样	彼、夫、其
无指	没、有、的	莫、毋、靡
旁指	别的、旁的	他、异
不定代词	某、有的、有些	某、或、或者
特殊		所、者

其四，类比法。类比是根据两类对象之间在某些属性上的相同或相似所做的一种类推。运用类比，抽象的内容可以具体化、形象化，陌生的东西可以转化为熟悉的东西，深奥的道理可以明白简单地揭示出来。

(2)概括与引申。

对新知识进行概括引申也是深化理解知识的重要途径。扩展引申后的知识比原知识具有更丰富的信息，更易与有关知识经验连接起来。如当学生学习“维生素 C 可治疗感冒”这一命题时，就可以借助已有的旧知识：“维生素 C 可以促进白细胞的生长”，“白细胞可以消灭病毒”，引申出新命题：“维生素 C 能医治感冒的原因是促使白细胞的生长。”这一引申的命题加深了对新知识“维生素 C 可以治疗感冒”的理解，把“知其然”深化为“知其所以然”了。

5. 记忆策略

记忆策略又称记忆术，是人们在长期学习实践中总结出来的并且是行之有效的记忆方法与技巧。古今中外总结出的记忆术很多，常用的有：谐音记忆法、口诀记忆法、首字联词法、关键词记忆法、形象联想法、以点带面法等。

拓展阅读 8-6

西方古代的记忆术

西方从古希腊、古罗马时代开始就有了一种助记方法，分为两个部分：材料格式化与大脑格式化。

材料格式化，就是把材料转化成好记的形式。常见的有转化法、联结法(包括双联、串联、并联)等。转化就是把要记忆的抽象材料转化成具体的。比如,数字"38"用妇女来代替,"61"用儿童来代替,"11"用筷子来代替。联结就是把要记忆的东西联结起来,形成记忆链条。其方法是将任何一对物品(如笔和椅子)联系起来,如你可以想象那支笔正在椅子上写字。然后再将这对物品与第三个物品联系起来,这种连锁关系就这样无止境地进行下去。而且不只是要纯粹的联想,还要让它们交互作用。

大脑格式化,就是在大脑里面建立记忆仓库用来有序的存储记忆。典型方法是罗马房间法(又称定桩法)。选择一所大屋子,屋子的各个房间、墙壁、窗户、装饰品,以及家具分别用象征性的图像与某些名称、短语、事件或概念联系起来;要记起这些内容时只需在心里寻找屋内的房间,直至在想象中放置这些内容的具体地点被找到为止。比如,想象第一个地点"门口"放着乐器——就用来记忆要记忆的第一个词:音乐。进门第二个位置放另一个东西,则用来记忆第二个要点,如此类推……

(三)组织策略

组织策略是将分散的、孤立的知识通过分类及整合形成一个有机的知识结构。组织策略是使信息由繁到简、由无序到有序的一种重要手段。有效组织了的材料储存在头脑中,犹如图书馆经过编码的书,容易检索。组织策略是对信息的宏观的深度加工。

1.归类组织法

关于儿童组织水平的发展研究表明,10～11岁儿童才明显地表现出自发使用归类策略的倾向。但经过训练,儿童可以学会在不同水平上进行组织。训练儿童按照意义进行分类,可极大地提高其组织水平,改善其思维能力。有人曾给5～11岁儿童16张画片,每张画片上画有一种物品,这些物品可以分为动物、家具、交通工具、服饰四类。这些图片随机排列成一个圆圈,要求被试者尽量记住这些图片,但可以重新安排次序。结果表明,随着儿童年龄的增长,归类的倾向越来越强,回忆的成绩也越来越高。

在学校学习中,运用归类来组织信息是很常见的学习策略。例如,在学习我国行政区域的名称时,可把三十多个省(区、市)按地区划分为东北、华北、西北、西南、华中、华东、华南(另加台湾)七个地区来记。

2.列提纲法

系列性的学习材料不仅有主题与要点,往往还有大量的说明与例证,以帮助读者理解主题。因此,读者只要理解了这些主题,在记忆时就可以省略这些说明与例证,以减少记忆负担。可将材料分为几个层次,每层次包括若干要点,以不同数字(一、二、三……1、2、3……)方式表达知识的层次结构。

列提纲的关键是学会概括。有学者把概括归纳为五条原则:①略去枝节,指概括时省略不那么重要的材料。②删掉多余,指已经涉及过的内容不再重复,尽管前后在形式上稍微有不同,也应如此。③用上位概念总括下位概念,如以"水果"去代替"苹果"、"香蕉"、"桃子"、"西瓜"等。④择取要义,指找出一个主题句。⑤自述要义,指对无现成主题句的段落,在阅读之后构思出一个主题句或中心思想。择取要义和自述要义是更高级的概括,需要更高的概括水平。根据概括方式的不同,概括可分为纲要法和网络法。

3.画概念图

运用连线、箭头等手段表示知识之间内在联系的图示方法。其特点是形象、直观、概括性强、一目了然。常用的有:

(1)流程图。如图8-5所示,一般用横向的单线表现事物的因果关系链条、事件发生的顺序和阶段、程序性知识的操作步骤等。

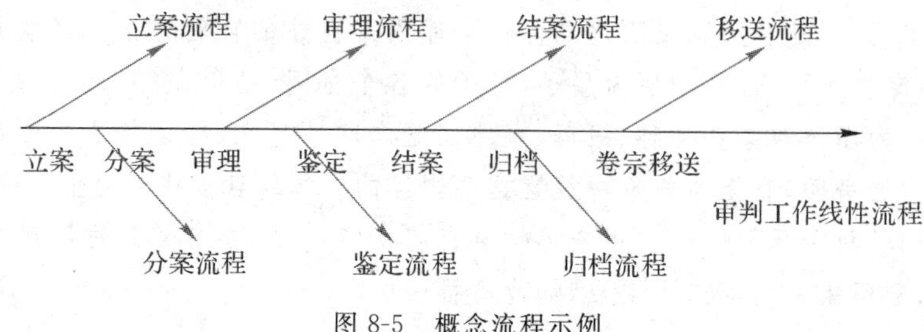

图8-5 概念流程示例

(2)层次结构图。如图8-6所示,可用来表现概念的属种关系及并列关系。

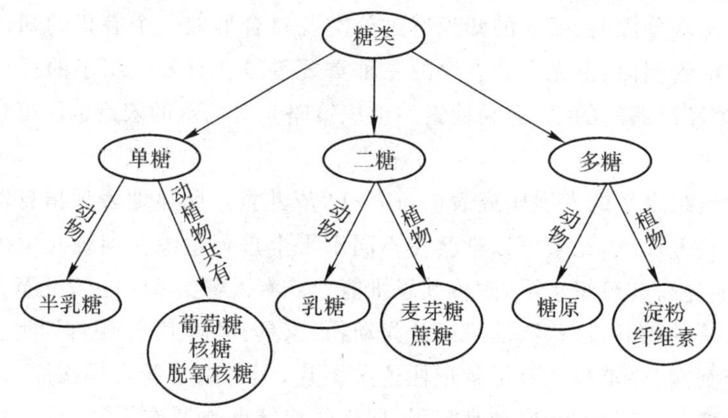

图8-6 概念层次结构示例

(3)网络关系图。如图8-4所示,对于结构复杂的学习材料,还可以画出树状结构的网络式关系图。

三、元认知策略

(一)元认知的定义与结构

1.元认知的定义

元认知(metacognition)这一术语,是美国心理学家弗拉维尔于1976年在《认知发展》一书中首先提出来的。他指出:"元认知通常被广泛地定义为任何以认知过程与结果为对象的知识,或者是任何调节认知过程的认知活动,它之所以被称为元认知,是因为其核心意义是对认知的认知。"元认知,又叫反省认知。

元认知包括对自己当前正在进行的认知过程(动态)和自我认知能力及特点(静态)的认知。其作用是促进学习者不断反省、诊断自己的认识活动,实时监控并调节自己的认知过程。

元认知与认知活动在功能上是紧密相连的，不可截然分开，两者的共同作用促使个体实现认知目标。但两者又有区别，认知活动的内容是外在的认知对象，而元认知则指向自身的认知活动。如学生思考一道数学题，这是一般的认知活动，而在这个过程中还需要不时地检查做题思路是否正确、计算是否有误以及纠正错误等，这就是元认知。

2. 元认知的结构

元认知由以下成分构成：

(1)元认知知识。元认知知识是指个体具有的关于认知活动的一般性知识，这些知识的作用是对自己的认知活动或认知能力进行评价的参照。比如，"我的注意容易分散，做题时经常出现粗心的错误"、"我的记忆力比较差"、"我的理解力强"等。这些评价的形成需要掌握关于注意、记忆、思维等方面的相关知识。

(2)元认知体验。元认知体验是指伴随着认知活动而产生的情感体验。弗拉维尔列举了三种元认知体验：一是短暂的体验。例如，你在短期内可能怀疑自己是否真正理解别人为什么这样做，或是体验短暂迷惑的感觉等。二是产生在认知活动持续期间的体验。例如，你可能预感到在将参加的活动中会失败，或是感到以前参与的某次活动很成功。三是有些元认知体验与你在认知活动中所处的地位有关。例如，你在阅读某份材料时感到你的认知遇到阻碍等。

(3)元认知监控。元认知监控是指在个体在认知活动的过程中，能不断评价学习过程，获得认知活动质量的信息，找出认知偏差，并能适时地调整计划，选用恰当的方法，以保证任务的有效完成。元认知监控主要有计划、实行控制、检查结果、采取补救措施等内容。元认知监控是元认知的核心。已有研究表明，学生学习的自我监控水平已成为影响其学习成功的关键因素。

上述三种成分的关系是：元认知知识是元认知监控的基础，所有的元认知知识只有通过元认知监控这个具体的操作过程才能发挥作用。主体也可以通过元认知监控这个实践性环节，不断地检验、修正和发展有关的元认知知识，从而使自己所拥有的元认知知识结构更加丰富和完善。同时，持续而稳定的元认知体验也可以转变成元认知知识。元认知监控的每一步具体的效应都会对元认知体验产生直接的影响；元认知体验有时也会对元认知监控的进行产生动力性的影响。

(二)元认知策略

1. 计划策略

合理的学习计划是顺利完成学习活动和提高学习效率的重要内容，优秀的学习者应该能够根据学习内容的特点、自己的学习风格、学习环境等具体情况，制订科学合理的计划，选择有效的学习方法和策略。学习计划分长期、中期、短期等，其内容包括学习目标、任务、时间、措施等。一般而言，制订学习计划时应该考虑几个方面：

(1)学习目标应该具有可行性。一是目标适宜，那些可望而不可即的目标与毫不费力的目标均是不适宜的目标；二是目标分层次，只有将总目标分解为一步一步具体的小目标，总目标才可能实现。

(2)学习计划应有具体性。一份好的学习计划应该包括"三个明确"：目标明确、任务明确、时间明确。

(3)合理分配学习时间。一是大体估量可由自己支配的学习时间总量,二是根据任务的轻重缓急,按照"三优先"原则安排学习任务与活动,即重点任务优先、急需任务优先、见效快的任务优先。

(4)学习计划应有一定的弹性。在制订计划时不应该把时间安排得太满太死,应该有一定的机动时间应付可能出现的临时任务与活动,这样才便于随时根据学习的具体情况进行适当的调整。

2.监控策略

(1)领会监控。指学习者在阅读过程中将自己的阅读领会过程作为监控意识对象,不断对其进行积极的监视和调整。熟练的读者在阅读时自始至终都持续着这一过程。他们在头脑里有一个领会的目标,诸如发现某个重要细节,找出要点、领会重要概念等,如果这些目标没有达到,就会采取补救措施(调节策略)。

(2)注意监控。学习活动通常需要长时间的有意注意,这就要求学习者能够努力将自己的心理资源集中在学习内容上,并能够及时意识到自己出现了分心状况,以便及时收拢注意。注意的监控与自我管理能力有关,注意力差的学生很难控制自己的学习过程,因而难以完成预定的学习任务。

(3)调节策略。根据对认知活动过程及结果的监控或检查,发现问题,则采取相应的补救措施,如在领会监控过程中发现理解困难,可采取的补救措施有:退回去重读困难的段落,或者放慢阅读速度、更仔细地阅读课文,或者查阅其他文献资料以解决理解上的困难等。调节策略还可以根据对认知策略的效果的检查,及时修正、调整认知策略等。例如,考试中开始按顺序做题,发现一些难题一时解答不了,为合理安排时间,调整策略,跳过这个难题,先做简单的题目等。

监控策略的这几个方面总是相互联系在一起而工作的。学习者学习一般先认识自己的当前任务,然后使用一些标准来评价自己的理解、预计学习时间、选择有效的计划来学习或解决问题,然后,监视自己的进展情况,并根据监视的结果采取补救措施。

四、资源管理策略

(一)时间管理

时间是极其重要的学习资源,合理有效地利用时间是提高学习效率的必要条件之一。如果没有时间管理的意识,就不可能合理计划并使用自己的时间。

时间管理的基本原则是:准确估量自己的时间、确立有规律的时间段、合理分配时间、高效利用最佳时间、灵活利用零碎时间、分清轻重缓急(重点优先、急需优先、见效快的优先)、短时间内集中精力完成一项任务。

(二)环境管理

创设适宜的学习环境条件对于提高学习效率也有重要作用。学习环境包括物理环境和心理环境,前者如适当的物理空间、适度的光线、温度以及避免噪音干扰等,后者如良好的家庭或集体氛围、和谐的人际关系等。

(三)努力及心境管理

学习的积极性是影响学习效果的最重要的前提条件。因此,学习者应该通过积极归因，把努力程度看作学习成败的首要因素，建立学习的自我效能感，以激励自己勤奋学习、积极进取。同时注意劳逸结合，及时调节消极情绪，保持良好的心境和积极的学习态度，在取得一定成绩时通过自我奖励不断强化学习动机。

（四）学业求助

在遇到自己无法解决的学习困难时，应争取他人（如家长、教师、同学等）的帮助。这对学业进步具有意想不到的积极作用。学业求助包括寻求学习资源（如借书、借笔记、借学习工具等）、寻求辅导、寻求解决问题的方法、寻求合作等。求助应大胆而虚心。此方面普遍存在的误区有：一是求人替自己完成任务；二是顾及自尊或缺乏自信不敢求助他人。

五、学习策略的训练

学习策略属于程序性知识，它是在个人长期的学习实践过程中逐步形成的，其中许多属于默会的知识，连学习者自身也难以明言。因此，有些学习策略不能直接传授，学习者很难从他人那里直接习得。皮亚杰曾经指出："在教育学里令人感到痛心的困难就是，最好的方法也就是最困难的方法，如果不事先获得某些苏格拉底的品质，就不能运用苏格拉底的方法。"但在他人（如教师）的指导或系统训练下，学习者不断地学习实践及反思，对学习策略的改进与提升具有一定作用。

（一）影响学习策略掌握的因素

大量研究表明，影响学生学习策略学习的因素复杂而繁多，了解这些因素的作用，既有助于教师的教，也有助于学生的学。学习策略的掌握和运用既受学习者的内部因素影响，也受学习者的外部因素影响。

1. 学习者的内部因素

（1）发展水平。研究表明，儿童的策略能力随年龄不断发展。梅耶提出了儿童认知策略发展的三个阶段：第一是早期阶段，大致在学前期。这个阶段儿童尚未掌握策略。第二是过渡阶段，相当于小学时期。儿童已经自发地掌握了不少策略，但大多数仍然比较简单。第三是后期阶段，相当于中学阶段。有些学生在自己比较熟悉的知识领域里，已经可以自觉地运用适当的策略来帮助学习。

（2）能力差异。越是智商水平高的个体，越能自发地形成有效的学习策略。而越是学习困难的学生越是需要在教师的指导掌握一些学习策略。

（3）学习动机。研究表明，学生的成就目标、动机归因、自我效能感不同，其学习策略的掌握和运用情况也往往不同。

2. 外部因素

（1）教师的训练。教师的训练是直接影响学生掌握和运用学习策略的主要外部因素。

（2）教师日常的教学方法。在教学过程中，教师教授知识技能的方式间接影响着学生学习策略的掌握水平和应用意识。

（3）学习氛围。研究表明，强调自主与合作的学习气氛有助于促进学生发展和运用深加工策略和适宜的求助策略。

（二）学习策略教学应遵循的基本原则

基于学习策略学习的特点，托马斯和罗瓦提出了一套适用于具体学习方法的有效学习原则：

(1)特定性。学习策略一定要适于学习目标和学生的类型。教师要针对学生的年龄、学生已有的知识水平，以及学生的学习动机类型，帮助学生选择学习策略或改善其对学习不利的学习策略。

(2)生成性。是指在学习过程中要利用学习策略对学习的材料进行重新加工，产生某种新的东西。这就是要求学习者进行高度的心理加工。对小学生来说，"提问"、"向同伴讲授课的内容"都是有效的生成策略。

(3)有效的监控。对策略执行结果的监控强调学生要把注意力集中在学习结果和学习过程两者之间的关系上，监控自己使用每种学习策略所导致的学习结果，以便确定所选策略的有效性。经过这样的监控实践，学生就能够灵活把握何时、何地与如何使用何种策略。

(4)自我效能感。那些能有效使用策略的人相信只要自己使用某一策略就会对自己的成绩产生影响。教师一定要给学生一些机会，使他们感觉到策略的效力。

(三)学习策略培训练的基本方法

学习策略教学可以在两种教学情境下进行。一种是把它放在自然的学习情境下进行，即把它同具体学科知识的教学结合起来；另一种是把它从具体学科的教学中分离出来独立于学科教学内容，进行专门的训练教学。这两种方案各有利弊。实际的策略教学应兼顾两者，而不要将两者对立起来。在具体的教学过程中，应该注意以下几点：

1.复述策略的培养

复述策略的运用是随年龄的增长而发展的。教学是培养这种能力的有效途径。教师应通过多方面的努力使学生尽快掌握复述策略：第一，经常要求学生复述，培养复述习惯。第二，通过多种方式发展学生的复述能力。例如，要求复述新内容，教师在讲完某个内容后，要求学生复述；要求学生用自己的话复述课文主要内容；要求学生复述对某一问题的思路或思考过程。第三，对学生的复述要给予指导，通过复述使学生更好地了解学习材料的意义、各部分之间的关系。第四，对复述的要求应逐步提高，不能只停留在对原内容的机械重复上，而应逐步过渡到有选择性的重点复述。

2.元认知能力的培养

很多研究表明，通过对儿童元认知的训练，可以改变和提高儿童的学习能力并促进其智力的发展。元认知能力的培养有多种方式。

(1)自由放任式。持这一观点的学者认为，个体在练习操作中会自然而然地丰富和获得有关元认知方面的知识，主体元认知水平在使用策略的过程中会自动地得以提高。各式各样的元认知体验对于提高元认知水平异常重要，而这些丰富的体验只有在具体的认知操作活动中才有可能获得，所以，他们认为，在教学中没有必要直接讲述各种策略的知识。明智的做法应当是，让儿童在具体运用策略的过程中获得元认知体验，元认知体验是培养元认知能力的关键。

(2)直接传授式。该模式的支持者认为，元认知的培养不能采取自由放任的态度，不能仅仅指望学习者在认知操作活动中去获得元认知体验，从而自发提高策略应用水平。教师在培养中应当直接、具体地给学生提供关于策略方面的明确知识。沙利文和普莱斯利在 1984 年进行了一项这方面的研究。小学五、六年级的学生完成两项记忆任务，控制组不做任何指导，实验包括四种控制条件：指导条件、详细指导条件、体验条件、详细指导＋体验条件。结果显示，所有训练组的成绩均优于控制组。详细指导组的成绩优于指导组；体验组的成绩也优于指导组，但不如详细指导组以及详细指导组＋体验组。这说明，详细指导促进策略迁移。

(3)元认知获得程序模式。该模式认为，要成功地改善元认知水平，必须教给儿童提高元认知能力的一般通用程序。比如说，儿童已经学会"关键词"记忆法，那么如何丰富儿童有关该策略的元认知知识呢？首先，可以让儿童做一些词汇记忆测验，对比一下采用"关键词"法和其他方法的好坏，也可尝试把这种策略运用到其他词语中去，甚至可以把这种方法扩展到其他新材料中去。而且，儿童可以在学了几天之后再测验自己的词汇水平，以确定该策略是否具有长期效应。上面这些建议都可以称为"元记忆获得程序"。

(4)波利亚的启发自我提问法。波利亚于 1945 年最初提出启发式这一术语时，是为了解决数学问题，现已经证明，启发式适用于解决各学科的问题，并且有助于培养学生的元认知能力。表 8-2 即为波利亚建议的学习自我提问的启发式问题。

表 8-2　自我提问的启发式问题

解题阶段	启发式问题
理解问题	未知条件是什么？ 已知条件是什么？ 已知数据是什么？ 已知条件能解决未知量吗？多余还是不足？ 能画一个草图或使用其他记号简化问题吗？
拟订计划	过去见过这个问题吗？或者是见过这个题目吗？ 它以稍微变化的方式出现过吗？ 你能发现一个用得上的定律吗？ 你能想出一个更加容易解决的相关问题吗？
执行计划	你使用了所有的已知条件和数据了吗？ 你能清楚地认识到这一步是对的吗？
回顾	你能检验结果的正确性吗？ 你能检验推理过程吗？ 你能运用这个方法于其他问题吗？

纵观国内外学习策略的研究现状，学习策略的研究与训练均已取得较大进展，但也存在许多问题与不足之处。

第一，对学习策略的看法存在分歧。鉴于学习策略内隐性的特点，对策略的识别和观察尚存在较大困难，且尚无可靠方法对其直接进行测量。

第二，学习策略的教学与训练虽有效果，但较多研究表明，在教师的指导下，大多数学生能够即时地执行教师所教的某一策略，但要求他们自己独立完成类似任务时，似乎表现出难以运用这一策略。也就是说，学习策略教学的长期效应与迁移问题一直是困扰学习策略教学与训练发展的主要困难。

第三，对学习策略教学技术的探讨还十分粗浅，远远不能适应策略训练的现实要求。

第四，缺乏分层、分类的针对性指导，且常强调的是外部指导，而忽略学生对策略的自我反思与总结。

第五，研究大多集中在认知策略、元认知策略上，对社会支持策略研究较少。

复习思考题

1. 简述应如何理解广义的学习概念。
2. 举例说明试误说及顿悟说的基本观点。
3. 简述奥苏伯尔的有意义学习的基本条件。
4. 试述建构主义的学习理论及其对当代教育的影响。
5. 举例说明建构主义关于学习的基本条件的观点。
6. 根据建构主义的师生观，简述教师在教学过程中所发挥的作用。
7. 简述罗杰斯的有意义学习与奥苏伯尔的有意义学习这两个概念的区别。
8. 举例说明陈述性知识与程序性知识的联系与区别。
9. 试述促进陈述性知识掌握的策略。
10. 举例说明学习迁移的定义及类型。
11. 简述影响学习迁移的因素。
12. 简述促进迁移的教学原则。
13. 举例说明迈克卡的学习策略的分类理论。
14. 简述主要的复述的策略。
15. 简述主要的精加工策略。
16. 什么是元认知？主要的元认知策略有哪些？
17. 运用学习策略方面的知识分析自己在学习策略方面的成败经验。

参考文献

1. 施良方. 学习论——学习心理学的理论与原理[M]. 北京：人民教育出版社，1994.

2. [美]R M Gagne. 学习的条件和教学论[M]. 皮连生，等译. 上海：华东师范大学出版社，1999.

3. [美]约翰·D 布兰思福特，等. 人是如何学习的——大脑、心理、经验及学校[M]. 程可拉，等译. 上海：华东师范大学出版社，2002.

4. [丹]克努兹·伊列雷斯. 我们如何学习[M]. 孙玫璐，译. 北京：教育科学出版社，2010.

5. 王小明. 学习心理学[M]. 北京：中国轻工业出版社，2009.

6. 邵瑞珍. 教育心理学[M]. 修订版. 上海：上海教育出版社，1997.

7. 陈琦，刘儒德. 教育心理学[M]. 2 版. 北京：高等教育出版社，2011.

8. 莫雷. 教育心理学[M]. 广东：广东高等教育出版社，2002.

9. [美]斯腾伯格. 教育心理学[M]. 张厚粲，译. 北京：中国轻工业出版社，2003.

10. [美]奥姆罗德. 教育心理学[M]. 彭运石，译. 4 版. 西安：陕西师范大学出版社,2006.

11.[美]桑切克.教育心理学[M].周冠英,译.北京:世界图书出版公司北京公司,2007.

12.[美]J M 索里,C W 特尔福特.教育心理学[M].高觉敷,译.北京:人民教育出版社,1982.

第九章　教学心理

【内容提要】

本章内容分教学设计、课堂管理、教学评价三节内容。本章内容与上一章《学习心理》前后衔接，互为姊妹篇，两者构成了教育心理学的主要知识框架。

教学设计包括：教学目标设计、教学任务分析、教学模式和教学媒体的选择、教学的监控和评价四个环节。

课堂管理包括：课堂目标管理、课堂心理气氛的营造、课堂纪律管理等方面内容。

教学评价包括：教学评价的功能、分类、学校常用的教学评价方法。

【学习目标】

本章内容对于师范生将来从事课堂教学工作具有重要的指导意义。具体学习目标是：

1. 理解布卢姆学习目标的分类理论，并能够初步运用该理论进行教学目标设计。
2. 掌握教学目标的表述方法，并能够举例说明之。
3. 了解教学任务分析(学生起点能力分析及教材内容分析)的原则和方法。
4. 理解"最近发展区"理论，并能够举例说明。
5. 了解各种教学模式的指导思想、教学过程和具体教学方法，并能够举例说明。
6. 掌握合理运用教学媒体的基本原则。
7. 掌握营造课堂心理气氛的具体方法。
8. 掌握课堂纪律管理、处理课堂问题行为的具体策略。
9. 了解教学评价的分类，并能够举例说明。
10. 掌握学校常用教学评价的具体方式，并尝试自编一个小型测验试卷。

【关键词】

教学设计；教学目标；认知目标；情感目标；动作技能目标；最近发展区；教学模式；直接教学；研究性学习；合作学习；情境性学习；个别化教学；教学媒体；课堂管理；教学评价；诊断性评价；形成性评价；总结性评价

师范生是未来的教师，不仅需要掌握学生学习的一般心理规律，还要进一步掌握教学心理的一般规律。20世纪60年代以前，教育心理学只研究学习心理，教学心理是教育心理学在学习心理基础上新近发展起来的一个研究领域。1969年，美国教育心理学家加涅和罗沃发表《教学心理》一文，首次提出"教学心理"概念。1978年，美国教育心理学家格拉塞主编的《教学心理的进展》丛书第一卷出版，标志着教学心理学的正式诞生。

第一节　教学设计的心理学基础

从宏观层面看，教学设计与教学计划含义相近，是对一组课题或一门课程，乃至一个完整的教学系统的设计。从微观层面看，教学设计是指课堂教学设计，是教师在教学活动之前，针对一个教学内容单元的教学所做的设计和准备。在此层面上，可把教学设计界定为：根据教学对象和教学内容，确定合适的教学起点和终点（教学目标），将教学诸要素有序、优化地安排，形成教学方案的过程。教学设计模型如图 9-1 所示。

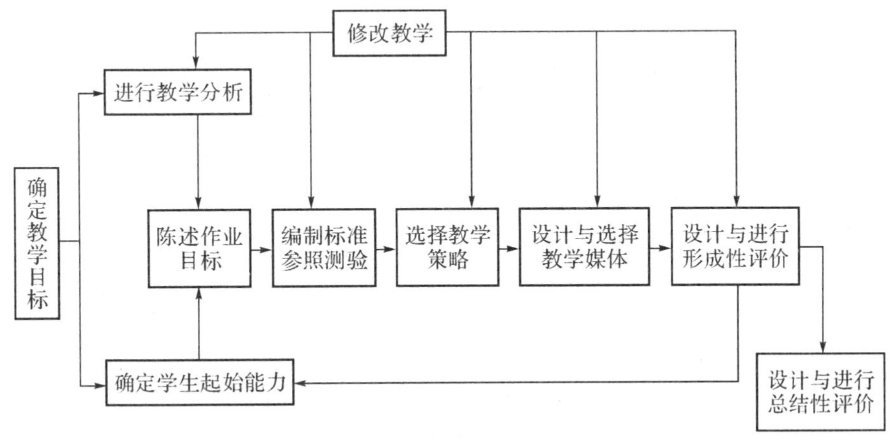

图 9-1　教学设计模型

教学设计需要解决四个基本问题：①教学目标设计；②教学任务分析；③教学模式和教学媒体的选择；④教学的监控和评价。

教学设计的作用是：有利于教学工作的科学化和最优化；有利于教学理论和教学实践的结合。

一、教学目标设计

教学目标是指在教学活动中所期待得到的学生学习的结果。

教学目标具有导教、导学、导评三大功能。具体讲就是：①指导教学教师对教学内容及教学策略的选择。②使学生明确学习目标及任务，引导学生的学习。③指导教学结果的测量与评价。

（一）教学目标的分类

在教育心理学界，首先研究教学目标的是加涅，他认为学生的学习结果就是教师的教学目标，他把学习结果分为言语信息、动作技能、智力技能、认知策略、态度。

以布卢姆为代表的美国心理学家在借鉴加涅的理论的基础上，提出了著名的教育目标分类体系，将教学目标分为认知、情感、动作技能三大领域，每个领域的目标又由低级到高级分成若干层次。

1. 认知目标

从低到高依次分为知道、领会、应用、分析、综合、评价六级水平。

(1)知道：能够了解并记住所获得的信息。例如，能够复述所学知识。

(2)领会：指初步的理解水平。例如，能够用自己的话解释概念或原理。

(3)应用：指在实际情况下应用概念或原理，体现的是较高的理解水平。例如，用某个原理来求解数学题。

(4)分析：能够分析知识及所指事物的内部结构，明确各要素之间的关系。例如，能分析出一个概念所包含的几层含义或某一数学原理所要满足的条件。

(5)综合：指能把新知识与原有的相关知识融会贯通，形成新的知识结构。

(6)评价：指能够根据特定标准对所学知识(包括方法)做出的价值判断。

上述认知目标分类强调，知识的掌握不能只停留在"知道"及简单理解的水平上，应重视学生的应用能力、分析及综合能力、判断及批判性思维能力等高级认知能力的培养。当然，不是一节课的教学就能达到第六级的水平，而是需要通过精心组织一系列的课堂教学来不断提高学生的高级认知能力。

2. 情感目标

根据价值观的内化程度将其分为接受、反应、价值化、价值观的组织化、价值体系个性化五级水平。

(1)接受：指愿意接受并开始关注相关活动。在该目标中，教师的任务是抓住学生的注意力，并获得学生对活动的认可与接纳，这是最低的价值内化水平。

(2)反应：指乐意主动参与活动并得到满足。此目标相当于通常所说的"兴趣"，强调对特殊活动的选择与满足。

(3)价值化：指将特殊现象或行为与一定的价值标准相联系，形成价值观念。此目标相当于通常所说的"态度"或"信奉"。教师要使学生确信所学内容的正确性，并以此指导自己的行为。

(4)价值观的组织化：将不同价值标准组合起来，确定它们的相互关系，并消除它们之间的矛盾和冲突，形成个人的价值体系。

(5)价值体系的个性化：指价值体系经长期践行，已融入稳定的人格结构之中，达到"习惯成自然"的内化程度。

上述情感目标分类对教育具有重要的启示意义。情感是一个价值标准不断内化的过程，外在的标准要变成学习者的内在价值，需要经历一个连续的不断内化的过程。情感及价值观的培养是各科教学的重要任务之一，但与认知教学目标一样，并不意味着所有教学内容都要完成全过程，达到终端。因此，这就需要教师能依据学科内容和学生的年龄特点，灵活地确定相应的情感教学目标。

3. 动作技能目标

动作技能目标分为知觉、模仿、操作、准确、连贯、习惯化六个水平。

(1)知觉：指了解与某动作技能有关的知识、性质、功用。如观察示范动作、领会动作要领。

(2)模仿：指学生按要求重复示范动作的能力。

(3)操作:指独立操作动作、不断练习和改进动作的过程。

(4)准确:经过练习,把失误减少到最低限度,能够比较精确地再现动作。

(5)连贯:指能按照一定程序把局部动作协调起来,形成完整的动作系列。

(6)习惯化:指动作系列经练习达到高度熟练化,可以下意识地快速准确完成。

我国学者曾将布卢姆的教学目标分类简化为三种类型:①认知目标:记忆、理解、应用、综合。②情感目标:接受、反应、爱好、个性化。③动作技能目标:知觉、定势、熟练、自动化。

拓展阅读 9-1

教学目标的三个层次

日本教育学家梶田叡一借鉴布卢姆的理论,提出了教学目标的三个层次:

(1)达成目标,是指通过学生期待在学习者身上发生明显的变化。

(2)提高目标,是期待学生在某一方面有所提高或深化。

(3)体验目标,不是以学生表现出某种行为变化为直接目的,而是期待学生自身产生某种特定内容的体验。

认知、情感、动作技能领域的一系列目标,都可以包含这三个层次:

目标类型	达成目标	提高目标	体验目标
认知领域	知识、理解等	逻辑思维能力、创造性等	发现等
情意领域	兴趣、爱好等	鉴赏能力、态度、价值观等	感触、感动等
动作技能领域	技能、技术等	熟练等	技术成就等

资料来源:钟启泉.现代课程论[M].上海:上海教育出版社,1989:311.

(二)教学目标的表述

教师在确定教学目标之后,还有一个如何明确、具体、有效地表述教学目标的方法技术问题。现实中许多教师在此方面常见的问题有:一是把教学目标与教学要求相混淆;二是教学目标的表述过于宏观和模糊。如"训练学生带着感情朗读课文"、"理论联系实际地分析原理"、"培养学生的分析问题的能力"、"培养学生爱国精神"等。

教学目标的表述应符合以下基本要求:①教学目标陈述的是学生的学习结果,而不应该陈述教师做什么;②教学目标的陈述应力求明确、具体,可以观察和测量,尽量避免用含糊的和不切实际的语言陈述目标;③教学目标的陈述应尽量反映学习结果的层次性,认知领域的教学目标一般应反映记忆、理解和运用三个层次。

不同的学习理论对教学目标的表述要求不同。行为主义者要求教学目标的表述能够反映可观察和测量的行为变化,而持认知学派立场者则强调内在的变化。

1.行为目标及其表述方法

美国著名心理学家马杰于1962年出版了《准备教学目标》一书，系统论述了用行为术语陈述教学目标的理论和方法。马杰认为，行为目标是指用可观察和可测量的行为来陈述的目标。他认为一个好的行为目标应该包括行为的表述、行为条件的表述、行为标准的表述。

(1)行为的表述。即说明通过教学，学生能做什么。表述的基本方法是使用一个动宾结构的短语，动词说明学习的类型，宾语则说明学习的内容。如能进行加、减、乘、除运算，能列举三至五个质数和合数等。

(2)行为条件的表述。即说明学习者在什么情况下表现行为。例如，陈述"能够辨别各种鸟类"这一教学目标时，就必须指明"是从图片中还是从现实中"这一行为条件；陈述"能够操作计算机"这一教学目标时，就必须指明是"在教师指导下还是独立操作"这一行为条件。

(3)行为标准的表述。即规定学习结果的行为的最低要求，以使教学目标具有可测性的特点。行为标准通常是规定行为在熟练性、精确性、准确性、完整性、优良性、时间限制等方面的标准，所以其表述常常与"精确到什么程度"、"正确率达到多少"、"在多少时间内完成"等问题有关。

在教学目标的设计中，行为表述是最基本的部分，不能缺少。而行为产生的条件和标准可根据教学对象或内容，省略其一或全部。

2.内部心理和外部行为相结合的教学目标表述方法

用行为来描述教学目标，虽然克服了传统教学目标陈述含糊、难以操作和测评的缺点，有利于目标的导向功能、激励功能和检测功能的实现，但由于它只强调学习结果的行为表现，而忽视学习者的认知和情感的变化，有可能使教学活动显得机械、呆板，难以达到真正的教学目的，而且很多心理过程无法行为化。但是如果使用表现学习者内部认知、情感变化的术语来陈述教学目标，又容易产生模糊性。为解决这一矛盾，于是有学者提出了将内部过程和外显行为结合起来描述教学目标的设想。

格朗伦德于1978年提出了教学目标表述的内外结合观，认为可以先用描述内部过程的术语(如理解、掌握、欣赏、热爱、尊重等)表述目标，然后用可观察的行为作为样例，使这个目标具体化。

例如，语文课的一个教学目标可以这样表述：

内心变化：理解写作中的类比法。

行为样例：①用自己的话解释类比法。②在课文中找出运用类比法的句子。③自己运用类比法造句。

这样的教学目标表述方法，强调教学的总目标是"理解"，而其中的行为样例不过是表明理解的佐证。这样既避免了传统方法的含糊性，又避免了只顾行为表现而忽视内心变化的缺点。因此，这种观点被后来的多数心理学家及教师所认同。

3.建构主义的教学目标观

建构主义的教学观具有"重过程、轻结果"、"重生成、轻预设"的倾向，他们没有对教学目标提出系统的理论，只是在对已有教学目标理论提出批评的同时表示了自己的立场。

(1)教学目标应该是教师和学生互动过程中共同商议、不断生成的。

(2)教师只为学生提供宏观的学习目标，同时为学生创设一个适宜的学习环境，让学生能够根据自己的兴趣和能力，将这些宏观目标不断细化。

(3)过细的教学目标的表述易于使教学偏重于关注琐细因素。此外，某些教学内容的教学目标很难表述。

拓展阅读 9-2

三维课程目标

我国新课程改革后，《基础教育课程改革纲要(试行)》中指出：国家课程标准"应体现国家对不同阶段的学生在知识与技能、过程与方法、情感态度与价值观等方面的基本要求，规定各门课程的性质、目标、内容框架，提出教学和评价建议"。从此提出了新课程的"三维目标"：

(1)知识与技能。知识指事实、概念、原理、规律等。技能包括动作技能以及观察、阅读、计算、写作等智力技能。常用的表述方法有：熟记、理解、掌握、了解、区分、分析、判断、评价、拓展、运用、表达、复述、转述、改写、收集、提取、观察、推测、发现等。

(2)过程与方法。指认知的过程与方法、科学探究的过程与方法、学习及运用的方法。该目标强调学生自主获得知识的过程，倡导"学生主动参与、乐于探究"。常用的表述方法有：感受、尝试、体验、提出问题、讨论、策划、交流、制订计划、收藏、分享、合作、探讨、沟通、组织等。

(3)情感态度价值观。包括对自己、对他人、对自然及社会事物的情感、态度以及价值判断。常用的表述方法有：感受、体会、辨别(是非)、关心、愿意、乐于、敢于、抵制、尊重、兴趣、喜欢、欣赏等。

三维课程目标的概念，是对已有教学目标理论的借鉴和创新，也是对我国中小学教育教学实践的总结与升华。

二、教学任务分析

教师备课既要备教材，又要备学生。教学目标的确立只是预设了学生学习的终点行为，接下来的教学设计必须认真分析学生的起始能力，在学生起始能力与教学目标之间形成了学生的"最近发展区"，教学任务分析就是以学生的起始能力为起点，以教学目标为终点，在其中包括合理分解和组织教学内容，使教学内容与学生的起始能力相衔接，并层层递进地引向教学目标的实现。

(一)学习者起始能力的分析

学习者的起始能力又称"学习准备"，是指学生原有的知识水平或心理发展水平对新的学习的适应性，即学生在学习新知识时，那些促进或妨碍学习的个人生理、心理发展的水平和特点。

学习准备包括纵向和横向两个维度。纵向的方面是指各个年龄阶段的生理成熟水平及心理发展水平(尤其是认知发展水平)。横向的方面是指同一年龄阶段的学生已有的知识基础、日常经验、认知风格、学习策略、学习态度与兴趣等。学习的准备是一个动态的发展过程,它是学习的起始条件,制约着新学习的成效,同时,通过学习又会促进学生的心理发展,为进一步的学习做好更高层次的准备。

苏联心理学家维果茨基提出的“最近发展区”理论深刻探求了学习准备与新学习内容之间的内在联系,被学界广泛接受。

“最近发展区”是指学生“现实发展水平”与“潜在发展水平”之间的差距。教育必须以学生的“现实发展水平”为起点,同时教育目标不能超出学生的“潜在发展水平”,这样的教育才能促进学生的发展。当学生有效完成了一个“最近发展区”的学习任务后,原有的“潜在发展水平”就转化为新的“现实发展水平”,在此基础上又会生成新的“潜在发展水平”,从而形成下一个“最近发展区”。该理论深刻揭示了教育与发展的相互制约关系。即教育受制于学生的已有发展水平,同时教育也可以促进学生的发展。维果茨基指出:“教育学不应以儿童发展的昨天,而应以儿童发展的明天为方向,只有这样,教育学才能在教学过程中激起那些目前尚处于最近发展区内的发展过程。”

最近发展区概念在教学领域受到了极为广泛的重视。在维果茨基看来,教学的可能性是由学生的最近发展区决定的,“教学应走在发展的前面”,其含义有二:一是教学在发展中起主导作用,它决定着儿童的发展,决定着发展的内容、水平、速度及智力活动的特点;二是教学创造着最近发展区。教学一方面要适应学生的现有水平,但更重要的是发挥教学对发展的主导作用。

在运用“最近发展区”理论进行教学设计时,应根据学生的已有知识经验及认知发展水平,在学生熟悉的旧知识基础上有梯度引申出新知识,从而进入学生的“最近发展区”。

维果茨基的理论为建构主义的教学观提供了理论基础。“支架式教学”就是以“最近发展区”理论为基础的一种新的建构主义教学模式。即教师首先为学生搭建一个类似建筑中的“脚手架”,为学生参与学习活动提供外部支持,帮助他们完成独自无法完成的任务,随着活动的深入,逐渐减少外部支持,让位于学生的独立活动,直到最后完全撤去“脚手架”。搭建“脚手架”的方式很多,如创设问题情境、提供必要信息及工具、提供启发性思路、做演示、提供指导性意见等。

(二)教学内容设计

教学内容是教学目标的具体化,是实现教学目标的基本保障。教学内容设计主要解决“教什么”的问题,是教学设计的重要环节。

1. 教材内容的宏观分析

(1)钻研课程标准,准确把握教学内容在课程体系中的地位和作用。课程标准是教师教学的主要依据,通过课程标准的钻研,可以准确把握不同单元及其基本概念和原理的地位和作用,从宏观上驾驭教材内容。

(2)了解教材的组织方式,分析教学内容的编排意图和特点,合理处理教材。不同教材有着不同的组织方式和特点,体现了教材编辑者的不同教学理念和编排意图,只有深入体会这些因素才能做得到对教材的深刻理解。

(3)紧扣学科核心概念,确定教学中的重点和难点。一般来说,教学中的重点往往是课程体系中起上下联系和纵横贯通作用的基本概念原理和方法。教学中的难点,则是学生不熟悉的、比较抽象深奥的知识。分析和确定教学重点和难点是教学内容设计的一个关键。

2.教材内容的重组与改进

所有教材都以大多数学生为假想的适宜对象。但实际上任何教材都不可能做到完全适宜各种教学对象。因此,教师在教学内容设计时,既要立足于教材,又要立足于学生实际,要有重组或改进教材内容的勇气,实现教学内容的最优化。在重组与改进教学内容时可参照以下原则:

(1)教学内容的深度与广度适当,既要与学生的“现实发展水平”相衔接,又要有利于开发学生的“潜在发展水平”。

(2)教学容量适当,避免信息量过大或过小。

(3)教学的内容组织及呈现方式要适当,不同内容间要过渡自然,衔接紧凑。对教学活动或练习的设计应与教学目标和教学内容相联系。

三、教学模式的选择

教学模式是指反映特定教学理念、由多种教学方法或教学策略组合而成的教学活动结构。教学模式多种多样,教师需要综合考虑教学目标的要求、教学内容的特点、教师自身特点、学生的特点几个方面做出选择。

(一)教师中心取向的教学模式

传统教学中最常采用的是“讲授式”教学模式,对其教学环节,不同心理学家进行了不同的理论概括,但其共同特点是以教师的课堂讲授为主,学生围绕着教师的讲授展开学习活动,教师占据整个教与学活动的中心地位。所以均可概括到“教师中心取向的教学模式”之中。

1.加涅的九大教学事件

加涅认为,学习的条件有内外之分:内部条件是学生接受知识的内部心理活动过程及前提条件,如知识基础、智慧技能、学习动机等;外部条件即教学事件,是指教师按照学生内部活动所设计的教学活动序列。加涅认为课堂教学过程由以下基本环节组成。

(1)引起注意。常见的方法有:创设问题情境,激发学生的求知欲;通过呈现直观形象的材料,引发学生兴趣;从学生最关心的熟悉问题入手,结合学生的日常经验,引发学生兴趣。

(2)揭示教学目标。使学生明确学习任务,形成对学习的期望。

(3)唤起先前经验。激活学生头脑中原有的相关知识经验,确保从已知进入未知。

(4)呈现教学内容。即开始新知识的学习阶段。教师按照设计好的教学内容展开教学。

(5)提供学习指导。对不同学习内容采用不同的教学方式,包括教师直接讲授、课程提问或讨论、课程练习与指导等。

(6)展现学习行为。通过学生展现的表情、回答问题、课堂练习等学习行为及时了解学生的掌握情况。

(7)反馈与评价。对学生展现的学习行为给予及时的反馈与评价,及时鼓励正确行为,以激发学习的积极性,及时发现错误并予以矫正。

(8)评定学习结果。对整堂课程的学习结果给予最后的总结性评定。

(9)加强记忆与学习迁移。复习本课内容,加强学生记忆,或采取课堂作业方式使学生将学到的新知识迁移到不同情境之中。

上述教学过程只是一个一般化的相对合理的教学程序,并非一成不变,也不是每节课都要包括上述所有教学环节。教师可根据实际情况灵活安排。

上述教学环节还可概括为教学过程的三大阶段:首先是导入阶段,包括前三个教学事件;其次是新授阶段,包括第四至第七个教学事件;最后是总结与练习阶段,包括第八、第九个教学事件。

2. 罗森赛恩的直接教学

罗森赛恩及其同事在研究有效教学的基础上,提出了典型的直接教学模式,这是一种以学生的学习成绩为导向的教学方式,其主要教学过程是:

(1)复习和检查先前的学习情况。如评价学生家庭作业或复习近期内容。

(2)呈现新材料。即讲授新的教学内容。

(3)提供有指导的练习。课堂提问或做简单练习题。

(4)提供反馈与纠正。对学生回答或练习给予及时反馈,纠正错误。

(5)提供独立的练习。包括课堂作业、家庭作业等。

(6)每周或每月复习,以巩固所学知识。包括课堂复习、家庭作业、单元测验等。

直接教学是从一些教师的教学经验总结出来的,研究表明,直接教学对提高学生(尤其是弱势学生)的学习成绩具有明显的积极作用,同时也能够增进学生的某些技能,但存在着不利于进一步教学改革的因素。此外,这种以学生成绩为导向的教学模式也不利于学生多种能力的培养。

3. 奥苏伯尔的接受学习

这是奥苏伯尔根据他的认知结构同化理论提出来的教学模式。它与直接教学均属“讲授式”,但也存在一定的区别,直接教学更适合程序性知识与技能,如算术、体育等。而接受学习更强调新旧知识间的同化,更适合陈述性知识,如历史、语文等。

奥苏伯尔提出了“先行组织者策略”,并极力强调其重要作用。所谓先行组织者即先于学习任务本身而呈现的一种引向性材料。如提供即将学习新材料的上位概念、原理或背景资料,为学生提供一个同化新材料的认知框架。或者为新旧知识之间搭建一个桥梁。

后人根据这种思路,概括出接受学习的教学过程由以下三个环节组成:

(1)呈现先行组织者。此阶段包括:告知学习目标及任务、呈现先行组织者。

(2)提供新学习材料。可以通过讲授,或呈现视听材料等方式提供。

(3)增进认知结构。通过提问、讨论、启发等方式引导学生将新学习的材料与先行组织者进行整合,达到融会贯通,以增进认知结构的丰富和发展。

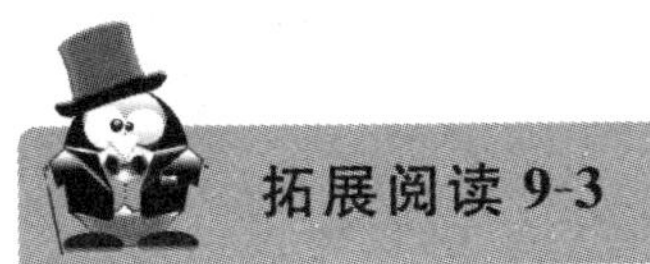

先行组织者案例

在已有“蔬菜”概念的基础上学习某些食物的植物学分类。通过日常生活经验，一般学生都知道西红柿、土豆、豌豆和胡萝卜等都属于蔬菜类。如果现在要进一步学习它们的植物学分类，即要学生掌握西红柿、豌豆既是蔬菜又属于植物的果实，土豆和胡萝卜既是蔬菜又是植物的根，这种学习因为与学生的原有观念有冲突，所以本来是比较困难的。运用先行组织者策略将有关的教学内容按下列方式组织：

(1)(通过媒体展示或语言文字表述)介绍我们日常生活中的各种菜肴：蔬菜、肉类、海鲜、禽蛋等，而蔬菜中又包括西红柿、土豆、豌豆、胡萝卜等(作为先行组织者)；

(2)(通过媒体展示或语言文字表述)说明西红柿、土豆等蔬菜又属于植物，从植物学观点又可按根、茎、叶、果实等分类(当前的学习主题)；

(3)指出先行组织者与当前学习主题的相关属性——都属于“分类”问题；

(4)分析先行组织者与当前学习主题的不同属性——前者属于菜肴分类，后者则属于植物学分类；

(5)启发学生思考还有哪些蔬菜属于植物的茎和叶，还有哪些蔬菜属于植物的根或果实(促进习得知识的巩固与迁移)。

这样组织的教学内容将能有效地促进学生认知结构的重新整合，整合的结果：“植物学分类”概念将被纳入学生认知结构的某一层次之中，并与“菜肴分类”概念一起类属于“分类”这一上位概念之下，从而使原有认知结构得到扩充并形成新的稳定而协调的结构。由于扩充后的认知结构中植物学分类概念与其上位概念“分类”之间建立了实质性联系，表明学生已完成对这一新知识的意义建构，而对这样的认知过程，学生一般不会感到有困难。

(二) 学生中心取向的教学模式

杜威、罗杰斯以及建构主义学者都强调教学应以学生为中心，学生以平等的身份参与教学活动与教师互动，主动地建构自己的知识。这种教学模式尤其适用于那些学习任务是开放的、灵活的、活动的问题情境，更有利于培养学生分析问题、解决问题、综合能力及创造性等高级认知能力。

1. 发现学习

发现学习是由布鲁纳提倡并发展起来的学习方式，在发现学习中，学习内容并不像接受学习那样直接呈现给学习者，而只是提供一定的问题情境，由学生自主探究并发现答案，教师只是学习过程中的启发者和帮助者。

发现学习的教学原则是：教师要将学习情境及任务向学生解释清楚。学习内容要难度适中，要配合学生的经验，适当组织教材，根据学生的心理发展水平，合理安排逻辑顺序，设计一个发现的过程。

发现学习的学习过程一般要经验四个阶段：

(1)创设问题情境。使学生在问题情境中发现矛盾、提出问题。

(2)引导学生提出解决问题的假设。

(3)学生自主探究，从理论或实践上验证自己的假设。

(4)根据探究中获得的材料或结果，在仔细评价的基础上引出结论。

表 9-1 是一个发现教学设计的例子：单摆有什么规律？

表 9-1 “单摆”规律的发现学习

步骤	具体内容
学生要发现什么	系在一根绳子上的重物被推动一下后会有规律地前后摆动。摆动的频率依赖于绳子的长度，不依赖于所系物体的重量或推力的大小
教师的演示	如果学生不知道单摆是什么，教师应当演示，并介绍“频率”这一术语：在一定时间内摆动的次数
需要的材料	单摆的支架、绳子、剪刀、一些重物
程　　序	教师要求学生用不同长度的绳子和各种重物做单摆，并且观察其效果。有些学生可能会定一个单摆的时间，对于有些学生则要求教师在观察学生的工作之后提出建议，有些学生在比较某一变量的效果时会遇到挑战
向学生挑战	①用给定的材料，试着决定绳长、物体重量和频率之间的关系。②试着做一个每分钟摆动 15 次的单摆。③试着用两个不同的绳子做两个频率一样的单摆

发现法在激发学生内在学习动机、培养学生创造能力方面是最为有效的教学方法。但它在传授基础知识、基本技能方面不如讲授式教学的效果好。此外，其最大的缺陷就是耗时过多，课堂进度难以把握。在实践中，教师常常把发现学习与接受学习相结合，给学生提供更多的信息并给予更多的指导，这种方式也称为“探究式教学”。

2. 研究性学习

指学生依照科学研究的过程组织学习过程，使学生体验科学研究方法、获得研究能力的学习方式。一般来讲，凡是学生通过自己亲身参与的实践活动(如观察、调查、访谈、实验、设计、制作、评估等)获取知识、得出结论、形成产品，都属于研究性学习。

研究性学习的类型，可从不同角度划分。根据教师的参与程度可分为“定向研究”与“自由研究”方式。前者一般是教师给出研究方向或课题，并给予更多的指导。后者一般是学生自主确定研究课题，教师较少参与指导。依据研究内容的不同，研究性学习的实施主要可以区分为两大类：“课题研究”和“项目(活动)设计”。课题研究以认识和解决某一问题为主要目的，具体包括调查研究、实验研究、文献研究等类型。项目(活动)设计以解决一个比较复杂的操作问题为主要目的，一般包括社会性活动的设计和科技类项目的设计两种类型。前者如一次环境保护活动的规划，后者如某一设备、设施的制作、建设或改造的设计等。

研究性学习的过程一般包括：提出问题、确定研究课题；收集证据；形成解释；评价结果；表达结果（展示交流）。

我国新的课程标准把“研究性学习”确定为高中“综合实践活动”的一项内容，强调多种学科知识的综合运用。一般在课余时间开展，大多采取小组合作方式进行。

研究性学习案例

1. 课题名称

燃烧废塑料、轮胎产生的气体对小白鼠生活的影响。

2. 研究目的

检测燃烧废塑料、轮胎时产生的有害气体对小白鼠的生活有何影响。

3. 所需材料和仪器

体态和大小相近的两只健康活泼的小白鼠、解剖器具、显微镜、两只带盖玻璃缸、废塑料及自行车内胎、火柴、秒表等。

4. 操作过程

(1) 把两只小白鼠分别置于两只玻璃缸内。

(2) 将燃烧的废塑料及自行车内胎放入一只玻璃缸内，盖上盖，并留出一条小缝隙。另一玻璃缸盖上盖，也留出一条小缝隙。

(3) 观察两只小白鼠的活动。

(4) 15 分钟后，测定两只小白鼠的呼吸频率。

5. 根据观察和测定的结果进行分析、撰写报告

学生实验研究实录：

实验过程：经观察，有废气的玻璃缸内，小白鼠开始明显有不安的多动现象，后渐渐安定下来，而无废气缸内的小白鼠始终比较安定。15 分钟后小白鼠呼吸频率：三次测定受废气影响的小白鼠的呼吸频率是 45、41、40（单位：次/分，平均值为 42 次/分）；而无废气缸内的对照小白鼠呼吸频率是 59、60、61（单位：次/分，平均值为 60 次/分）。

由观察结果可知，小白鼠的生活受到废气干扰，呼吸频率明显减慢。

后经教师启示和帮助下，我们对两只小白鼠进行了解剖，在显微镜下观察到：受废气影响的小白鼠皮肤内侧血管明显变粗，血管周围伴有少量血液弥漫现象和血凝现象。肺泡颜色全部呈红色，看不到明显的血管。对照缸内的小白鼠皮肤内侧血管纤细，网络清晰，无血液弥漫和血凝现象。肺泡没有全部呈红色，可以看到肺泡上的血管。

实验结论：燃烧废塑料、轮胎产生的废气不仅影响了小白鼠的行为和呼吸，对呼吸器官（小白鼠的肺）也有明显的损害。

3. 情境式教学

传统的情境式教学又称“直观教学”，一般是在课堂上通过故事、图片、投影、音频、视

频、实物等手段给学生提供相关情境,丰富学生感性经验,以帮助学生理解知识的教学方式。

而建构主义则进一步提出了“在真实情景中解决真实任务”的主张。其学习过程与问题解决过程相类似,解决问题的信息或方法往往隐含在具体情境之中,学生需要在真实情景中动手探索,在不断失误的过程中发现解决问题的方法,对学习效果的评价也采取情境化评价方式,以解决实际问题的效果作为评价标准。由于解决真实任务往往需要多种学科知识的综合运用,因此这种教学模式往往淡化学科界限。此外,大多也采取小组合作的方式进行。

拓展阅读 9-5

抛锚式教学

抛锚式教学又称“实例式教学”或“基于问题的教学”,是建构主义主张的一种情境教学模式。一般是采取有吸引力的故事或真实事件作为“锚”,将学生置身于真实的问题情境中,为学生提供体验、思考、探究的机会,并最终通过合作学习的方式解决问题。

如20世纪90年代美国学者开发了以情境教学为目的系列历险故事,并摄制成影片《杰斯帕·伍德巴瑞问题解决系列》(*Jasper Woodbury Solving Series*),其中一例为“船之旅”,它要求学生确定杰斯帕是否有可能使船在未耗尽汽油的情况下返航;另一例则要求学生把一只受伤的鹰,从汽车不能抵达的区域拯救出来。这一系列历险故事都涉及距离、速度和时间等数学概念,而且在设计时注意将这些概念与历史、科学和文学等方面的知识联系起来。这两个软件主要用于5～6年级学生的教学。后来学者们又陆续开发出了适合小学各年级的同类教学软件。

4. 合作学习

合作学习是20世纪70年代初兴起于美国的一种富有创意和实效的教学模式。由于它在改善课堂心理气氛、大面积提高学生的学业成绩、促进学生形成合作精神等方面实效显著,很快引起了世界各国的关注,并成为当代主流教学理论与策略之一,被人们誉为“近十几年来最重要和最成功的教学改革”。

合作学习就是学生在一个小组内一起学习,通过合作学习小组的建立、合作学习任务的完成和合作学习的评价反馈三个方面来共同实现教学目标。在合作学习中,学生自己分配工作,相互帮助,根据每一个人的努力和得到表扬或批评的次数,来总评小组行为分数。

实施合作学习的前提是树立课堂教学交往观,首先不仅要重视师生交往,更要重视生生交往。要建立融洽的师生关系和生生关系,要充分信任每一个学生,帮助他们在交往中寻找各自恰当的位置。

在实施合作学习的过程中,教师要做到以下几点:①正确分组,为学生提供足够的空间和学习范围。以组间同质、组内异质为原则。②培养合作的意识，处理好合作与竞争的关系。设计一些只有合作才能完成的活动，让学生在这种活动中体验到合作意识和成功。③呈现小组合作的目标，按学生的能力分工。④采用多种形式的合作学习方式。

（三）个别化教学

个别化教学就是允许学生按照自己的步调和水平学习，促使教师教学必须与学生的能力、需要和兴趣相匹配，并及时评估、反馈的方式方法。早期的个别化教学的主要方式是程序教学，后来演化为计算机辅助教学。运用这些个别化教学程序都是最大限度地促进个体的学习，可以促进学生的成绩显著提高。

1. 程序教学

程序教学由斯金纳等人提倡。教师按照“小步子”原则，精心设计序列化的学习材料。学生通过填空、选择等方式对学习材料做出反应，反应正确后进入下一步学习，否则重新进行学习以弥补知识的缺陷。学生可以自己掌握学习进度。

具体操作步骤为：①为学生设置清楚的目标，让学生明确他们的任务；②基于学生的需要和能力选择各种各样的材料和媒体；③给学生安排可行的步骤及方法、图表，以便完成任务和作业；④教师应定期监控和检查学生的学习，对学生遇到的问题和可能遇到的问题与其进行讨论，并进行个别辅导；⑤及时提供直接反馈，为高成就学生提供更高的学习任务，使他们获得更高的成就，为低成就学生提供适当的任务，给他们更多的支持和鼓励。

2. 计算机辅助教学

将程序教学与现代计算机系统相结合便形成了计算机辅助教学。在这里，计算机成为一个学习的辅导者，负责为学生呈现学习材料和任务，评价学习的结果，并提供额外的补充学习材料。由于人机对话的灵活与便捷，这种学习方式具有许多优势，如计算机可以用形象生动的方式呈现学习材料并给予及时的反馈，学生可以自定学习路径、自主选择学习内容、自己掌握学习进度等。

3. 掌握学习

掌握学习是由布卢姆等人提出的教学模式。其教学理论是，只要有足够的时间和适当的教学，几乎所有学生都可以对学习任务达到掌握的程度（即对测验项目的正确率达到80％或90％以上）。学生学习能力的差异主要表现在学习时间的长短之上。为此，他设计的教学程序是：

(1)将学习任务分解为一系列小单元。各单元之间相互衔接。

(2)每个单元学习完成后进行单元小测验。达到掌握水平的学生进入下一个单元的学习。没有掌握的学生，则在老师指导下重新学习这个单元的全部或部分知识，直到掌握为止。

(3)学生最后的成绩的名次不是以单元测验的分数为标准，而是以所掌握的单元数量或完成这些单元学习任务所花的时间为标准。

四、教学媒体的选择

（一）教学媒体的分类

教学离不开教学信息的传输，而教学信息传输的数量和质量取决于传播教学信息的载体。在教学过程中，教师运用媒体把教学内容的信息传输给学生，学生则通过媒体接受教学内容的信息。

教学媒体多种多样，可按不同角度进行分类。下面只介绍其中一个角度的分类。

传统媒体：包括教科书、黑板、粉笔、挂图、标本、模型、实物教具等。

现代媒体：包括幻灯、投影、录音、录像、多媒体计算机和网络等。

(二)影响教学媒体选择的因素

由于教学任务和目标的多样性、教学过程和对象的复杂性，以及教学环境和条件的局限性，确定选择何种教学传媒受到种种有关因素的制约。一般说来，教学媒体的选择主要受到以下几种因素的影响：

1.教学目标及任务方面的因素

媒体是以不同的功能来实现教学目标的手段，因此要根据教学目标选择具有相应功能的媒体。此外，教学任务及教学方式不同，可供选择的媒体也往往不同。

2.学习者方面的因素

教学媒体对经验的传递作用取决于经验接受者的接受及加工能力，如感知能力、知识水平、智力水平、认知风格、兴趣爱好及年龄等。年龄不同，思维发展水平不同，其内在的编码系统也不同，采用的教学媒体也应有差别。

3.教学条件方面的因素

这包括教学的地点和空间、是否分组或分组的大小、对学生的反应要求、获取或控制教学传媒资源的程度。

4.教学媒体的物理特性

不同媒体特性不同。一般来说，幻灯、投影的最大特点是能以静止的方式表现事物的特性，让学生详细地观察放大的清晰图像或事物的细节。计算机辅助教学软件具有高速、准确、储藏量大，能模拟逼真的现场、事物发生的进程，且动静结合、表现力强等的特性。在选择媒体时，要针对媒体的特性优先考虑最能表现教学内容特点的媒体。此外还应考虑媒体是否便于教师操作，操作是否灵活，是否能随意控制等。

5.经济方面的因素

媒体的选择还受媒体花费的代价所制约。一般来说，媒体的选择应考虑代价小、功效大、有实效的媒体。那种不切实际一味追求教学媒体的现代化，而不考虑经济实用原则的做法是不可取的。

(三)教学媒体的合理运用

1.多种媒体组合的运用

鉴于各种媒体具备不同特点，各自都有自己的适应性和局限性，且往往一种媒体的局限性又可用其他媒体的适应性来弥补，因此，在可能的条件下最好采用多媒体组合教学，以使各种媒体扬长避短，互为补充。例如，电视录像在表现动态情景上占有独特的优势，但在表现静态放大画面时却不如幻灯投影，若两者结合使用，便既能表现动态场景又能表现静态放大画面。

2.一定程度的媒体冗余度促进信息整合

学习者对信息进行顺利整合，很大程度上依赖于媒体的一定冗余度。研究表明，在信息有联系的情况下，同时给予两种感觉通道的刺激，会提高学习效果。但如果信息太多且超过一定的冗余度时，双通道的呈示并不特别优越。因此，我们在采用多媒体组合教学时要特别注意：①不同通道传递的信息要一致或有联系，否则会产生干扰；②不同通道传递的信息并不是越多越好，单位时间内信息量过大，超过了学习者的接受率，反而降低学习效果。

3. 选择适合学习者思维水平的媒体符码

媒体的符码形式可分为语言的和非语言的两大类，也可分为模拟符码（如芭蕾舞的动作）、数序符码（印刷、语言、文字）、形状符码（图画、图表、图解）。近年来，对符码的研究发现，媒体的符码越与学生思考时所用的符码一致或接近，学生就越能有效地思考。这意味着，我们在用某种媒体符码教学时，应考虑学生是否能轻松地处理这种符码，即学生是否能用最有利于自己的形式来解释、储存、提取、使用、转用这种符码。

4. 遵循学生的学习心理规律

首先，应遵循学生的注意规律，选择那些容易吸引学生注意的媒体形式，把学生的注意引向教学内容之中，同时还应避免无关刺激分散学生的注意。如一些教师在多媒体课件中为了美观而插入过多的与教学内容无关的图案或动画，很容易分散学生的注意。此外，由于现代教学媒体所呈现的信息量多而且刺激往往比较强烈，时间长了学生容易感到疲劳。其次，还应遵循学生的感知规律，信息的呈现应该简洁明了、重点突出、整体性强，使学生一目了然。避免信息混杂不清。如一些教师的课件字体过小、文字过多过密、背景与文字色差区别不明显等都会影响学生对信息的感知效果。

第二节　课堂管理

一、课堂管理概述

在课堂教学中，教师除了“教”的任务外，还有一个“管”的任务，也就是协调、控制课堂中各种教学因素及其关系，使之形成一个有序的整体，以保证教学活动的顺利进行。这一活动即为通常所说的课堂管理。

课堂管理的功能是：①维持功能。维持课堂良好的教学秩序。②促进功能。促进学生更好地投入到教学过程，圆满地完成教学目标。③发展功能。开发课堂活力，促进师生共同发展。

（一）课堂管理的目标

1993 年，美国教育心理学家沃尔福克把课堂管理的目标分解为以下三个具体的目标：

1. 争取更多的学习时间

研究表明，学生对学业投入的时间与其学习成绩呈正相关。尽管课程表分配给课堂学习的时间对所有学生都是一样的，但对于学生个体而言，真正专注于课堂学习的时间差异很大。课堂管理的一个重要目标就是教师通过精心备课、认真组织、保持教学进程的紧凑、维护良好的教学秩序、排除干扰因素、充分吸引学生的注意集中于学习任务等手段，提高课堂时间的利用质量，从而增加学生的学习时间。

2. 争取更多的学生投入学习

争取更多的学生参与到教学过程之中，可以增强课堂学习气氛。不同课堂有不同的参与规则或参与结构。比如以教师讲授为主的课堂，学生不能随便插话打断教师的讲授，一般要求举手发言。而师生互动式的课堂则一般没有这样的要求。为了使学生更好地参与教学活动，教师必须事先交代学生参与课程的规则与结构，以及教师期望达到的目的是什么。

3. 帮助学生形成自我管理能力

课堂管理不是一味地要求学生服从，而是要逐渐培养学生的自我管理能力。1994年，心理学家丹波建议教师通过以下方式来帮助学生实现自我管理。首先，可以让学生更多地参与课堂规则的制定。其次，用较多时间要求学生反思建立这些规则的原因，或者反思学生课堂不良行为的原因。再次，给学生机会考虑他们将如何计划、监督和调节自己的行为。最后，要求学生回顾一下课堂规则，提一些必要的修改建议。

（二）课堂管理的基本模式

课堂管理模式比较复杂，目前尚无统一的分类，以下是比较常见的几种管理模式：

1. 权威型管理模式

这是教师中心取向的课堂管理模式，强调教师对整个课堂的控制。其主要措施是：建立周密具体的课堂规则，严格要求学生遵守；运用奖惩机制控制课堂秩序，对违反课堂纪律的学生，轻则警告、重则隔离。这种管理模式对学生约束多而弹性小，可以维护良好的课堂纪律，但不利于激发学生课堂学习的积极性，也不利于师生关系的改善。

2. 矫正型管理模式

该模式是建立在行为主义理论基础上的，强调运用强化手段塑造学生良好的课堂行为。首先是利用榜样的作用，为学生提供模仿的对象。其次是利用强化与惩罚的作用，奖励正确行为、矫正错误行为。最后，对经常出现不良课堂行为的学生进行行为咨询与矫正。该模式与权威型管理模式比较相近。

3. 教导型管理模式

这种管理模式强调以兴趣吸引学生注意、调动学生的积极性。教师通过丰富而形象生动的教学内容、灵活多样的组织形式，为学生提供难度适宜的学生任务以及获得成功的机会，以激发学生的兴趣和学习动机。

4. 关系型管理模式

关系型管理模式又称“民主型”管理模式，强调建立平等而良好的师生关系及同学关系，促成合作型的课堂气氛。要求教师多与学生沟通，用宽容、理解和信任的态度悦纳学生，营造民主和谐的师生关系，课堂多采用师生互动方式展开教学。

5. 学生自治型管理模式

强调学生的自我管理。教师尽可能地不干预学生行为，给予学生足够的行为空间和自主权。一般由学生成立自治委员会，自己商议制定管理规则，自主监督学生行为，对违反纪律的行为由学生协议处理。如英国的夏山学校就以采取这种管理模式而闻名世界。

二、课堂心理气氛

(一)课堂心理气氛的概念和类型

良好的课堂心理气氛是指在课堂中师生之间和学生之间围绕教学目标展开的教与学的活动而形成的某种占优势的综合的心理状态。包括课堂注意状态、思维状态、情绪状态等。

衡量课堂心理气氛的指标是秩序、参与、交流。根据这三个指标,可以把课堂心理气氛划分为三种主要类型:

(1)积极的课堂心理气氛。主要表现为:师生双方有饱满的热情;课堂活动井然有序;学生注意力集中、思维活跃;师生间情感交流充分,学生参与面广,双方处于积极的互动状态;师生共同洋溢着为实现教学目标而获得成功的喜悦与满足感。

(2)消极的课堂心理气氛。主要表现为:学生分心现象普遍、情绪低迷、被动应付、思维迟钝、对教师缺乏呼应,课堂气氛沉闷。

(3)对抗的课堂心理气氛。主要表现为:师生之间关系紧张,大部分学生不信任教师并讨厌上课,各行其是,课堂秩序混乱,使得正常的教学活动难以开展;师生都把教与学视为一种精神负担。

(二)课堂心理气氛的营造

影响课堂心理气氛的因素主要有:教师的人格魅力、业务水平、教学风格、教学组织形式、课堂控制能力、师生关系等。

1. 加强课堂教学中的情感投入、形成民主融洽的师生关系

师生关系是造成不同课堂气氛的重要因素。教师应尽量与学生建立朋友式的关系,可以互相自由地交流,教师在教学过程中起辅导提示的作用。课堂上,教师有目的地让学生讨论,学生可以自由出入教室,有时教师甚至可以别出心裁地把课堂搬到野外,与学生一起在明媚的阳光下、柔和的清风中愉悦地学习。这种教学方法能促进学生积极开动脑筋,减轻他们的压力,营造出欢快的教学气氛。

2. 营造轻松的课堂氛围

课堂上,每个学生都有心理安全和自我价值被认同的内心需要。教师对学生的一个笑容就能够让学生感到轻松自在,教师的一句表扬能够让学生体验到成就感。因此,在课堂上消除学生对教师的戒备心理、形成轻松愉快的心理,是教师营造良好课堂心理气氛的第一步。教师在学生心目中的受欢迎程度与他在教学中营造的课堂气氛是否令学生轻松愉快有关。自由、开放、平等、安全、尊重、赞赏、鼓励,这些正是西方国家课堂气氛的特点。正是这样的师生关系,培养了学生的独立性、创造性与自信心。

3. 生动的教学内容及多样化的教学方式

单调的刺激往往使课堂气氛沉闷,而多样化的,尤其形象生动的内容是调动学生注意及学习积极性的常用手段。应尽量运用现代教学媒体,为学生提供形象生动的教学内容,如图片、音频、视频等。此外,多采用活动参与式教学方式,给学生提供具有一定挑战性的任务,如演讲、小组讨论、辩论赛、个人成果展示等,更能够活跃课堂气氛。

4. 多采用激励性的评价

教师应对学生的努力和学习质量进行赞赏。即便学生回答问题并不圆满，仍然可以用诸如“我看到了你的努力”或者“我非常喜欢你为这项任务付出的努力”之类的语言进行激励。为了调动学生的课堂积极性，请不要吝啬这样的激赏性评价。

三、课堂纪律

课堂纪律是要求学生共同遵循的行为规范。课堂纪律可以由教师制定，也可以由师生协商制定，还可以完全由学生群体协商制定。

（一）影响课堂纪律的因素

每一种课堂问题行为背后都有隐藏的原因，教师如果能够找到这些原因，对于有效地处理课堂问题行为具有重要的指导作用。

1. 学生因素

（1）情绪或生理问题。不良的情绪状态或者身体健康因素是导致课堂问题行为的常见原因，但该因素往往导致一时的问题行为，而不具有持续作用的稳定性。

（2）学习动力问题。学习动力不足是导致长期学习问题的主要原因。

（3）个性问题。如过于好动、自我控制能力不足的学生课堂上容易出现分心、做小动作等现象。

（4）对课堂的认知问题。包括“偏科”现象或者对课程的意义认识不足。

2. 教师因素

教师的敬业精神、教学方法及教学水平、课堂管理能力等不足，缺乏对学生的吸引力，尤其是教师在学生心目中丧失威信，是导致学生普遍出现课堂问题行为的重要原因。

3. 其他因素

校风班风、校园文化对学生的学习动机及课堂气氛具有普遍的影响作用。

（二）课堂问题行为及其应对策略

1. 课堂问题行为的类型

国外有学者将课堂问题行为分为以下三类：①人格型问题行为。主要表现为退缩性行为，如上课焦虑、怀疑自己的能力、回答问题过于紧张等。②攻击型问题行为。主要表现为在课堂上对教师带有明显的对抗性和攻击性，喜欢故意做小动作、交头接耳或大声喧哗，经常有意破坏课堂秩序。③情绪型问题行为。主要表现为在课堂上沉默寡言或坐立不安、分心走神、想入非非等。

国内有学者将课堂问题行为分为两大类：①外向攻击型行为。其行为指向外部的人或事，常常表现为扰乱课堂秩序、喜欢恶作剧，或者经常迟到、旷课等。②内向退缩型行为。其行为主要指向自身内心问题。常常表现为沉默寡言、分心走神、想入非非，或者情绪烦躁、坐立不安等。

2. 维护课堂纪律的策略

（1）明确规则。向学生明示课堂规则，强调纪律。

（2）预防。教师可通过丰富的教学内容、生动的教学方法、流畅的教学过程，鼓励学生参与各类师生活动，吸引学生注意，预防学生分心或违反纪律。

(3)关注课堂学生反应。教师除专注教学之外,还需同时关注学生听课的反应及纪律情况,发现不良苗头及时想办法扭转局势。

(4)及时控制。发现个别学生开始违纪,应及时阻止,防止出现波及他人的涟漪反应。一般先是通过目光注视、手势或走近学生等方法暗示其注意纪律,或者令其回答课堂问题,使之意识到自己没注意听讲。

(5)纪律维护。通过表扬良好课堂行为,可对其他学生发挥示范或提醒作用。

(6)惩戒。对于屡教不改的学生可用以下方式进行惩戒:点名批评,指出其行为对大家的不良影响;让学生陈述课堂规则并提醒其遵守;扣除学生的休息时间或扣分;通过师生协商,让学生自己提出解决自己纪律问题的可行方案,让大家监督其遵守。

(7)集体绩效系统。通过对集体(全班或小组)的奖惩(加分或扣分),使每个成员都受集体利益的约束。

第三节　教学评价

一、教学评价概述

(一)教学评价的含义

教学评价是根据教学目标,通过测量、测验、观察等手段,收集学习者在教学过程中发生的变化信息,并做出价值判断的过程。

与教学评价相关的概念还有测量和测验。测量是以数学方法对事物进行的描述,而不关心其价值。测验是指特定的测量工具(如量表、试卷),教学评价往往以测验为工具对学习行为进行测量、收集行为变化的数据资料,以作为价值判断的依据,但评价还可以通过日常观察、谈话、作业分析等形式进行。

(二)教学评价的功能

教学评价作为教学过程中的一个环节,是控制和调节教学过程的信息反馈机制,是使教学活动保持稳定发展的重要手段。具体而言,教学评价的功能作用表现在以下四个方面:

1. 教学成效鉴定功能

通过对教学过程、教学质量、教学水平进行科学评价,才能更加准确地了解教师的教学水平、学生掌握预定知识与技能的程度以及教学目标与任务的达成程度。

2. 教学诊断指导功能

通过教学评价,诊断教学质量的优劣、及时发现教学中存在的问题,是教学评价的反馈功能。

3. 调控功能

通过教学评价所提供的反馈信息,教师可以及时调节和控制教学方式及过程,学生也可以发现自己学习中的不足,以利于改进。

4. 激励功能

从某种意义上说，教学评价的过程同时也是一种激励的过程。评价对象都有渴望获得较高价值评定的心理趋向，对于教师来说，适时而客观的教学评价，可以明确教学工作中所需努力的方向；对于学生来说，为争取好的成绩及同学之间的竞争，可以提高学习的积极性。

二、教学评价的分类

（一）根据评价的功能划分

1. 诊断性评价

诊断性评价又称准备性评价，俗称"摸底测验"。它一般是在教学活动开始之前为确定教学起点而进行的评价。其目的在于了解、识别学生的整体现有水平和个别差异，为教学活动提供依据。

2. 形成性评价

形成性评价用于教学过程的中途所实施的评价，如单元测验或学生作业等。其目的在于检验前一段教学的效果，找出存在的问题，为进一步改进教学提供依据。

3. 总结性评价

总结性评价是对一个完整教学过程（一学期、一学年或一门课程教学结束后）的总体功能进行的评价。其目的主要在于检查、总结教学目标的达成情况，评定学业成绩，表明学生掌握知识、技能的程度和能力水平。此外，这种评价也能起到形成性评价的某些作用，为教学提供反馈信息，有利于下一轮教学的改进提高。

（二）根据评价资料的处理方式分

1. 标准参照评价

标准参照评价是以教学目标所确定的评价标准为依据，从学生在试卷上答对题目的多少，以分数评定他的学业成就。它关心的是学生掌握了或没掌握什么，采用绝对标准评价学业成绩，而不关心学生之间的相对位置。比如，100 分代表学生完全达到教学目标要求，60 分代表及格，是对学生的最低要求。

2. 常模参照评价

常模参照评价是将个体的成绩与同一团体的平均成绩（常模）相互比较，从而确定其成绩的适当等级的评价方法。这是一种相对的评价标准，学生的成绩所显示的是他在团体中与常模比较之后的相对位置。常模参照评价具有甄选性强的优点，因而可作为分类排队、编班及选材的依据。其缺点在于常模参照评价的结果只能概括了解学生成绩在团体中的相对位置，不能确切了解学生对其所学究竟达到了何种程度。

（三）根据评价的标准化程度划分

1. 标准化测验

标准化测验是由测量专家或专业的测验发行机构严格按照测验编制程序而编成的。通常标准化测验都具有一定的编制程序，包括试题的抽样，难度、区分度指标分析，明确的施测指导语和施测程序，记分标准，解释分数的常模以及信度、效度等指标资料。该类型测验的评分客观、准确、迅速，从命题、阅卷到记分等各个环节都减少或避免了误差，因而具有客观、真实、准确等优点，是目前评价学生学业成绩的重要方式之一。如美国教育测验中心举办的托福考试(TOEFL)，我国针对外国学生的汉语水平考试(HSK)等，都属于标准化测验。

2. 非标准化测验

非标准化测验又称"教师自编测验"。其编制相对自由，没有严格按照测验标准程序进行。这类评价的突出优势是自编测验的制作过程简易，使用灵活方便，适用的范围广泛，可以满足不同学科、不同教学阶段的不同测试要求的具体教学情境。由于标准化测验的编制相当耗费人力、物力和时间，而且它的内容不一定和教学进度相符合，所以教师自编测验是目前学校中使用最多和教师最愿意使用的评价方式。在实践中，将非标准化测验和标准化测验结合起来使用，则可以发挥出各类评价方式的长处，优势互补，从而提高教学评价的效果。

三、学校常用教学评价的具体方法

(一)教师自编测验

1. 自编测验的注意事项

(1)测验目的应与教学目标密切相关，测验内容应与教学内容保持一致。一份测验不可能涵盖全部教学内容，它总是从中抽取部分样本来代表总体。首先，取样应具有代表性，应突出教学内容的重点部分，并抽取适当比例的教学难点内容。其次，取样应具有广泛性，尽量覆盖各个部分的教学内容，以利于全面考核学生的学习水平，也有利于促进学生全面复习。

(2)根据测验目的，选择恰当的考试方式。考试的方式有口试、笔试、实际操作等。笔试又分为闭卷和开卷两大类。考试的具体方式要依据学科的性质及考试目的而定。

(3)科学命题。命题是测验的关键，应根据测验的目的和对象来确定测验的题型、题量、难度及考试时间、记分方法等。

(4)试卷评阅标准化。评阅试卷时要制定统一的评卷标准，客观、公正、准确地评阅试卷，给予适当的评分。

(5)合理分析总结测验结果。测验结束后一般要撰写试卷分析报告。要注意从具体数据中合乎逻辑地引出结论，对测验的总体结果进行合理分析和解释，反思教学绩效，并提出今后的改进思路。此外，教师还应将测验结果反馈给学生，以利于学生改进学习。

2. 自编测验的题型

(1)客观题。是指具有标准答案，教师评价有客观依据的题型。包括选择题、判断题(是非题)、匹配题、填空题等。其优点是取样广泛、利于覆盖知识面；易于计分、评分客观性强；学生答题时书写较少、可以在短时间内完成大量测验任务。其缺点是编制费时费力，往往只能测量学生的记忆、简单理解等低级认知能力，而不利于测量学生综合运用、分析及批判思维、创新能力、语言组织表述等高级认知能力。

(2)主观题。指没有标准答案，要求学生自己组织材料、允许自由发挥、教师评价也没有客观依据的题型。包括论文(作文)题、应用题、材料分析题等。其优点是命题容易、可以测量并激发学生的综合应用、分析及批判思维、创新能力、语言组织表述等高级认知能力。其缺点是取样不广、不利于覆盖知识面;不易计分、评分主观性强;学生答题时书写较多等。

(二)非测验的评价技术

1. 日常观察

日常观察是教学评价中最为常用的途径之一。如教师天天都在观察上课时学生的注意力是否集中,学生情绪有什么变化……更为重要的是对学生的态度、学习习惯、兴趣、个性品质等一些难以量化的情感领域,主要通过日常观察进行评价。

2. 课堂提问

课堂提问是一种简便、灵活而富有实效的评价方式。可以通过学生回答问题的速度和质量,知晓学生对知识的理解及掌握情况,了解学生思维活动的方式,并及时给予评价。

3. 作业

作业是教师了解和检查学生掌握情况的最常用方式,可以了解学生理解与运用知识的质量,为改进教学提供信息。

4. 档案袋评价法

这是20世纪90年代在西方国家出现的一种新型教育评价方式。即教师依据一定标准,请每个学生都设计与制作个人学习档案袋,围绕一定的学习主题连续收集各种有意义的资料(如日记、论文、绘画、摄影、手工作品等),以系统地展现学生个人学习的历程与成果。一般来说,精心设计与制作的学习档案袋,可以发挥诸多优势,如能兼顾学习结果与历程,兼顾认知、情感、动作技能的整体目标;可以呈现多元资料,获得关于学生发展的更真实的表现与成果;可以激发学生的学习兴趣,培养学生主动积极、自我成长、自我评价、自我负责的精神及价值观;可以增进师生互动、同学沟通、合作精神等。运用档案袋评价法需要注意:其一,档案袋评价必须与教学相结合;其二,档案袋评价应与其他评价方法并存使用;其三,档案袋评价应采用渐进式、引导式、循序渐进;其四,应多次进行阶段性的反思;其五,档案袋评价应顾及学生的承受力与可利用的资源。

复习思考题

1. 教学设计需要解决哪些基本问题?
2. 简述布卢姆的教学目标分类理论。
3. 简述教学目标的表述的基本要求。
4. 简述内部心理和外部行为相结合的教学目标表述方法。
5. 什么是学习的准备,它包括哪些维度?
6. 试述维果茨基的“最近发展区”理论的内容、意义以及对当代教学方式的影响。
7. 试述奥苏伯尔的接受学习以及“先行组织者”策略。
8. 试述布鲁纳的发现学习的教学原则及教学过程。
9. 试述合作学习的教学理念及实施方法。
10. 简述合理运用教学媒体的基本原则。
11. 简述课堂管理的基本模式。
12. 试述应如何营造课堂心理气氛。

13. 试述课堂问题行为及其应对策略。

14. 简述教学评价的分类。

15. 教师自编测验的注意事项是什么？

16. 简述教师自编测验的题型及其优缺点。

参考文献

1. 施良方. 教学理论——课堂教学的原理、策略与研究[M]. 上海:华东师范大学出版社,1999.

2. 张大均. 教育心理学[M]. 北京:人民教育出版社,2005.

3. 皮连生. 教学设计——心理学的理论和技术[M]. 北京:高等教育出版社,2000.

4. [美]R M 加涅,等. 教学设计原理[M]. 皮连生,等译. 上海:华东师范大学出版社,1999.

5. 李慰,祖晶. 课堂教学心理学[M]. 北京:中国科学技术出版社,2000.

6. 陈心五. 中小学课堂教学策略[M]. 北京:人民教育出版社,1998.

7. 陈琦,刘儒德. 教育心理学[M]. 2 版. 北京:高等教育出版社,2011.

8. 连榕,罗丽芳. 教育心理学概论[M]. 北京:北京大学出版社,2009.

9. 张承芬. 教育心理学[M]. 济南:山东教育出版社,2000.

10. [美]R M Gagne. 学习的条件和教学论[M]. 皮连生,等译. 上海:华东师范大学出版社,1999.

第十章　中小学生心理健康与辅导

【内容提要】

本章内容分为中小学生心理健康概述，中小学生心理辅导的原则、途径与方法，中小学生常见的心理问题及辅导三节内容。

中小学生心理健康概述包括：心理健康的概念、中小学生心理健康标准、影响中小学生心理健康的因素。

中小学心理辅导的原则、途径与方法包括：中小学生心理辅导的概念、原则、途径和方法。

中小学生常见的心理问题及辅导包括：学习辅导、人际关系、自我意识、青春期辅导、网络成瘾的防治等内容。

【学习目标】

1. 理解健康、心理健康、心理辅导的含义，心理健康的标准。
2. 掌握中小学心理健康的标准。
3. 掌握中小学生心理辅导的概念。
4. 理解中小学心理辅导的原则、途径和方法。
5. 理解自我意识辅导、人际关系辅导、学习辅导、青春期辅导内容。
6. 能结合案例，分析影响心理健康的因素。
7. 能分析中小学心理发展的主要问题，并提出解决问题的对策。

【关键词】

健康；心理健康；心理辅导；心理辅导活动课；心理咨询；团体辅导；共情

近些年来，我国中小学生的心理健康问题日益突显，引起了社会各界的高度关注。2005年，张作记、林立等人在《全面关注、深入研究——学生心理健康专题导语》一文中报告：近年的学生心理健康调查表明，学生已成为心理健康的弱势群体，约占50%的学生心理处于不健康或亚健康状态，心理问题的阳性检出率为17.3%～21.1%，学生自杀、暴力犯罪率呈不断上升趋势。

1999年8月13日，我国教育部颁发了《关于加强中小学生心理健康教育的若干意见》，标志着心理健康教育正式走进学校，成为学校教育的有机组成部分。为了进一步加强中小学心理健康教育，2002年教育部再次印发《中小学心理健康教育指导纲要》（以下简称《纲要》）。该《纲要》开宗明义地指出心理健康教育是提高中小学生心理素质的教育，是实施素质教育的重要内容，并对心理健康教育的指导思想和基本原则、目标与任务、主要内容、途径和方法、组织实施做出了重要说明，为进一步指导和规范中小学心理健康教育工作提供了重要依据。2012年底，为深入贯彻党的十八大精神，落实《中共中央国务院关于进一步加强和改进未成年人思想道德建设的若干意见》和《国家中长期教育改革和发展规划纲要(2010—2020年)》的要求,进一步科学地指导和规范中小学心理健康教育工作,在认真总结近些年来全国各地心理健康教育工作经验的基础上,教育部又组织专家对《纲要》进行了修订完善。

第一节 心理健康概述

一、心理健康的含义

(一)健康的含义

古往今来,人人都希望健康。哲学家洛克指出,没有健康就没有幸福。哲学家叔本华曾进一步强调,一个健康的乞丐比患病的国王更幸福。现代有人用数字比喻健康的重要性:"健康是1,其他都是1后面的0,如果你有了健康这个1,再拥有其他0,如满意的工作、成功的事业、美好的生活等,它们组合起来就是100、1000或10000,如果没有健康这个1,后面有再多的0,最终也还是等于0。"

健康一词,按照传统的观念和习惯的看法多限于指生理健康,主要是指躯体发育良好,生理功能正常,而很少考虑心理方面的健康。例如,《现代汉语小词典》(商务印书馆1980年版)对健康的解释为:"(人体)生理机能正常,没有缺陷和疾病。"《辞海》(缩印本,上海辞书出版社1980年版)把健康界定为:"人体各器官系统发育良好、功能正常、体质健壮、精力充沛并具有良好劳动效能的状态。"这种理解是不全面、不完整的。人既是一个生物性的个体,也是一个社会性的个体。人的健康不仅受生物因素的制约,也受心理因素和社会因素的影响。

世界卫生组织(WHO)在1948年把健康定义为:"健康不仅是没有疾病和虚弱现象,而且是在生理上、心理上、社会上的完好状态。"就是说健康这一概念的基本内涵应包括生理健康、心理健康和社会适应良好三个方面。1990年,世界卫生组织再次扩大了健康的内涵:"一个人只有在身体、心理、社会和道德四个方面都健康,才算是完全的健康。"

拓展阅读10-1

健康的十项标准

1978年,世界卫生组织(WHO)提出了健康的十项标准:

(1)精力充沛,能从容不迫地应付日常生活和工作的压力而不感到过分紧张。

(2)精神状态正常。没有抑郁、焦虑、恐惧发作等症状。

(3)善于休息,睡眠良好。

(4)应变能力强,能适应环境的各种变化。

(5)能够抵抗一般性感冒和传染病。

(6)体重得当,身材均匀,站立时头、肩、臂位置协调。

(7)眼睛明亮,反应敏锐,眼肌轻松,眼睑不发炎。

(8)牙齿清洁,无空洞,无痛感;牙龈颜色正常,不出血。

(9)头发有光泽,无头屑。

(10)肌肉、皮肤富有弹性,走路轻松有力。

(二)心理健康的含义

心理健康(mental health)问题是心理学研究的热门领域,不同学者对此给出了众多的定义,比较有代表性的有,《简明不列颠百科全书》中的定义是:"心理健康是指个体的心理在本身及环境条件许可的范围内所能达到的最佳功能状态,但不是十全十美的绝对状态。"心理学家英格里希认为,心理健康是一种持续的心理状态,当事者在那种状态下能做出良好的适应,具有生命活力,且能充分发挥其身心潜能。我国学者张承芬认为,心理健康是指个体在各种环境中能保持一种良好的心理效能状态,并在不断变化的外界环境中能不断地调整自己的内部心理结构,达到与环境的平衡与协调,并在其中逐渐提高心理发展水平,完善人格特质。

综合国内外的各种观点,可以发现,多数学者认为,心理健康并非仅仅是指没有心理疾病,而是强调个体的内部的心理协调和外部的环境适应,呈现出一种良好积极的心理功能状态。因此,我们将心理健康的定义概括为:心理健康是指个体在良好的心理发展过程中形成了内心的相对平衡状态以及在适应环境过程中表现出的积极功能状态。

对此定义还需要做如下说明:

其一,心理健康是一个动态的概念,它是在心理发展过程中形成的,并且在心理发展过程中不断地发展变化着,不存在一劳永逸的健康状态。比如在不同的年龄阶段,心理健康的具体标准和要求是不同的。我们不能用成年人的标准去要求儿童或青少年。这就好比身体健康一样,不同年龄阶段身体健康的标准也不一样。

其二,人的内心世界总是存在各种矛盾冲突,不同年龄阶段具有不同的心理矛盾,永远不可能达到绝对平衡状态。系统论认为,任何系统都是在"平衡—失衡—再平衡"这样动态的过程之中不断发展的。因此,只要个体能够不断地化解内心矛盾冲突以取得新的平衡,就可以说他的内心达到了相对平衡。只有长期无法克服的、比较严重的心理冲突导致长期心理失衡,才是心理不健康的表现。

其三,人类心理的基本功能是:反映客观事物、发动并调节机体的行为再作用于客观事物,从而能动地适应环境,为机体的生存与发展服务。适应环境有两种方式:一是被动地顺应环境,即通过改变自身从而与环境相协调。二是能动地改造环境,即通过改变某些环境因素从而使之与自身相协调。积极的心理功能是两种适应能力的统一。

最后还需要说明的是,在英文里,mental health 一词兼有"心理健康"与"心理卫生"两种含义,心理卫生是指维护和增进人们心理健康、预防或治疗心理疾病的一切方法和措施。如我们平时所说的心理辅导、心理咨询、心理治疗等都属于心理卫生工作。这两个含义是密切联系的,心理健康是心理卫生的目的,心理卫生是心理健康的手段。

二、心理健康的标准

一个人的心理怎样才算是健康，以什么标准来衡量心理健康？这是一个十分复杂的问题。心理健康受多种因素的影响，各种形态的心理或精神症状都不是孤立存在的，而是相互影响、互相交织或互为因果的。此外，每个人心理上的承受能力和康复能力也各不相同，因而很难规定一个不变的、到处适用的绝对准确的标准。学术界曾经出现过三种标准：一是“健康即无病状态”。这种标准无疑定得太低，过于消极。二是“健康即理想状态”。这种标准无疑又过高，很少有人能够达到。三是“健康即平均状态”。这一标准比较中和，目前心理健康测验大多采用此标准，但还应该考虑到不同人群（如不同年龄、不同文化背景等）之间存在着较大的差异。

拓展阅读 10-2

划分心理健康标准的依据

1. 经验性标准

经验性标准包括两方面的含义。一是指个体依据已有的知识和主观体验对自己的心理是否正常做出判断。比如，个体对自己的情感或人格等方面发生的变化而感到不舒适、不适应，感到烦恼而又难以自我调节，而认为自己的心理不正常，需要寻求他人的帮助。二是指观察者依据自己所积累的生活经验或临床经验对被观察者的心理是否正常所做出的判断。比如，一个人面对亲人的伤亡或痛苦无动于衷，没有任何相应的情绪反应；或者相反，当悲而喜，当哭而笑。根据观察者的经验，这是判断心理异常的标准。

经验性标准简便易行，但具有较大的主观性、局限性和差异性。不同的观察者所积累的知识经验不同，理解不同，所做出的判断也不同。

2. 医学标准

医学标准是将心理异常或心理障碍与躯体疾病同样看待，认为只有生理上的病理性变化才是诊断心理异常的可靠标准。因而医学标准十分重视物理的、化学的和生物的技术检查及心理上的测定。

一般来说，医学标准对于大脑及其他躯体病变导致的伴发性心理障碍及癫痫、药物中毒性精神障碍的诊查十分有效，而对神经症和人格障碍则无能为力。因为导致心理异常的因素通常都不是单一的，往往是生理的、心理的和社会文化的因素等多种因素共同作用的结果，因而单凭医学标准是不够的，还需要其他方面的判断标准相互印证。

3. 统计学标准

统计学标准是指依据心理特征偏离统计常模（即平均值）的程度作为判断心理正常或异常的标准。统计学标准源于心理测量的统计结果。在普通人群中，某些方面心理特征的统计结果，往往呈现正态分布，即居于中间状态者为大多数，视为心理的正常范围，而偏离中间状态居于两端者为少数，视为心理的异常范围。

由于统计学标准提供了心理特征的量化资料，比较客观，便于分析比较，操作简便易行，因而受到人们的欢迎。但统计学标准也不可避免地存在着某些局限性。比如，虽然智力超常的人在群体中总是极少数的，但不能视为病态心理。此外，心理测量的内容也受到社会文化的影响，因而在解释心理测量的结果时也需要谨慎。

4. 心理学标准

心理学标准是根据心理发展的一般规律以及不同阶段的共性特点确定个体心理发展的正常状况。比如，既可以根据心理发展一般规律提出衡量所有人的基本心理健康的标准，也可以根据某个阶段年龄（如幼儿阶段）的共同年龄特征来判断某个个体的心理发展状态是否健康。

此类标准往往参照一定的心理学理论而提出，由于不同的心理学家看问题的视角不同，因而提出的标准也不尽相同。

（一）心理健康的一般标准

国内外心理学家提出过多种心理健康的标准，下面只介绍影响力较大的两个观点。

1. 国外学者的观点

美国心理学家马斯洛和密特尔曼认为判断一个人的心理是否健康有十条标准，即：

(1)是否有充分的安全感；

(2)是否对自己有较充分的了解，并能恰当地评价自己的能力；

(3)自己的生活理想和目标能否切合实际；

(4)能否与周围环境保持良好的接触；

(5)能否保持自身人格的完整与和谐；

(6)能否具备从经验中学习的能力；

(7)能否保持适当和良好的人际关系；

(8)能否适度地表达和控制自己的情绪；

(9)能否在集体允许的前提下，有限度地发挥自己的个性；

(10)能否在社会规范的范围内，适度地满足个人的基本需要。

2. 我国学者的观点

我国北京大学医学部王效道教授提出了区分心理健康水平的七条标准：

(1)适应能力。人对环境的适应能力是人赖以生存的基本条件，也是判断心理健康水平的重要标志。在人的一生中所面对的生存环境，包括工作环境、学习环境、生活环境、人际关系及个体心理的内部环境等都是动态变化着的，有时这种变化是相当急剧的，如果不能适应就有可能出现各种精神症状和躯体症状。

(2)耐受力。即对精神刺激或心理压力的承受力或抗御能力的统称。心理健康水平高者耐受力强，对于来自环境变化和意外事故等各方面的精神刺激和心理压力，都能以适当的方式有效地应对，从而保持正常心态。相反，心理健康水平低者耐受力较弱，对强烈的或频繁出现的精神刺激和心理压力难以承受，从而出现异常，导致人格改变，甚至发生心身疾病。

(3)控制力。控制力是指自我控制和调节的能力。心理健康的人，对自己的认知、情感和意志过程能够进行有效的调节控制，而心理健康水平差、大脑皮层功能低下者，其自控能力就会降低，表现为情绪失控、易烦恼、易激动等。

(4)意识水平。意识水平的高低一般以注意力水平为客观指标，临床则多以意识的清晰度为指标。注意力经常性地不能集中往往是某种严重精神疾病的先兆。如果一个人长时期地不能专注于某项工作，经常分心，就要引起重视。注意力不集中的程度越高，心理健康水平就越低。但注意的稳定性过分增强，如强迫观念、强迫回忆等注意固定状态亦为心理障碍，属心理不健康的表现。

(5)社会交往能力。正常的社会交往和良好的人际关系是心理健康的重要标志之一。一个人如果长期与世隔绝，社会交往被剥夺，就会出现心理障碍。正常的社会交往应当是适度的，若过分冷漠、过分热情、不加选择的广泛交往，均属心理不健康的表现。

(6)康复力。心理健康水平高的人能够很快康复，没有任何消极影响。心理健康水平低者则康复缓慢，有的甚至完全不能康复，心灵上的伤痕难以平复，因而对其心理、生理和社会功能带来严重的不利影响。

(7)愉快胜于痛苦的道德感。道德愉快是指个体在利他活动中自我体验到的愉快心情，是道德感的表现形态之一。道德愉快是个体与社会矛盾统一的结果，是生物属性和社会属性统一的结果，而道德痛苦则是个体与社会矛盾、生物属性和社会属性矛盾对抗、不可调和的结果。道德痛苦往往比其他任何心灵上的痛苦更深刻、剧烈。当一个人陷入自责自罪的痛苦之中，他就体验不到任何真正的快乐，它可以破坏一个人的价值观和人格，可以使人陷入不能自拔的困境，甚至轻生。一个心理健康的人总能超越道德痛苦而使道德愉快常居主导地位。道德愉快能够拯救道德痛苦的心灵而保持健康的心态。

(二)中小学生心理健康的标准

根据我国中小学生的实际，我国学者一般将中小学生心理健康的标准归纳为以下几点：

1.智力正常

智力是心理功能的重要组织部分。尤其对学生而言，正常智力是维持学习的基本前提条件。精神病学中将IQ 70以下称为“智力缺陷”(MR)，俗称“弱智”。智力缺陷又分为四级：IQ 50～70为轻度；IQ 49～35为中度；IQ 34～20为重度；IQ 20以下为极重度，又称“白痴”。

2.良好的情绪状态

情绪是心理平衡与否的显示器，有人认为，如同体温异常是身体疾病的显著征兆一样，情绪是心理健康状态的显著征兆，心理异常往往是首先从情绪异常表现出来的。心理健康水平高的学生，其情绪的特点是：首先，以稳定而乐观的情绪占主导，消极情绪较少出现。其次，情绪反应的强度与刺激的强度相适应，很少出现过于夸大的情绪反应。再次，具有良好的情绪调控能力，即使出现消极情绪也容易恢复。最后，学习是学生的主要生活内容之一，因此，乐于学习也是良好情绪的一个表现。至少不能过于厌学或者在学习中有过重的焦虑情绪。

3.认识并悦纳自我

良好的自我意识是心理健康的一个重要基础。心理健康水平高的学生具有相对客观的自我评价,能够正确认识自己的优缺点,通过“取长补短”来不断克服自身缺点,从而不断提升自己,对于无法克服的缺点也能够持宽容的接纳态度,通过“扬长避短”发展自己。因此,他们能够形成自信、自尊等积极的自我体验,即不自高自大,也不妄自菲薄。

4. 人格完整统一

人格的完整与统一,首先是指内部心理诸因素的协调一致,如认知与情感的统一、意志、动机与行为的统一,没有过于剧烈不可调和的矛盾冲突。其次,是行为与环境的协调,即自身的人格能够良好地适应周围环境,特别是社会环境。如果人格与社会环境严重不适应,则会出现各种心理问题。最后,是人格的相对稳定性。一个人的人格特征形成以后具有相对的稳定性,一般来说,没有重大变故或特定环境的长期影响,是不易改变的,如果一反常态地出现人格变化,则要考虑其人格是否出现了异常。

5. 良好的人际关系

心理健康水平高的学生能够以平等、尊重以及平和的心态与周围人相处,也比一般人更能理解、宽容和接纳别人,也能够赢得周围多数人的信任、尊重和接纳,从而形成良好的人际关系。相反,总是与周围矛盾冲突过多,或者是过于孤僻,是心理健康水平不高的表现。

6. 积极的生活态度

心理健康水平高的学生,能够对现实生活抱着积极的期望以及进取态度,并且能够体验到生活的乐趣。他们不仅把完成应有的学习、工作或生活任务当作职责或义务,而且能够充分享受其中带来的成就感和满足感,此外,他们也能够利用休闲娱乐获得放松感和愉悦感。相反,对生活悲观、消沉、退缩、绝望等表现都是心理不健康的表现。

7. 心理及行为特点与年龄阶段相适应

人的心理在一生中都是不断发展变化着的,不同年龄阶段具有不同的心理特征,因此,在衡量心理健康问题时必须参照年龄因素。例如,青少年的情绪大多具有反应强烈、易冲动的特点,而且他们的自我评价也极不稳定。但这些都是这个年龄阶段普遍的心理特点,是发展过程中必经的过渡阶段,因此,只要上述特点不过于极端,处于多数同龄人的一般水平,就应该视为正常现象。

拓展阅读 10-3

林崇德的学生心理健康标准

北京师范大学林崇德教授认为,中小学心理健康的具体标准,大体可从下面三个方面加以概括:一是敬业,二是乐群,三是自我修养。

1. 学习方面的心理健康

学习是中小学生的主要活动。心理健康的学生是能够进行正常学习的,在学习中获得能力、产生成就感,进而产生乐学感,如此形成良性循环。具体地说表现在六个方面:

(1)体现为学习的主体。常常表现出自己是学习活动的主人和积极的探索者。

(2)从学习中获得满足感。从学习的成就中增强信心，充分相信自己具有学习的能力。

(3)从学习中增进体脑发展。能合理地使用体脑，注重一定的运动调节，能借助体脑获得智力与能力的更好发展。

(4)从学习中保持与现实环境的接触。其幻想有一定的现实基础且在时间上比较短暂，不会妨碍其学习和人际交往。

(5)从学习中排除不必要的恐惧。能摆脱消极情绪的困扰，进行合理的调节。

(6)从学习中形成良好的学习习惯。

2. 人际关系方面的心理健康

学生能否处理错综复杂的人际关系直接体现了其心理健康水平。

(1)能了解彼此的权利和义务。既重视对方的要求，又能适当满足自己的需要。

(2)能客观地了解他人。能客观公正地了解和评价他人，不将自己的好恶强加于人。

(3)关心他人的需要。懂得尊重和关心别人。

(4)诚心地赞美和善意地批评。既能诚心诚意地称赞别人的优点，也能对于别人的缺点以合理的方式加以批评，并帮助其改正。

(5)积极地沟通。在积极的沟通中增进人与人之间的感情和友谊。

(6)保持自身人格的完整性。能与人和谐相处，亲密合作，但不放弃自己的原则和人格。

3. 自我方面的心理健康

心理健康的人能够了解自己，并悦纳自己。主要表现在六个方面：

(1)能够正确地评价自我。不为他人的议论所左右，能够一分为二地看问题，从而逐渐成为自信、自尊、自爱、自重的人。

(2)通过别人来认识自己。能经常反思自己，能虚心地、批判地接受别人的评价，从而认识自我。

(3)及时正确地归因。对自己的成功或失败能进行积极而正确的归因。

(4)扩展自己的生活经验。不断扩展自己的生活范围，从中不断地充实自我。

(5)根据自身实际情况确立抱负水平。善于根据自己的能力水平和目标的难易程度，把抱负水平定在适当的层次，以此激发自己努力进取。

(6)具有自制力。善于抑制自己的其他不良行为和冲动。

三、影响心理健康的因素

影响中小学生心理健康的因素是复杂多样的，从生物因素的作用到复杂的社会环境因素以及个体自身的冲突等，都直接或间接影响中小学生的心理健康。

(一)生物因素

1. 遗传因素

人的心理发展与遗传因素有着密切的关系，心理健康状态也会受到某些遗传因素的制约。尤其是某些精神疾病，受遗传因素的影响尤为明显。临床观察及调查表明，许多精神疾病的发病原因与遗传有关，具有家族史的个体对某些精神疾病的易感性更是不容忽视的。

2. 内分泌系统的影响

内分泌系统对人体的作用有着重要影响。内分泌腺分泌的激素能直接渗入血管，它不仅对机体代谢、生长发育有调节作用，也能对不同的器官选择性地发挥作用，特别是人的情绪活动受刺激最大。例如，甲状腺分泌甲状腺激素，甲状腺功能不足的人，会导致骨骼和神经系统发育不全，身体矮小，智力低下，记忆和思维水平下降，可引起整个心理反应的迟钝；而甲状腺功能亢进的人，则神经系统兴奋性高，容易形成激动、紧张、烦躁等不良心理特征。

3. 生理疾病

有研究发现，在有心理健康问题的学生中，早期曾患有高热惊厥、头颅外伤和其他严重疾病的所占百分比更大些，且差异显著。生理疾病对他们行为方面以及心理活动的影响可能是轻微的，如出现易激惹、失眠、不安等。随着疾病的消除，这些心理症状也会完全消失。但是，随着疾病的继续进展，心理障碍也会加剧，甚至会出现各种程度的意识障碍、幻觉、记忆障碍、躁动和攻击行为等。

临床研究证明，某些病菌或病毒感染损害人的神经组织结构，导致器质性心理障碍或精神失常，并极有可能造成儿童智力发育迟滞或痴呆；脑外伤或化学中毒也有可能引发心理障碍和精神失常。

除此之外，胎内的环境以及分娩过程都是影响学生心理健康的重要因素。孕妇的身体状况、营养、情绪、睡眠，接触烟酒、毒品、辐射和其他药物的情况以及分娩时出现的早产、难产、窒息等异常情况，都是影响学生心理健康的重要因素。

(二)环境因素

1. 营养因素

学生在生长发育阶段，必须不断地从外界吸取各种营养素，才能保证其正常的生长发育；反之，不仅会影响生长发育，还会影响身心的健康发展。长期热量摄入不足及蛋白质缺乏的小学生，可患营养不良症。早期表现为易倦怠，精神不振，注意力不集中，抵抗力减退等。严重者可出现恶性营养不良综合征，并可出现多种功能障碍。

2. 家庭因素

家庭是学生的第一课堂。父母与子女之间感情融洽，关系和谐，对学生的身心健康有重要作用。父母对孩子要有正确的评价，除了关注并评价孩子学习，对性格、品德、锻炼、健康水平各方面都可以进行评价，要鼓励孩子发扬优点，克服缺点，不断进步。我国的家长大多对子女抱“望子成龙”、“望女成凤”的美好愿望，但往往容易脱离实际地对孩子抱过高要求并因此产生急躁情绪，从而导致孩子的学习压力过大、精神负担过重，甚至产生紧张与焦虑情绪。此外，家庭中其他重大生活事件如父母离婚、下岗，亲人生病或去世等对学生的影响都是巨大的。

3. 学校教育因素

学校是学生学习和生活的主要场所，学校在学生智力、能力、行为习惯、个性及生活和社会适应能力等方面的培养中都起着主导作用。在学校因素中，学校的教育指导思想、教师的素质、学生在学校的人际交往关系等，对学生的心理健康都起着不可忽视的作用。

学校教育指导思想正确与否往往决定了一所学校的校风，决定了教师的教学和学生的学习。当前，不少学校仍存在片面追求升学率的现象，这无形中给教师和学生都造成了很大的压力。教师为了学生能考出好分数，采取违反学生心理健康原则的教学方法、手段和措施，如让学生加班加点、搞题海战术等，使学生长期处于一种智力超负荷的紧张状态，容易出现神经衰弱、失眠、注意力减退、厌学等心理行为问题。学生书包过重、负担过重是长期以来困扰我国教育工作的顽症，已经成为学生健康成长的阻碍。

4. 社会环境因素

社会环境因素对小学生的生长发育的影响是综合性的。社会经济、文化教育、生活条件、环境污染等因素相互作用，有些直接影响学生的生长发育，有些则通过中间环节发挥作用，形成一个复杂的影响生长发育的环境体系。

社会意识形态通过社会信息为媒介影响着学生心理健康发展，如暴力电视或电影会引起学生的攻击和犯罪行为。不良的社会风气可能通过家庭、社区、同伴、传媒等途径影响中小学生心理健康，导致其心理发展方向偏离正常轨道。

生活环境不同，学生心理健康状况也不尽相同。研究发现，城乡差异、人口密度、环境污染、噪音等与人的生存密切相关的因素，对人的心理健康状况都存在明显影响。如生活在城市的中小学生，由于住房单元化，同邻居伙伴的交往明显减少，这种状况不利于他们的社会化，使其缺乏与人交往的技巧，容易形成孤僻的性格。

（三）学生自身因素

中小学生正处于身心发展的重要时期，随着生理、心理的发展，社会阅历的增加，社会化程度的提高，中小学生的情感、意志、需要、动机、性格等都会出现相应的波动和变化。但是，中小学生对自身心理与行为的调控能力有限，尤其是小学高年级段学生处于心理问题和行为问题较多的少年时期，初中生处于青春叛逆期，学习、生活、家庭关系、社会环境对他们的身心健康有重要的影响，他们时常对抗成人、对抗社会，甚至因交友不慎或步入不良团伙而出现违背社会法纪和道德规范的反社会行为。因此，学校应针对中小学生生理和心理发展的特点及其自身在成长中面临的种种问题进行心理辅导。

第二节　中小学生心理辅导的原则、途径与方法

一、心理辅导的含义与原则

（一）中小学生心理辅导的含义与类型

1. 学校心理辅导的含义

学校心理辅导是指心理辅导者根据学生生理、心理的发展特点，运用心理学的知识和技能，通过形式多样的辅导活动，帮助学生了解自己、认识环境，克服学习、生活与人际关系中的问题及情感困扰，增强其社会适应性，充分发挥个人潜能，促进学生身心全面、和谐发展。

中小学生心理健康教育的目标是预防心理问题、增进心理健康,优化心理素质、开发心理潜能,促进学生心理的健全发展。

心理辅导是一种专业活动,是专业知识和技能的运用。它必须以心理学的理论为基础,运用心理辅导的方法、技术和手段,来促进学生心理的健康发展。例如,根据心理学的理论,运用访谈的技术(如倾听、共感、指导等)帮助学生改变认知的过程,是非常专业的活动,只能由专业人员才能有效地完成,所以辅导教师必须接受专业教育与训练,否则难以胜任心理辅导。

2. 学校心理辅导的类型

学校心理辅导根据目标的不同,一般可分为三种类型:

(1)发展性辅导。它主要以开发心理潜能、优化人格、促进学生全面发展为目标。如“认识自我”、“增进友谊”、“激发潜能”、“业务培训”、“心灵成长”等方面的辅导。

(2)预防性辅导。它主要以帮助学生预防即将面临、有可能出现的心理问题为目标。如考试前进行的“考试焦虑”辅导、青春期早期的“异性交往”及“性心理”辅导、还有诸如“应对压力”、“调控情绪”等方面的辅导都具有预防性质。

(3)矫正性辅导。矫正性辅导又称治疗性辅导。它主要以解决某些学生已经出现的具体心理困扰或矫正心理偏差为目标。如克服自卑、学会交往、战胜恐惧等。

以上分类是相对的,它们之间存在着相互交叉、相互作用的关系。如发展性辅导也具有预防的作用,而预防性和矫正性辅导同样可以促进学生发展。

(二)中小学生心理辅导的原则

1. 面向全体学生原则

学校心理辅导强调面向全体学生。学校心理辅导要了解学生生理发展和心理活动的一般规律和特点,以全体学生为辅导对象,解决他们心理发展中的共性问题,把提高全体学生的心理健康水平、促进学生潜能的发展作为终极目标。面向全体学生的原则要求我们在制订心理辅导计划时,要着眼于全体学生;确定心理辅导活动的内容时,要考虑大多数学生的共同需要与普遍存在的问题;组织团体辅导活动时,要创造条件,让尽可能多的学生参与其中。

面向全体学生的同时又要重视个别差异,关注每个学生的具体问题,以促进每一个学生的成长和发展。

2. 发展性原则

学校心理辅导的对象主要是处在身心迅速成长中的青少年,这就决定了学校心理辅导的核心是大多数学生的成长问题而不是心理障碍的治疗问题。学校心理辅导应以正常学生为主要对象,以发展辅导为主要内容,把工作的重点放在预防与发展上。此外,对学生出现的一些程度较轻的心理偏差也可以进行矫正,但对于存在比较严重的心理异常的学生则需要由专业机构(如医院等)进行治疗。因此,心理辅导与心理治疗具有明显的区别。

贯彻这一原则,要求教师必须用发展的、变化的眼光来看待学生,要相信学生具有成长和发展的潜力,对学生的未来持乐观的态度,对学生身上出现的各种心理问题不必大惊小怪,更不能给学生乱贴“变态、有病”的标签。

3. 尊重与理解学生原则

尊重，就是尊重学生的人格与尊严，尊重每个学生的个人价值，承认他是不同于其他人的独立的个体，承认他与教师、与其他人在人格上具有平等的地位。罗杰斯在其“以人为中心的治疗”中把“无条件积极关注”看作心理辅导的前提之一。理解，要求教师以平等的态度，按学生的所作所为、所思所感的本来面目去了解学生，即站在学生的角度看问题，达到“感同身受”的理解。对学生而言，被辅导教师理解，能使他们感受到自身的价值所在，体验到做人的尊严，并由此增强对辅导教师的信任和自我改变的信心与勇气，也就有可能向辅导教师敞开心扉，从而使教师可以更好地与学生沟通，帮助其解决问题。

4. 学生主体性原则

学生主体性原则要求我们在心理辅导中以学生为主体，充分发挥学生作为辅导活动主体的作用。教师要启发学生认识到自己是心理发展的主体，让学生充分懂得提高心理素质、挖掘心理潜能、完善人格是自己的重要任务。否则，学生缺乏主动精神，缺乏受辅导的动机，这种辅导必然会遭致学生的抗拒、冷漠和敌意并进而影响效果。只有当学生以主体的身份积极投入到心理辅助活动中时，辅导活动才能取得良好的效果。

5. 因材施辅的原则

学生的个别差异是客观存在的。每一个学生都是一个独特的个体，心理辅导的目的不是要消除学生个人身上的这种独特性以及学生之间的差异性，而是要使每个学生的独特性、独创性得到最充分、最完美的体现。“因材施辅的原则”就是要具体问题具体分析，个别化地对待每一个学生，以便给全体学生提供有效的服务。

6. 整体性原则

学生的心理活动是由多种因素构成的有机整体。因此在心理辅导中，必须树立系统观、整体观，考查学生成长的各种相关因素，分析学生成长中出现的各类问题。在心理辅导中充分考虑学生人格的整体性发展。重视学生德、智、体全面发展；注重学生知、情、意、行各方面协调发展。

由于目前多数学校仍以智能学习为教育重点，学生的情意成分除非干扰了学生知识的获得，否则它们很少受到重视。因此，学校心理辅导工作贯彻整体性发展原则就有了补偏救弊的特殊意义。

二、中小学生心理辅导的途径

中小学生心理辅导的途径是多种多样的，最常见的有以下几种：

(一)班主任工作与学科教学渗透

教书育人是学校每个教师的基本职责，心理健康教育属于育人的工作之一，教书又是育人的手段，因此学生的心理健康教育不仅仅是几个专职的心理辅导教师的工作，而是全体教师的共同任务。学校心理健康教育的成效，需要全体教师的共同参与和携手努力，应把学生的心理健康教育渗透到班主任工作及学科教学当中。因此，现代学校教育要求每个教师都必须掌握心理学的基础知识以及心理辅导的基本理论与方法。

1. 班主任的心理辅导工作

班主任不仅是一个班级的组织者、管理者、教育者和各项活动的参与者，更是班级学生身心健康的维护者。班级文化建设、学生品行养成、偶发事件处理等都是班主任的心理辅导内容。班主任最了解学生，能够及时发现学生的心理需要、心理状态以及出现的问题，以便及时应对和解决问题。因此，在学校心理健康教育中，班主任发挥着重要作用，是其他途径所不可替代的。

首先，班主任可结合主题班会、集体课外活动、团队活动等开展心理辅导，既充分整合了心理辅导的功能，又赋予了班级活动丰富的内涵和育人特色。比如，对于刚接手的新生班，可组织“我们是同学”的主题班会，通过同学之间的自我介绍使学生相互了解、促进同学之间的友好气氛及人际交往。考试前还可以进行“考试焦虑辅导”之类的主题班会，帮助学生正确对待考试与成绩，克服消极情绪。

其次，班主任还可以及时发现个别学生出现的反常行为，及时进行私下谈心，以便及时了解情况，进行个别辅导。如果学生的问题比较严重，班主任自己不能解决，可以及时向上级部门或家长汇报，以寻求其他的解决途径。

最后，学生的心理健康教育离不开家长的合作，而班主任担负着与家长联系与沟通的职责。班主任应多与家长沟通，让家长了解学校心理健康教育的理念、原则和方法，以便家长配合。还应与家长互相沟通学生在家里及学校的各方面表现，以便及时发现问题，共同引导。同时还应该纠正一些家长不合理的教育方式，帮助家长营造家庭心理健康教育的良好氛围。

2.学科教学中渗透心理健康教育

学科教学是学校最主要、最基本的活动形式。课堂教学是心理健康教育的主渠道，对学生获得知识、发展能力、掌握方法、形成态度及价值观等都发挥着主要的作用。因此，在学科教学中渗透心理健康教育有着时间和空间上的优势，可以使学校心理健康教育在学校得以全方位地展开。

从教学内容上看，各学科都具有很好的心理健康教育素材。例如，社会学科及艺术类课程(文科类)具有许多与社会生活相关的知识，可以帮助学生了解社会、培养良好的社会情感、陶冶心灵。有些课程内容直接与心理健康相关。例如，初一的思想政治课程中就有正确看待自己、调节情绪、磨砺意志品质、塑造良好性格、寻求真挚友谊等内容。自然科学类课程(理科类)除了可以培养学生的观察力和科学思维能力之外，还可以培养学生严谨的学习态度、对大自然的热爱情感。其中生物课程可以培养学生热爱生命、珍惜健康的意识，还可以让学生接受间接的性教育。

此外，学生很多心理困扰都来自各科的学习过程，学科特点各不相同，学生面对的问题各异，因此，教师还可以根据每个学生的个性特点，有针对性地开展心理教育工作。例如，一名英语老师发现一名农村学生因英语发音不标准受到同学嘲笑而产生自卑心理，导致情绪低落，上课不敢发言，这位老师通过鼓励该生发言，并请其他同学帮助他纠正发音，使该生最终克服了自卑心理。

(二)心理辅导活动课

心理辅导活动课又称心理健康活动课，它是为开展心理辅导而专门设计的一种活动课程，以解决学生成长中的各种心理和行为问题为目标，在班级内开展团体心理辅导。它有明确的教学目标和教学大纲，有具体的教学内容，有专业的授课教师，并有检验教学效果的手段与标准等，它补充了学科课程中渗透心理辅导的不足。

为使中小学生健康心理辅导达到预期的目的，收到理想的效果，必须科学地设计辅导程序，对辅导题目、主题分析、目的要求、课前准备、操作过程及总结和建议等各个环节进行科学、合理、有序的安排。

1. 辅导主题

辅导主题蕴涵着一堂辅导课、一次主题班会或一项课外活动的中心、主旨及基本内容。比如“学习中的苦与乐”、“要学会宽容”、“给自己画像”、“我的理想不是梦”、“拥抱大自然”、“快乐的双休日”、“愉快的假期”等活动主题，都涵盖着是什么、为什么、应该怎样做、不该怎样做及理想的活动效果等。新鲜有趣、富有吸引力的辅导题目或活动题目也有助于激发中小学生参与的热情，增强辅导活动的导向性和实效性。

2. 主题分析

主题分析要解决的主要问题包括：①揭示辅导活动的中心、主旨，明确重点、难点或疑点；②阐明辅导活动的原因及相关的理论依据；③明确辅导活动的目的和意义。

3. 目的要求

辅导活动的中心、主题主要是通过目的要求来体现的，可以说没有目的就没有方向，没有动力，也就没有参与的积极性和自觉性。心理辅导课程面对的是全班学生，因此，一般以发展性辅导为主，以预防性辅导为辅。

确定辅导活动的目的要求注意以下几点：①要明确辅导活动的结果使小学生内在心理状态所发生的变化，比如小学生的认识能力、思想情感、人格品质和自我意识等方面将会发生怎样的变化；②明确活动过程对小学生的智能结构和人格结构的影响，比如学会什么，掌握何种技巧，提高何种能力，促进怎样的人格特点等；③目的要明确、具体，便于操作和检查。

4. 课前准备

准备的过程也是思考、设计的过程，要根据辅导活动的目的和内容，创造条件，确定活动场所，收集相关的资料和事例，设计问卷，制作挂图，准备录音带、录像带等，从而做好心理准备和物质准备。其中有些准备工作可要求学生自己做。

5. 操作过程

操作过程一般包括三个阶段：①导入阶段。主要目的是吸引学生兴趣和注意，明确活动目的、任务及意义以及活动方式及要求等。导入的方式很多，不拘一格，如直接导入法、问题导入法、格言导入法、故事或案例（或影视资料等）导入法等。②活动阶段。常用的活动方式有教师讲授、集体讨论、分组辩论、演讲、心理测验、游戏活动、情景剧等。③总结阶段。总结是指教师对辅导活动中同学发言、集体讨论的意见及活动的结果进行分析评价，得到富有指导性的结论。同时，针对存在的问题和以后的思想行为提出相应的希望和建议，以调整心态和指导行动。

（三）个别心理咨询

个别心理咨询是辅导教师与学生一对一地开展的心理辅导活动。比较常用的方法是个别交谈。此外还有电话咨询、信函咨询等（如“心理信箱”）。个别心理咨询大多面临的是因出现某种心理困扰而主动来访的学生，因此，它以矫正性辅导为主，当然有时也可以进行发展性或预防性辅导。

学校个别心理咨询的步骤一般分为开始阶段、指导与帮助阶段、巩固与结束阶段。

1. 开始阶段

"良好的开端是成功的一半"，开始阶段需要完成的任务有三项：建立咨询关系、掌握来访学生的资料、进行分析和诊断。

(1)建立咨询关系。

一般人对心理咨询多有顾忌，担心被人误解或讥笑，或者担心自己的"内心秘密"被传了出去等。因此，首先要解决的问题就是营造轻松的气氛，打消来访学生的顾虑，建立良好的咨询关系，这是心理咨询的起点和基础。

首先，咨询教师要装束得体，目光、表情及语气和蔼，态度热情，对来访学生做到真诚地尊重和积极地关注。而且教师应先作自我介绍，以增进与来访学生的亲近感。此外，在整个咨询过程中，自始至终都可以用"共情"技术，不断深化咨询关系。共情又称"移情"或"同理心"，包含同情与理解两种含义。即能够设身处地地理解对方的遭遇或内心的苦恼，并使来访学生真切地感受到自己被理解和接纳。这是形成良好咨询关系的关键。

其次，向学生郑重承诺保密性原则。以此消除来访学生的戒备心。

最后，营造良好的气氛之后，咨询教师可以向来访学生进行简明扼要地说明心理咨询的性质、目标及限度、正常期望、时间安排等，对这些问题的说明，可以减少对方的困惑，消除因此而引发的焦虑，避免对方对咨询产生不当或过高的期望。

(2)掌握来访学生的资料。

收集与来访学生有关的各种资料，了解对方的基本情况及存在的心理问题。包括姓名、年龄、班级、家庭及社会生活背景、自身的生活经历、兴趣爱好、学习生活近况、遇到什么心理困扰，以及有无心理咨询经验等。通过对基本情况的了解，掌握其过去、现在等各方面的经历，有助于对其主要心理问题及其产生原因的分析。

此阶段的咨询教师主要以倾听为主，并以提问方式，获得完整系统的相关信息。应注意提问要简明扼要，还可用"你对此感到很伤心吧"之类提问以达到"共情"的效果。此外，在此过程中还需要通过观察其表情、动作等来把握其内心状态。最后，对某些心理问题比较复杂的来访学生还可以用心理测验的方式，以诊断其问题所在以及严重程度。

(3)进行分析和诊断。

首先，要确定心理问题的类型、性质及发展程度，如是属于情绪问题、学习问题、人际关系问题，还是其他方面的问题；是属于发展性问题、适应性问题，还是障碍性问题；同时还要分析心理问题的严重程度。对于不属于一般心理咨询能解决的严重精神障碍，应及时转介到医院就诊。

其次，分析心理问题产生的原因。寻找原因是诊断来访学生心理问题的重要组成部分。造成来访学生心理问题的原因是多方面的，需要从一般原因分析和特殊原因分析。一般原因分析是针对心理问题形成的生物学因素和心理社会因素进行全方位的搜索，特殊原因往往是个体特殊经历导致的，需要深入了解其早期经验及目前遇到的困扰。

此阶段主要以咨询教师的讲述为主，应注意力求用通俗简明的语言让来访学生明白自己的心理问题是什么以及为什么。既要让对方充分认识到问题的危害性，还应掌握分寸，防止给对方造成过重的心理负担或者对咨询失去信心。

2.指导与帮助阶段

这一阶段主要完成的任务有三项：制定咨询目标、选择咨询方案、实施指导与帮助。

（1）制定咨询目标。

咨询目标的确立，在咨询过程中有重要的价值。首先，确定的目标能使来访学生看到希望，增强咨询的信心与动力。其次，由于方向明确来访学生愿意成为咨询过程的主动参与者，使咨访双方能积极合作，协调一致。最后，它有助对心理咨询效果的评估。

制定咨询目标应遵循一些基本的原则：①双方共同制定目标。由咨询教师和来访学生相互协商，这样形成的咨询目标才能够促进双方的合作。②目标要有针对性。在学校心理咨询中，经常会遇到一些不属于心理方面的问题，如考试不及格等，但心理咨询只能是帮助来访学生调整认知和心态而不是直接解决这些问题本身。③目标必须具体可行。有时一些来访学生提出的问题比较笼统，如希望有较强的交际能力、完善的性格等。这样的目标大而空泛，难以操作和落实。这就需要咨询双方经过商讨，把笼统的目标具体化，把模糊的目标清晰化。④目标要有层次性。心理咨询目标有直接目标、中间目标和终极目标。应强调各层次目标的统一。终极目标指引着咨询的方向，中间目标尤其是直接目标则可以指导具体咨询的实施过程。

（2）选择咨询方案。

选择咨询方案，包括咨询方法的选定以及为实施这些方法而制订的具体计划。解决来访学生心理问题有许多咨询方法可供利用，每种咨询方法对解决心理问题均有一定的针对性，并有其相应的实施过程。选择咨询方案应明确下列内容：所采取咨询方法的目标；该方法的实施要求；该方法是否能达到预期的目的；告诉来访学生必须对心理咨询的过程抱有足够的耐心。这些方法不可能立即产生奇迹，所有的改变都是循序渐进的。

（3）实施辅导与帮助。

这一阶段是咨询方案的落实过程，也是整个心理咨询的关键。咨询教师根据既定的咨询方案，有步骤地采取某种方法，如放松训练、系统脱敏、理性情绪疗法、角色扮演法等，对来访学生进行有针对性的辅导或训练，对一些学生还需要多次重复进行上述训练才能逐渐取得成效。在整个过程中，咨询教师要有耐心，对其出现的问题及时纠正，同时及时表扬来访学生的点滴进步以不断增强其信心。除当面的活动训练之外，还可以指导来访学生在平时生活中积极从事某种有益活动，使其在不断的活动锻炼中逐步改善心理问题。

在整个咨询过程基本取得预期效果、即将结束之前，应让来访学生对此有一定的心理准备。可采用逐渐结束的方式来进行：一是拉长两次会谈的时间，如果原来是每周会谈一次，到咨询末期改为两周甚至一月一次；二是逐步减少每次会谈的时间。

3.巩固与结束阶段

这一阶段心理咨询的工作主要是巩固效果和追踪调查。

（1）巩固效果。首先，咨询教师应向来访学生指出其已经取得的成绩与进步，说明已基本达到既定的咨询目标。来访学生认识到自己的进步，对他不仅是巨大的鼓舞，也是一种暗示，即预示着心理咨询的过程即将结束，使来访学生对此做好心理准备。其次，双方一起就咨询过程进行回顾总结，最好是通过咨询教师的启发由来访学生做出总结。这有助于帮助来访学生加深对自己的问题的认识，了解努力的方向，获得有益的启示。这种总结本身就具有巩固、优化咨询效果的意义。最后，指导来访学生将获得的经验运用到日常生活中去，并逐步稳定，内化为来访学生的观念、行为方式和能力，使之能独立有效地适应环境。

(2)追踪调查。为了了解来访学生能否运用获得的经验适应环境，进而了解咨询的最终效果，咨询教师必须对来访学生进行追踪调查。追踪调查应在咨询基本结束后的数月至一年间进行。追踪调查可采用约请面谈，或者用通讯方式填写信息反馈表、访问他人等方式。

(四)团体心理辅导

团体辅导是指在团体指导者的带领下，团体成员围绕某一共同关注的问题，通过一定的活动形式与人际互动，相互交流、启发、诱导，达成共识与目标，进而改变成员的观念、态度和行为，有效地处理他们所面临的共同问题。

在团体辅导过程中，心理辅导教师承担了团体指导者的责任，若干名参与的辅导学生，称为团体成员。团体辅导的规模一般在6～12人。

团体心理辅导具有其独特的作用。首先，团体成员之间的相互接纳、相互感染、相互支持和鼓励，可以形成良好的团体动力场，能使团体成员减少压力，放松自我，产生一种安全、温暖和被接纳的感觉，这对于解决团体成员的心理问题具有极为重要的促进作用。其次，可以在有限的时间内同时给多人提供有效的帮助，是一种省时、高效的辅导方式。

团体心理辅导过程一般包括准备阶段、团体初创阶段、中间阶段和结束阶段。

1.准备阶段

(1)确定主题。每次团体咨询只能有一个主题。它可以是发展性辅导，也可以是预防性或矫正性辅导。确定主题也就确定了团体心理辅导的目的和性质，即为什么要组织团体心理辅导，要达到什么结果。目标确定，成员的类型也就确定了。

(2)设计辅导方案。包括以下内容：确定团体的规模，确定团体活动的时间安排，选定团体活动的场所，设计团体辅导的活动内容及方式并列出计划书。

一般的团体计划内容应包括以下项目：团体名称；团体指导者；拟招收成员的性质和人数；团体活动时间的安排；团体的理念与依据；团体目标；团体活动过程；团体单元计划；其他：包括团体宣传(广告)、预算、参与团体契约书、团体评估工具等。

拓展阅读10-4

中学生心灵成长团体辅导案例

1.团体目标：探索自我、自我认识、接纳自我、增进相互理解有友谊。

2.团队指导：李老师。

3.招收成员：初中一年级新生，8～12人。男女人数相当。

4.时间安排：9月10日开始，连续5周，每周五15:30—17:00。

5.活动理论依据:乔韩窗口理论。

6.团体活动:

第一单元:“认识自己”。①自我介绍、自我命名、我是一个独特的人。②游戏活动:我的核桃,之后谈感受。③心理画像:走出圈外。用几层圆圈分别写出自己的内心真实的情感与愿望。

第二单元:“我与周围人”。①热身活动:解开千千结。②自画像:我的家庭。之后大家分享。③小组交流:“别人眼中的我”:父亲眼中的我、母亲眼中的我、兄弟姊妹眼中的我、同学眼中的我、朋友眼中的我、理想的我。

第三单元:“我的过去与现在”。①放松练习。②生命线:我的经历。③小组交流:家庭对我的影响。

第四单元:“我的成长与发展”。①讨论:价值观探索。②脑力激荡:怎样做一个快乐、成功的学生。③真情告白。

第五单元:“总结收获”。①讨论:回顾之旅。②交流:发现变化。③心里话、谢谢、告别。④合影。

(3)招募及甄选成员。在辅导方案制定好后,为招募成员还需要做广告。广告内容就是把上述活动方案简单明了地介绍出来,并说明自愿报名参加,以及报名的地点及截止时间。如果报名的学生过多,还需要进行甄选,可通过行为观察、个别面谈等方式进行。尽量招收喜欢交流的学生,以避免活动中冷场。

2.团体初创阶段

任何一个团体心理辅导都会经历启动、过渡、成熟、结束的发展过程。在整个团体过程中,每个阶段都是连续的、相互影响的。每个阶段的目标不同,活动内容及活动策略也有所区别。

(1)此阶段的目标是:促使成员尽快相识,建立信任感;订立团体契约,逐渐形成团体合作互助的气氛。

(2)此阶段的主要活动内容有:自我介绍和热身游戏,如“轻松体操”、“微笑握手”、“信任之旅”、“句子完成法”、“组歌”、“信任跌倒”、“同舟共济”等。

(3)此阶段的活动策略主要有:创设生动的环境;热身活动、建立团体规则(如准时出席、注意倾听、不随意打断别人发言,不指责别人等);重申保密原则。

3.团体中期阶段

(1)此阶段的目标是:增强团体凝聚力;激发成员思考;引发团体成员讨论;促进团体成员互动;通过团体合作,寻找解决对策;鼓励成员从团体中学习并获得最大收益;评估成员对团体的兴趣与投入的程度。

(2)此阶段的主要活动内容有:自我探索(如“我是谁”、“生命线”、自画像等)、相互交流、集体讨论、价值观探索等。活动方式有游戏、角色扮演等,如“火光熊熊”、“生存选择”、“脑力激荡”、“热座”、“镜中人”等。

(3)此阶段的活动策略主要有:首先,辅导教师应注意引导所有成员大胆发言、勇于自我表露。其次,教师要引领成员注意倾听他人发言,形成并表达共情、支持。再次,通过轮流发言、结对交流、脑力激荡等策略，促进成员间的沟通和互动。最后，教师要把握活动走向，防止偏离主题，同时还要及时解决一些纪律或同伴冲突等意外问题。

4. 团体结束阶段

(1)此阶段的目标是：回顾与总结团体经验；评价成员的成长与变化，提出希望。

(2)此阶段的主要活动内容有：协助成员对团体经历做出个人的评估；鼓励成员表达对团体结束的个人感受；让全体成员共同商议如何面对及处理已建立的关系；对团体辅导的效果做出评估；检查团体中未解决的问题；帮助成员把团体中的转变应用于生活中；规划团体结束后的追踪调查。

(3)此阶段的主要活动策略有：首先，提前宣告团体即将结束，使全体成员做好心理准备；其次，通过个人总结、领导总结，带领成员回顾团体活动历程，进行团体成效评估；最后，还可以通过作业分享、游戏活动(如联谊会、化装舞会)，或者用拥抱、握手、祝福等方式告别，使团体在温馨、积极的气氛中圆满结束。圆满的结束，将有助于成员勇敢地迈向新的生活。

三、中小学生心理辅导的常用方法

(一)放松法

放松法，也叫全身松弛法或放松训练，它是按一定的练习程序，学习有意识地控制或调节自身的心理、生理活动，以达到降低机体唤醒水平，调整那些因紧张刺激而紊乱了的功能。即通过生理上的放松达到心理放松的效果。放松训练对于应付紧张、焦虑、不安、气愤的情绪与心境非常有用，还可以增强记忆、提高学习效率，能够有效缓解紧张和心理压力。

例如，对考试焦虑的学生，先对他们进行放松训练。指导语为："首先尽可能坐得放松舒适些，然后开始放松全身肌肉，头和额部最先放松，接着放松脸部肌肉，上下颌也不要绷紧，颈部肌肉要完全松弛，肩膀上的骨骼和肌肉也跟着放松，从肩膀到肘、到手指都要放松。紧接着是使胸部的骨骼和肌肉放松，先做深呼吸，再慢慢呼气放松，使紧张感慢慢消失，然后继续使腰、臀、大腿直到膝盖，再到小腿、脚踝到趾端都得到放松。"多数学生的紧张情绪可以得到缓解。

(二)消退法

消退法是指为了达到降低某种不合适行为发生频率或使该行为不再发生的目的，当该行为出现时，不给予注意、不给予强化的方法。例如，某学生上课不守纪律，力图通过哗众取宠的方式引起别人的注意，但如果告知旁边的同学不予注意，该学生觉得没有意思了，自然就停止了这种行为。

(三)系统脱敏法

系统脱敏疗法又称为对抗条件作用。其主要机理是诱导来访者缓慢地暴露出导致神经焦虑的情境，并通过放松状态来对抗这种焦虑情绪，从而达到消除焦虑的目的。

这种治疗方法可由三部分组成：①放松训练，即教导求助者掌握放松技巧，反复进行放松练习；②建立焦虑等级，也就是了解引起求助者焦虑反应的特定情境，将其按照由弱到强的次序排列成"焦虑等级"；③进行脱敏治疗，也就是让求助者想象或置身于引起焦虑的情境同时进行放松练习。

对于学生而言，采用系统脱敏法旨在使学生对本来可引起敏感反应的人或事物，不再产生敏感反应。例如，对于对考试焦虑的学生，先让该学生在教师指导下学会放松身体各部位，进行全身松弛训练；建立学生害怕考试的焦虑情境等级(见表10-1)，辅导教师引导学生按照“由弱到强”的顺序想象引起自己焦虑的情境，并结合全身放松训练，以放松对抗焦虑反应，直到最高焦虑情境下也不会出现焦虑反应为止。

表10-1　一个害怕考试的学生的焦虑情境等级

事　　件	主观焦虑程度(SUD)
考前一周想到考试时	20
考试前一天晚上想到考试时	25
走在去考场的路上	30
在考场外等候时	50
进入考场	60
第一遍看考试卷子时	70
和其他人一起坐在考场中想着不能不进行的考试时	80

每次脱敏治疗时间控制在30分钟左右，脱敏事件1～4个。不能赶进度，一定要确认一个事件已经不再产生紧张才能进行下一事件的脱敏。

(四)角色扮演法

角色扮演法是一种通过行为模仿或行为替代来影响个体心理的方法。让学生扮演一定角色，通过某种表演方式，进入角色，体验角色，让学生更清晰地认识自己，更客观地面对自己的问题，提高心理健康水平。

在中小学心理辅导中，角色扮演方法主要有以下几种形式：

1. 哑剧表演

辅导教师提出一个主题或一个情景，要求学生用表情和动作表演出来而不用言语。例如，让学生表演与新同学见面的情景，表演欣赏别人的或者讨厌别人等情景。这种方法可以促进学生非言语沟通能力的发展。

2. 空椅子表演

角色扮演中可以借助两把椅子来解决人与人之间，或人的头脑中不同观念的冲突。这种方法通常只需一个人表演，适合社交方面有困难的学生。例如，某个学生与异性同学交往十分害羞，我们可以用空椅子表演的方法帮助他。具体做法是将两张椅子面对面放着，让他坐在一张椅子上，假设另一张椅子坐的是异性同学。让其先表演彼此间曾经有的或可能有的对话，然后坐到对面去，以对方的立场说话。如此重复多次，往往能使学生了解对方，改善双方的交往。

3. 角色互换

这种方法是两个学生一起表演，然后交换角色。例如，辅导教师可以让一个学生扮演失败者，一个学生扮演帮助者，两人对话一段时间后，互换椅子和角色。该方法可以增进学生对不同角色的体验。

4. 改变自我

在角色扮演中，辅导教师让某个学生扮演自己改变后的情况。例如，某个学生上课时注意力不集中，辅导教师让他扮演上课注意力集中时的情况。

5. 双重扮演

这种方法要求两个学生一起表演，一个是有问题的学生，一个是助理演员。有问题的学生表演什么，助理演员就重复表演什么，这样可以重现事实，帮助学生认识自己。

6. 魔术商店

由辅导教师扮演店主，店里贩卖各种东西，如理想、健康、幸福、财富、成功等。由学生扮演买主，说出自己最想要的东西及其原因。然后，辅导教师问他愿意用什么来交换。用这种方法了解学生的需求和价值观，帮助学生树立正确的价值观和人生观。

（五）理性情绪疗法

心理学家埃利斯提出理性情绪辅导方法，他认为，错误的思维方式或非理性信念是情绪和行为问题产生的根本原因，消除不合理认知是解决求助者心理问题的关键。因此，合理情绪疗法的实施原理就是通过帮助求助者改变不合理的信念，建立合理的合乎逻辑的思维方式来解决心理问题。操作步骤如下：

1. 找出不合理信念及思维方式

辅导教师通过与来访学生之间的交流，找出来访学生问题背后不合理的信念及思维方式，讲清楚不合理的信念与他们的情绪困扰之间的关系。辅导教师要注意以理解、尊重、具有同理心、积极的态度与来访学生交谈，与来访学生建立良好的咨访关系，帮助来访学生树立自信心。

2. 找出不合理信念的影响

坦白和真诚地向来访学生指出他们自身存在的不合理信念对其生活的影响，使他们明确情绪困扰的真实原因在于自身不合理的认知，应当对自己的情绪状态及事态发展负责任。

3. 不合理信念的辩论

通过与不合理信念辩论的治疗技术，帮助来访学生认清其信念的不合理性，改变其头脑中不合逻辑的认知，进而做到放弃这些不合理的信念，并防止新的不合理信念的产生，这是治疗中最重要和最关键的一环。

4. 治疗者要保持耐心

辅导教师要保持耐心，不仅要帮助来访学生认清并放弃某些特定的不合理信念，而且要从改变他们常见的不合理信念入手，帮助他们学会以合理的思维方式代替不合理的思维方式，以避免不合理信念对其情绪的干扰。

心理辅导的方法还有很多，诸如讨论法、游戏法、心理训练等。心理辅导教师应根据辅导的目标、内容、辅导的形式与途径，采用恰当的心理辅导方法，取得最佳的辅导效果。

第三节　中小学生常见心理问题及其辅导

中小学生的心理问题虽然存在个别差异，但主要集中在学习问题、自我意识的发展问题、人际关系问题以及在小学高年级和中学时期出现的青春期性心理问题等方面。因此，学校心理辅导的内容也集中在学习辅导、自我意识的发展、适应(包括青春期)辅导等方面。

一、学习心理问题及其辅导

学习心理问题的形式是多种多样的，这里主要介绍在学习过程中经常出现的学习障碍、学习疲劳、考试焦虑、厌学等问题。

(一)学习障碍

学习障碍是指个体在听、说、读、写、推理或数学等方面的信息获取和能力运用上表现出明显困难的学习异常的通称，是学生的一种学习机能发展障碍。也就是说，这部分学生在读、写、算等方面与其他同学存在明显差异，起初家长和教师会认为是学生或愚笨或懒惰，由此加强对他们的管教和学业的监督，但是收效甚微，经诊断为学习障碍，需要特殊的教育和指导。

1.学习障碍的分类

美国特殊教育专家柯克将学习障碍分为发展性学习障碍与学业性学习障碍。其中，发展性学习障碍包括注意力缺陷、记忆力缺陷、思维能力异常、知觉能力缺陷、语言能力异常、数学推理能力缺陷；学业性学习障碍包括阅读障碍、书写障碍、算术障碍等。其中，阅读障碍是学习障碍中最为常见的类型之一，男生多于女生，这类学生阅读能力低于其年龄和智商水平，记不住字词，听写与拼音困难，朗读时增字少字，不能将拼音字母与发音联系起来朗读，阅读速度特别慢，逐字阅读。

按照学习障碍所涉及的学科来划分，可以将学习障碍分为数学学习障碍、阅读学习障碍、写作学习障碍、外语学习障碍等，每一门学科都要求某种特殊的学习能力，如果这一能力受到损害，就会表现出学习成绩的落后。学习障碍者一般都是在某种科目上特别落后，并不是所有科目的落后，因为一旦在所有科目上落后，很可能是智力的问题，而不是特殊学习能力的问题。

2.学习障碍产生的原因

学习障碍的产生，既有其生理因素的制约，也有后天环境和教育的影响。

(1)内在的中枢神经系统的缺陷。很多研究者和教育者认为学习障碍是中枢神经系统功能障碍的结果。中枢神经系统主要担任着传导和处理外界输入的感觉信息的功能。如果中枢神经系统受损，这一处理信息的功能就会受到妨碍，如果受损的为大脑的某一部分，就有可能表现为某种特殊的学习障碍。

(2)学生生活的社会与文化背景因素的影响。首先，家庭教养方式的影响，诸如家庭关系不和谐、教养方式专制、冷漠或者放任自流，学生得不到父母的关爱和合理引导而造成学习困难。其次是学校教育的误区。教育工作者忽视个性差异，对学生各学科整齐划一的要求，单一的评价标准等都是影响学习困难的重要因素。学生认知偏差，学习动机、个性因素等也影响学生的学习困难。

此外，生化原因，由于污染而引起人的异常发展和畸形而造成学习障碍已成为众所周知的事实。进一步的研究表明，在母亲怀孕期间和早期发展的几年里暴露在有害化学环境中会造成新生儿或儿童的学习障碍。

3.学习障碍的教育

(1)优化教学环境。教师应积极关注学习障碍学生,尽量为他们提供一个平等、有利和受助的外部学习环境。首先,运用多种资源改变学生的学习形态,使学生达到充分的个别化学习,根据学生的学习需要,提供课业方面的有效训练,充分调动学生的多重感官学习,达到感觉统合训练的目的;其次,使教学环境单纯化。学习障碍学生的注意力易为外界无关刺激干扰,因此,应该尽量提供单一的教学环境,教室布置要简单,教师穿着要朴素,以免分散学生的注意力,同时给学生安排座位也要尽量避免相互干扰。

明确学习目的,培养浓厚的学习兴趣,养成良好的学习习惯;培养稳定的注意品质和抗干扰的能力;创造情景使学习障碍学生体验成功,及时鼓励和表扬学生;采用强化方法开展学习技能训练,提高学生解决问题的能力和社会生活的适应水平。

(2)转化教师态度。学习障碍学生因其学习能力存在缺陷,往往比同龄孩子体验到更多的挫败感和消极颓废的情绪,因此,教师转化教学态度,帮助学习障碍学生把学习与愉快的体验联系起来,给予他们更多的关注,以积极、真诚的态度对待他们,让他们能够有成功体验,有积极的自我评价能力,有自信心和积极进取的动力。

(3)对学习障碍学生进行因材施教。针对不同类型的学习障碍学生,提供相应的补救教学。教师应根据学生的学习障碍类型、程度及接受能力,制定相应的教学目标和内容,并提供相应的补救措施。若因内在的心理过程缺陷而出现学习障碍问题,应着重训练学生注意力、知觉—动作能力、记忆力、心理语言能力、知觉分辨力等;对基本心理能力没有受损的学生,根据其所学课业内容进行学习方法和解题能力的训练,以提高其学习效率;若学习困难是由于学习者无法调动自己的学习能力,不能自觉地对自己的学习过程进行控制,则要进行学习策略的训练,保障学生能对自己的学习进行监控。

(二)学习疲劳

学习疲劳是指长时间连续紧张学习后由于身心过度疲劳所导致的学习效率逐渐下降,并伴有渴望停止学习活动的生理和心理现象。

1.学习疲劳的表现

学习疲劳分为生理疲劳和心理疲劳两类,其中以心理疲劳为主。心理疲劳的表现症状是对学习感到厌恶、倦怠,情绪紧张不安、烦闷、易怒,注意力不集中,学习积极性下降,学习兴趣减退,学习感到困难。生理疲劳表现为肌肉疲劳和神经疲劳:肌肉疲劳指肌肉痉挛,动作不协调,姿势不端正,疲乏无力等;神经疲劳表现为神经系统的疲惫或紊乱,感觉迟钝,辨别困难,反应时间加长。在学习中,学习疲劳给学生带来诸多不利的影响,使正常的学习活动发生困难,思维迟钝,反应缓慢,注意涣散,情绪烦躁,焦虑不安,感到无聊,厌恶学习。如果长期处于疲劳状态,即会导致“学习疲劳症”出现。因此,有效预防学习疲劳有利于学生身心健康。

2.学习疲劳产生的原因

学习是一项艰苦的脑力劳动,长时间的紧张学习,大脑皮层的能量消耗过程逐渐超过恢复过程,学习能力就会下降,大脑所需要的能量得不到及时恢复,兴奋性降低并出现保护性抑制,若大脑皮层长期处于疲劳状态,就会出现学生视力减退、食欲不振、面色苍白、大脑供血不足、头晕、瞌睡、失眠、乏力、手足发冷等症状，心理上会出现心情压抑、烦躁、记忆力减退、缺乏信心等。

学习疲劳产生的原因主要有以下两方面：一是个体原因，例如学生不良的学习习惯与用脑习惯，片面强调学习时间，忽视学习效率，学习紧张，无法做到劳逸结合，会导致学习者疲惫不堪，产生心理疲劳；二是社会原因，主要指环境和教育的因素，由于竞争激烈，过重的学业负担和单一的学业评价标准都会影响中小学生的学习状态。

目前我国中小学生普遍睡眠时间不足，缺乏体育锻炼，导致普遍出现了视力下降、体质较弱、心理压力增加的现象。这些都不利于学生的身心健康发展。

3. 学习疲劳的调适

缓解学习疲劳现象，首先应从教育环境入手，力争多元化教育评价手段的运用；改变教学观念，确保课堂质量；改善课堂教学环节、教学手段，丰富教学方式；改善室内卫生环境，促进学生学习兴趣和学习积极性的提高；合理安排学习课程，形成良好的学习习惯和用脑习惯，保持最佳学习状态；保证充足的睡眠，拒绝疲劳战术。

(三)考试焦虑

考试焦虑是一种情绪反应，指学生意识到考试情景对自己具有某种潜在威胁时而产生的一种紧张的内心体验。它通常有三种特征：①以担心为特征的、由消极的自我评价所形成的意识体验。即考试焦虑的认知特征。②同自主神经系统活动增强相联系的特定的情绪反应，如心慌、心率加快、呼吸加剧、肠胃不适、多汗频尿等，即考试焦虑的生理特征。③通过防御或逃避所表现出来的一定的行为方式，如多余动作增加、胡乱答完卷子早早离开考场等。即考试焦虑的行为特征。

考试焦虑是因人而异的，不同个体考试焦虑的程度和表现方式各不相同。考试焦虑对学习的影响因焦虑程度不同而不同。总体来说，考试焦虑与学习之间存在着一种倒U形曲线关系。即焦虑水平过高或过低，都会使学习受到抑制。只有水平适当，学习和考试效果最好。对中小学生而言，过度考试焦虑的危害更大，它不仅容易分散学生的注意力，严重影响学生学习的顺利进行；长时间的过度焦虑，还会危及学生的身心健康，引起多种类型的神经症、社会适应障碍、胃溃疡、内分泌系统紊乱等身心疾病。因此，学校心理辅导要给予高度重视。

1. 考试焦虑产生的原因

学生的考试焦虑是由多种因素相互作用而形成的，其中有学生自身的内部因素，也和学生生活的外部环境有关。例如，采用单一的评价模式，把考试成绩作为唯一的评价标准，对学生的学习成绩过于关注，导致学生心理压力大，容易影响正常发挥；课业负担重，学生持续紧张地学习，经常开夜车，睡眠不足，不良的学习习惯容易导致学习疲劳，引发情绪上的紧张和焦虑；有的学生由于学习基础薄弱、知识准备不足、缺乏应试技能等自身内在的原因，认为自己无法达到家长的期望值，进而产生焦虑。此外，学生的神经类型和人格特征也促使考试焦虑产生。

2. 考试焦虑的预防与矫治

(1)营造宽松的成长环境，减轻压力。学生正处于生长、发育的关键时期，过早、过重的心理压力会使其幼小的心灵不堪重负。中小学生的学习及其成绩只是其生活的一个方面，而并非全部，他们的成长和成才有着更广泛的内涵。这就要求教师和家长端正育人观念，给学生减压，帮助他们正确认识考试的意义，端正考试动机，引导学生立足于平时的学习过程，而不要过分看重考试的结果。

(2)改变认知，端正考试动机。学校和家长应及时沟通，加强对学生的科学指导和帮助，以鼓励为主，结合学生的学习基础指出努力的方向和目标，给学生心理松绑，避免学生带着沉重的心理负担和不切实际的学习目标去复习考试，形成适当的学习动机水平。

(3)掌握应试技巧。掌握应试的技巧，有助于克服考试焦虑。例如，做好考前的准备工作，答题时，可按照“先易后难”先做分少的，后做分多的顺序进行；遇到难题时，不要慌张，沉着应对；遇到容易的题目，不掉以轻心，认真细致审题等。

(4)掌握心理训练方法。克服考试焦虑的心理训练方法有调整自我认识、自信心训练、放松训练和系统脱敏等。例如，可用自我暗示法：当个体产生焦虑情绪时，可以想象一些轻松愉快舒适的情境，也可以反复默念“镇静、镇静，你可以考好”之类的暗示语等。也可用调整呼吸，当内心感到紧张时，多次做深呼吸，直到情绪稳定为止。这些可达到松弛肌肉、缓和心理紧张的效果。

(四)厌学

1.厌学的表现及特点

厌学主要表现为学生对学习认识存在偏差，缺乏学习欲望，情感上消极对待学习，行动上主动远离学习。厌学有以下几个主要特点：

(1)对学习丧失兴趣，对于学习活动完全处于消极被动状态，丧失了自主学习的动力。

(2)学习无目标、无计划、得过且过。

(3)缺乏意志与毅力，对学习产生了畏惧情绪。

(4)产生了消极的学习体验，逃避学习情境。

2.厌学产生的原因

厌学产生由多种因素造成，有主观和客观两方面因素。首先，从主观因素来看，学生学习目标不明确，未建立正确的学习动机，对学习内涵不理解，缺乏内在的学习动机；有的学生学习基础差，学习能力不强，缺乏成功的体验，容易对学习产生厌恶，形成恶性循环；从客观因素来看，学生学习压力大，学生学习时间长，导致学生兴趣下降，家长缺乏正确引导学生的学习观，家长期望过高，教育方法的不当，教师态度生硬，社会不良风气的影响等。

3.厌学的矫治

(1)家长应了解学生心理发展特点。提升自身综合素养，改变自己的教育方式，自觉履行教育子女的职责，采取民主式的教养方式，创建和谐、民主的家庭氛围。合理引导子女对于分数的看法，培养他们的学习兴趣，鼓励他们学习的积极性，避免以分数论英雄，简单粗暴地干涉和体罚孩子。

(2)教师应该通过灵活多样的课堂教学活动。利用丰富多彩的教具，先进的教学手段，吸引学生的好奇心，培养学生多方面的兴趣和爱好，认清自身的价值，树立学习的信心。

(3)坚持多表扬、少批评的教育原则。多肯定学生的优点、长处，发挥学生特长，提高学生学习的自我效能感；制定适当的学习目标，使学生不断体验到学习的成就感和愉快心境。

二、自我意识的发展问题及其辅导

(一)自我意识困扰的表现

自我意识的困扰往往表现为:不能正确地认识自己、不能悦纳自己、不能有效地调控自己的行为和态度。不健康的自我意识会影响个体的人际交往,导致个体长期陷入消极的自我体验,也会威胁个体的身心健康,甚至会导致人格障碍。

青少年时期是自我意识发展的关键时期,在这一阶段,个体面临着确立自我同一性的重要使命。"自我同一性"这一概念是由美国著名精神分析专家埃里克森提出的,它是个人关于自己的态度、价值、信仰及兴趣的连续一贯的组织系统,是个体关于自己"过去的我"、"现在的我"和"将来的我"的发展是否一致和和谐的一种状态。由于青少年身心发展的特点,在确立自我同一性的过程中,个体往往会产生身份和角色认同的危机。这种危机主要表现在两方面:一是同一性混乱,即个体在寻找自我的历程中,对职业选择、学业倾向、理想和信仰等方面的问题还没有找到自己的目标和方向,即没有形成一种强烈的、清晰的自我同一感;二是同一性排斥,即个人在自我探索中缺乏主体意识,对个人的现实和理想问题往往依赖他人而不是自主选择,他们对成人尤其是父母的依从性强,因而变得刻板、教条和顺从。即使有些需要他们独立作决定的事件或行为,由于自己缺乏价值判断的标准而感到茫然无措。如果个体不能成功地度过这段危机,将很可能导致现实自我与理想自我距离过大、自主性缺乏或不足、自我菲薄与自我陶醉、沉湎于自我分析、极度的自我中心等问题。因此,关注青少年自我意识的发展问题,开展积极有效的辅导工作是学校心理辅导的重要任务。

拓展阅读 10-5

"乔韩窗口"理论

美国心理学家Jone和 Hary 提出了关于人自我认识的窗口理论,被称为乔韩窗口理论。

他们认为人对自己的认识是一个不断探索的过程。因为每个人的自我都有四部分(见图 10-1):

A:公开的自我,也就是透明真实的自我,这部分自己很了解,别人也很了解;

B:盲目的自我,别人看得很清楚,自己却不了解;

C:秘密的自我,是自己了解但别人不了解的部分;

D:未知的自我,是别人和自己都不了解的潜在部分,通过一些契机可以激发出来。

心理学家认为公开的我的成分越大越健康,因此我们应该减少盲目的我,探索自我,保持适度秘密的我,我们可以通过与他人分享秘密的自我,通过他人的反馈减少盲目的自我,人对自己的了解就会更多更客观。

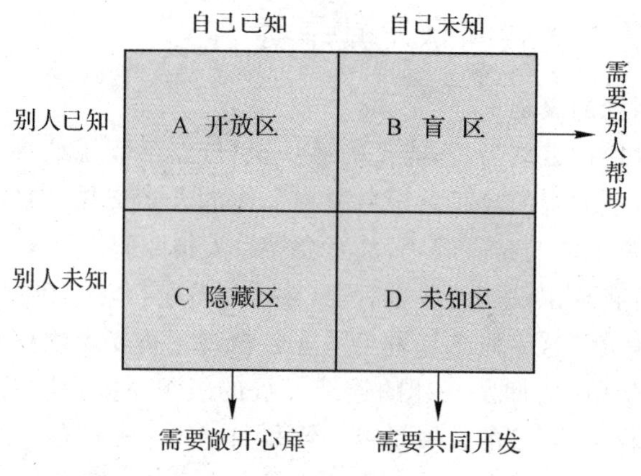

图 10-1 乔韩窗口理论

(二)自我意识发展的辅导

1. 帮助中小学生正确地认识自己

认识自己的途径一般有:通过他人(如他人的态度和评价)认识自己,通过自己的成败经验认识自己,通过自我反思认识自己。

教师应引导学生做到以下几点:首先,正确对待周围人的态度和评价,别人的评价应当认真思考,但也不能盲目听信,也不要过于在意别人的态度。其次,树立正确的"成败观"。认识到人生不会一帆风顺,成败都是必须经历的人生体验。最后,正确对待自己的优缺点。克服"理想自我"中的完美主义倾向,以恰当的自我评价标准等来认识自己。不断纠正自我认识的偏差,逐步达到对自己的正确认识。

课堂小活动:认识自己

活动 1:20 个"我是谁"

1. 目的

强化自我认识。

2. 程序

写出 20 个"我是……"的句子。

3. 要求

(1)别人不会看到答案,不要有顾虑,按真实想法写。

(2)尽量避免"我是一个女生"之类意义不大的句子。

(3)尽可能快速写出,7 分钟内写完。

(4)写完后自己保留好,后面还要再次使用

4. 自我分析

分别在自我肯定及自我否定的句子后面画“十”或“一”号。

分类：①身体状况。②心理状况(性格、情绪等)。③能力状况。④人际关系状况。

分析：如果加号多于减号，说明你对自己总体是比较满意的。反之，你需要反省一下：是否过低地评价了自己？主要在哪些方面对自己不满意？原因在哪里？

活动 2：理想自我与现实自我

闭上眼睛，认真想一想理想中的你应该是怎样的(多方面的)，然后记录下来。

分析：按四个方面进行归类：①身体状况。②心理状况(性格、情绪等)。③能力状况。④人际关系状况。

对照活动 1 中的 20 个“我是……”，寻找理想我和现实我的差距，看看是否合理，思考如何提高现实自我或者调整理想自我。

2. 帮助中小学生形成积极的自我体验，悦纳自我

自我评价是自我体验的内在基础。积极的自我评价必须形成积极的自我体验。但是，人无完人，每个人都会有弱点或不足，它往往是导致自卑感的元凶。这就要求教师应引导学生正确地对待自己的优缺点。在发扬优点的基础上，不断克服缺点，完善自己。但有些缺点或不足是无法改变的，如相貌、身高之类，对此就要学会宽容自己，接纳自己。

此外，他人的尊重及友好的态度，是个体维持自信和自尊的重要社会基础。因此，首先，教师充分肯定学生，尊重学生人格，体察学生心理，保护学生的自尊心，满足其自尊需要。其次，教师还应该引导学生之间互相尊重、形成良好的集体氛围。

拓展阅读 10-7

接纳自己

1. 思考：你接纳自己了吗

(1)你能像接纳一个好朋友那样接纳自己吗？

(2)你能像喜欢一个好朋友那样喜欢自己吗？

(3)你能像爱自己的恋人那样爱自己吗？

(4)你能像父母爱孩子那样爱自己吗？

(5)自我接纳的最终目标是达到真正的自信、自尊、自爱。你达到了吗？

(6)“自己是自己的朋友，也是自己最大的敌人。”——你同意这句话吗？

其实，自我接纳如同接纳他人一样：你交了一个朋友，你就得接纳他的全部，既要喜欢他的优点，还要宽容他的缺点。恋人之间、夫妻之间都要相互接纳对方，要宽容对方的不足，学会适应对方的特点。父母对自己的孩子更需要无条件地接纳，接纳他的全部：外貌、能力以及性格等。

真正接纳(宽容)自己的人也能够接纳(宽容)别人,别人也更容易接纳(宽容)你。真正自信、自尊的人才能信任和尊重别人,同时也更容易赢得别人的信任与尊重。相反,一个喜欢挑剔别人的人,实际上也喜欢挑剔自己。

2. 自我接纳的方法:自我说服法

(1)停止与自己对立。参考句式:“不论我的现状如何,我选择尊重自己生命的独特性。”

(2)停止苛求自己。参考句式:“不论做错了什么,我选择从中吸取教训。”

(3)无条件地接纳自己。参考句式:“不论我有什么优点和弱点,我首先选择无条件地接纳自己。”

(4)理性对待自己的弱点。参考句式:“尽可能扬长避短,不必非得取长补短。”“导致你生活失利的原因主要不是你的缺点,而是你没有优点。”

(5)不必在意别人的态度。参考句式:“总怕被别人看不起,实际上是自己看不起自己。”

3. 帮助中小学生促进自我调控能力的发展

教师虽然对学生的心理健康发展具有一定的影响作用,但其作用最终还需通过学生自身的努力方能实现。因此,教师一定要逐步培养学生的自我调控能力。让他们在自我调节中自我成长。

首先,教师应强化学生自我调控的自信心和积极性。师生双方都要充分认识到中小学生的心理具有极强的可塑性,要抛弃那种“江山易改、禀性难移”的错误观念。鼓励学生只要长期坚持,最终能够改善自己。

其次,教师应掌握帮助学生自我调节的基本原则。一是大方向与小步子相结合,大方向即心理健康教育的总目标,小步子即循序渐进,切忌急于求成的心理。二是改正缺点与发扬优点相结合。通过不断发扬优点,树立信心。三是调节改造与宽容接受相结合。能改则改,对于无法改变的缺陷要学会宽容和接纳。

最后,教师还应该教会学生自我调节的基本步骤和方法。一是确定自己调节的目标。应注意长期目标与近期目标相结合。二是改变错误认知。三是通过不断地自我说服或自我暗示逐步克服缺点。四是动员学生有意识地在各种生活实践活动中锻炼自己。这是自我提高最有效的途径。五是引导学生不断地自我反思,发现进步以树立信心,发现不足及时调整。

拓展阅读 10-8

自我分裂与自我整合

1. 自我分裂

自我意识的觉醒导致自我分裂,即一个人的“我”分成了两个部分:“理想自我”与“现实自我”。理想自我经常在审视、反思、评价(赞许或者谴责)着现实自我。其实,这意味着人的“自我”分成了“主体自我”与“客观自我”两部分。自己既是自己的认识主体，又是自己的认识客体，我们经常在自己审判自己（如自我反思、自我谴责）。自己既是法官（审判者），也是被告（被审判者）。

2. 自我整合

自我分裂会导致内心的混乱及矛盾冲突。因此，个体会自发地寻求自我整合，即消除内容矛盾冲突，寻求理想自我与现实自我、主体自我与客体自我之间的统一。自我整合的目标就是实现自我同一性。

自我同一性有以下三种水平：

(1)积极的自我同一性：自我接纳、自尊自爱。

(2)消极的自我同一性：自我防御、自我安慰。

(3)自我同一性混乱：内心矛盾重重、反复无常。

自我整合的方式：

消极整合的方式：自我防御，用各种理由自我安慰，以消除内心的矛盾。

积极整合：①通过自己发展，克服缺点、发扬优点，不断提高现实自我的水平。②调整理想自我，使其降低到适宜水平。③通过自我接纳，认同自己的不足。

三、人际关系问题及其辅导

人际交往是指个体与周围人之间的一种心理和行为的沟通、协作、交流信息的一种方式和活动。和谐融洽的人际关系是个体心理健康的重要指标，也是维护其心理健康的必备条件。但是，由于中小学生心理发育不成熟、社会经验少、人际交往技能较为缺乏，因人际交往问题而引发诸多心理困扰。

（一）人际关系问题的表现

中小学生的人际交往问题，主要集中在与父母、老师、同学、朋友的交往上。

1. 亲子关系问题

亲子关系就是指父母与其亲生子女、养子女或继子女的关系。父母是孩子的第一任老师，父母的教养方式、家庭氛围、父母对孩子的期望值等都影响着亲子关系的好坏。一般来讲，在和谐、融洽、平等、民主的家庭中长大的孩子更倾向于形成良好的人际关系与人格。反之，在粗暴、专横、争吵的氛围中长大的孩子很容易出现人际交往问题。亲子关系问题可以从父母和孩子两个角度来理解。从父母的角度来说，表现为父母对孩子的过度控制、过高期望、完全失控、过分溺爱等问题；从孩子角度讲，表现为孩子与父母的敌对、疏远、亲子交往困难、代沟或过分依赖等问题。

2. 师生关系问题

师生关系是指教师和学生在教育活动中通过交往互动而形成的人际关系。教师期望、教师对学生的态度、教师的教学方式等都会影响师生关系的质量。一般来讲，在小学阶段，学生对老师是无条件服从、崇拜与敬畏的，随着年级升高，学生开始对教师有了自己的认识和评价，到初中阶段后期，师生关系逐渐紧张起来。主要表现为：学生对教师的失望、冷淡、对抗、躲避、刁难，教师对学生的误解、不理解、不尊重等问题。

3. 同伴关系问题

同伴关系是指同龄人之间或心理发展水平相当的个体间在交往中建立和发展起来的人际关系。同伴关系对儿童和青少年的社会化发展非常重要。最初，小学生同伴关系的建立主要是基于外部条件或共同活动一致的基础上，比如座位接近、上学同路等，逐渐地建立起新的交往标准，例如选择拥有共同的兴趣、动机和习惯的同伴做朋友等，并注重同伴接纳，重视自己在群体中的地位。到中学阶段，青少年交往范围逐渐缩小，希望只选择一两位同伴作为最好的朋友，并且开始对异性产生了兴趣。同伴间的矛盾冲突，表现为很多方面，诸如自我中心、缺乏友谊、孤独、退缩、嫉妒、猜疑等。

(二)原因分析

1. 人格类型

在人际交往中，不同个体的人格特质会影响个体人际交往。诸如，性格内向、孤僻的学生，容易自我封闭，从不主动与人交往，甚至害怕与人交往，人际交往圈狭隘；自我中心的学生在学习、生活中处处以自己为中心，毫不在意他人的感受，更无法做到设身处地替他人着想，认为都应该以自己为中心，这种自我中心型的学生在人际中容易受到伤害，导致孤立、不受欢迎，从而带来人际关系的困扰；易嫉妒的学生，敏感多疑、气量狭小，很难与人敞开心扉交流，建立真正的友谊。

2. 认知偏差

认知偏差也是导致中小学生人际交往失调的重要因素。有的学生受到首因效应、晕轮效应及刻板印象等认知偏差效应的影响而阻碍人际交往的顺利开展。晕轮效应是在人际交往中一种以偏概全、以点概面的认知偏差。刻板印象表现在以固定的思维模式去看待他人。这些人际认知偏差的存在很大程度上影响了个体的人际交往。此外，学生不正确的交往观，如学生过于重视学习，不重视与其他学生交往，认为耽误时间、浪费精力，认为友谊就是相互利用等认知偏差也影响中小学生人际交往。

拓展阅读 10-9

人际交往中的心理效应

1. 首因效应

首因效应，即“第一印象”。人们在对陌生人的了解中，第一印象的好坏往往成为日后交往的依据。它带有明显的先入为主色彩，影响着人际关系的发展方向。有个小实验很能说明这种效应：对两份试卷，A试卷的前10题都对，后10题都错。B试卷则是前10题都错，后10题都对。让被试评价两个学生的智商。结果，多数被试都认识A的智商高于B。

2. 晕轮效应

晕轮效应又称光环效应。它是指人们在了解某人时，对他的某种特征和品质形成强烈印象后，会掩盖对此人其他特征和品质的了解。这是一种以点概面、以偏概全的反应，或者说这种突出的特征或品质像一个光环一样，把人笼罩起来了，使观察者无法注意到他的全貌。所谓的“一俊遮百丑”就是这种典型的晕轮效应。

3.定型效应

定型效应，也称刻板印象，是指人们在生活过程中形成了关于各类人的固定形象。

比如，工人比较坦率，农民比较朴实；江浙人聪明伶俐，善于随机应变，山东人刚毅正直，吃苦耐劳。年轻人总是认为老年人墨守成规，缺乏进取心，老年人往往觉得年轻人举止轻浮，办事不可靠，等等。这种固定形象使人们看待一个具体人时，常常会不自觉地对他进行归类，并根据已有的关于这类人的固定形象，作为判断这个人的依据。定型效应在某些条件下，有利于对他人作概括性的反映，但是，它又是一种简单的认知，常常会造成偏见，阻碍人与人之间正确印象的形成。

4.投射效应

投射效应就是人们在不了解一个人的情况下，总是不自觉地把自己的某些特性投射到对方身上。似乎自己这样想，对方也会这样想，自己对此事生气，对方肯定也会生气，等等。所谓“以小人之心度君子之腹”就是典型的投射效应。这样就歪曲被了解对象的某些特性。

尽管这些效应在对他人的认知时也有积极意义，但由于它们都有主观、片面(表面)、先入为主等特点，因此，都有消极的一面，容易使人造成认知的偏差，甚至产生错觉。

3.人际交往技能缺乏

中小学生处于心理发展尚未完全成熟的阶段，他们人际交往经验不足，阅历浅，自身的条件又没有达到成人的水平，遇事易冲动、不计后果，多次体验失败后，更易对自己产生不恰当的归因，对自己的交往能力产生怀疑，出现过低的自我评价，甚至拒绝与人交往。

4.家庭环境、学校教育和社会风气的影响

儿童早期的人际沟通，主要是与家庭成员中父母的沟通。父母的品性、教养方式及其人际交往能力会折射到子女的人际交往中，独生子女家庭、离异家庭、单亲家庭最容易出现子女的人际交往问题；教师的人格魅力及其教学风格，师生之间关系，同伴的相互影响，集体的交往气氛也直接影响中小学生的人际交往心理；社会环境的影响也不容忽视，由于学生道德判断能力、分辨能力存在局限，社会上的不良风气对中小学生有消极影响，这些都是影响中小学生人际交往的重要因素。

(三)良好人际关系的建立

从中小学生自身的层面看，应培养中小学生树立正确的人际交往观，加强人际交往技能的训练，使其懂得人际交往的基本原则；纠正认知偏差，加强人格修养；学会处理人际关系的具体策略；学会正确看待与父母、老师、同学的关系；学会与父母、老师、同学和朋友正确交往；学会合作与竞争。

从他人的角度看，需要家庭、学校及社会共同努力。家长需要加强对中小学生心理特征的了解，理解子女，采取合理的家庭教养方式，建立良好的亲子关系；学校应建立优良的校园文化，教师要尊重和爱护每一个学生，营造和谐的人际关系氛围，创设集体活动的交往情境。

人际关系学大师戴尔·卡耐基

戴尔·卡耐基(Dale Carnegie,1888—1955),美国现代成人教育之父,美国著名的人际关系学大师,西方现代人际关系教育的奠基人,被誉为是20世纪最伟大的心灵导师和成功学大师之一。戴尔·卡耐基利用大量普通人不断努力取得成功的故事,通过演讲和著作唤起无数陷入迷惘者的斗志,激励他们取得成功。其在1936年出版的著作《人性的弱点》,几十年来始终被西方世界视为社交技巧的"圣经"之一。

戴尔·卡耐基诞生于一个小农场主家庭。家里非常穷,由于营养不良,小卡耐基长得非常瘦小,却长着一对与头部很不相称的大耳朵,上学时成为同学们嘲弄的对象。他还具有与生俱来的忧郁性格。他曾向朋友倾诉:烦恼伴随着我的一生,还担心没有女孩子愿意嫁给我。"但后来我发现,曾经使我非常担心的那些事情,99%都没有发生。"

上大学时,卡耐基发现,学院辩论会及演说赛非常吸引人,优胜者的名字不但广为人知,而且还被视为学院的英雄人物。但他没有演说的天赋,参加了12次比赛,屡战屡败。"当时我的确想到过自杀……"但他最终还是振作起来,重新挑战自我。坚持了两年后,终于在以"童年的记忆"为题的一次演说中,获得了勒伯第青年演说家奖。这是他第一次尝到了成功的滋味,对他的一生产生了非同小可的影响。从此,他勇敢地克服自己的弱点和自卑,大胆地开拓新生活之路。

大学毕业后,他尝试过多种工作,最终在成人教育方面取得了巨大成功。

四、青春期心理问题及其辅导

青春期对于人生来说是一个极为特殊的时期。有人将这一时期称为"危险期"、"疾风暴雨期"、"心理断乳期"。青春期是决定个体生理、心理、社会适应能力和道德观念的关键时期。如何使青少年健康、顺利地度过青春期,是学校心理辅导的重要任务之一。

(一)青春期常见的心理问题

青春期少年常见的心理、行为问题主要有以下几点:

(1)过度关注自我。主要表现为对自己身体机能的异常关注以及对某些疾患的多疑和过分夸大,将注意力过分集中于自己,由于对自己生理的急剧变化不满意而极度焦虑,有时还主观构想疾病或症状。

(2)情绪的两极性。表现为情绪体验强烈而多变,经常失去平衡,而且他们的心境往往处于低沉状态。如果负性情绪长期得不到排解,抑郁、焦虑症状持续存在,烦恼与孤独不能释怀,少年特别容易产生自杀的意念和行为。

(3)性别角色混乱。男女性别上的差异不仅表现在其生理基础上,亦表现在其社会适应性和社会行为上。性别角色混乱,即通常所说的女孩像男孩,男孩像女孩的现象。性别混乱经常出现在青少年中，如有的女孩子把自己打扮成男孩子的样子。有的女孩子对月经等生理现象特别反感因而希望自己是男孩子；有的男孩子也把自己打扮成女性。青春期是男女性别角色分化的关键期，如果在这一时期发展不好，就可能出现男性女性化和女性男性化等问题。

(4)人格冲突。青春期是充满矛盾的时期，如独立性和依赖性、开放性与封闭性、理想自我与现实自我、自制性和冲动性、自尊与自卑等矛盾，在人格特点上表现为逆反、偏执、走极端等。

(5)人际关系冲突。主要表现为青少年与父母等成人出现代沟，反抗成年人；与同伴交往的要求增加，但是由于交往技能的缺乏和自我中心，交往中往往矛盾冲突很多，产生心理压力；另外是异性交往问题，经常以一些不当的方式进行交往。

(6)性心理问题。青少年性发育基本达到成熟，具备了生育的能力，出现了性的冲动。但是由于他们性生理心理知识的缺乏，经常产生性的困惑，如出现性渴望、性幻想，由于性好奇而发生性尝试等。如果不及时进行性教育，青少年性保健意识会很薄弱，出现异常性行为，如手淫、性罪恶感、性乱交等。

青春期的问题虽然涉及各方面，但性驱力与社会规范之间的矛盾始终是最基本的矛盾。是引发青春期其他问题的根本原因。因此，青春期辅导的最基本的内容是性教育与辅导。

(二)青春期的性教育

对处于青春期的学生来说，性驱力与社会规范之间的矛盾始终是最基本的矛盾。当社会的性行为规范本身正经历着剧变时，它给青少年带来的困惑就更严重了。青少年在这一时期寻求着性角色的确认，想尝试着享受成人具有的权利，但传统的性规范或习俗与新潮的往往相互冲突，甚至截然对立，使他们很难做出理智的选择。因此，青春期辅导特别是性教育与性心理辅导对于青少年十分必要，特别需要训练有素的专业辅导人员，从心理辅导的角度对青少年进行专门辅导，使他们能够顺利度过青春期这一人生关键期。

1.青少年性教育的内容

(1)性生理教育。使青少年正确认识人类性发育的自然规律及其本质，消除在性问题上存在的神秘感并避免产生模糊概念。

(2)性心理教育。引导青少年正确认识自身的性心理变化、性意识的各种不同表现，尤其是异性交往问题。

(3)性卫生教育。使青少年了解性器官的卫生保健常识，养成良好的卫生习惯。

(4)性道德教育。引导青少年正确处理学习、恋爱和友谊的关系；努力克制自己的性冲动，将主要精力放到对人生远大目标的追求上。

(5)性法律教育。引导青少年划清正常的异性交往与性罪恶的界限，增强其在性问题上的守法观念。

2.青春期常见的性心理问题

(1)性自慰行为。自慰行为是指在没有异性参与时所有自我进行的满足性欲的活动。一般有性幻想、性梦和手淫三种形式。青少年时期适度的性自慰行为，有助于释放性能量、缓解性心理紧张度，有利于青少年的健康成长。然而，过度的自慰行为和因为自慰行为所产生的罪恶感往往困扰着不少青少年，甚至导致不同程度的身心伤害。

(2)“早恋”问题。近年来的全国性调查显示,中学生的早恋已占有相当大的比率,甚至部分小学生也出现早恋。早恋的学生一部分是学习成绩优秀的班干部,因工作需要有更多的机会接触异性,有威信、有号召力,容易引起异性的注意和追求;另一部分是学习成绩较差及家庭不健全的学生,学习不好、心理压力大,容易移情于两性交往,家庭不健全的同学缺乏父爱和母爱,感情饥渴,以寻求来自同龄人的关怀。早恋往往会分散学生大量的精力进而影响学业,也可能导致身心都尚未完全成熟的青少年发生“越轨”行为。

3. 青春期性心理辅导

(1)开展课堂教育,讲授有关性生理、性心理、性卫生、性道德和性法律的知识,培养青少年健康科学的性意识。

(2)提供异性交往的途径和机会,满足青少年渴望接近异性的正常性心理需要,将多余的性能量转移到其他活动中去。

(3)开展个别辅导,对有早恋及其他性心理困扰的学生提供及时、专业的帮助与辅导。

(4)加强青少年的思想道德建设,抵御各种“黄毒”的不良影响,树立正确的价值观念。

拓展阅读 10-11

性教育,其实很简单

什么是性

性是学习如何成为男人或女人的全部过程。

性是对于自己身为男人和女人的感觉与态度。

性是有关生为男人或女人的一切想法、经验与行为表现。

性是与同性及男性的交往方式。

性是与同性及男性所建立的关系模式。

性教育的内容

不仅仅是性生理知识,还包括性伦理、性道德和性责任等许多方面。

时间上:尽早进行

在孩子生理发育之前进行性生理方面的教育。

在孩子性意识萌动之前进行性心理方面的教育。

在该子性行为发生之前进行性道德方面的教育。

生活中:处处留心

如果觉得性教育很难开口,不妨买一些相关的教育书籍放在显眼的地方,让孩子主动去阅读。不仅可以避免尴尬,还可以收到很好的教育效果。

在家里,父母可以与孩子一同洗澡,通过相互搓背、聊天,可以增加父与子、母与女之间的感情交流,建立起更融洽的亲子关系,同时也可以自然地展开性教育。

父母可以与孩子一起观看性教育影片,在观看中可以通过讨论、讲解向孩子传授性知识并解答一些常识性的问题,把健康的性观念、性知识在不知不觉中传授给孩子。

女孩子：特别关注

不单独与一个男人独处一室。

不与异性去成人娱乐场所。

拒绝异性接触身体的敏感部位。

性教育缺失：更加危险

因为缺少保护意识和廉耻意识，而更容易侵害别人或被别人侵害。

产生心理困惑，长时间的压抑将影响学习、生活和健康。

增加了孩子接触不良性信息的概率。

五、网络成瘾及其防治

随着信息化社会的快速发展，人们对网络的依赖也与日俱增。一方面，人们享受着网络所带来的种种便利和这个虚拟世界所带来的全新感受；另一方面，人们也承受着这个新生事物所带来的种种弊端。网络成瘾便是网络时代出现的一个全新问题。青少年正值身心发展的重要时期，其心理发育尚未成熟，自我控制能力较差。面对网络世界的种种诱惑，很容易深陷其中无法自拔。

（一）网络成瘾的症状及危害

"网络成瘾综合征"（internet addiction disorder，IAD）是由纽约的一位精神医生Goldberg于1994年提出的，临床上是指由于个体对互联网过度依赖而导致明显的心理异常症状以及伴随的生理性受损的现象。网络成瘾综合征的主要表现，就是因过分依赖网络而失去对现实生活的兴趣。其最明显的症状有：在网络上工作时间失控，长时间使用网络以获得心理满足；使网络几乎成为现实社会的替代品，沉湎于网上的虚拟世界，"嗜网如命"而无法自拔；不惜增加网上停留时间，试图减少操作时间但难以自控。

美国心理学家杨格提出了诊断网络成瘾症的10条标准：

（1）下网后总念念不忘网事；

（2）总嫌上网的时间少而不满足；

（3）无法控制用网时间；

（4）一旦减少用网时间就焦躁不安；

（5）一上网就能消散种种不愉快；

（6）上网比上学、做功课更重要；

（7）为上网宁愿失去重要的人际交往和工作；

（8）不惜支付巨额上网费；

（9）对亲友频频掩盖上网的行为；

（10）下网后有疏离感。

只要具备上述10条中的4条，就可判定为网络成瘾症。

网络成瘾对青少年生理、心理和社会性发展危害极大。首先，长期上网会导致视力下降、肩背肌肉劳损、生物钟紊乱等，也会引起植物神经功能的紊乱和体内激素水平的失衡，使免疫功能降低，引发心血管疾病、胃肠神经官能病等。其次，网络成瘾也可使青少年与现实疏离，对现实环境的感受力减退，心理闭塞，久而久之会导致认知和人格障碍。最后，网络成瘾也严重影响青少年的正常学习生活和人际交往。由于长期上网导致的社会适应不良不仅使网络成瘾者长期陷入严重的心理冲突，甚至会引发青少年违法犯罪的恶性事件发生。

（二）网络成瘾的原因

2005年，我国学者段兴利提出了针对大学生的IUE模型。它的基本观点是：网络（internet，I）的吸引力（包括信息的丰富性、身份的匿名性、地位的平等性、行为的去抑制性）、大学生（university student，U）自身身心特点的推动力（包括大脑“快乐中枢”的激活、心理的特殊性、大学生自身的人格缺陷、需要的满足）、环境（environment，E）的影响力（包括家庭、学校、社会的影响）是造成大学生网络过度使用的主要因素。它们相互渗透、共同作用，在其“合力”作用下，大学生容易陷入网络之中。多数学者认为这一理论模型也适合其他人群。

（三）网络成瘾的防治

（1）正确引导青少年的上网行为。老师及家长应当对青少年的上网行为加以监控，严格限制上网时间，有目的地培养他们良好的自控能力和上网习惯。在有条件的情况下，采取技术手段控制上网时间和网页内容，尽量为青少年营造一个良好的网络环境。

（2）帮助青少年设置合理的目标，创造更多的成功机会，进而提高其现实社会的自我满意感。

（3）开展丰富多彩的校园活动，提高青少年的现实交往能力，使得他们在现实生活中有机会宣泄不良情绪，感受到现实生活的美好。

（4）有针对性地开展心理辅导。对那些有社交恐惧倾向、孤独、抑郁、焦虑、对他人怀疑性强、缺乏自信等负性心理特征的青少年重点关注，开展心理辅导，防止负性心理特征的青少年沉迷于网络，产生网络成瘾。

（5）对于重症成瘾者可在心理医生的指导下采用认知行为疗法或脱敏疗法，并配合药物调整等，以改善大脑功能和心理状态，帮助青少年建立积极的心理防御机制，使他们的身心获得解脱。

挫折与心理防御机制

一、挫折

挫折（frustration）是指与个体的需要及愿望相反的消极刺激。个体对挫折的反应有一个渐进的过程。心理学家汉斯·塞尔叶将这个过程分为以下三个阶段：

（1）初期警报阶段。当个体刚刚面临挫折事件，会出现警觉及精神紧张状态。

（2）反抗阶段。其反应是愤怒与攻击。它包括三种方式：一是“直接攻击”，如对造成挫折的人和事进行还击或报复等；二是“间接攻击”，又称“转向攻击”，将愤怒发泄到无关的人和物之上，如乱摔东西等；三是“自我攻击”，如打骂自己、内心自责等。

(3) 衰竭阶段。发泄过后，接下来的便是无可奈何的衰竭反应。可在时间上分为以下两类：一是短期衰竭，主要表现为一段时期内情绪沮丧和行为退缩等；二是长期衰竭，大多是由连续反复的挫折引起的。主要有以下表现形式：退缩(行为长期消沉)、“固着”(“想不开”、“钻牛角尖”)、“冷漠”(无助感)、退化(心理又退回到幼稚状态)。

二、心理防御机制

心理防御机制是心理系统固有的一种自我保护机能，心理系统为维护自身的平衡，会自发地运用一些手段抵制或缓解挫折感。大多是不自觉的、无意识的。

心理学家詹姆斯·O.卢格与杰拉法·L.赫尔希将心理防御机制分为三种。

1.现实防御机制(reality-defense mechanism)

现实防御是对挫折的第一道防线。主要作用是缓解由挫折引起的消极情绪反应，尽力恢复情绪上的平衡。主要有：①宣泄。②转移注意。③掩饰。即对外界掩饰自己的失败，以避免他人的轻视。④推诿。将失败归因于外界，以避免懊悔和自责。⑤自我安慰。⑥幻想。用幻想补偿失意感。⑦转向。转向去追求别的目标。⑧升华。化失败为动力。

上述现实防御大多属于积极防御，但其中如掩饰、推诿、幻想则是消极的。

2.自我防御机制(ego-defense mechanism)

如果挫折(或自身缺点)冲击了个体的自我概念，如引起自责、自卑感，那就需要自我防御机制参与自卫。这是心理系统的第二道防线，自我防御机制大多具有“自我欺骗”、“自我安慰”的性质。它对平衡内心有一定作用，但又不能从根本上解决问题。

常见的自我防御机制主要有以下方式：

(1)合理化作用(rationalization)。即寻找一个“自圆其说”的理由，对自己的行为、缺点或遭到的失败给予解释。通过自我欺骗以达到自我安慰的目的。合理化包括“酸葡萄机制”和“甜柠檬机制”：前者将自己追求不到的东西看成是没有价值的东西；后者将自己具有的东西都看成有价值的东西，甚至常常把自己的缺点也看成优点。例如，将怯懦看成慎重，将鲁莽看成勇敢，等等。

(2)否认作用(denial)。主要是从内心否认自己的失败或缺点以抵制自卑和痛苦；或者否认别人的优点与成功，也是为了间接地维护自己的自我概念。

(3)投射作用(projective)。即将自己的缺点或不良动机“投射”到别人身上，认为这是人人都有的东西，以此自我安慰。

(4)自居作用(identification)。自居作用又称认同作用。即将别人具有的优点看作是自己也有的，以此来抬高自己的自我概念。如年轻人“模仿”明星，俨然自己也具有明星的风采。还有些人喜欢与名人牵连某种亲近关系，如同乡、同学、亲属等，无形中将自己与名人看作同类人，并以此而自豪。

(5)反向作用(reaction formation)。为了掩饰自己身上的缺点或不良动机，无意识地朝相反的方向去表现自己。例如，有些内心过于怯懦的人，往往大摆“英雄主义”姿态；过分谦虚往往是在掩饰骄傲；过分的自负往往是在掩饰自卑。

(6)代偿作用(compensation)。代偿作用又称升华作用。即化自卑为动力，通过改造缺点或取得成就来克服自卑感的手段，它属于自卑感的积极补偿方式。

以上只是最常见的自我防御机制，现实中人们身上的自我防御机制是非常复杂的，有些很难作确切的概括。例如，鲁迅先生概括出来的“阿 Q 精神胜利法”，就是由多种消极的自我防御机制综合而成的。

3. 病理防御机制(morbid-defense mechanism)

如果个体的现实防御与自我防御都不能有效地抵制挫折的消极作用，便会使个体心理长期严重失衡，往往会导致心理上的病变。因此，某些病态心理是心理防御失败后的产物。但它本身又具有一定的防御功能，它的作用在于拒绝体验更大的痛苦或逃避由严重心理失衡而导致的严重生活适应不良。因此，病态心理也是心理系统的最后一道防线。

首先，前两种防御无法抵抗的严重挫折，会引起个体极度的痛苦，当痛苦达到个体无法忍受的程度时，人的大脑便会自发地用特殊的方式“消除”痛苦。例如，将引起痛苦的事件完全“遗忘”(实际上是压到了潜意识之中)，或者产生幻觉、幻想等用虚构的幸福来抵制现实的痛苦。人在极度痛苦之下，往往会突然大笑不止，而在精神失常后往往是“乐而忘忧”，都说明某些精神异常具有抵御痛苦的作用。

其次，严重的心理失衡会使个体根本无法再去适应现实生活，在这种情况下，心理系统会以特殊方式逃避现实、逃避生活。其方式之一便是“逃到病里去”。个体进入病态后，便可以推卸掉绝大部分生活责任，不再需要尽自己应尽的义务，不再承受任何生活压力，同时还可以得到别人的照料、保护、关心、同情等等。这样便可以过一种类似儿童的那种没有负担的生活。但这并不是说患病者有意“装病”，而是人的大脑自发地派生出一种病态的防御措施，因此，这一过程是个体意识不到的。

病态防御最典型的例子莫过于“战时癔症”，一些胆小的士兵由于极度恐惧死亡，会出现“失明”、“瘫痪”等疾病，但这些症状既不是装出来的，也没有任何生理上的病因。这完全是其心理系统防御极度恐惧的一种措施，很明显，“失明”与“瘫痪”之后便可以逃避战争和死亡。有些心理素质过差的学生，一到重大考试之前便病倒住院，这也是恐惧考试、逃避考试的表现。当然，大多数病理逃避没有上述明显的逻辑关系，而是表现出一些莫名其妙的怪僻行为，如强迫症、疑病症等等。但只要是进入疾病状态，便可以逃避现实生活。总之，心理疾病具有逃避现实的作用，这是现代心理学及精神病学所公认的结论。

精神疾病简介

一、精神疾病的分类

精神疾病的分类常有变更，世界各国的分类也不尽一致，我国医学界根据国际疾病分类系统第四版(CCMD-Ⅳ)，并结合我国国情，将精神疾病分为十大类：

(1)器质性精神障碍。如癫痫、痴呆等。

(2)精神活性物质所致精神障碍。如中毒引发的精神障碍。

(3)精神分裂症。这是最常见、最严重的精神病。

(4)情感性精神障碍(心境障碍)。躁狂抑郁症。

(5)癔症、应激相关障碍、神经症。

(6)心理因素相关生理障碍。如厌食症、贪食症、睡行症、夜惊、梦魇等。

(7)人格障碍、习惯冲动障碍和性功能障碍。

(8)精神发育迟缓与童年和少年期发育障碍。如弱智等。

(9)童年和少年期多动障碍、品行障碍和情绪障碍。

(10)其他精神障碍。如自杀、准自杀、自伤、诈病等。

以下只介绍比较常见的一些精神疾病。

二、神经症

神经症又称神经官能症，是由于大脑功能轻性失调所致一组精神疾病的总称。其发病原因主要是心理因素，没有任何可证实的器质性病变，多因不良人格导致长期生活适应不良，引发大脑功能失调。此类疾病的共同特征是：精神活动整体正常，能从事正常学习、工作及生活，但具有精神上的局部异常，且本人对异常现象具有自知力，主动求医。

1. 强迫症

(1)病因。患者多具有过于好强、过于谨慎、思维刻板、一丝不苟等人格特质，加之生活压力过大等环境因素容易引发此病。

(2)症状。经常不由自主出现某种固定的莫名其妙的念头或重复毫无意义的行为，患者明知没必要但又不能控制，为此苦恼不已。分两大类：强迫观念和强迫行为。

强迫观念主要有：强迫性怀疑：如毫无根据地怀疑自己是否是父母亲生的。强迫性穷思竭虑：无休止地思考一些毫无意义的问题，如“人为什么要吃饭?”“人为什么要分男女?”

强迫行为主要有：强迫性洗涤：反复多次洗手、洗澡。强迫性计数：见到可计数的东西(电杆、楼窗等)便不由自主地反复数数，否则会感到烦躁。常为此误事。强迫性检查：如反复回来检查房门是否锁好等。

2. 恐怖症

(1)病因。患者的遗传素质及幼年受到父母过于保护，或者早期的不良体验等因素导致其胆小、害羞、被动、依赖、焦虑等人格特质成为发病基础。

(2)症状。表现为对自己明知不可怕的事物却不由自主地感到恐惧。分三类：一是单纯型恐怖，如恐高症、黑暗恐怖、动物恐怖等；二是广场恐怖，如到操场、车站、市场等便产生恐怖感；三是社交恐怖，即在社交场合局促不安，如对视恐怖、学校恐怖等。

3. 焦虑症

(1)病因。与遗传素质有关，与早期经验也有关。

(2)症状。经常表现出毫无理由的紧张与焦虑情绪，常有莫名其妙的“大祸临头”感。有两种表现形式：一是广泛性焦虑：经常性地对并不存在的某种危险感到不安与害怕，明知是“杞人忧天”，但不能控制。二是急性焦虑，又称“惊恐发作”：在没有任何危险的情况下，突然感到大祸临头，立即出现躲藏、发抖、大声呼救等惊恐万状行为。

4. 疑病症

(1)病因。患者多具有安全感差、多疑、胆小、刻板等人格特质。

(2)症状。表现为怀疑自己得了实际上并不存在的某种疾病(常常怀疑为绝症)，甚至会出现病痛症状，反复到医院做各种检查，但总对检查的阴性结果持怀疑态度，医生的保证也无法打消其疑病观念，为此忧心忡忡、惶惶不安，四处求医。

5.癔症

(1)病因。这是由暗示或自我暗示引发的一组疾病。患者多具有“癔症”人格特质：高度易受暗示性、高度情绪化，高度幼稚和自我中心。在不良刺激情况下容易情绪发作，或因长期被忽视或受到不良暗示等因素还可能出现身体病状。癔症中女性患者远远多于男性患者，青少年中还有群体爆发现象(其实是相互暗示所致)。

(2)症状。有身体和精神两方面表现，不同患者的侧重不一。

常见的躯体症状有：突然失明或弱视；突然失听或暂时性耳聋；突然出现失音、口吃或声嘶；突然抽搐发作、四肢颤抖、全身僵硬；突然瘫痪；或者出现持久性的局部麻木或敏感(多为肢端或偏侧)，但不符合神经分布区域特点；等等。癔症可以模拟任何疾病症状，但症状均查不出任何器质性病因。

常见的精神症状因人而异：一种是情感爆发(又称“歇斯底里”)，突然尽情发泄、哭笑吵闹、撞墙、打滚、撕扯衣物头发等。一种是出现意识障碍、缓慢晕倒、表情丰富、行为夸张、有表演色彩，有问必答。一种是出现暂时性遗忘，不能回忆某段经历；个别患者还会出现神游症、双重人格及附体体验等奇特现象。

三、精神病

世界卫生组织给精神病的定义是：精神功能受损已达到自知力严重缺乏程度，患者不能应付日常生活或不能保持与现实的正常接触。精神病并不是由神经症演化而来，而是另有病因，两者是性质不同的两种精神疾病。常见的有：

1.器质性精神病

(1)病因。由脑损伤、脑血管病、颅内肿瘤或感染、癫痫等器质性因素导致。

(2)症状。主要有意识障碍、遗忘综合征、智能障碍、情感障碍、行为障碍等。典型病例是癫痫、老年痴呆、血管性痴呆、脑炎综合征等。

2.功能性精神病

病因：一般没有器质性病变、多为遗传基因固有的缺陷导致脑功能严重紊乱，后天不良刺激常为发病诱因。

(1)精神分裂症。这是最常见、也是最严重的一种精神病，多起病于青壮年，表现为思维破裂、情感倒错，多有幻觉、妄想、人格解体现象，行为受幻觉或离奇思维支配。精神病院长期住院的80%以上是这类患者，俗语中说的“疯子”也多属此类。

(2)躁狂抑郁症。它以显著的情感高涨或低落为主要特点，故又称“心境障碍”。病程或单相发作或双相循环发作，间歇期精神活动基本正常。其主要分为三种类型：其一，躁狂症：精神亢奋，思维及言语动作活跃，不知疲倦，情感高涨、喜怒无常。其二，抑郁症：情绪低落、失眠、悲观、自责、常有自杀企图。其三，躁狂抑郁症：躁狂与抑郁双相交替发作，有些有较为固定的间隔期，有些则无固定间隔。

四、人格障碍

人格障碍又称病态(或变态)人格，是以人格特征偏离正常为主的障碍。在没有认知障碍的前提下却经常表现出异常的情绪、动机及行为反应。是人格发展不协调的产物。

具体病因不明，遗传与环境因素都与之有关。

1.反社会型人格

这是人格障碍中最多见的一种。患者以行为不符合社会规范为主要特点，情绪具有爆发性，行为冲动，对社会、对他人冷酷或仇视，缺乏起码的同情心和罪恶感，目无法纪，经常违法犯罪，而且不能从挫败及惩罚中吸取教训，无悔改之心。

2.偏执型人格障碍

特点是敏感、多疑、异常固执；常将他人言行误解为敌意的、常猜疑周围对他搞阴谋，对于极小的挫折或伤害均耿耿于怀、伺机报复。过分自尊与自负，自我评价过高，认为自己一贯正确，难以被人说服。

3.分裂样人格障碍

特点是观念及行为离奇古怪。服饰奇特、言行怪异或目的不明确；对人(包括亲属)冷淡、很少表现出强烈情绪体验；孤僻、好单独行动，对他人的赞扬与批评、讽刺无动于衷；好沉思幻想、常有奇特的信念(如迷信超自然现象)。该类人格容易发展为精神分裂症。

4.攻击型人格

攻击型人格又称冲动型人格。特点是行为无计划性，不可预测。做事不考虑后果，心境反复无常，情绪易激惹，稍不如意就火冒三丈，经常爆发攻击行为且不可遏制；与人关系时好时坏，没有持久的朋友。常变换职业、多好酗酒，有自伤行为。

5.表演型人格

表演型人格又称“癔症人格”。特点是平时表情与言行均富于表演色彩、夸张做作、不惜哗众取宠，但情感体验肤浅脆弱；高度自我中心、渴望他人关注与同情，总想吸引别人注意、总希望别人按自己的意愿行事，稍有不如意就给别人难堪；思想及情感极易受他人暗示；好幻想、以想象代替现实，任性、幼稚、完全以情感好恶判断人和事。

6.强迫型人格障碍

特点是谨小慎微、穷思竭虑，追求十全十美，反复考虑计划是否周全，经常犹豫不决而推迟决定，行动开始后常常反复核对检查、唯恐有疏漏，完成任务后也难以获得满足，反而常有自责与懊悔。对自己要求苛刻、过分沉溺于责任义务与道德规范、循规蹈矩。过于严肃认真、拘泥细节、生活小节也要程序化、无业余爱好、缺少友谊往来。

复习思考题

1.怎样理解健康、心理健康的含义?

2.怎样理解心理健康的标准?

3.简要说明中小学生心理辅导的方法。

4.简要说明中小学生心理辅导的原则。

5.结合案例，分析影响心理健康的因素。

6.结合案例分析如何帮助中小学生克服考试焦虑。

7.如何帮助中小学生建立良好的人际关系?

8.举例说明如何对学生进行情绪辅导。

9.结合案例分析如何帮助中小学生正确对待心理问题。

10. 怎样预防网络成瘾?

参考文献

1. 陈浩莺. 走向心理健康——教学篇[M]. 北京:华文出版社,2002.

2. 张玲,等. 心理健康研究与指导[M]. 北京:教育科学出版社,2001.

3. 张日昇. 咨询心理学[M]. 2版. 北京:人民教育出版社,1999.

4. 刘晓明,张明,等. 心理咨询的理论与技术[M]. 长春:东北师范大学出版社,2002.

5. [美]H Thompson, Prout, Douglas T Brown. 儿童青少年心理咨询与治疗——针对学校、家庭和心理咨询机构的理论及应用指南[M]. 林丹华,等译. 北京:中国轻工业出版社,2002.

6. 郑日昌,陈永胜. 学校心理咨询[M]. 北京:人民教育出版社,1999.

7. 刘华山. 学校心理辅导[M]. 合肥:安徽人民出版社,1998.

8. 吴增强. 现代学校心理辅导[M]. 上海:上海科学技术文献出版社,1998.

9. 刘维良,齐建芳. 中小学心理健康教育[M]. 北京:华文出版社,2001.

10. 郑雪. 小学生心理健康教育[M]. 广州:暨南大学出版社,2001.

11. 张明. 小学生心理健康教育[M]. 北京:中国轻工业出版社,2008.

12. 郭黎岩. 小学生心理健康与辅导[M]. 北京:高等教育出版社,2008.

13. 郭黎岩. 青少年心理健康与心理咨询[M]. 沈阳:辽宁人民出版社,1999.

14. 刘晓明,张宝来. 中学生心理健康与心理咨询[M]. 长春:东北师范大学出版社,1999.

15. 蒋奖. 中学生心理健康教育[M]. 北京:中国轻工业出版社,2008.

16. 唐龙云. 新编心理学教程[M]. 银川:宁夏人民出版社,2001.

附　　录

中小学和幼儿园教师资格考试标准(试行)

教育部师范教育司教育部考试中心

二〇一一年七月

为加强中小学和幼儿园教师队伍建设,提高教师队伍整体素质,完善教师资格制度,严把教师入口关,促进教师专业化,根据《中华人民共和国教师法》、《教师资格条例》和《〈教师资格条例〉实施办法》,制定中小学和幼儿园教师资格考试标准。中小学和幼儿园教师资格考试标准是教师职业准入的国家标准,是从事中小学和幼儿园教师职业的最基本要求,是进行中小学和幼儿园教师资格考试的基本依据。

一、考试目标

中小学和幼儿园教师资格考试主要考查申请教师资格人员从事教师职业所必需的职业道德、专业知识与基本能力。

1. 具有先进的教育理念、良好的法律意识和职业道德;具有从事教师职业所必备的科学文化素养和阅读理解、语言表达、逻辑推理和信息处理等基本能力。

2. 掌握教育教学、学生指导(幼儿保育)和班级管理的基本原理和基本知识,并能正确解决教育教学中的实际问题。

3. 具备学科教学能力,掌握拟任教学科或专业领域的基本知识,掌握教学设计、教学实施和教学评价的基本原理和方法,并能在教学实践中正确运用。

二、考试内容

(一)幼儿园教师

一级指标	二级指标	三级指标
1. 职业道德与基本素养	1.1 职业理念	1.1.1 关爱幼儿,尊重每个幼儿的人格尊严与基本权利。
		1.1.2 理解幼儿教育在人一生发展中的重要性,能认识到幼儿教育必须以每一个幼儿的全面发展为本。
		1.1.3 理解教师职业的光荣与责任,具有从事幼儿教育工作的热情。
		1.1.4 了解幼儿教师专业发展的要求,具有终身学习与自主发展的意识。

续表

一级指标	二级指标	三级指标
1. 职业道德与基本素养	1.2 职业规范	1.2.1 了解国家主要的教育法律法规，了解《儿童权利公约》。 1.2.2 熟悉教师职业道德规范，能评析保育教育实践中的道德规范问题。 1.2.3 了解幼儿园教师的职业特点与职业行为规范，能自觉地约束自己的职业行为。 1.2.4 有爱心、耐心、责任心。
	1.3 基本素养	1.3.1 了解自然和人文社会科学的一般知识，熟悉常见的幼儿科普读物和文学作品，具有较好的文化修养。 1.3.2 具有较好的艺术修养和审美能力。 1.3.3 具有较好的人际交往与沟通能力。 1.3.4 具有一定的阅读理解能力、语言与文字表达能力、信息获得与处理能力。
2. 教育知识与应用	2.1 学前儿童发展	2.1.1 了解婴幼儿发展的基本原理。 2.1.2 了解婴幼儿生理与心理发展的基本规律，熟悉幼儿身体发育、动作发展和认知、情绪情感、个性、社会性发展的特点。 2.1.3 了解幼儿发展中的个体差异及其形成原因，能运用相关知识分析教育中的有关问题。 2.1.4 了解研究幼儿的基本方法，并能据此初步了解幼儿的发展状况和教育需求。 2.1.5 了解幼儿发展中易出现的问题或障碍。
	2.2 学前教育原理	2.2.1 掌握教育的基本理论，并能据此分析教育现象与问题。 2.2.2 掌握学前教育的基本理论，并能据此分析学前教育中的现象与问题。 2.2.3 了解幼教发展简史和著名教育家的儿童教育思想，并能结合幼教的现实问题进行分析。 2.2.4 掌握幼儿教育的基本原则和不同于中小学教育的基本特点，并能据此评析幼教实践中的问题。 2.2.5 理解幼儿游戏的意义与作用。 2.2.6 理解幼儿园环境创设、班级管理的目的和意义。 2.2.7 熟悉《幼儿园教育指导纲要(试行)》，了解幼教改革动态。
3. 保教知识与能力	3.1 生活指导	3.1.1 熟悉幼儿园一日生活的主要环节，具有将教育融入一日生活的意识。 3.1.2 了解幼儿生活常规教育的内容和要求及培养幼儿良好生活、卫生习惯的方法。 3.1.3 了解幼儿保健、安全方面的基本知识和处理常见问题与突发事件的基本方法。
	3.2 环境创设	3.2.1 熟悉幼儿环境创设的原则与基本方法。 3.2.2 理解教师的态度、言行对幼儿园心理环境形成中的重要性，能进行自我调控。 3.2.3 了解幼儿园常见活动区的功能，能根据幼儿的需要创设相应的活动区。 3.2.4 理解协调家庭、社区等各种教育力量的重要性，了解与家长沟通与交流的基本方法。
	3.3 游戏活动指导	3.3.1 熟悉幼儿游戏的类型及其各类游戏的特点和主要功能。 3.3.2 了解各年龄阶段幼儿的游戏特点，能根据需要提供支持与指导。

续表

一级指标	二级指标	三级指标
3.保教知识与能力	3.4 教育活动的组织与实施	3.4.1 能根据教育目标和幼儿的兴趣需要和年龄特点选择教育内容，确定活动目标，设计教育活动方案。 3.4.2 掌握幼儿健康、语言、社会、科学、艺术等领域教育的基本知识和相应的教育方法。 3.4.3 理解各领域之间的联系和开展综合教育活动的意义与方法。 3.4.4 活动过程中关注幼儿的表现和反应，并能据此进行调整。 3.4.5 关注个体差异，能根据幼儿的个体需要给予指导。
	3.5 教育评价	3.5.1 了解幼儿园教育评价的目的与方法，能对保教工作进行评价与反思。 3.5.2 能正确运用评价结果改进保教工作，促进幼儿发展。

（二）小学教师

一级指标	二级指标	三级指标
1.职业道德与素养	1.1 职业理念	1.1.1 了解国家教育方针的要求，能正确分析和评判教育现象。 1.1.2 了解小学教育阶段小学生发展的特点，能关爱学生并客观公正地对待学生，促进学生的全面发展。 1.1.3 了解教师专业发展的要求，具有终身学习与自主发展的意识。
	1.2 职业规范	1.2.1 了解国家主要的教育法律法规，能分析评价教育教学实践中的法律问题。 1.2.2 熟悉教师职业道德规范，能分析评价教育教学实践中的道德规范问题。 1.2.3 熟悉教师职业行为规范，能自觉地约束自己的职业行为，为人师表。
	1.3 基本素养	1.3.1 了解一定的自然和人文社会科学知识，熟悉常见的儿童科普读物和文学作品，具有较好的文化修养。 1.3.2 了解一定的艺术鉴赏知识，具有一定的审美能力。 1.3.3 具有一定的阅读理解能力、表达能力、沟通能力和信息处理能力。 1.3.4 具有良好的心理素质和情绪调节能力。 1.3.5 具有肢体语言表达能力，板书规范优美。
2.教育知识与应用	2.1 教育基础	2.1.1 掌握教育理论的基本知识，能分析和解决小学教育教学实践中的问题。 2.1.2 掌握小学教育规律与学生特点的知识，能分析和处理教育教学中的问题。 2.1.3 了解基础教育课程改革的动态和发展情况，能分析和指导教育教学。 2.1.4 了解教育研究的基本理论和方法，能对小学教育教学实践问题进行研究。 2.1.5 了解小学组织运行的基本知识和基本要求。
	2.2 学生指导	2.2.1 了解小学生思想品德发展的规律，能设计思想品德教育活动方案。 2.2.2 了解小学生身心发展的特点和个性差异，能促进小学生身心健康发展。 2.2.3 了解小学生的认知特点和学习心理发展的规律，能培养学生的学习兴趣，指导学生养成良好的学习习惯，选择不同的学习方法进行有效的学习。 2.3.4 了解小学生日常卫生保健、传染病预防和意外伤害事故的相关知识，掌握面临特殊情况时保护学生的基本方法。

续表

一级指标	二级指标	三级指标
2.教育知识与应用	2.3班级管理	2.3.1 了解班级管理的一般原理和方法,能开展班级的日常管理工作。 2.3.2 了解学习环境、课外活动的组织和管理知识,能组织学生开展丰富多彩的课外活动。 2.3.3 了解人际沟通的方法,能主动与同事、学生、家长、社区等进行交流。
3.教学知识与能力	3.1学科知识	3.1.1 了解小学有关学科的基础知识、基本理论和学科发展的历史、现状和趋势,能在教学中运用相关知识。 3.1.2 掌握小学有关学科课程标准的基本内容,能用以指导自己的教育教学。 3.1.3 了解相关学科的基本知识和知识之间的联系,能按照综合学习的要求运用相关知识。
	3.2教学设计	3.2.1 了解分析学生学习需求的基本方法,能根据小学生的知识水平和学习经验,对其学习需求进行合理分析。 3.2.2 掌握教案设计的要求、方法和技巧,能遵循小学生的认知特点和课程标准的要求,完成指定教学内容的教案设计。 3.2.3 了解小学综合课程和综合实践活动的基本知识,能根据教学要求和学生兴趣进行相关教学设计。
	3.3教学实施	3.3.1 了解教学情景创设的基本方法,能采取多种方法和策略,有效地将学生引入学习活动。 3.3.2 掌握指导学生学习的方法和策略,能依据学科特点和小学生的认知特征,发挥学生学习的主体性和积极性,指导学生进行有效的学习。 3.3.3 掌握教学组织的形式和策略,能恰当地运用教学方法,注意与学生互动,组织丰富多彩的课堂活动。 3.3.4 掌握课堂教学总结的方法,能适时地对教学内容进行归纳、提炼,合理布置作业。 3.3.5 能运用现代教育技术进行教学。
	3.4教学评价	3.4.1 了解教学评价知识与方法,具有正确的评价观,能对学生的学习活动进行评价。 3.4.2 了解教学反思的基本方法和策略,能对自己的教学过程进行反思,提出改进的思路。

(三)初中教师

一级指标	二级指标	三级指标
1.职业道德与素养	1.1职业理念	1.1.1 了解国家实施素质教育的基本要求,能正确分析和评判教育现象。 1.1.2 了解初中教育阶段对学生发展的意义,能客观公正地对待学生,促进学生全面发展。 1.1.3 了解教师专业发展的要求,具有终身学习与自主发展的意识。

续表

一级指标	二级指标	三级指标
1. 职业道德与素养	1.2 职业规范	1.2.1 了解国家主要的教育法律法规，能分析评价教育教学实践中的法律问题。 1.2.2 了解教师职业道德规范，能分析评价教育教学实践中的道德规范问题。 1.2.3 了解教师职业道德行为要求，能做到爱岗敬业、爱国守法、关爱学生、教书育人、为人师表、终身学习。
	1.3 基本素养	1.3.1 掌握一定的自然和人文社会科学知识，具有较好的文化修养。 1.3.2 掌握一定的艺术鉴赏知识，具有一般的审美能力。 1.3.3 具有阅读理解能力、语言与文字表达能力、交流沟通能力、信息获取和处理能力。
2. 教育知识与应用	2.1 教育基础	2.1.1 掌握教育理论的基本知识，能运用教育的基本原理和方法，分析和解决初中教育教学实践中的问题。 2.1.2 掌握初中教育规律与学生特点的相关知识，能分析、处理教育教学中的问题。 2.1.3 了解基础教育课程改革的动态和发展情况，能分析和指导教育教学。 2.1.4 了解教育科学研究的基本理论和方法，能对教育教学实践问题进行初步研究。
	2.2 学生指导	2.2.1 了解学生思想品德发展的规律和个性特征，能有针对性地开展德育工作。 2.2.2 了解初中生身体、情感发展的特性和差异性，掌握心理辅导的基本方法。 2.2.3 了解初中生学习心理发展的特点和规律，能指导学生选择不同的学习方法进行积极有效的学习。
	2.3 班级管理	2.3.1 了解班级管理的一般原理和方法，能做好班级的日常管理工作。 2.3.2 了解学习环境、课外活动的组织和管理知识，能组织学生开展丰富多彩的课外活动。 2.3.3 了解人际沟通的方法，能主动与同事、学生、家长、社区等进行交流。
3. 教学知识与能力	3.1 学科知识	3.1.1 掌握拟任教学科的基础知识、基本理论，了解学科发展的历史、现状和趋势，能在教学中正确运用学科知识。 3.1.2 掌握拟任教学科义务教育课程标准 7～9 学段的教学内容和要求，能用以指导自己教学。 3.1.3 掌握学科教学论的理论知识，能指导学科教学活动。
	3.2 教学设计	3.2.1 了解分析学生学习需求的基本方法，能根据学生已有的知识水平和学习经验，准确说明所选内容与学生已学知识的联系。 3.2.2 了解学习内容的选择与分析学生的基本方法，能根据学生的认知特征和课程标准的要求确定教学目标、教学重点和难点。 3.2.3 掌握教案设计的要求、方法和技巧，能恰当地描述教学目标，选择适当的教学方法，合理安排教学过程和教学内容，在规定的时间内完成所选教学内容的教案设计。

续表

<table>
<tr><th>一级指标</th><th>二级指标</th><th>三级指标</th></tr>
<tr><td rowspan="2">3. 教学知识与能力</td><td>3.3 教学实施</td><td>3.3.1 了解教学情境创设、学习动力激发与培养的方法，能有效地将学生引入学习活动。
3.3.2 掌握指导学生学习的方法和策略，能依据学科特点和学生的认知特征，恰当地运用教学方法，帮助学生有效学习。
3.3.3 掌握教学组织的形式和策略，能在教学活动中调动学生的主动性，组织探究性教学与研究性学习。
3.3.4 了解课堂总结的方法，能适时地对教学内容进行归纳、总结，条理清楚、重点突出，合理布置作业。
3.3.5 能运用现代教育技术进行教学。</td></tr>
<tr><td>3.4 教学评价</td><td>3.4.1 了解教学评价的知识与方法，具有正确的评价观，能对学生的学习活动进行评价。
3.4.2 了解教学反思的基本方法和策略，能对自己的教学过程进行反思，提出改进的思路。</td></tr>
</table>

（四）高中教师

<table>
<tr><th>一级指标</th><th>二级指标</th><th>三级指标</th></tr>
<tr><td rowspan="3">1. 职业道德与素养</td><td>1.1 职业理念</td><td>1.1.1 了解国家实施素质教育的基本要求，能正确分析和评判教育现象。
1.1.2 了解高中教育阶段对学生发展的意义，能客观公正地对待学生，促进学生全面发展。
1.1.3 了解教师专业发展的要求，具有终身学习与自主发展的意识。</td></tr>
<tr><td>1.2 职业规范</td><td>1.2.1 了解国家主要的教育法律法规，能分析评价教育教学实践中的法律问题。
1.2.2 了解教师职业道德规范，能分析评价教育教学实践中的道德规范问题。
1.2.3 了解教师职业道德行为要求，能做到爱岗敬业、爱国守法、关爱学生、教书育人、为人师表、终身学习。</td></tr>
<tr><td>1.3 基本素养</td><td>1.3.1 掌握一定的自然和人文社会科学知识，具有较好的文化修养。
1.3.2 掌握一定的艺术鉴赏知识，具有一般的审美能力。
1.3.3 具有阅读理解能力、语言与文字表达能力、交流沟通能力、信息获取和处理能力。</td></tr>
<tr><td rowspan="2">2. 教育知识与应用</td><td>2.1 教育基础</td><td>2.1.1 掌握教育理论的基本知识，能运用教育的基本原理和方法，分析和解决高中教育教学实践中的问题。
2.1.2 掌握高中教育规律与学生特点的相关知识，能分析、处理教育教学中的问题。
2.1.3 了解基础教育课程改革的动态和发展情况，能分析和指导教育教学。
2.1.4 了解教育科学研究的基本理论和方法，能用以分析和研究教育教学实践问题。</td></tr>
<tr><td>2.2 学生指导</td><td>2.2.1 了解学生思想品德发展的规律和个性特征，能有针对性地开展德育工作。
2.2.2 了解高中生身体、情感发展的特性和差异性，掌握心理辅导的基本方法。
2.2.3 了解高中生的学习心理发展的特点和规律，能指导学生选择不同的学习方法进行积极有效的学习。</td></tr>
</table>

续表

一级指标	二级指标	三级指标
2. 教育知识与应用	2.3 班级管理	2.3.1 了解班级管理的一般原理和方法，能做好班级的日常管理工作。 2.3.2 了解学习环境、课外活动的组织和管理知识，能组织学生开展丰富多彩的课外活动。 2.3.3 了解人际沟通的方法，能主动与同事、学生、家长、社区等进行交流。
3. 教学知识与能力	3.1 学科知识	3.1.1 掌握拟任教学科的基础知识、基本理论，了解学科发展的历史、现状和趋势，能在高中教学中融会贯通地运用学科知识。 3.1.2 熟悉拟任教学科普通高中课程标准的教学内容和要求，能用以指导自己教学。 3.1.3 掌握学科教学论的理论知识，能指导学科教学活动。
	3.2 教学设计	3.2.1 了解分析学生学习需求的基本方法，能根据学生已有的知识水平和学习经验，准确说明所选内容与学生已学知识的联系。 3.2.2 掌握学习内容的选择与分析学生的基本方法，能根据学生的认知特征和课程标准的要求确定教学目标、教学重点和难点。 3.2.3 掌握教案设计的要求和方法，能恰当地描述教学目标，选择适当的教学方法，合理安排教学过程和教学内容，在规定的时间内完成所选教学内容的教案设计。
	3.3 教学实施	3.3.1 了解教学情境创设、学习动力激发与培养的方法，能有效地将学生引入学习活动。 3.3.2 掌握指导学生学习的方法和策略，能依据学科特点和学生的认知特征，恰当地运用教学方法，帮助学生有效学习。 3.3.3 掌握教学组织的形式和策略，能在教学活动中调动学生的主动性，组织探究性教学与研究性学习。 3.3.4 了解课堂总结的方法，能适时地对教学内容进行归纳、总结，条理清楚、重点突出，合理布置作业。 3.3.5 能运用现代教育技术进行教学。
	3.4 教学评价	3.4.1 了解教学评价知识与方法，具有正确的评价观，能对学生学习活动进行评价。 3.4.2 了解教学反思的基本方法和策略，能对自己的教学过程进行反思，提出改进的思路。

三、附则

1. 本标准是制定幼儿园、小学、初级中学和高级中学教师资格考试大纲以及命题的依据。

2. 本标准从颁布之日起试行。

3. 本标准由教育部负责解释。

小学教师资格考试大纲(综合素质)

一、考试目标

主要考查申请教师资格人员的下列知识、能力和素养：

1.具有先进的教育理念。

2.具有良好的法律意识和职业道德。

3.具有一定的文化素养。

4.具有阅读理解、语言表达、逻辑推理、信息处理等基本能力。

二、考试内容模块与要求

(一)职业理念

1.教育观

理解国家实施素质教育的基本要求。

掌握在学校教育中开展素质教育的途径和方法。

依据国家实施素质教育的基本要求，分析和评判教育现象。

2.学生观

理解“人的全面发展”的思想。

理解“以人为本”的含义，在教育教学活动中做到以学生的全面发展为本。

运用“以人为本”的学生观，在教育教学活动中公正地对待每一个学生，不因性别、民族、地域、经济状况、家庭背景和身心缺陷等歧视学生。

设计或选择丰富多样、适当的教育教学活动方式，因材施教，以促进学生的个性发展。

3.教师观

了解教师专业发展的要求。

具备终身学习的意识。

在教育教学过程中运用多种方式和手段促进自身专业发展。

理解教师职业的责任与价值，具有从事教育工作的热情与决心。

(二)教育法律法规

1.有关教育的法律法规

了解国家主要的教育法律法规，如《中华人民共和国教育法》、《中华人民共和国义务教育法》、《中华人民共和国教师法》、《中华人民共和国未成年人保护法》、《中华人民共和国预防未成年人犯罪法》、《学生伤害事故处理办法》等。

了解《国家中长期教育改革和发展规划纲要(2010—2020年)》的相关内容。

2.教师权利和义务

理解教师的权利和义务，熟悉国家有关教育法律法规所规范的教师教育行为，依法从教。

依据国家教育法律法规，分析评价教师在教育教学实践中的实际问题。

3. 学生权利保护

了解有关学生权利保护的教育法规，保护学生的合法权利。

依据国家教育法律法规，分析评价教育教学活动中的学生权利保护等实际问题。

（三）教师职业道德规范

1. 教师职业道德

了解《中小学教师职业道德规范》（2008 年修订），掌握教师职业道德规范的主要内容，尊重法律及社会接受的行为准则。

理解《中小学班主任工作条例》的文件精神。

分析评价教育教学实践中教师的道德规范问题。

2. 教师职业行为

了解教师职业行为规范的要求。

理解教师职业行为规范的主要内容，在教育活动中运用行为规范恰当地处理与学生、学生家长、同事以及教育管理者的关系。

在教育教学活动中，依据教师职业行为规范，爱国守法、爱岗敬业、关爱学生、教书育人、为人师表。

（四）文化素养

了解中外科技发展史上的代表人物及其主要成就。

了解一定的科学常识，熟悉常见的科普读物。

了解一定的文学知识和文化常识。

了解中外文学史上重要的作家作品。

了解一定的艺术鉴赏知识。

了解艺术鉴赏的一般规律，并能有效地运用于教育教学活动。

（五）基本能力

1. 阅读理解能力

理解阅读材料中重要概念的含义。

理解阅读材料中重要句子的含意。

筛选并整合图表、文字、视频等阅读材料中的主要信息及重要细节。

分析文章结构，把握文章思路。

归纳内容要点，概括中心意思。

分析概括作者在文中的观点态度。

2. 逻辑思维能力

了解一定的逻辑知识，熟悉分析、综合、概括的一般方法。

掌握比较、演绎、归纳的基本方法，准确判断、分析各种事物之间的关系。

准确而有条理地进行推理、论证。

3. 信息处理能力

具有运用工具书检索信息、资料的能力。

具有运用网络检索、交流信息的能力。

具有对信息进行筛选、分类、存储和应用的能力。

具有运用教育测量知识进行数据分析与处理的能力。

具有根据教育教学的需要，设计、制作课件的能力。

4. 写作能力

掌握文体知识，能根据需要按照选定的文体写作。

能够根据文章中心组织、剪裁材料。

具有布局谋篇，有效安排文章结构的能力。

语言表达准确、鲜明、生动，能够运用多种修辞手法增强表达效果。

三、试卷结构

模　块	比　例	题　型
职业理念	15%	单项选择题 材料分析题
教育法律法规	10%	
教师职业道德规范	15%	
文化素养	12%	
基本能力	48%	单项选择题 材料分析题 写作题
合　计	100%	单项选择题：约 39% 非选择题：约 61%

四、题型示例

1. 单项选择题

(1)小明在课堂上突然大叫，有的同学也跟着起哄。下列处理方式，最恰当的一项是 （　　）

A. 马上制止，让小明站到讲台边　　B. 不予理睬，继续课堂教学

C. 稍作停顿，批评训斥学生　　D. 幽默化解，缓和课堂气氛

(2)"五岳"是我国的五大名山，下列不属于"五岳"的一项是 （　　）

A. 泰山　　B. 华山　　C. 黄山　　D. 衡山

(3)阅读下面文段，回答问题。

子曰："学而不思则罔①，思而不学则殆②。"(《论语·为政》)

【注释】①罔：迷惑、糊涂。②殆：疑惑、危险。

下列对孔子这段话的理解，不正确的一项是 （　　）

A. 在孔子看来，学和思两者不能偏废，主张学与思相结合

B. 孔子指出了学而不思的局限，也道出了思而不学的弊端

C. 光学习不思考会越学越危险，光思考不学习会越来越糊涂

D. 孔子学与思相结合的思想，在今天仍有其值得肯定的价值

2. 材料分析题

阅读下面材料，回答问题。

学生王林在学校因同学给他起外号，将同学的鼻子打出了血。班主任徐老师给王林的爸爸打电话，让他下午到学校来。放学时，王林的爸爸刚来到校门口，等在那里的徐老师当着众人的面，第一句话就是："这么点儿大的孩子都管不好，还用我教你吗？"

问题：

请从教师职业道德规范的角度，对徐老师的做法进行评价。

3. 写作题

请以"我为什么要当教师"为题，写一篇论述文。要求观点明确，论述具体，条理清楚，语言流畅。不少于800字。

中学教师资格考试大纲(综合素质)

一、考试目标

主要考查申请教师资格人员的下列知识、能力和素养：

1.具有先进的教育理念。

2.具有良好的法律意识和职业道德。

3.具有一定的文化素养。

4.具有阅读理解、语言表达、逻辑推理、信息处理等基本能力。

二、考试内容模块与要求

(一)职业理念

1.教育观

理解国家实施素质教育的基本要求。

掌握在学校教育中开展素质教育的途径和方法。

依据国家实施素质教育的基本要求,分析和评判教育现象。

2.学生观

理解“人的全面发展”的思想。

理解“以人为本”的含义,在教育教学活动中做到以学生的全面发展为本。

运用“以人为本”的学生观,在教育教学活动中公正地对待每一个学生,不因性别、民族、地域、经济状况、家庭背景和身心缺陷等歧视学生。

设计或选择丰富多样、适当的教育教学活动方式,因材施教,以促进学生的个性发展。

3.教师观

了解教师专业发展的要求。

具备终身学习的意识。

在教育教学过程中运用多种方式和手段促进自身的专业发展。

理解教师职业的责任与价值,具有从事教育工作的热情与决心。

(二)教育法律法规

1.有关教育的法律法规

了解国家主要的教育法律法规,如《中华人民共和国教育法》、《中华人民共和国义务教育法》、《中华人民共和国教师法》、《中华人民共和国未成年人保护法》、《中华人民共和国预防未成年人犯罪法》、《学生伤害事故处理办法》等。

了解《国家中长期教育改革和发展规划纲要(2010—2020年)》的相关内容。

2.教师权利和义务

理解教师的权利和义务,熟悉国家有关教育法律法规所规范的教师教育行为,依法从教。

依据国家教育法律法规，分析评价教师在教育教学实践中的实际问题。

3.学生权利保护

了解有关学生权利保护的教育法规，保护学生的合法权利。

依据国家教育法律法规，分析评价教育教学活动中的学生权利保护等实际问题。

（三）教师职业道德规范

1.教师职业道德

了解《中小学教师职业道德规范》（2008年修订），掌握教师职业道德规范的主要内容，尊重法律及社会接受的行为准则。

理解《中小学班主任工作条例》文件精神。

分析评价教育教学实践中教师的道德规范问题。

2.教师职业行为

了解教师职业行为规范的要求。

理解教师职业行为规范的主要内容，在教育活动中运用行为规范恰当地处理与学生、学生家长、同事以及教育管理者的关系。

在教育教学活动中，依据教师职业行为规范，爱国守法、爱岗敬业、关爱学生、教书育人、为人师表。

（四）文化素养

了解中外历史上的重大事件。

了解中外科技发展史上的代表人物及其主要成就。

了解一定的科学常识，熟悉常见的科普读物，具有一定的科学素养。

了解重要的中国传统文化知识。

了解中外文学史上重要的作家作品。

了解一定的艺术鉴赏知识。

了解艺术鉴赏的一般规律，并能有效地运用于教育教学活动。

（五）基本能力

1.信息处理能力

具有运用工具书检索信息、资料的能力。

具有运用网络检索、交流信息的能力。

具有对信息进行筛选、分类、管理和应用的能力。

具有运用教育测量知识进行数据分析与处理的能力。

具有根据教育教学的需要，设计、制作课件的能力。

2.逻辑思维能力

了解一定的逻辑知识，熟悉分析、综合、概括的一般方法。

掌握比较、演绎、归纳的基本方法，准确判断、分析各种事物之间的关系。

准确而有条理地进行推理、论证。

3.阅读理解能力

理解阅读材料中重要概念的含义。

理解阅读材料中重要句子的含意。

筛选并整合图表、文字、视频等阅读材料的主要信息及重要细节。

分析文章结构，把握文章思路。

归纳内容要点，概括中心意思。

分析概括作者在文中的观点态度。

根据上下文合理推断阅读材料中的隐含信息。

4.写作能力

掌握文体知识，能根据需要按照选定的文体写作。

能够根据文章中心组织、剪裁材料。

具有布局谋篇，安排文章结构的能力。

语言表达准确、鲜明、生动，能够运用多种修辞手法增强表达效果。

三、试卷结构

模　块	比　例	题　型
职业理念	15%	单项选择题 材料分析题
教育法律法规	10%	
教师职业道德规范	15%	
文化素养	12%	
基本能力	48%	单项选择题 材料分析题 写作题
合　计	100%	单项选择题：约 39% 非选择题：约 61%

四、题型示例

1.单项选择题

(1)小明在课堂上突然大叫，有的同学也跟着起哄。下列处理方式，最恰当的一项是（　　）

A.马上制止，让小明站到讲台边　　B.不予理睬，继续课堂教学

C.稍作停顿，批评训斥学生　　D.幽默化解，缓和课堂气氛

(2)“五岳”是我国的五大名山，下列不属于“五岳”的一项是（　　）

A.泰山　　B.华山　　C.黄山　　D.衡山

(3)阅读下面文段，回答问题。

子曰：“学而不思则罔①，思而不学则殆②。”(《论语·为政》)

【注释】①罔：迷惑、糊涂。②殆：疑惑、危险。

下列对孔子这段话的理解，不正确的一项是（　　）

A.在孔子看来，学和思两者不能偏废，主张学与思相结合

B. 孔子指出了学而不思的局限，也道出了思而不学的弊端

C. 光学习不思考会越学越危险，光思考不学习会越来越糊涂

D. 孔子学与思相结合的思想，在今天仍有其值得肯定的价值

2. 材料分析题

阅读下面材料，回答问题。

学生王林在学校因同学给他起外号，将同学的鼻子打出了血。班主任徐老师给王林的爸爸打电话，让他下午到学校来。放学时，王林的爸爸刚来到校门口，等在那里的徐老师当着众人的面，第一句话就是："这么点儿大的孩子都管不好，还用我教你吗？"

问题：

请从教师职业道德规范的角度，对徐老师的做法进行评价。

3. 写作题

请以"我为什么要当教师"为题，写一篇论述文。要求观点明确，论述具体，条理清楚，语言流畅。不少于1000字。

小学教师资格考试大纲(教育教学知识与能力)

一、考试目标

1.教育的基础知识和基本能力。具有教育基本理论、学生发展、教师发展、小学组织与运行的基础知识,能够针对我国小学教育教学实践中的问题进行一定的分析和探索。

2.学生指导的知识和能力。具有小学生身心发展、思想品德发展、医疗、保健、传染病预防和意外伤害事故等方面的相关知识,能够运用这些知识有针对性地设计并实施小学教育的有关活动。

3.管理班级的知识和能力。具有小学班级管理、班队活动组织,以及与学生、家长、社区等沟通的知识,能够运用这些知识设计和组织班级管理活动。

4.学科知识和运用能力。具有小学有关学科、学科课程标准、学科知识整合的基础知识,能够运用这些知识开展学科教学活动。

5.教学设计的知识和能力。具有小学生学习需求分析、学习内容选择、小学教案设计、小学综合课程和综合实践活动的基础知识,能够运用这些知识完成指定教学内容的教学设计。

6.教学实施的知识和能力。具有小学教学组织、教学评价的基础知识,能够运用这些知识分析和开展教学活动。

7.教学评价的知识和能力。具有小学教学评价、教学反思的基础知识,能够运用这些知识进行教学评价和教学反思。

二、考试内容模块与要求

小学教师教育教学知识与能力考试内容主要涵盖教育知识与应用、教学知识与能力两大板块。前者包括教育基础、学生指导和班级管理,后者包括学科知识、教学设计、教学实施、教学评价。能力要求分为了解、理解或掌握、运用三个层次。具体考试内容模块与要求如下:

(一)教育基础

1.了解我国小学教育的历史与现状。

2.了解我国基础教育课程改革的现状和发展趋势。

3.了解教育科学研究的基础知识。

4.了解小学组织与运行的基础知识和基本要求。

5.了解有关教育学、心理学的基础知识。

6.理解小学教育的基本特点。

7.掌握小学教育研究的基本方法。

8.掌握教师专业发展的基础知识。

9.能够运用相关知识对小学教育教学实践中的问题进行一定的分析。

(二)学生指导

1.了解小学生身心发展的一般规律和特点。

2.了解小学生的认知特点以及学习兴趣培养、良好学习习惯养成的一般方法。

3.了解小学生思想品德发展的基本规律和特点。

4.了解小学生医疗、保健、传染病预防和意外伤害事故的相关知识。

5.掌握指导小学生学习的主要方法。

6.掌握小学生德育、美育和心理辅导的基本策略和方法。

7.能够根据小学生学习规律和个体差异,有针对性地指导学生学习。

8.能够遵循小学生身心发展规律,有针对性地开展德育、美育和心理辅导工作,促进小学生全面、协调发展。

(三)班级管理

1.了解小学班级管理的一般原理。

2.了解小学班主任的基本职责。

3.了解小学班队活动的基本类型。

4.了解小学课外活动的基本知识。

5.掌握小学班级管理的基本方法。

6.掌握组织小学班级活动的基本途径和方法。

7.能够针对班级实际和小学生特点,分析班级日常管理中的现象和问题。

8.能够整合各种教育资源,组织有效的班队活动,促进小学生健康成长。

(四)学科知识

1.了解小学有关学科的基础知识、基本理论和学科发展的重大事件。

2.了解小学有关学科课程标准的主要内容和特点。

3.掌握小学有关学科课程标准的内容领域所涵盖的核心知识及其关联。

4.能够针对小学生综合学习的要求,适当整合小学有关学科内容,开展学科教学活动。

(五)教学设计

1.了解小学教学设计的基本原则、依据和步骤。

2.了解小学综合课程和综合实践活动的基本知识。

3.了解小学生在不同学习领域的基本认知特点。

4.了解信息技术与小学教学整合的基本途径和方式。

5.理解已有的生活经验、知识和能力、学习经验对新的学习内容的影响。

6.掌握小学教案设计的基本内容、步骤和要求。

7.能够依据小学生学习规律、小学相关学科课程标准,结合教材特点,合理地确定教学目标、重点和难点,完成指定内容的教案设计。

(六)教学实施

1.了解小学课堂教学情境创设的基本方法。

2.了解小学生学习动机激发的基本方法。

3.了解小学课堂教学组织的形式和策略。

4. 了解小学生学习方式的基本类型和小学教师的课堂教学行为对小学生学习的影响。

5. 掌握小学课堂教学的基本策略和主要方法。

6. 掌握小学课堂教学总结的基本方法。

(七)教学评价

1. 了解小学教学评价的基本内容、类型和主要方法。

2. 了解小学教师教学反思的基本内容、类型和主要方法，以及教学反思对教师专业发展的作用。

3. 能够针对小学课堂教学设计和实施进行恰当评价。

三、试卷结构

模　块	比　例	题　型
教育基础	20%	单项选择题、简答题
学生指导、班级管理	30%	单项选择题、简答题、材料分析题
学科知识、教学设计、教学实施、教学评价	50%	单项选择题、材料分析题、教学设计题
合　计	100%	单项选择题约 27%，其他约 73%

注：可根据当前小学教师培养和小学教育教学知识与能力考试的具体情况，在材料分析题和教学设计题中分别设置语文、数学等科目的选考内容，考生可任意选择一个科目作答。

四、题型示例

1. 单项选择题

(1)在世界教育学史上，被公认为第一部具有科学形态的教育学著作是　（　　）

A. 夸美纽斯的《大教学论》　　B. 赫尔巴特的《普通教育学》

C. 杜威的《民主主义与教育》　　D. 布鲁纳的《教育过程》

(2)课堂导入方式多种多样。通过对旧知识的回忆、复习、做练习等活动，对照新内容，发现新问题，明确学习任务来导入新课。这种导入方式称之为　（　　）

A. 直接导入　B. 练习导入　C. 事例导入　D. 温故导入

2. 简答题

(1)小学生认知的主要特点是什么？

(2)小学课堂教学常用的组织形式有哪些？

3. 材料分析题

阅读材料，回答问题。

(1)有一位班主任在介绍班风建设经验时谈道："在我们学校，校长要求班主任在教室'盯班'，及时了解班级情况，适时处理突发事件。只要学生出教室门、宿舍门都要排队，班主任都要在场。同时还制定了'班主任十到位制度'：学生上课要到；课前打了预备铃要到；学生听广播要到；学生做眼保健操要到；学生上室外课要到；学生去宿舍要到；学生去餐厅吃饭要到;学生生病要到;学生看电视时要到;学生打扫卫生时要到。这一制度的施行,使班风、班纪大为好转。”可是,有的教师却对这种做法提出异议。

问题:

请运用小学班级管理的有关理论分析“班主任十到位制度”。

(2)一位初任教师在进行《伊犁草原漫记》教学时,要求学生归纳课文中描写猎人猎熊果敢的词句,但是,有一名学生没有按照教师的要求进行归纳,反而说猎人很残忍,同时指出猎人的猎熊行为是违法的。

原本课文是歌颂猎人的,学生却痛斥猎人的猎熊行为,这是教师始料未及的。这位教师并没有因为学生提出不同观点而气恼或回避,而是因势利导,从保护野生动物的角度出发,让学生充分讨论,发表意见。

问题:

请结合所选择的材料谈谈你对小学教学中预设与生成及其关系的理解。

4.教学设计题

材料一:“周长的认识”(具体教学内容略)。

材料二:“汉语拼音·认识汉字”(具体教学内容略)。

材料三:(具体学科及其教学内容略)。

问题:

请在上述材料中任选其一,就课堂教学目标及某一教学环节(譬如课堂导入、讲授新知等)进行教学设计。

中学教师资格考试大纲(教育教学知识与能力)

一、考试目标

1.理解并掌握教育教学和心理学的基础知识、基本理论,能运用这些知识和理论分析、解决中学教育教学和中学生身心发展的实际问题。

2.理解中学生思想品德发展的规律,掌握德育原则和德育方法,具有针对性地开展思想品德教育活动的能力。

3.掌握中学生学习心理发展的特点和规律,能指导学生进行有效的学习。

4.理解中学生生理、心理的特性和差异性,掌握心理辅导的基本方法。

5.掌握班级日常管理的一般方法,了解学习环境、课外活动的组织和管理知识,具有设计一般课外活动的能力。

6.掌握教师心理,促进教师成长。

二、考试内容模块与要求

(一)教育基础知识和基本原理

1.了解国内外著名教育家的代表著作及主要教育思想。

2.掌握教育的含义及构成要素;了解教育的起源、基本形态及其历史发展脉络;理解教育的基本功能,理解教育与社会发展的基本关系,包括教育与人口、教育与社会生产力、教育与社会政治经济制度、教育与精神文化等的相互关系;理解教育与人的发展的基本关系,包括教育与人的发展,教育与人的个性形成,以及影响人发展的主要因素——遗传、环境、教育、人的主观能动性等及它们在人的发展中的各自作用;了解青春期生理的变化,包括中学生的身体外形、体内机能、脑的发育、性的发育和成熟。

3.理解义务教育的特点;了解发达国家学制改革发展的主要趋势;了解我国现代学制的沿革,熟悉我国当前的学制。

4.掌握有关教育目的的理论;了解新中国成立后颁布的教育方针,熟悉国家当前的教育方针、教育目的及实现教育目的的要求;了解全面发展教育的组成部分(德育、智育、体育、美育、劳动技术教育)及其相互关系。

5. 了解教育研究的基本方法,包括观察法、调查法、历史法、实验法和行动研究法等。

(二)中学课程

1.了解不同课程流派的基本观点,包括学科中心课程论、活动中心课程论、社会中心课程论等;理解课程开发的主要影响因素,包括儿童、社会以及学科特征等。

2.掌握基本的课程类型及其特征,其中包括分科课程、综合课程、活动课程,必修课程、选修课程,国家课程、地方课程、校本课程,显性课程、隐性课程等。

3.了解课程目标、课程内容、课程评价等含义和相关理论。

4.了解我国当前基础教育课程改革的理念、改革目标及其基本的实施状况。

（三）中学教学

1.理解教学的意义，了解有关教学过程的各种本质观。

2.熟悉和运用教学过程的基本规律，包括教学过程中学生认识的特殊性规律（直接经验与间接经验相统一的规律）、教学过程中掌握知识与发展能力相统一的规律、教学过程中教师的主导作用与学生的主体作用相统一的规律、教学过程中传授知识与思想教育相统一的规律（教学的教育性规律），分析和解决中学教学实际中的问题。

3.掌握教学工作的基本环节及要求；掌握和运用中学常用的教学原则、教学方法；了解教学组织形式的内容及要求。

4.了解我国当前教学改革的主要观点与趋势。

（四）中学生学习心理

1.了解感觉的特性；理解知觉的特性。

2.了解注意的分类，掌握注意的品质及影响因素；了解记忆的分类，掌握遗忘的规律和原因，应用记忆规律促进中学生的有效学习。

3.了解思维的种类和创造性思维的特征，理解皮亚杰认知发展阶段论和影响问题解决的因素。

4.了解学习动机的功能，理解动机理论，掌握激发与培养中学生学习动机的方法。

5.了解学习迁移的分类，理解形式训练说、共同要素说、概括化理论、关系转换理论、认知结构迁移理论，掌握有效促进学习迁移的措施。

6.了解学习策略的分类，掌握认知策略、元认知策略和资源管理策略。

7.理解并运用行为主义、认知学说、人本主义、建构主义等学习理论促进教学。

（五）中学生发展心理

1.掌握中学生认知发展的理论、特点与规律。

2.了解情绪的分类，理解情绪理论，能应用情绪理论分析中学生常见的情绪问题。

3.掌握中学生的情绪特点，正确认识中学生的情绪，主要包括情绪表现的两极性、情绪的种类等。

4.掌握中学生良好情绪的标准、培养方法，指导中学生进行有效的情绪调节。

5.理解人格的特征，掌握人格的结构，并根据学生的个体差异塑造良好人格。

6.了解弗洛伊德人格发展理论及埃里克森社会性发展阶段理论，理解影响人格发展的因素。

7.了解中学生身心发展的特点，掌握性心理的特点，指导中学生正确处理异性交往。

（六）中学生心理辅导

1.了解心理健康的标准，熟悉中学生常见的心理健康问题，包括抑郁症、恐怖症、焦虑症、强迫症、网络成瘾等。

2.理解心理辅导的主要方法，包括强化法、系统脱敏法、认知疗法、来访者中心疗法、理性—情绪疗法等。

（七）中学德育

1.了解品德结构，理解中学生品德发展的特点。

2.理解皮亚杰和柯尔伯格的道德发展理论，理解影响品德发展的因素，掌握促进中学生形成良好品德的方法。

3.熟悉德育的主要内容,包括爱国主义和国际主义教育、理想和传统教育、集体主义教育、劳动教育、纪律和法制教育、辩证唯物主义世界观和人生观教育等。

4.熟悉和运用德育过程的基本规律(包括德育过程是具有多种开端的对学生知、情、意、行的培养提高过程;德育过程是组织学生的活动和交往,对学生多方面教育影响的过程;德育过程是促使学生思想内部矛盾运动的过程;德育过程是一个长期的、反复的、不断前进的过程),分析和解决中学德育实际中的问题。

5.理解德育原则,掌握和运用德育方法,熟悉德育途径。

6.了解生存教育、生活教育、生命教育、安全教育、升学就业指导的意义及基本途径。

(八)中学班级管理与教师心理

1.熟悉班集体的发展阶段。

2.了解课堂管理的原则,理解影响课堂管理的因素;了解课堂气氛的类型,理解影响课堂气氛的因素,掌握创设良好课堂气氛的条件。

3.了解课堂纪律的类型,理解课堂结构,能有效管理课堂;了解课堂问题行为的性质、类型,分析课堂问题行为产生的主要原因,掌握处置与矫正课堂问题行为的方法。

4.了解班主任工作的内容和方法,掌握培养班集体的方法。

5.了解课外活动组织和管理的有关知识,包括课外活动的意义、主要内容、特点、组织形式以及课外活动组织管理的要求。

6.理解协调学校与家庭联系的基本内容和方式,了解协调学校与社会教育机构联系的方式等。

7.了解教师角色心理和教师心理特征。

8.理解教师成长心理,掌握促进教师心理健康的理论与方法。

三、试卷结构

模　块	比　例	题　型
教育基础知识与基本原理、中学教学、中学生学习心理、中学德育	68%	单项选择题、辨析题、材料分析题
中学课程、中学生发展心理、中学生心理辅导、中学班级管理与教师心理	32%	单项选择题、简答题、材料分析题
合　计	100%	单项选择题约30%,其他约70%

四、题型示例

1.单项选择题

(1)1958年,我国曾提出过“两个必须”的教育方针。“两个必须”是指　(　　)

A.教育必须为当前建设服务,必须与生产劳动相结合

B.教育必须为阶级斗争服务,必须与社会活动相结合

C.教育必须为无产阶级政治服务,必须与生产劳动相结合

D. 教育必须为社会主义建设服务，必须与工农相结合

(2)人在心理活动和行为中表现出的稳定的动力特点是　（　　）

A. 人格　　B. 性格　　C. 能力　　D. 气质

2. 辨析题(判断正误，并说明理由)

(1)美育就是指艺术教育。　（　　）

(2)负强化等同于惩罚。　（　　）

3. 简答题

(1)我国中学应贯彻哪些基本的教学原则？

(2)如何组织有效的复习？

4. 材料分析题

(1)阅读下列材料，运用教育与社会发展相互关系的有关理论进行简要评析。

我国著名平民教育家晏阳初在20世纪30年代曾提出过“教育救国”的理论。他认为中国落后的主要原因是当时农民存在贫、愚、弱、私四大病害，只要我们的教育工作者、仁人志士深入到广大农村推行相应的四种教育，即生计教育、文艺教育、卫生教育和公民教育，这样就可以克服上述四大病害，中国自然就富强了。但实践证明，这种设想只是善良的愿望，并未成功。正如毛泽东同志所说，“教育救国”，唤来唤去还是一句空话。

(2)阅读下列材料，回答问题。

李明学习非常用功，平时各科成绩都还不错。但每逢大考前他就非常紧张、烦躁、害怕，前一天晚上睡不好觉，第二天进入考场头脑就一片空白，结果成绩总是不理想。老师与同学都认为，李明的考试成绩与平时的努力程度不相称。

问题：

①运用情绪相关知识分析李明同学面临的问题。

②作为教师，你会采取什么措施来帮助他？

小学教师资格考试大纲(面试)

一、测试性质

面试是中小学教师资格考试的有机组成部分,属于标准参照性考试。笔试合格者,参加面试。

二、测试目标

面试主要考察申请教师资格人员应具备的新教师基本素养、职业发展潜质和教育教学实践能力,主要包括:

1.良好的职业道德、心理素质和思维品质。

2.仪表仪态得体,有一定的表达、交流、沟通能力。

3.能够恰当地运用教学方法、手段,教学环节规范,较好地达成教学目标。

三、测试内容与要求

(一)职业认知

1.热爱教育事业,有较强的从教愿望,对教师职业有正确的认知,能清楚了解教师工作的基本内容和职责。

2.关爱学生,具备从事教师职业应有的责任心。

(二)心理素质

1.乐观开朗,积极上进,有自信心。

2.具有一定的情绪调控能力,不偏激,不固执。

3.能够冷静地处理问题,具有较强的应变能力。

(三)仪表仪态

1.行为举止自然大方,有亲和力。

2.衣饰得体,符合教师的职业特点。

(四)言语表达

1.教学语言规范,口齿清楚,语速适宜。

2.表达准确、简洁、流畅,语言具有感染力。

3.善于倾听,并能做出恰当的回应。

(五)思维品质

1.思维严密,条理清晰,逻辑性强。

2.能正确地理解和分析问题,抓住要点,并做出及时反应。

3.具有一定的创新意识,在解决问题的思路和方法上有独到之处。

(六)教学设计

1.能够根据课程标准处理教学材料,确定教学目标,突出重点和难点。

2. 能够基于小学生的知识基础和生活经验合理设计教师活动。

3. 学生活动设计有效，能引导学生通过自主参与、合作探究的方式达成学习目标。

(七)教学实施

1. 教学结构合理，条理清晰，能较好地控制教学节奏。

2. 知识讲授准确，能基本完成教学任务。

3. 能根据学生认知特点和学科教学规律，选择恰当的教学方法，有效激发学生的学习动机。

4. 能根据教学需要运用教具、学具和现代教育技术辅助教学。

5. 板书工整规范、布局合理。

(八)教学评价

1. 能够采用恰当的评价方式对学生的学习活动做出反馈。

2. 能对自己的教学过程进行反思，做出比较客观的评价。

四、测试方法

采取结构化面试和情景模拟相结合的方法，通过抽题备课、试讲、答辩等方式进行。

考生按照有关规定随机抽取备课题目进行备课，时间20分钟，接受面试，时间20分钟。考官根据考生面试过程中的表现，进行综合性评分。

五、评分标准

序号	测试项目	权重	分值	评分标准
一	职业认知	5	3	热爱教育事业，有正确的职业认知和价值取向
			2	具备从事教师职业应有的责任心和爱心
二	心理素质	10	3	积极上进，有自信心
			3	具有一定的情绪调控能力
			4	具有较强的应变能力
三	仪表仪态	10	5	行为举止自然大方，有亲和力
			5	衣饰得体，符合教师的职业特点
四	言语表达	15	4	教学语言规范，口齿清楚，语速适宜
			6	表达准确、简洁、流畅，语言具有感染力
			5	善于倾听，并能做出恰当的回应
五	思维品质	15	6	思维严密，条理清晰，逻辑性强
			5	能正确地理解和分析问题，抓住要点，并做出及时反应
			4	具有一定的创新意识

续表

序号	测试项目	权重	分值	评分标准
六	教学设计	10	4	教学材料处理恰当,教学目标明确,重、难点突出
			3	能够基于小学生的知识基础和生活经验合理设计教师活动
			3	学生活动设计有效,能引导学生通过自主参与、合作探究的方式达成学习目标
七	教学实施	25	8	教学结构合理,条理清晰,能较好地控制教学节奏
			6	知识讲授准确,能基本完成教学任务
			6	能够根据学生认知特点和学科教学规律,选择恰当的教学方法
			2	能够根据教学需要运用教具、学具和现代教育技术辅助教学
			3	板书工整规范、布局合理
八	教学评价	10	5	能够采用恰当的评价方式对学生的学习活动做出反馈
			5	能够对自己的教学过程进行反思,做出比较客观的评价

六、试题示例

例一:《荷花》试讲教学设计。

荷　花

作者:叶圣陶

清晨,我到公园去玩,一进门就闻到一阵清香。我赶紧往荷花池边跑去。

荷花已经开了不少了。荷叶挨挨挤挤的,像一个个碧绿的大圆盘。白荷花在这些大圆盘之间冒出来。有的才展开两三片花瓣儿。有的花瓣儿全都展开了,露出嫩黄色的小莲蓬。有的还是花骨朵儿,看起来饱胀得马上要破裂似的。

这么多的白荷花,一朵有一朵的姿势。看看这一朵,很美;看看那一朵,也很美。如果把眼前的这一池荷花看作一大幅活的画,那画家的本领可真了不起。

我忽然觉得自己仿佛就是一朵荷花,穿着雪白的衣裳,站在阳光里。一阵微风吹来,我就翩翩起舞,雪白的衣裳随风飘动。不光是我一朵,一池的荷花都在舞蹈。风过了,我停止舞蹈,静静地站在那儿。蜻蜓飞过来,告诉我清早飞行的快乐。小鱼在脚下游过,告诉我昨夜做的好梦……

过了好一会儿,我才记起我不是荷花,我是在看荷花呢。

要求:(1)配合教学内容适当板书。

(2)教学过程需有提问环节。

(3)试讲时要体现师生互动。

例二:"分一分"试讲教学设计。

(北京师范大学版小学数学教材三年级下册的第五单元《认识分数》)

要求:(1)配合教学内容适当板书。

(2)教学过程需有提问环节。

(3)试讲时要体现师生互动。

中学教师资格考试大纲(面试)

一、测试性质

面试是中小学教师资格考试的有机组成部分,属于标准参照性考试。笔试合格者,参加面试。

二、测试目标

面试主要考察申请教师资格人员应具备的新教师基本素养、职业发展潜质教育教学实践能力,主要包括:

1. 良好的职业道德、心理素质和思维品质。
2. 仪表仪态得体,有一定的表达、交流、沟通能力。
3. 能够恰当地运用教学方法、手段,教学环节规范,较好地达成教学目标。

三、测试内容与要求

(一)职业认知

1. 热爱教育事业,有较强的从教愿望,正确认识、理解教师的职业特征,遵守教师职业道德规范,能够正确认识、分析和评价教育教学实践中的师德问题。
2. 关爱学生、尊重学生,公正平等地对待每一位学生,关注每一位学生的成长。

(二)心理素质

1. 积极、开朗,有自信心。具有积极向上的精神,主动热情工作。具有坚定顽强的精神,不怕困难。
2. 有较强的情绪调节与自控能力。能够有条不紊地工作,不急不躁。能够冷静地处理问题,有应变能力。能公正地看待问题,不偏激,不固执。

(三)仪表仪态

1. 仪表整洁,符合教育职业和场景要求。
2. 举止大方,符合教师礼仪要求。
3. 肢体语言得体,符合教学内容要求。

(四)言语表达

1. 语言清晰,语速适宜,表达准确。口齿清楚,讲话流利,发音标准,声音洪亮,语速适宜。讲话中心明确,层次分明,表达完整,有感染力。
2. 善于倾听、交流,有亲和力。具有较强的口头表达能力,善于倾听别人的意见,并能够较准确地表达自己的观点。在交流中尊重对方、态度和蔼。

(五)思维品质

1. 能够迅速、准确地理解和分析问题,有较强的综合分析能力。
2. 能够清晰有条理地陈述问题,有较强的逻辑性。

3.能够比较全面地看待问题,思维灵活,有较好的应变能力。

4.能够提出具有创新性的解决问题的思路和方法。

(六)教学设计

1.了解课程的目标和要求,准确把握教学内容,理解本课(本单元)在教材中的地位以及与其他单元的关系。

2.根据教学内容和课程标准的要求确定教学目标、教学重点和难点。

3.教学设计要体现学生的主体性,因材施教,选择合适的教学形式与方法。

(七)教学实施

1.能够有效地组织学生的学习活动,注重激发学生的学习兴趣,有与学生交流的意识。

2.能够科学准确地表达和呈现教学内容。

3.能够适当地运用板书。板书工整、美观、适量。

4.能够较好地控制教学时间和教学节奏,合理地安排教与学的时间,较好地达成教学目标。

(八)教学评价

1.在教学实施过程中注重对学生进行评价。

2.能客观评价自己的教学效果。

四、测试方法

采取结构化面试和情景模拟相结合的方法,通过抽题备课、试讲、答辩等方式进行。

考生按照有关规定随机抽取备课题目,进行备课,时间20分钟,接受面试,时间20分钟。考官根据考生面试过程中的表现,进行综合性评分。

五、评分标准

序号	测试项目	权重	分值	评分标准
一	职业认知	5	2	较强的从教愿望,对教师职业有高度的认同,对教师工作的基本内容和职责有清楚了解
			3	关爱学生,尊重学生、平等对待学生,关注每个学生的成长
二	心理素质	5	3	活泼、开朗,有自信心
			2	有较强的情绪调节能力
三	仪表仪态	5	2	衣着整洁,仪表得体,符合教师职业特点
			3	行为举止稳重端庄大方,教态自然,肢体表达得当
四	言语表达	15	8	语言清晰,表达准确,语速适宜
			7	善于倾听、交流,有亲和力

续表

序号	测试项目	权重	分值	评分标准
五	思维品质	15	3	思维缜密，富有条理
			4	迅速地抓住核心要素，准确地理解和分析问题
			4	看待问题全面，思维灵活
			4	具有创新性的解决问题的思路和方法
六	教学设计	10	4	了解课程的目标与要求、准确把握教学内容
			3	能根据学科的特点，确定具体的教学目标、教学重点和难点
			3	教学设计体现学生的主体性
七	教学实施	35	6	情境创设合理，关注学习动机的激发
			10	教学内容表述和呈现清楚、准确
			4	有与学生交流的意识，提出的问题富有启发性
			8	板书设计突出主题，层次分明；板书工整、美观、适量
			7	教学环节安排合理；时间节奏控制恰当；教学方法和手段运用有效
八	教学评价	10	5	能对学生进行过程性评价
			5	能客观地评价教学效果

六、试题示例

例一：正比例函数试讲教学设计。

（人民教育出版社出版《数学八年级》上册的"11.2 一次函数"）

要求：

(1)配合教学内容适当板书。

(2)教学过程需有提问环节。

(3)教学中应有过程性评价。

(4)当提出一个问题，学生不会回答，或回答错误，你该怎么办？

例二：根据《荷塘月色》课文，进行试讲教学设计。

要求：

(1)配合教学内容适当板书。

(2)教学过程需有提问环节。

(3)教学中应有过程性评价。

(4)当提出一个问题，学生不会回答，或回答错误，你该怎么办？